suhrkamp taschenbuch 423

Reinhold Schneider, geb. 1903 in Baden-Baden, gest. 1958 in Freiburg/Breisgau, lebte zunächst als kaufmännischer Übersetzer in Dresden. Unter dem Eindruck des spanischen Existenz-Philosophen Miguel de Unamuno unternahm er zwei längere Reisen nach Portugal und Spanien, wo er seine ersten frühen Hauptwerke als historiographischer Schriftsteller konzipierte *(Camões/Philipp II.)*. 1933-1937 arbeitete er als freier Schriftsteller in Potsdam und ab 1938 in Freiburg/Brsg. Gegen Ende des Krieges wurde Schneider, der den Nationalsozialismus aus einer in schwerer Zeit errungenen christlich-humanistischen Position verwarf, wegen Hochverrats angeklagt. 1956 wurde ihm der Friedenspreis des Deutschen Buchhandels verliehen.

Werke: Mehr als 120 Buchveröffentlichungen, darunter *Das Inselreich*, 1936; *Las Casas vor Karl V.,* 1938; *Das Gottesreich in der Zeit,* 1943; *Die neuen Türme. Sonette,* 1946; *Innozenz und Franziskus,* 1953; *Verhüllter Tag,* 1954; *Winter in Wien,* 1958; *Pfeiler im Strom,* 1958.

Eine der ersten Veröffentlichungen des Suhrkamp Verlags nach dem Krieg, das *Taschenbuch für junge Menschen,* 1946 von Peter Suhrkamp herausgegeben, enthielt einen Beitrag von Reinhold Schneider, »Fausts Rettung«. Das *Taschenbuch für junge Menschen* sollte »Beiträge zur Humanität« liefern. Zu den Autoren, die zur Zeit des Nationalsozialismus einen außergewöhnlichen Mut bewiesen hatten, gehörte auch Reinhold Schneider. Sein Buch *Macht und Gnade* erschien 1940 im Insel Verlag. Schon der einleitende Essay der Sammlung wagte zu dieser Zeit, sich mit der »Rechtfertigung der Macht« auseinanderzusetzen. Für Schneider ist Macht nur in ihrer Bindung an das Absolute denkbar. Er sieht in der Geschichte Rechtfertigungsversuche für Macht, die bis zur Gegenwart an Glaubwürdigkeit verlieren. Diese These zu belegen, zieht Schneider eine Fülle von Beispielen aus der Geschichte heran, u. a. Heinrich VIII., Richard III., Cromwell und den Eroberer Mexikos, Cortez, die die Gegenwart von 1940 und den angemaßten Machtanspruch der Herrschenden relativieren.

Reinhold Schneider
Macht und Gnade

Gestalten, Bilder und Werte
in der Geschichte

Mit einem Nachwort von
Pirmin Meier

Suhrkamp

suhrkamp taschenbuch 423
Erste Auflage 1977
© 1940 by Insel Verlag Leipzig
Lizenzausgabe mit freundlicher Genehmigung des
Insel Verlags Frankfurt am Main
Suhrkamp Taschenbuch Verlag
Satz: IBV Lichtsatz KG, Berlin
Druck: Nomos Verlagsgesellschaft, Baden-Baden
Printed in Germany
Umschlag nach Entwürfen von Willy Fleckhaus
und Rolf Staudt

Inhalt

Doch nicht also zu verstehen, daß diese Welt vor Gott nichts taugte oder nütze wäre: sie ist das große Mysterium; und ist der Mensch darum in diese Welt geschaffen worden als ein weiser Regent derselben, daß er soll alle Wunder... eröffnen und nach seinem Willen in Formen, Figuren und in Bildnisse bringen, alles zu seiner Freude und Herrlichkeit.

Jakob Böhme

Die Rechtfertigung der Macht

Die Behauptung, daß die Macht einer Rechtfertigung bedürfe, kann zunächst nicht bewiesen werden. Denn sie gilt nur dann, wenn für den Menschen jenseits des Irdischen Maßstäbe bestehen, und fällt, wenn ihm das Irdische und seine Erfüllung als höchstes Ziel erscheinen; vor dieser Fragestellung hat der Satz Fichtes: ›Was für eine Philosophie man wähle, hängt sonach davon ab, was für ein Mensch man ist‹, seine Gültigkeit. Der Geist wirkt zunächst nur auf den Geist, und er wird nur vom Geistigen gefordert; Ethik ist für den nur Bedürfnis, in dem ein Ethos lebt. Aber der Beweis, der anscheinend nicht erbracht werden kann, entscheidet nicht über das Problem. Denn Tatsache ist, daß die Rechtfertigung der Macht immer wieder versucht wurde, ja daß dieser Versuch der Rechtfertigung selbst zu einer historischen Macht geworden ist, der den Ablauf der Geschichte mit bestimmte. Ebenso wirklich wie die Ausbreitung der Macht war auch dieses Bestreben, ihr einen Sinn zu geben, mindestens innerhalb der christlichen Zeitrechnung.

Europa bietet in einem Zeitraum von anderthalb Jahrtausenden den Anblick mit ungeheurer Schnelligkeit erblühender und welkender Reiche; die Aura der Macht, die eines nach dem andern über den Erdkreis wirft, scheint kaum mehr zu sein als ein Blitz; nach dem Zerfall des Reichs, das den auseinander strebenden Kräften europäischer Völker wenigstens zuweilen sammelnde und ordnende Mitte war, vollzieht sich der Wechsel der Vormacht in immer gefährlicherer Schnelle; die höchste Macht: das Imperium, das heißt das Erbe Roms, wird als Antrieb in allen Völkern lebendig; es ist, als habe das längst hingeschwundene römische Weltreich noch in seinem Untergange tödlichen Samen gestreut: alle Völker, selbst diejenigen, deren natürlicher Lebensraum einer solchen Nachfolge spottet, erstreben cäsarische Macht. Es wird immer merkwürdig bleiben, daß Lissabon zur Zeit des portugiesischen Imperiums mit der Stimme seines Dichters Camões den Anspruch erhob, Rom, das zugleich als Stadt der Cäsaren wie des Papstes erschien, zu übertreffen. Die architektonischen Formen Roms, die in fast allen Machtzentren Europas und selbst Amerikas erscheinen, bekunden eine Nachfolge nicht nur im künstlerischen Sinne: sie drücken die Übernahme einer gefährlichen Erbschaft aus, deren dämonischem Zwang die Völker, sobald ihr Machtbewußtsein wuchs, nicht widerstehen konnten. Und wenn es auch nicht erwiesen ist, daß Cäsar an der Stätte weilte, auf der sich heute London erhebt, so schreibt ihm doch Shakespeare, der vielleicht unter allen Sprechern europäischer Völker die Verkettung von Schuld und Macht am tiefsten erfahren hatte, den Tower zu, das düsterste Symbol der Schuld und der Macht in ihrer Einheit, das heißt der Macht und des für sie zu entrichtenden Preises. Und Rom, so dürftig auch die Mauerreste sind, die es im Gebiete Londons hinterließ, durchwuchs in der Tat die englische Hauptstadt, die Formen wieder emportreibend, die einstmals die Weltherrschaft ausdrückten; freilich, was damals groß und sicher war in seinen Maßen und ruhig in südliches Licht emporstrebte, das erscheint nun verzerrt und verbildet, wie die atemlose Hast einer geschichtlichen Entwicklung, die zu keiner Vollendung mehr Zeit läßt, es sei denn zur Vollendung der Katastrophe, es will.

Aber seltsam! Als die Reiche emportauchten und die Herrschaft als solche Mitte des Lebens hätte sein müssen, da erhob sich die Frage nach ihrem Ziel, ihrem Sinn. Über das Reich der Ottonen gingen die Todesschauer des Jahres 1000, nicht etwa, um das Ende der Kaisermacht anzuzeigen; denn wenige Jahrzehnte darauf schenkte Konrad II., der das Arelat eroberte und sich in Genf krönen ließ, der deutschen Krone unerhörten Glanz; die hochgespannte Untergangsvision des Abtes Joachim von Kalabrien stand über dem höchsten Gipfel der staufischen Macht Heinrichs VI., der päpstlichen Innozenzens III. Und schon in den Aufgang der nachfolgenden Reiche hallt die Frage: Wozu?, die vielleicht dem einen oder andern Betrachter christlich-abendländischer Geschichte wie die ergreifende Stimme des ganzen Erdteils und seines Schicksals tönen mag. Denn in diesem Wozu ist ja auch ein Wohin und endlich ein Auf-wie-lange. Auch wo Aufstieg und Abstieg nicht in der epigrammatischen Kürze zusammengefaßt sind, die, seiner Basis entsprechend, das portugiesische Schicksal auszeichnet, geht die Verkündung des Nichts und damit die furchtbare Frage nach dem Sinn der erreichten oder sich bildenden Macht der Kulmination und dem tatsächlichen politischen Zusammenbruch voraus: so in den Werken der spanischen Mystik, die zur Zeit höchster Geltung des spanischen Namens auch den Ausdruck für die völlige Verachtung alles Irdischen fand, einer Verachtung, die im folgenden Jahrhundert Lebenswirklichkeit wurde und das Volk der Konquistadoren und Ekstatiker wieder abzog vom irdischen Schauplatz.

Als aber das Kolonialreich noch ins Ungemessene wuchs, da wurde schon das Nichts, das ›nada‹, gefeiert; das Nichts in einem Sinne, der nach der Meinung Unamunos anderen Völkern kaum zugänglich ist; denn dieser vielleicht stärkste neuere Vertreter spanischer Art hält dieses ›nada‹ für ein unübersetzbares Wort (etwa in der Art des portugiesischen ›saudade‹, in dem, weit über Persönliches hinaus, das Seefahrervolk anscheinend alles zusammengefaßt hat, was ihm – jenseits des verlorenen Reiches – an unerfüllbarem Verlangen noch blieb).

Doch Lebensgesetze dieser Art wurden in Schicksalen Erscheinung; und ein Volksschicksal verwirklicht sich, indem es den einzelnen zu seinem Kampfplatz macht. Bartolomeo de Las Casas, der Bischof von Chiapa, der den Ehrennamen eines Verteidigers und Vaters der Indios trägt, kämpfte während seines ganzen Lebens um den Sinn der spanischen Macht: um die Rechtfertigung des Irdischen und um jene Verknüpfung des Irdischen mit dem Dauernden, die als christliche Forderung betrachtet werden muß. Der Vater des Las Casas war unter denen, die Kolumbus auf seiner zweiten Reise begleiteten; die Schiffe trugen nicht nur beutegierige Abenteurer in den Westen, sondern auch Haustiere und Samen europäischer Pflanzen: es wurde der in Anbetracht der folgenden Geschehnisse fast rührende Versuch gemacht, dem neu entdeckten Lande nicht nur zu nehmen, sondern auch etwas zu bringen, das heißt der Expedition neben dem Zweck auch einen Sinn zu geben. Bartolomeo de Las Casas fuhr im Jahre 1502 mit Ovando über den Ozean, die Interessen zu wahren, die inzwischen seine Familie in Westindien erworben hatte; besser als Berichte über die folgenden Jahre verrät die Lebenswende des Jahres 1510, was Las Casas inzwischen erlebt haben mag: erschüttert von der Predigt eines Dominikaners, gibt er seine Besitzungen und Geschäfte auf, schenkt er den ihm unterstellten Eingeborenen die Freiheit, soweit das in seiner Macht steht; er wird Priester und Anwalt der Mißhandelten und Unterdrückten, deren furchtbares Leiden er bezeugen kann: der Unglücklichen, die unter dem Gebot der neuen Herren so lange in die Meerestiefen nach Perlen tauchen, bis das Meer sie behält, der Kinder, die den

Kriegshunden der Eroberer zum Fraße dienen. Es ist damit ein Kampf begonnen, der wenigstens ebenso kühn ist wie die Taten des Cortes und Pizarro und der bald von Las Casas und seinen Anhängern und Gegnern auf beiden Erdteilen geführt wurde; wiederholt trat der ›Verteidiger der Indios‹ am spanischen Hofe seinen Feinden entgegen; und es wird immer zur Ehre Karls V. gereichen, daß Las Casas nicht vergeblich vor ihm erschien. In der Kontroverse mit Juan Gines de Sepulveda, dem spanischen Kosmographen und Geschichtsschreiber, die im Jahre 1550, während der Hof in Valladolid weilte, dort stattfand, stießen der Verteidiger der unbedingten Macht und der Priester, der um einen Sinn dieser Macht rang, zusammen. Sind die Spanier, wie Sepulveda behauptet, zur Herrschaft berufen als ein Volk höherer Art, eine Casta dominante, ist der Krieg gegen ›Völker niederer Art‹ als solcher gerecht und selbst heilig; oder gilt auch ihnen gegenüber der Auftrag Christi an die Apostel, den Frieden zu predigen, die Sünden zu vergeben, sollen die Indios zu Christen gemacht und damit den Eroberern gleichgestellt, oder sollen sie unter dem Vorwurf der Abgötterei, der längst schon zum Vorwand geworden ist, ›bestraft‹, vergewaltigt und vernichtet werden?

Las Casas siegte; wenigstens suchte das Gesetz den Eingeborenen zu helfen; aber weder der Kaiser, den damals schon die Last der Welt niederbeugte, noch der greise Priester übten die Herrschaft über das Kolonialreich aus, das sich selbst verbrauchte und vernichtete, bis es endlich in andere Hände fiel; in San Gregorio zu Valladolid, dem Kolleg seines Ordens, lebte Las Casas noch über sein neunzigstes Jahr hinaus, noch immer schreibend und kämpfend, und es ist zu hoffen, daß er dort auf seine Weise und für sich selbst die furchtbaren Bilder überwand, die sich mit der Ausbreitung der europäischen Macht über den westlichen Kontinent vor ihm entfaltet hatten. Dieses Schicksal wiederholt sich in den folgenden Jahrhunderten unter allen Völkern; ein ähnliches Leiden mag Camões befallen haben, als er in Ostindien kämpfte und die Berufung zur Verherrlichung eines Reiches fühlte, dessen historische Wirklichkeit er verachten mußte; von den Pilgervätern, die in den Westen fuhren, dort den Frieden zu begründen, wissen wir schon durch den Bischof Baxter, daß sie den Frieden nicht gefunden haben; was Las Casas in der ersten Hälfte des sechzehnten Jahrhunderts an der Küste von Paria versuchte, das erstrebte der edelste der englischen Denker, Berkeley, um 1730 auf den Bermuda-Inseln und in Rhode Island; dem irischen Bischof war es so wenig wie dem spanischen vergönnt, die Idealkolonie zu gründen, die dem transozeanischen Reich nach ihrer Meinung erst endgültigen Wert verliehen hätte.

In der Kolonialgeschichte treten die Gegensätze, um die es sich hier handelt, am deutlichsten hervor. Europa hatte keine andere Idee über die Meere zu tragen als die christliche, mochte nun diese Idee sich jenseits der Meere einpflanzen lassen oder nicht. Weder Gewinngier noch Abenteurer- und Entdeckerlust hätten genügt, überseeische Reiche zu schaffen: es bedurfte des Kreuzes auf der Fahne; und es gab wohl keinen Konquistador, der sich nicht, ungeachtet der Greuel, die er verübte, dem Kreuz verpflichtet fühlte. Sie alle standen unter dem Schatten eines unlösbaren Widerspruchs; sie mochten ihren letzten Mut dem Glauben verdanken, aber dieser Glaube war der Macht feindlich, die sie begehrten; vor ihm galten nicht die Menschen, sondern die Seelen; und die Seelen waren einander gleich, sobald sie den Weg zu Christus gefunden hatten. Es gab in der Perspektive der Religion keine Herren und Knechte, sondern nur Gläubige und solche, die zum Glauben geführt werden sollten. Hierauf beruht vielleicht zu einem Teil das abendländische Verhängnis, daß der Glaube des Abendlandes in seiner letzten Auswirkung die Macht wieder aufheben mußte, während das Abendland zugleich auf die Ausbreitung dieses Glaubens nicht verzichten wollte und konnte.

Als Las Casas in seinem Bistum Chiapa als Beichtvater denen die Absolution verweigerte, die geraubtes Gut nicht zurückgegeben hatten, erhob sich ein heftiger Sturm; denn keiner der Konquistadoren hätte es gewagt, sich endgültig außerhalb der kirchlichen Gemeinschaft zu stellen (so wenig, wie die Feinde des Papsttums im Mittelalter auf die Dauer im Bann zu leben oder in ihm zu sterben vermochten).

So wurde die Kolonialgeschichte zur politischen und zugleich zur religiösen Tragödie. Die demokratischen Kräfte, die endlich zum Abfall vom Mutterland führten, haben ihren Ursprung in religiösen Gemeinschaften – so wie bereits unter den Independenten und Quäkern die Frauen Abstimmungsrecht hatten; und nicht als politische, sondern als religiöse Lebensform hatte die englische Demokratie des siebzehnten Jahrhunderts ihre fortreißende und zersprengende Wirkung. Vom religiösen Erlebnis her und getragen von seinem Feuer, bemächtigte sich die Idee von

der völligen Freiheit des gläubigen einzelnen, die in England ausgebildet worden war, des amerikanischen Kontinents; das Prinzip, das die Macht allein hätte rechtfertigen können, spaltete sie
auf. Damit schwinden die großartigsten Versuche, der Macht eine
Rechtfertigung religiöser Art zu erringen, aus der Geschichte.
Zwar gaben die Auswirkungen der Reformation, indem sie statt
einer Wahrheit mehrere Wahrheiten bestehen ließen, noch bis ins
achtzehnte Jahrhundert hinein die Möglichkeit der Expansion
oder doch der Selbstbehauptung unter der Fahne des Glaubens,
des Bekenntnisses; in den Begründern der neuen Macht dieser
Zeit, der preußischen, war das Bewußtsein der religiösen Verpflichtung noch mächtig; aber was für den Großen Kurfürsten
und Friedrich Wilhelm I. Lebenswirklichkeit war, hatte nur noch
den Wert einer Form für Friedrich den Großen; er und sein Staat
stellen einen neuen, vom Vater schon vorbereiteten Versuch der
Rechtfertigung dar: den aus dem sittlichen Bewußtsein unternommenen.

Die Hingabe des Königs an sein Amt, die seiner Diener an das
ihre geben dem preußischen Staat sein Leben, seinen Gehalt;
denn die Macht als solche zeigt sich auch jetzt als nicht ausrei-
chend; sie wird nach dem Siebenjährigen Krieg mit der größten
Anstrengung und Wachsamkeit auf der einmal erreichten Höhe
erhalten; an die Stelle des Glaubens tritt die Pflicht, die, wie der
Glaube, schwerste Opfer fordert, wenn auch diese nicht mehr vor
Gott gebracht werden, sondern vor einem Gesetz, das der höchste Vertreter des Staates vorlebt und das *darum* Gültigkeit hat
für alle. Denn dieses Gesetz ist durchaus an das Beispiel einiger
weniger gebunden und schwindet aus der geschichtlichen Wirklichkeit, sobald diese wenigen nicht mehr sind, bis es dann wieder
von einigen gelebt und erneuert wird; diese Form, wie sehr sie
auch auf den Dienst an der Gesamtheit eingestellt sein mag, ruht
auf einem aristokratischen Prinzip, fällt mit den aristokratischen
Werten und kann sich nur wieder zusammenfügen nach ihrer
Wiederkehr. Das preußische Ethos findet seinen Ausdruck in
wenigen Werken des Geistes, deren menschenformende Macht
gleichfalls begrenzt bleibt; sie vermögen in ihrer Strenge nur den
zu erhöhen und zu formen, dem Rang eingeboren ist; die Mehr-
heit muß sich ihrer Härte entziehen. Die Kritik Kants war in aller
Munde und wirkte weit über sein Jahrhundert fort; das Ethos
büßte rasch seine Gefolgschaft ein; Fichtes letzte sittliche Forde-

rung blieb fast unverstanden – und ungelebt; sie war im Grunde unerfüllbar, und hierauf, nicht etwa auf dem mangelnden Verständnis der Obrigkeit, beruhte die bei allem Ruhme doch geringe Wirkung seiner Philosophie; während doch nicht vergessen werden darf, daß Fichte, von seinem Erlebnis des Unendlichen bewegt, den streng umgrenzten Bezirk des Preußentums schon weit überschritt. Dennoch stellt die Ära Friedrich Wilhelm III., eines Mannes, den man zum mindesten als ein Gewissen gelten lassen muß, eine Verbindung des Pflichtbewußtseins mit dem Glauben dar, die sich vielleicht in einer weniger gefährdeten Epoche, als es das beginnende neunzehnte Jahrhundert war, für längere Zeit behauptet hätte; Pflicht und Glaube wurden freilich damals nicht mehr im entschiedensten Sinne verstanden. Aber schon Friedrich Wilhelm IV. fühlte unter dem Zwange seiner eigenen Natur wie des mächtig der Zerstörung entgegentreibenden Jahrhunderts das Bedürfnis, eine Ergänzung der Lebenssubstanz durch mystische Elemente vorzunehmen; ohne sich Rom zu ergeben, gewann er römischen Formen in einer oftmals glücklichen Abwandlung Boden im Havelland. Da er aber auf der Suche nach einer großen Synthese über das Preußentum hinausstrebte, mußte er als preußischer König scheitern; was unter der Regierung seines begünstigteren Bruders noch lebte an religiösem Ethos, reichte schon nicht mehr aus, die Form zu durchdringen; das nach dem Tode Wilhelms I. verbliebene Vermächtnis genügte nicht mehr, ihr einen Inhalt zu geben.

Als die Heere der Französischen Republik über den Rhein zogen, taten sie es im Namen der Kultur, die in rückständige, finstere Länder zu tragen sie sich berufen glaubten; der Anspruch war seltsam genug und selbst ein wenig lächerlich einem Lande gegenüber, das eben in seiner alten Hauptstadt auf dem Gebiete der Musik den höchsten künstlerischen Ausdruck fand, der ihm und dem ganzen Zeitalter erreichbar war; doch blieb dieser Versuch, die Macht im Namen der Kultur zu rechtfertigen, der erfolgreichste, ja der einzige, der heute noch ernsthaft unternommen wird, obwohl er doch der problematischste ist und, von den jeweils geltenden Werten und Maßstäben abhängend, am wenigsten das erreichen kann, was die Rechtfertigungen der Macht sich zum Ziel gesetzt haben: die Verbindung irdischer Kraftentfaltung mit dem Dauernden und Endgültigen. Er ist denn auch der einzige, der keine Märtyrer aufweist, weil er nicht in einen Konflikt mit der Macht, die er stützen will, gerät; die Gefahr, nur Vorwand zu sein, liegt ihm zu nahe, als daß er in einem höheren Sinne Gültigkeit haben könnte.

Aber dies ist nur die eine Seite des Problems: seine Erscheinung im Gebiete äußeren Geschehens; von der Religion zur Sitte, von der Sitte zur Kultur entwickelt sich die Rechtfertigung fort, mehr und mehr ihren Gehalt und die Bindung an das Absolute verlierend; sie könnte, je mehr sich die Betrachtung auf das Tatsächliche beschränkt, nur als eine Begleiterscheinung aufgefaßt werden, die auf den eigentlichen Verlauf der Geschichte geringen oder gar keinen Einfluß hat. Aber die Geschichte, sofern sie die Gesamtheit der Lebensphänomene und ihrer Beziehungen umfaßt, hat nicht nur vom Mechanismus der Macht zu berichten, der eingesetzt wird, sich heiß läuft und endlich zerbricht; sie hat zugleich das Innerste zum Gegenstand, das nicht immer von Dokumenten bezeugt wird, jene Sphäre, aus der sich die Versuche der Rechtfertigung erheben. Denn sind die leidenschaftlichen Schriften des Bischofs von Chiapa nur Worte, die der Wind verweht; sind die Verse, mit denen Camões das schattenhafte portugiesische Imperium zu einem ewigen Gebilde machte, nur die schöne, aber nebensächliche Begleiterscheinung grauenhaften Geschehens; war der Sieg der preußischen Form nur der Triumph mit höchster Anstrengung zusammengeraffter militärischer Gewalt? Waren nicht die Versuche, das Endgültige zu entdecken und zu begründen, gleichfalls Machtentfaltungen der Völker, aus denen sie hervorgingen: ja Zeichen eines noch höheren und kühneren Verlangens, größerer Kraft? Denn mehr noch als zur Eroberung der Erde ist nötig, um über die Erde hinaus zu dringen: in die Sphäre des bleibenden Vermächtnisses, der geistigen Form. Jene an sich unzulänglichen, die Macht nicht gestaltenden oder sichernden, ja ihr endlich unterliegenden Bestrebungen, ihr einen Sinn zu schenken: sind sie nicht der letzte Inhalt der Geschichte?

Es kommt nicht auf die erkennbare Wirkung dieser Bestrebungen an; vielleicht wäre das Kolonialreich noch schneller gesunken ohne den Protest des Bischofs; vielleicht erweckte das Ethos des Dichters den einen oder den andern verantwortungsbewußten Gouverneur, beherrschten Soldaten; gewiß ist, daß die Form, die von den Rechtfertigern erträumt und erstrebt wurde, niemals Wirklichkeit war; ebenso wie ja auch das preußische Ethos eine Forderung darstellte und als solche wirkte oder etwa das, was in

Cromwell als Glaube und Sehnsucht lebte, notwendig verdrängt wurde vom historischen Amt; es soll hier nicht an der Erde gemessen werden, was einen andern Maßstab beansprucht. Die Macht reicht nicht aus, und die Rechtfertigung reicht nicht aus; dennoch kann weder die eine noch die andere entbehrt werden, sowenig die beiden Kräfte einander selbst entbehren können. Denn in der Geschichte wird der Widerspruch zwischen Irdischem und Jenseitigem ausgetragen; und wenn es die Tragik der Macht war, daß sie der Rechtfertigung bedurfte und diese der Macht doch gefährlich wurde, so ist es die Tragik derer, die irdisches Geschehen auf das Dauernde beziehen wollen, daß sie ihr höchstes Verdienst und ihren reinsten Wert nur im Kampfe mit diesem Geschehen erringen. Das Große erscheint nicht frei auf der Erde; es erhebt sich aus dem Widerspruch; und da es durchaus nicht werden sollte, so wird es. Als Cromwell das kurze Parlament verabschiedete, von dem doch die lange erstrebte Herrschaft der ›Heiligen‹ erwartet worden war, wandte sich das religiöse Leben Englands wieder vom Geschichtlichen ab, in das Innere und Verborgene; das Quäkertum entfaltete sich erst, nachdem die Aussicht auf die Macht geschwunden war, aber es suchte, nach einem grellen Aufflammen revolutionärer Tendenzen, langsam die Macht zu erfüllen, und wenn es auch nicht das ganze Volk durchdrang, so erreichte es doch einzelne, die nun die großen Werte empfingen, bewahrten und weitergaben und zu Rechtfertigern des Staates wurden, und zwar einige selbst, ohne sich um diesen Staat zu kümmern. Denn einmal wird doch die Frage gestellt nach dem letzten Wert: dem, der imstande ist, über die Bedingungen seines Entstehens hinaus Menschen zu bilden und zu ihrer Bestimmung zu führen; und in dieser Perspektive ist der Kampf des Bischofs von Chiapa mehr als die Vollendung der flüchtigen spanischen Seemacht. Freilich ist er nicht von dieser zu trennen; und es mußte Ungeheures und Unüberwindliches geschehen, damit diese Stimme sich erheben konnte und nein sagte. Der dieses Nein sprach, unterlag, so wie alle, die in den ihnen zugemessenen Zeiten sein Schicksal traf, unterlagen, doch nur, um jenseits dieser Niederlage zu bestehen – zugleich mit der nun gerechtfertigten Macht.

Aber endlich, vor dem zur Ruhe gekommenen Schicksal der Staaten und der einzelnen gelingt die Versöhnung, die im Kampfe nicht möglich ist und sich doch aus ihm ergibt: beide Kräfte erlangten ihr Ziel nicht, aber sie trugen einander empor; das Volk, dessen Ausdruck sie waren, erschöpfte sich weder in den Eroberern und Staatslenkern noch in den Rechtfertigern; es war in beiden Parteien ganz, der Macht verfallen und doch von einem Verlangen erfüllt, das höher reichte als sie. In dem Widerstreit selbst drückte es sich aus. Während aber die Kämpfer für den höchsten, unerreichbaren Wert durch sich selbst bestehen, empfing die Macht doch von ihnen ihren Gehalt; ihre Grenzen erloschen fast spurlos in dem atemlosen Wechsel zwischen Herrschaft und Untergang, den die Völker, in ihrem Verlangen nach Ausdruck und Gestalt einander verdrängend, erzeugten; der Kampf um den Sinn dieser Grenzen wirkt fort. Und so ist endlich die Macht gerechtfertigt, nicht weil die Rechtfertigung tatsächlich gelang: sondern weil unter dem Bann der Macht allein der schwerste Kampf notwendig werden konnte, in dem Menschen, sich opfernd und scheiternd, für das Endgültige zeugten und zugleich für das Volk, zu dessen Sprechern sie im Verlauf unerbittlichen Schicksals berufen waren.

Das Schicksal Friedrich Wilhelms IV.

> Was die Menschen hassen, ist Verlassenheit, Ein-
> samkeit, Wenigkeit. Und doch wählen Fürsten und
> Könige sie zu ihrer Selbstbezeichnung. *Laotse*

> Und ich meine, daß, wenn ich auch dreimal länger
> lebte, als ich es hoffen darf, ich kaum die Hälfte des
> Baues vollendet sehen würde, denn es wird an Ar-
> beitern und Entgegenkommen fehlen... Gedenke
> ich daran, so schließe ich die Augen und spreche bit-
> tend und bekennend: Via tua vita nostra, et per
> sanctam patientiam ambulamus ad Te.
> *Friedrich Wilhelm IV. an Bunsen*

In der ›Berliner Revolutions-Chronik‹ von Adolf Wolff, einem im
Jahre 1851 erschienenen, seinen Absichten nach noch fast harm-
losen Werke, heißt es anläßlich der Darstellung der bekannten
Vorgänge, die sich am 19. März 1848 im Berliner Schloßhof abspielten: ›In den blutgetränkten Gewändern der Gefallenen er-
blickten sie [der König und die Königin] den königlichen Purpur
zu ihren Füßen im Staube liegen. Die Büßung war vollbracht, die
Versöhnung durfte nicht fehlen. Das absolute Königtum und der
absolute Volkswille waren zur blutigen Entscheidung einander
kämpfend gegenüber; wie die Schuld aus dem innersten Grunde
des starren, unbeugsamen Gemütes, so ging nun auch die Versöhnung aus der noch unergründlicheren Tiefe des Bewußtseins:
daß wir alle, ›von Gottes Gnaden‹ sind, hervor... Hier wurde ein
größerer Sieg gefeiert [als in Paris], hier wurde das Herz eines
Königs gebrochen und einem Läuterungsfeuer übergeben, aus
welchem dasselbe zu seinem und des Volkes Heil wiedergeboren
hervorgegangen ist.‹
    Nicht die erstaunliche Freiheit der Meinungsäußerung, die sich
in diesen selbstgefälligen Worten eines revolutionären Bürgers
dokumentiert, ist hier von Bedeutung; aber die ganze Verwirrung
des neunzehnten Jahrhunderts und damit das Schicksal Friedrich
Wilhelms IV. ist ausgesprochen mit der angeblich aus ›unergründlicher Tiefe des Bewußtseins‹ stammenden Erkenntnis, daß
wir ›alle von Gottes Gnaden‹ sind; denn Schicksal ist dort, wo ein

Mensch kraft dessen, was er seiner tiefsten Wesensart nach ist und sein muß, einer Gewalt begegnet, die mächtiger ist als er. Und wenn das für einen Menschen Wahrheit ist, was er mit seiner ganzen Seele glaubt und annimmt – nicht etwa das, was die Meinung der andern ihm aufzunötigen sucht –, so war Friedrich Wilhelm IV. König von Gottes Gnaden im ungewöhnlichen und endgültigen Sinne dieses Wortes; und es konnte ihm daher keine Überzeugung feindlicher entgegentreten als die: daß alle Menschen von Gottes Gnaden seien. Unter der Regierung des ›Romantikers‹, als die Vertreter dieses Gegensatzes einander zum ersten Mal, ausgestattet mit seit langem bereitetem geistigem Rüstzeug, gegenübertraten, wurde in Deutschland über die Geltung des Königtums und seines Prinzips entschieden; und dies allein schon würde einer endlich umfassenden Betrachtung dieses Königs als Rechtfertigung genügen. Sie ist lange nicht erfolgt, vielleicht schon deshalb nicht, weil die geschichtliche Bedeutung der Märztage von der großen Ära des Erfolgs, die Bismarck begründet und getragen hat, verdeckt worden ist; zum mindesten ist es gewiß, daß der Erfolg einem so durchaus sittlichen Prinzip, wie es das Königtum von Gottes Gnaden in der von Friedrich Wilhelm IV. vertretenen Auffassung war, überhaupt nicht als Rechtfertigung dienen kann.

Vielleicht hat kein Fürst der neueren Zeit sich so tief wie Friedrich Wilhelm IV. in die Geheimnisse des göttlichen Auftrags, zu herrschen und das Recht zu vertreten, versenkt; vielleicht hat keiner edlere Gedanken aus dieser Tiefe gefördert. Im Jahre 1837 überreichte dem damaligen Kronprinzen sein Freund Bunsen in Sanssouci ein Gedicht, das offenbar Anschauungen des Königssohnes selbst spiegelt und dessen Inhalt Ranke mit folgenden Worten wiedergibt: ›Asträa hat sich von der Welt entfernt, wo alle Rechte wollen, niemand will jedoch das Recht. Die Rechte haben sie sich selbst erdacht; sie wollen Freiheit haben, aber ohne Gott; sie halten das für Leben, was wurzellos und tot ist. Asträa wendet sich dagegen zu dem Königssohne, der die Neuerung haßt, weil sie die Freiheit und wahre Gestaltung des Lebens hemmt, der das Alte liebt, weil es ihm Steine zu einem Baue bietet, in dem sich die Freiheit zu einem heiligen Dome gestalten soll; unter dessen Händen werde sich das Vaterland zu dem erheben, wonach es seit Jahrtausenden strebe.‹

In der Tat: es handelte sich für Friedrich Wilhelm von Anfang an um einen Dom; und es ist nicht nur Ausdruck seiner umfassenden künstlerischen Interessen, sondern Symbol seines gesamten Strebens, daß er überall, wohin er auf seinen zahlreichen Reisen gelangte, sich mit Eifer der Erhaltung und Wiedererrichtung kirchlicher Bauten annahm, mochte dies nun im Osten sein, in Marienburg, oder in der Mark selbst, in Brandenburg und Lehnin, in Soest oder in Köln oder in Memleben, wo er die Krypta der alten Klosterkirche, den Sterbeort Kaiser Ottos des Großen, rettete, oder auf dem Hohenzollern, wo er neben der Stammburg und der alten katholischen Kapelle auch eine evangelische erstehen ließ, hiermit gleichsam ein Sinnbild der Aussöhnung und Gleichberechtigung der Konfessionen innerhalb des geschichtlichen deutschen Lebens gebend. Sein gesamtes Denken und Tun ging von der religiösen Lebensmitte aus; von ihr aus hoffte er auch die aus den Fugen gehende Zeit zu heilen; Königtum war ihm unmittelbarer Auftrag Gottes, der ihn in ein einmaliges, in seiner Konzeption fast vermessen erscheinendes und dennoch demütiges Verhältnis zum Schöpfer setzte. Das unerschütterliche Bewußtsein des Unterschiedes zwischen oben und unten, eben das einem König unerläßliche Wissen, daß nicht alle von Gottes Gnaden sind, findet seine Spiegelung in der bestimmenden religiösen Erfahrung Friedrich Wilhelms; 1840, im Jahre seiner Thronbesteigung, beklagt er es in einem Briefe an Bunsen, daß er fast bei keinem von denen, mit welchen er über die höchsten Dinge rede, und in keiner der alten und neuen Schriften, die er gelesen, ›die lebendige scharfe logische Erkenntnis des unaussprechlichen Unterschieds des Schöpfers und des Geschöpfs‹ gefunden habe; aus diesem Mangel erkläre sich der Wahnsinn, die Gottheit aus dem eigenen Wesen und einem analogen der Gottheit konstruieren zu wollen. Endlich habe eine Stelle in den Schriften des heiligen Augustin ›Epoche in seinem Leben‹ gemacht; er gibt sie, in einer charakteristischen Verschärfung des eigentlichen Wortlauts, wieder mit diesen Worten: ›Es [das Licht des Herrn] war über mir, weil es mir das Dasein gegeben, und ich war unter ihm, weil es mich erschaffen hat.‹ Man erinnert sich der fast wunderbaren Demut, mit der Philipp II., einer der stolzesten Könige, die je geherrscht, Gott verehrt hat; ein ähnliches Bewußtsein der nur durch die tiefste Verehrung zu überwindenden Ferne zwischen Gott und seinem bestellten Ordner auf Erden waltete auch in diesem Hohenzollern; Distanz war ihm in religiöser Hinsicht oberstes Gebot, ja die Voraussetzung wahren religiösen Lebens; Distanz forderte er folgerichtig als Landesherr. Mit dieser Demut verband er das Bewußtsein, ein Erwählter zu sein; ja er nährte dieses Wissen aus ihr: Gott, der ihn als König gewollt, mußte ihm auch besondere, anderen Menschen nicht zuteil gewordene Fähigkeiten verliehen haben; er, der König, mußte unter dem unmittelbaren Schutze des Herrn stehen. Dem kalten und selbst düstern Pflichtgefühl Friedrich des Großen, der einfachen, aber starken Gläubigkeit seines Vaters Friedrich Wilhelms III. setzte dieser Hohenzollernfürst eine mystische Erfahrung entgegen: erst der Schimmer eines jenseitigen Geheimnisses, das vor seinen Augen die Krone umkleidete, verlieh ihr die höchste Gewalt.

Diese Vorstellung, wie eng sie auch mit romantischen Gedankenkreisen verbunden sein mag, lag doch nicht im Zuge der Zeit; im Gegenteil, sie entwickelte sich im schroffen Gegensatze zur Umwelt, so wie ja oftmals der Wert anscheinend negativer Zeiten darin besteht, daß sie das Echte hervorzwingen und auf die letzte Probe stellen. Während die Krone unter dem Einfluß der tief in unser edelstes Schrifttum eingedrungenen revolutionären Ideen in der Schätzung der Untertanen unaufhaltsam sank, erhöhte sie dieser König in seinem Innern; während selbst der Adel mehr und mehr die Fähigkeit verlor, die Aufgabe eines Königs und damit seine eigene Aufgabe zu begreifen, gelangte, bereits unter dem Vorzeichen der Revolution, die Idee des Königtums zu ihrer höchsten Ausbildung. Mußte der König doch selbst einen Arndt über das Wesen der Krone belehren, als der greise Dichter im Jahre 1849 die Annahme der von der Nationalversammlung ›gebotenen‹ Kaiserkrone erflehte: »Ist diese Geburt des gräßlich kreißenden 1848. Jahres eine Krone? – Das Ding, von dem wir reden, trägt nicht das Zeichen des heiligen Kreuzes, drückt nicht den Stempel ›von Gottes Gnaden‹ aufs Haupt, ist keine Krone.« Kreuz und Krone, als die stärksten ordnenden Zeichen, waren untrennbar für diesen Herrscher.

Aber die Welt ist, nach den Worten des chinesischen Weisen, ›ein geistiges Ding, das man nicht behandeln darf‹. Wie immer man über die achtundvierziger Revolution denken mag, so wird man doch schwerlich bestreiten können, daß sie Ausdruck jenes großen geistigen Prozesses war, der im achtzehnten Jahrhundert begann und, zum Teil von den besten Kräften der Nation geführt und getragen, über den Kampf um hohe sittliche Güter des Menschen zur Auflösung des Autoritätsbegriffes führte. Man darf nicht, wie es bisher meistens geschah, den Anteil unterschätzen, den Berufsrevolutionäre und aufrührerische Journalisten, Demagogen, Volkstribunen und ihre inländischen und ausländischen Auftraggeber und Helfer an dieser Revolution haben; man darf ebensowenig vergessen, daß mit dieser Revolution ein Weltbild sich zu verwirklichen begann, das in wesentlichen Zügen von unserer klassischen Dichtung und Philosophie selbst geschaffen oder doch vorbereitet war und bis in die höchsten Kreise des Volkes hinauf herrschte. Friedrich Wilhelm bekannte einmal in einem Briefe an seinen Vater (1828), daß er Schillers ›Kabale und Liebe‹ ›sehr hasse‹; er schrieb das aus dem untrüglichen Gefühl seiner Aufgabe, das in ihm notwendig stärker war als das Bedürfnis nach einem gerechten Urteil in Sachen der Kunst; aber wie wäre eine solche Äußerung, falls sie in der Öffentlichkeit gefallen wäre, aufgefaßt worden? (Und doch soll angedeutet werden, daß die Frage, ob ein revolutionäres Drama größten Stils überhaupt möglich ist, einer eingehenden Untersuchung und Beantwortung bedürfe.)

Geschichte setzt sich durch Ideen fort; der immerwährende Kampf der Ideen ist die Voraussetzung geschichtlichen Lebens, geschichtlicher Existenz überhaupt. Was heute für einige wenige geistige Wirklichkeit ist, das wird einmal für alle historische Wirklichkeit sein; und was vor einiger Zeit sich als geistige Wirklichkeit ankündigte, das ist die geschichtliche Realität der Gegenwart; Wachstum im eigentlichen Sinne ist freilich nur dort möglich, wo die Mitte der Verwandlung unveränderlich bleibt, so daß die Umgestaltungen in ihrer Gesamtheit einmal die Gestaltung des Einen und Endgültigen ergeben. Gegen die an sich nicht zu überwindende Macht einer Verwandlung, die geistigen Ursprungs war, stand Friedrich Wilhelm IV. als Vertreter seiner Idee; als er zu herrschen begann, ja schon in der Regierungszeit seines Vaters, hatte das ihm feindliche Weltbild die Vormacht über die Geister gewonnen, wenn auch noch in milderen Formen; der König selbst, der sich weit besser auf die Zeichen der Zeit verstand als die meisten Politiker seiner Epoche, wußte, daß die ›liberalen Dummheiten… gar nichts, nichts und noch einmal nichts als ein kurzer Übergangszustand in den Radikalismus sind.‹

Da die Könige alten Geschlechtern entstammen, für die der Augenblick geringere Bedeutung hat, so vermögen sie es zuweilen, in Generationen zu denken; das Warten und Wachsenlassen ist ihnen gemäßer als die geschäftige Hast, in der sich die Welt seit der Französischen Revolution bewegt; und auch Friedrich Wilhelm glaubte, daß eine organisch sich entwickelnde Wandlung höheren Wertes sei als eine umstürzlerische Tat. Gewiß war Schwäche mitschuldig an dieser Haltung; es lag ihr aber zugleich eine tiefe, den Umstürzlern nicht zugängliche Erfahrung zugrunde. So überholte den König die Revolution. Über die gebotene Haltung dieser Revolution gegenüber ist wohl kein Zweifel möglich. Der König hätte das Ansehen des ordnenden Prinzips retten müssen, auch wenn diese Rettung Opfer gekostet hätte; denn endlich hätte doch nur die ungetrübte Reinheit der Idee und ihres Trägers vor dem größten, erst im langsamen Ablauf eines Jahrhunderts sich auswirkenden Unheil bewahrt. Aber mit dem Schicksal verbündete sich persönliche Tragik: der Monarch, der unter allen seines Geschlechts die Idee seines Amtes am höchsten ausgebildet hatte, war der reichste und vielseitigste Fürst seines Hauses, zugleich aber der verwundbarste und problematischste; je höher er die Idee emportrieb, um so dringlicher bedurfte er einer Bestätigung von der Erde; er suchte sie in der Liebe des Volkes; und als er glauben mußte, diese Liebe verloren zu haben, wenn auch nur unter dem Einfluß der Verführer, hielt er nicht mehr stand. Die Schüsse der Märztage trafen ihn ins Herz. Nicht in der beginnenden Erkrankung, sondern in dieser inneren Erschütterung hat die Unfähigkeit, in den entscheidenden Stunden der Märztage zu handeln, ihren Ursprung; der Kampf zwischen Schloß und Stadt, für den König ein ungeheuerliches Ereignis, lähmte seine Kraft.

Aber hätte Friedrich Wilhelm auch die Revolution militärisch besiegt, wie es durchaus möglich war, so hätte er doch dadurch den Prozeß einer Erniedrigung und Entwertung der Krone im geistigen Sinne nicht zum Stillstand gebracht; dieser Vorgang war zum Inhalt des Jahrhunderts geworden, und es konnte ihm nur ein zweiter, ebenfalls geistiger Vorgang entgegenwirken: die innere Wiedererrichtung der Krone. Denn herrschen könnte die Krone nur dort, wo sie in der Seele eines jeden einzelnen des Volkes erhoben wäre. Diese innere Wiedererrichtung vollzog der König, unmittelbar nach der Niederlage beginnend, in einem stillen und heroischen Kampf, so daß er endlich, als die Welt, die er langsam dunkler werden sah, sich völlig um ihn verfinsterte, zwar als ein gebrochener Mann, aber doch nicht als ein in seinem Glauben Besiegter hinwegging. Dieses innere Drama seines Lebens ist ein Vermächtnis, das, unabhängig von einer jeden politischen Stellungnahme, besteht und wirken müßte; denn der Erfolg, der bald die Bedeutung und die Tragik dieses Lebens verhüllte, ist längst wieder fragwürdig geworden; die tiefste Tiefe des Glaubens und der Überzeugung aber verwandelt langsam die Menschen und Dinge.

Drama und Königtum
Zum Gedächtnis Paul Ernsts

Die Deutschen erreichten im Drama nicht, was den Spaniern, Engländern, Franzosen beschieden war; ihr Drama ist das späteste und problematischste. Die Gründe sind oft genug dargestellt worden; man hat den Humanismus und den Dreißigjährigen Krieg, das Abbrechen der Tradition volksmäßiger Dichtung und die dann erfolgte eigenmächtige Anknüpfung an fremde Muster, die Vormacht der bildungsmäßigen Elemente über die schöpferischen, die gerade auf dem Gebiete dramatischer Dichtung sich im achtzehnten Jahrhundert durchgesetzt hatte, für diesen Mangel verantwortlich gemacht und mit all diesen Erklärungen gewiß auf Wesentliches hingewiesen. Wie aber ein Volk nicht allein durch das Vollbrachte, sondern auch durch das, was es erstrebte und nicht erreichte, sich darstellt, so auch die Deutschen: sie haben in der Musik (und in der lyrischen Dichtung) einen ungleich reicheren und eigeneren Ausdruck als im Drama gefunden, das heißt in einer Kunst, die der eigentlich plastischen Gestaltung ferner ist und darum auch einen viel geringeren formgebenden Einfluß auf das Leben ausübt als das Drama. Vieles vom Größten, was die Deutschen vollendet haben, liegt verborgen oder verschüttet, oder es ist nur wenigen erreichbar; es steht so hoch, daß es auf gar keine Weise ›nutzbar‹ gemacht werden kann, daß es das Leben nur dann erfüllt, wenn dieses es sucht. Wie die Engelsgestalten, die Könige und Heiligen an einem hohen Dom sind und dauern diese entscheidenden Werke der Deutschen; selten nur streift sie ein Blick; aber sie bedürfen auch dieser Blicke nicht; denn sie wurden nicht für irdische Zwecke, sondern allein zum Ruhme des Herrn geschaffen. Das SDGI. (Soli Deo Gloria), das Bach unter seine Partituren zu setzen pflegte, ist ihrer aller Siegel.

Scheint somit das deutsche Drama bei all seiner dichterischen Größe und seinem edlen, verehrungswürdigen Gehalt dem Gesetz der Art unterworfen und an diesem gescheitert zu sein, so drückt sein Werden und Wesen doch nicht nur dieses Innere, sondern auch ein geschichtliches Schicksal aus. Die Stunde der Geburt ist für das Kunstwerk so wichtig wie für den Menschen.

Es sind Zeiten, da die Brunnen fließen, und solche, da sie verschlossen sind; und auch die entsagungsreichste Anstrengung vermag dann kaum einen Becher an der Quelle zu füllen, von der früher die Krüge überschäumten. Die Engländer, die Spanier und die Franzosen dichteten zu einer Zeit, da die Form des Staates noch geschlossen war; als die Deutschen zu sprechen begannen, schien sich diese Form verwandeln zu sollen. Auch zu Shakespeare zu Calderons, zu Racines Zeiten war die Geschichte ihrer Länder auf das äußerste bewegt, von Gefahren beschattet, hinsichtlich der bindenden staatlichen Form jedoch konnte kein Zweifel aufkommen; das deutsche Drama stand im Zeichen der kommenden, sich vollziehenden Revolution.

Den deutschen Dichtern fehlte die Anschauung der Krone, des Königs. Der König war für sie nicht wie für die Engländer, Franzosen, Spanier die entscheidende Gestalt, die ihren Schatten selbst über die Volksstücke und Komödien warf; die Krone war für die Deutschen nicht die entscheidende Macht; sie konnte es vielleicht nicht sein. Und doch hat sie selbst im griechischen Drama, dem Drama einer aristokratischen Republik, geherrscht; von den erhaltenen Tragödien des Äschylos spielt der ›Prometheus‹ außerhalb der Sphäre der Krone: das Drama ereignet sich, wie das Auto der Spanier, allein zwischen Mensch und Gott. Wo aber das Erdenschicksal abrollt, da erscheint auch der König als Ordner, als Träger des größten möglichen Schicksals und der Gewalt.

Ob nicht das Schwinden der Krone das Drama in dieselbe Verwirrung versetzen mußte wie den Staat? Im hohen Stolze des Künstlers nennt Conrad Ferdinand Meyer seine Novelle ›Die Leiden eines Knaben‹ eine Erzählung, ›deren Wege, wie die eines Gartens, in einen und denselben Mittelpunkt zusammenliefen: der König, immer wieder der König!‹ Das Formgesetz, das hier ausgesprochen wurde, ist auch das Gesetz des Dramas. Denn nicht allein der Fallhöhe wegen, so wichtig dieser Umstand auch ist, steht der König im Drama; er ist die natürliche Mitte einer geordneten oder sich wieder ordnenden Welt. Eine Tragödie kann sich nur dann ereignen, wenn unverrückbare, eherne Gesetze gelten; es ist das hohe Verdienst Paul Ernsts, dies mit aller Schärfe einer Zeit gesagt zu haben, die das Gesetz irdischer Ordnung und damit auch das Gesetz der Kunst nicht mehr begriff. Die Person des Königs selbst, ihr Wert und Verdienst, kann im

Drama in Frage stehen, niemals das Königtum oder die Krone, das heißt, im allgemeinsten Sinne, die Form des Staates. Denn wo keine Form ist, da ist keine Notwendigkeit; und wo keine Notwendigkeit ist, da ist keine Tragödie. So endet ein jedes Königsdrama Shakespeares mit der Wiederherstellung, der erneuten Begründung der Krone, deren Ansehen – welches Schicksal sie auch erlitten haben mag – unangreifbar ist.

Die Tragödie stellt eine Erschütterung irdischer Verhältnisse dar, aber nur in dem Sinne, daß der Bau der Ordnung wankt und einstürzt, der Grundriß dieses Baus jedoch für immer festliegt. Vom tragischen Dichter wird das Höchste an ordnender Kraft, an innerer Ordnung verlangt, und das heißt nichts anderes als: er kann kein Revolutionär sein. Denn der revolutionäre Dichter führt entweder in das Ungewisse oder doch zu einer ›Ordnung‹, die noch nicht ist und sich erst bewähren müßte; am Ende revolutionärer Dramen erheben sich nicht die Maurern der wiedererrichteten Form, im Gegenteil, es ›scheint sich die Mauer aufzutun‹, wie Schiller vom Schluß des ›Egmont‹ sagt – und das Morgenrot der Freiheit erdämmert. Aber in der echten Tragödie ist, wie es im ›Hamlet‹ heißt, die Welt aus den Fugen, und es wird nun dargestellt, wie die Welt wieder eingerichtet wird; die Tragödie beschreibt einen Kreis von der gestörten Ordnung über die Verwirrung zur Ordnung zurück; sie ist ihrem Wesen nach konservativ und sieht in der Empörung wohl ein untilgbares Element der Welt, nicht aber einen absoluten Wert. Ihr Inhalt ist das Unterliegen des Empörers, sein Scheitern am Gesetz. Es gibt keine revolutionäre Tragödie: der Begriff ist ein Widerspruch in sich selbst; und darum ist die Tragödie revolutionären Zeiten versagt. Wohl ist es denkbar, daß auch ein nicht monarchischer Staat den Hintergrund einer Tragödie bildet; aber dann müßte dieser Staat nicht als künftige Ordnung proklamiert oder vom Helden erstrebt werden; er müßte in seiner Unerschütterlichkeit schon vorhanden sein; denn das ist gerade das Wesen der Tragödie: daß sie die Rückkehr zum Endgültigen, Bleibenden gestaltet – nicht die Entstehung des noch niemals Gewesenen.

Ein revolutionäres Drama ist optimistisch; es hält einen ›besseren‹ Zustand der Welt für möglich, wenn dieser auch mit dem Tod des Helden erkauft werden müßte; die Tragödie ist pessimistisch: sie hat uns zu sagen, daß gerade das beste, höchste Leben untergehen muß und das Gesetz in jedem Falle mehr ist als Leben und

Dasein; und indem wir sehen, wie ein solches Leben von der Erde weggedrängt wird, weil es nicht sein kann und darf, erleben wir die Macht, die über der Erde waltet. Die Tragödie hat kein Versprechen zu machen; sie fordert Ehrfurcht und erweckt sie; das revolutionäre Drama führt – ob es nun will oder nicht – zum Glück; es steht auf der Möglichkeit des Glücks.

Als sich die Deutschen im achtzehnten Jahrhundert der Tragödie zuwendeten und um sie zu ringen und sich um sie zu verzehren begannen, da hatte die Welt das Bewußtsein des Tragischen fast verloren. Es war ja gewiß, daß eine neue, glückhafte Ära kommen werde oder schon begonnen hatte; jenes ›Morgenrot‹, das der Tod aller Tragödie ist, leuchtete; wer nun noch fiel, der fiel für das Glück, vor allem für das Künftige, Erwünschte, Geahnte, für ein Dasein, dessen Form noch nicht feststand, für das Werdende. Der Konflikt des Lebens war heilbar; nur jetzt mußte er noch durchlitten werden, und die Dichter – das gab ihnen Rang, machte sie zu hohen, erschütternden Erscheinungen – wollten ihn auch durchleiden; sie wollten heroische Kämpfer sein für eine unheroische Zeit des Glücks, die nicht mehr ihnen, aber doch den kommenden Generationen aufgehen sollte. Der Staat, wie er bestand, war im Grunde hinfällig, nichtig; in seiner Form war keine Notwendigkeit, seine höchsten Vertreter sogar waren von dieser Notwendigkeit nicht mehr überzeugt; hielt es doch auch Friedrich der Große für möglich, daß eine Zeit kommen werde, in der das Volk der Könige nicht mehr bedürfe. Und welcher Meinung waren erst viele der kleinen Fürsten, die entweder an Ort und Stelle oder in Deutschland die Schule der Franzosen durchlaufen hatten! Die große Hoffnung auf das Künftige, die Empörung gegen das Bestehende oder anscheinend Veraltete wurden zum Inhalt des Dramas; aber das ›In tyrannos‹, das auf dem Titelblatt der ›Räuber‹ stand, ist, wie leidenschaftlich es auch erlebt wurde, das Motiv eines Schauspiels, nicht einer Tragödie. Für Calderon, den tragischen Dichter, war die Welt unveränderlich: der Glaube überwölbte sie, der König war, im Auftrag Gottes, ihre irdische Mitte; darum konnte der Bürger, wenn er Unrecht vom König erlitt, sein Recht erkämpfen, ohne Revolutionär zu werden; Calderon, der Mensch, hat gewiß das Unheil gesehen, das über seinem Volk und der Welt heraufzog; da er aber sein Werk dem Bleibenden unterstellte, so mußte es sich auch in den Zeiten schlimmster Verwirrung bewähren und dann gerade den Menschen am meisten sagen. Die deutschen Dichter des achtzehnten Jahrhunderts waren wohl von der Unwandelbarkeit des Sittengesetzes überzeugt, so wie es in ihrer eigenen Epoche formuliert worden war; alles andere war ungewiß, wandelbar, vom Individuellen abhängig, vor allem der Glaube und die Form des Staates.

Aber das Drama fordert eine festgefügte Welt. Ein in der Brust des Menschen oder in den Sternen stehendes Sittengesetz genügt nicht, um eine Handlung zu regieren; es muß als Macht auf Erden erscheinen, stark genug, den Menschen zu richten; und die sinnfälligste Form dieser Macht ist im Drama der König oder, wenn er selbst schuldig wird, das Königtum. Als Schiller, der Revolutionär, den ›Don Carlos‹ dichtete, begegnete er dem König. Und seltsam! Das Drama entwickelte sich der Form entgegen; das Tragische machte sich geltend: beide Parteien hatten recht. Ja das Bild des Helden verblaßte vor Posa, aber auch Posa verschwand vor Philipp; dieser beherrscht das Stück, erweckt den stärksten Anteil; selbst die revolutionäre Idee konnte ihn nicht überwinden. Philipp II. ist die größte Königsgestalt des deutschen Dramas; und was wäre bezeichnender, als daß es sich hier um eine Gestaltung wider Willen handelt, die allen Sympathien, Wünschen, Hoffnungen der Zeit und des Dichters selbst entgegen war!

Grillparzer, Hebbel rangen um den König und die Tragödie. In der ›Agnes Bernauer‹ leuchtet die Idee des Fürsten auf; im ›Bruderzwist‹ gestaltet Grillparzer einen König, wenn auch bezeichnenderweise einen zerbrechenden; beide Dichter litten auf das schwerste unter der Zeit; das Drama und seine Form und zugleich ihre eigene Seele forderten ein anderes als das Jahrhundert, das sie immer wieder zu seinen Wortführern erniedrigte. Aber sie beide gaben dem deutschen Volk ebensowenig wie Schiller oder Kleist die große Königsgestalt, deren es bedurft hätte, um die Form seines staatlichen Lebens immer aufs neue zu verstehen und zu ehren. Keiner der großen Kaiser des Mittelalters wurde von der Dichtung dem Volke wieder geschenkt; das Reich blieb tot. Und doch wäre die Tragödie des Reichs auch der bedeutendste Inhalt der deutschen Tragödie gewesen, weil sie das Höchste durch das Sinnfälligste, das Überirdische durch das Irdische ausgedrückt hätte.

Diese innere Geschichte des deutschen Dramas muß man sich vor Augen halten, wenn man Paul Ernst verstehen will: vielleicht den letzten, der sich in der großen Tradition dramatischer deutscher Dichtung einen Platz errungen hat. Das Verständnis für König und Königtum – wie für den Adel der Kunstform – kann nur in Menschen vorhanden sein, die Rang haben; Paul Ernst hatte Rang im Gegensatz zu vielen Dichtern seiner Zeit, die weder vom Drama, seiner Form und seinen Voraussetzungen noch vom Königtum die ausreichende Vorstellung hatten; das Werk dieses letzten Tragikers, seine Dichtung wie sein Denken, erscheint wie der Epilog zu der unvollendeten deutschen Tragödie; es sagt aus, was die Deutschen hätten suchen sollen und was sie nicht erreichen konnten, weil ihre religiöse Welt und ihre Staatsform schon völlig zerklüftet waren, als sie begannen. Denn ebenso wie ein Fürst die ihm und dem Prinzip seiner Herrschaft entgegenstrebenden Tendenzen der Welt und Zeit nicht besiegen, sondern ihnen allein als Held unterliegen kann, so kann auch der Künstler eine Zeit, die seinem Wesen und seinem Auftrag völlig entgegen ist, nicht überwinden; er muß an ihr zerbrechen und sagt gerade damit aus, was ihn erfüllte und was ihm aufgetragen war. Die Forderung nach der geschlossenen Form des Staates wie der Kunst, nach dem König und dem königlichen Schicksal hat Paul Ernst als letzter durchlebt und ausgedrückt. Und so hat er für sich selbst die Revolution überwunden, die dem deutschen Drama in der Stunde seines Aufgangs zum Verhängnis geworden ist.

Kreuz und Geschichte

Zu den ergreifendsten Vorgängen der Weltgeschichte gehören die einfachen Szenen, die sich in England abspielten, als dort das Kreuz errichtet wurde. Sie hatten die kleine Insel Thanet zum Schauplatz, die vor der nordöstlichen Spitze Kents gelegen und damals durch einen flußartigen Meeresarm, den Wantsum, vom Festlande getrennt, im sechzehnten Jahrhundert mit diesem verwachsen ist; die Landspitze führt mit der für England charakteristischen Beharrlichkeit noch immer den Namen ›Insel‹ Thanet, so wie auch das Land um die aus dem Moor aufsteigende Kathedralenstadt Ely noch heute die ›Insel‹ Ely heißt. Thanet ist mit dem Festland verwachsen, nicht anders, als das Kreuz, das römische Mönche dort aufgepflanzt haben, mit England verwachsen ist; es läßt sich nicht mehr scheiden, was sich damals, zur Zeit des Aufgangs abendländischer und englischer Geschichte, zusammenfügte. Geschichtlich ist nur das Geschehene, nicht was unter irgendwelchen Voraussetzungen geschehen wäre; was uns als geschichtliche Wirklichkeit gegenübersteht: als eigentlicher Gegenstand unseres Denkens und unserer Erfahrung, den wir auf keine Weise umzuändern vermögen, das ist damals entstanden; und selten tritt das Gesetz dieser Wirklichkeit so klar zutage wie bei der Bekehrung Englands.

Thanet war das Sprungbrett der Eroberer: hier landeten Hengist und Horsa, die sagenhaften Führer der Angelsachsen; hier setzten sich später die Normannen fest, um von einem sicheren Stützpunkte aus das Land zu brandschatzen; zwischen den Landungen der Schwertgewaltigen liegt die Ankunft wehrloser Träger des Kreuzes (597), die von noch höherer Bedeutung war. Den von Papst Gregor dem Großen ausgesandten Mönchen unter Führung des römischen Abtes Augustin schien ihre Aufgabe noch schwerer zu sein, als sie war; in Frankreich wurden sie durch Erzählungen von der wilden, aus dem Bewußtsein des Abendlandes fast geschwundenen Insel Britannien (sie galt im sechsten Jahrhundert sogar als die Toteninsel) dermaßen erschreckt, daß sie beschlossen, ihren Auftrag nicht auszuführen und Augustin zurückzusenden; es bedurfte der Seelenkraft des gewaltigen Papstes, um die Missionare zur Fortsetzung ihres Weges zu bestimmen. Denn Gregor glühte für England seit seiner berühmten Begegnung mit englischen Sklaven auf dem Forum zu Rom; er ertrug den Gedanken nicht, daß Menschen von so edler Gestalt vom Heile ausgeschlossen blieben und – da sie ihre Bestimmung nicht kannten und ihre Seelen noch nicht erweckt waren – nur das Ansehen von Menschen hatten, ohne es zu sein. Erst fünfzig Jahre waren vergangen, seit Rom verödet hinter den abziehenden Scharen Totilas gelegen hatte, und schon wagte es, nach Britannien zu greifen, freilich nicht mit weltlicher, sondern mit geistiger Gewalt: der Umriß des Weltreiches der Cäsaren war nicht vergessen; er hatte sich als Umriß eines zu gewinnenden geistigen Reiches im Gedächtnis der Römer und namentlich Gregors, der einer alten Senatorenfamilie entstammte, erhalten. Nicht Untertanen waren zu gewinnen, sondern Seelen: hierin besteht die wichtigste Wendung der Weltgeschichte.

Als die Mönche gelandet waren, sandten sie einen Dolmetscher an Ethelbert, den in Canterbury wohnenden König von Kent, der um diese Zeit der mächtigste unter den vielen Kleinkönigen der Insel war und bis zum Humber geherrscht haben soll. Sie seien, ließen sie sagen, von Rom gekommen, um eine frohe Botschaft zu überbringen, die allen denen, die an sie glaubten, immerwährende Freuden im Himmel verheißt und ein unvergängliches Königreich im Angesicht des wahren, lebendigen Gottes. Seltsam! War Ethelbert nicht der mächtigste Fürst Britanniens, der sich die Nachbarn unterworfen hatte? Besaß er nicht ein weites Reich, tapfere Vasallen? Und nun wurde ihm ein anderes Reich verheißen, das nimmer enden sollte; was war dann dieses mit so harter Mühe errungene Reich wert, wenn es ein besseres gab – ein ewiges? Der König antwortete vorsichtig: die Angekommenen möchten auf der Insel bleiben und sollten dort mit allem Notwendigen versehen werden; er selbst werde mit ihnen sprechen. Einige Tage darauf kam der Herrscher mit seinem Gefolge über den Wantsum; er setzte sich im Freien nieder, vielleicht im Schutze eines alten Baumes, um vor Zauber sicher zu sein, und erwartete die Mönche. Diese zogen in ihren weißen Kutten singend heran, ein Silberkreuz und das auf Holz gemalte Bildnis des Herrn vor sich hertragend; als sie sich auf Ethelberts Geheiß gesetzt hatten, verkündete Augustin das Wort. Auch jetzt blieb der König bedächtig: Wohl seien die Worte und Versprechungen schön, aber sie seien neu; er könne das nicht verwerfen, was er und sein ganzes Volk so lange geglaubt. Doch lade er die Fremden ein, ihm in sein Königreich zu folgen. So zogen sie durch das Hügelland der Stadt zu, König und Mönche, über denen das Kreuz blinkte; ehe sie noch Canterbury betraten, müssen sie an dem Hügel vorbeigekommen sein, auf dem die kleine, noch aus christlicher Römerzeit stammende Kirche St. Martins stand. Dort hatte Jahr um Jahr Bertha, die fränkische Gemahlin Ethelberts, mit ihrem Kaplan Liudhard Gott dem Herrn gedient; und wenn auch die Geschichte nur wenig von ihr zu berichten weiß, so ist es doch gewiß, daß sie auf die der Frau vorbehaltene Weise Größtes bewirkte: weniger durch die Tat als betend und wartend, vermittelnd und vorbereitend. Als dann die Mönche in die kleine, aus Holz erbaute Stadt und Burg der Männer Kents (Canterbury) zogen, stimmten sie eine der schweren Litaneien ihrer Kirche an; ohne Waffen waren sie gekommen, aber von furchtbarer Wucht war ihr Gesang, der vom Zorn Gottes und von der Sünde des Menschen, von der Bitte um Gottes Gnade und von der Hoffnung auf sie tönte.

Die Mönche wirkten inmitten der Ungläubigen durch das Beispiel und den Ernst ihres Lebens, indem sie beteten, fasteten und alles weltliche Gut verachteten. Wunderbar wird es immer bleiben, mit welcher Schnelligkeit die Bekehrung sich vollzog; es war, als seien die alten Götter im geheimen längst Schatten geworden und als hätte es nur der Predigt des neuen Glaubens bedurft, um dies offenbar zu machen. Nach Ostern war Augustin gekommen, an Pfingsten ließ sich der König taufen, ihm folgte sein Volk rasch; der Christenglaube ergriff die Edlen zuerst und von ihnen her die Gefolgschaft. Während Augustin noch im Jahre seiner Ankunft nach Frankreich zurückreiste, um in Arles sich zum Erzbischof weihen zu lassen, stiegen um die Weihnachtszeit gegen zehntausend Menschen in die kalte Flut des Medway, die Taufe zu empfangen. Ohne jede Gewalt, allein durch den Geist der Botschaft, den Glauben und das untadelige Leben der Verkünder hatte das Kreuz gesiegt; auch der König wendete keine Gewalt an: er bedurfte ihrer nicht, denn er war vom Siege der Botschaft überzeugt; die Wahrheit war offenbar.

Augustinus, der mit Furcht und Zittern nach England gekommen, hatte ein Werk vollbringen dürfen, dessen Gelingen er selbst nur als ein Wunder betrachten konnte, so daß ihn später der Papst ermahnte, nicht in Hochmut zu verfallen, sondern die eigene Schwachheit zu bedenken und Gottes Gnade in Demut zu tragen. Gregors Geist blieb über dem Werk; er hatte es eingeleitet, er führte es durch, indem er seine Befehle sandte, die gewissenhaften und fast ängstlichen Fragen des Erzbischofs auf das genaueste beantwortete, an König und Königin schrieb. Noch war die Insel in viele kleine Reiche zerrissen, die miteinander in stetem Streite lagen, einem Streite ohne Inhalt, ohne Idee; denn welchen Inhalt hätte die Macht? Die Vormacht wechselte mit einem Kleinkönig zum andern; der Sieger hatte nichts Höheres zu vertreten als der Besiegte und leitete somit auch keine Wendung des Gesamtschicksals ein; nicht Geschichte hatte sich bisher begeben, sondern einfacher Kampf; die Kräfte der auf der Insel zusammenwohnenden Völkerschaften entfalteten sich bisher nicht, sie kreisten. Aber der Papst sah die Insel als Einheit; er hatte seinen Bischof nicht zu den Bewohnern Kents oder Ostangliens, Merciens oder Nordhumbriens gesandt, sondern nach England, einem Lande, das es noch nicht gab, das nun aber werden konnte unter dem Kreuz. Der Papst bestimmte auch die Erzbischofssitze; es waren die Römerstädte Londinium und Eburacum: die berühmte Handelsstadt an der Themse und York, wo einst die VI. Legion gelegen, wo Septimus Severus und Constantius Chlous gestorben, Konstantin der Große zum Kaiser erhoben worden war; eine Stadt, die im Gedächtnis Roms noch immer lebte, obwohl sie im entferntesten Norden und selbst außerhalb des Machtbereichs Ethelberts lag.

Die Entscheidung war gefallen: die auf der Insel einander zerfleischenden Völker konnten von nun an langsam zum Volk werden – zu dem Volke, das der Papst als Verbreiter der Heilslehre schon vorausgesetzt hatte; der Damm war durchbrochen, der diese Völker vom Strom der Geschichte trennte, und Geschichte, das heißt die nicht aufzuhebende, über die Widerstrebenden wie die Hingegebenen gleich mächtige Fortwirkung unverrückbarer Gesetze in sich immerfort erneuernder, wandelnder Welt, konnte nun auch Britannien wieder ergreifen. Was sich zuvor begeben hatte, ist den ersten Szenen eines Dramas vergleichbar, in denen die vorhandenen Kräfte sich darstellen; das Erscheinen der Mönche auf Thanet bedeutet das erregende Moment, mit dem die Handlung einsetzt, das heißt: entweder das Drama des Heils, in dem den Kräften des Glaubens die Gestaltung des Lebens gelingt, oder die Tragödie der Macht.

Nur aus tiefem geschichtlichem Bewußtsein konnte die Bekehrung Englands unternommen werden; der geschichtliche Sinn des Papstes bewährte sich auch darin, daß er den neuen Glauben mit den in Britannien verbundenen Formen der Verehrung zu verbinden suchte, also die lebendige Ehrfurcht nicht aufhob, sondern vertiefte; was Form angenommen hatte, sollte auch Form bleiben; es ist angesichts eines geschichtlichen Auftrags nichts bedenklicher als die Zerstörung einer einmal gebildeten Form. Darum sandte der Papst seinem Boten, der das Pallium überbrachte, einen zweiten nach: er habe noch einmal reiflich über das Bekehrungswerk nachgedacht und sei zu dem Schluß gekommen, daß die alten Heiligtümer nicht zerstört werden sollten; allein die Götterbilder sollten vernichtet und durch Altäre ersetzt, die Tempel durch geweihtes Wasser geheiligt werden. Dadurch würde das Volk, das seine Heiligtümer erhalten sehe, sich um so leichter vom Irrtum wenden und an den vertrauten Plätzen noch lieber zusammenfinden, um Gott zu verehren. Und da die Bekehrten bisher die Gewohnheit gehabt, den Göttern Ochsen zu schlachten, so sollten auch künftig am selben Orte Feste ähnlicher Art gehalten werden, entweder am Tage der Kirchenweihe oder am Tage des Heiligen, dessen Reliquien der Kirche übergeben wurden; die Gläubigen sollten dann, so schrieb der Papst, Hütten aus Zweigen bauen in der Umgebung der zu Kirchen umgewandelten Kultstätten, das geschlachtete Vieh aber nicht dem Bösen opfern, sondern verzehren zum Preise Gottes und ihm, dem Geber aller Güter, dafür danken.

Die Verbindung von Milde und Entschiedenheit, Nachsicht gegenüber der Gewohnheit und menschlichem Bedürfnis und die Festigkeit der Zielsetzung kennzeichnet auch das Erziehungswerk des Papstes: die Begründung christlicher Sitte. So vollzog sich der Eintritt Englands in die Spähre seiner künftigen geschichtlichen Wirkung unter umsichtigster Leitung (und die englische Geschichtsschreibung hat ungeachtet ihres reformatorischen Standpunkts mit der dem Engländer eigenen Hochschätzung aller englischen Werte dieses Verdienst nicht geschmälert). Es ist das Wesen des Kreuzes, zu erschüttern; diese Erschütterung, die sich schon in den ersten Worten der ›frohen Botschaft‹ ankündigte, wurde dem Könige Ethelbert nicht erspart, ebensowenig den Königen und Völkern des Nordens, die anfänglich leicht für den Glauben gewonnen wurden, dann aufs neue in den

Bann der Götter gerieten und diesen endlich zerbrachen. Geschichte ist ebensowohl ein sichtbarer wie ein innerer Vorgang; das Kreuz steht nur dort fest, wo es erschüttert hat. Die Geschichte des Abendlandes ist ein immerwährendes Ringen seiner Völker um das Kreuz, dem sie verdanken, was sie sind, und um den Beruf, das Kreuz in der Welt zu vertreten; sie können es nur, wenn ihnen das Kreuz ganz zu eigen geworden ist, und sie müssen dann ihr Recht auf Dasein und bald darauf dieses selbst verlieren, wenn sie dieses Ringen aufgeben und das Kreuz sie nicht mehr erschüttert.

Platen

Es ist die Art der Dichter, nicht nur ihre Werke zu dichten, sondern auch ihr Leben – das oft zu ihrem schwermütigsten Gedicht wird; und selbst das Schicksal, das ihr Name und ihre Werke nach ihrem Tode erfahren werden, drücken sie zuweilen im Gedicht aus: Dichten heißt ja sehen und gestalten, was andere nicht wahrnehmen können; es heißt das verborgene Innerste der Wirklichkeit zum Bilde erheben, das sich nur im langsamen Ablauf der Jahre und der Geschichte als schicksalsbestimmend erweist. So hat auch Platen sein Schicksal vorausgesagt und diese Voraussage, so schmerzlich sie war, wörtlich erfüllt; in einem Sonett, in dem der vielfach Verkannte, Gekränkte und freilich auch in höchstem Maße Verletzliche sich von seinem Vaterlande losriß, sagte er, in welchem Verhältnis er zu seinem Vaterlande stand, wie er es liebte, ihm diente und auf welche Weise er hoffte, dessen Besitz an unverlierbaren Gütern zu vermehren:

> Ich lieb es drum in keinem Sinne minder,
> Da stets ich mich in seinem Dienst verzehre,
> Doch wär ich gern das fernste seiner Kinder.

> Geschiehts, daß je den innern Schatz ich mehre,
> So bleibt der Fund, wenn längst dahin der Finder,
> Ein sichres Eigentum der deutschen Ehre.

Für einen Dienst dieser Art beanspruchte er ein Leben, das ganz und gar *sein* Leben war und nur selten in seiner Schwere und in seinem Leid von den Menschen verstanden worden ist. Platen ist das fernste der Kinder des Vaterlandes geworden, wie er es vorausgesagt; nicht nur sein Grab auf der Höhe über Syrakus, im Park der Villa Landolina, liegt in dieser Ferne, vielleicht auch sein Werk. Denn seit Jacob Grimm seinem hohen und verständnisvollen Lobe der Dichtung Platens die Bemerkung hinzugefügt hat, daß ihm ›Platen hin und wieder an das Kalte und Marmorne zu streifen‹ scheine, hat man nicht mehr aufgehört, von Marmorglätte und -kälte zu sprechen, ohne sich darum zu kümmern, daß im Marmor oftmals glühendstes Leben ausgedrückt worden ist, ja daß innere Glut eben nach dem Marmor verlangt. Der Dichter hat in der Zeit seiner Reife, nachdem er die schwere Schule der Form durchlaufen hatte, wohl niemals ein Wort geschrieben, ohne im Innersten ergriffen zu sein; wenige haben sich so ausschließlich wie er im Dienste einer höheren Macht gefühlt; auf deren Anruf wartete er; für ihn hielt er sich Jahr um Jahr bereit, verstummend, sobald er die innere Stimme nicht mehr vernahm. Im Todesjahr Goethes bekennt er, daß ihm niemals gelinge, was Goethe vermochte: die mächtige Brust zu zähmen und ›Weisheit einzutauschen für Begeisterung‹. Er könne sich nicht in die Pflanzenwelt einspinnen, nicht den Kristall ruhig beschauen:

> Zu tief ergreift mich
> Menschlichen Wechselgeschicks Entfaltung.

Platen erlebte nicht nur die unsägliche Not seines immer enttäuschten, verzichtenden und doch nicht erkaltenden Herzens; er erlebte Geschichte und wurde in steigendem Maße von ihr ergriffen, ohne im modernen Sinne ein politischer Dichter zu werden oder gar werden zu wollen. Die Geschichte und ihre Gesetze, die Fortwirkung der Vermächtnisse in der Zeit, die Mahnung an die vererbten Werte und Symbole, die Verkündung des Bleibenden im tief gefühlten, unter Erschütterungen erfahrenen Wandel: sie müßten vor allen Dingen in Dichtern ihre Sprache finden, die alten Geschlechtern entstammen; und in der Tat ist auch die Vertiefung des Geschichtsbewußtseins, die wir Novalis, Kleist, Eichendorff, Fouqué, der Droste, Arnim und Strachwitz wie einigen ritterlichen Dichtern Österreichs zu verdanken haben, sehr hoch zu bewerten. Die klassische Dichtung ist gerade dieser Aufgabe, und insofern sie eine deutsche Aufgabe war, nicht immer gerecht geworden. Sowenig aber Rittertum als eine mit schweren Opfern erkaufte Form, die als solche schon ein unveräußerlicher Besitz ist, unter den führenden und gestaltenden Kräften einer Nation entbehrt werden kann, so wenig ist es im geistigen Leben zu entbehren. Vom ritterlichen Dichter müßte freilich nicht eine bedingungslose Verherrlichung des Gewesenen, sondern vor allem ein großes Geschichtsbild erwartet werden, in dem das Unveränderliche, durch alle Zeiten Wirkende den ihm gebührenden Platz findet. Wie weit ein Volk bereit ist, diese Kräfte wieder aufzunehmen, ist eine zweite Frage; notwendig ist zunächst einmal, daß sie da sind.

Nun war die Zeit, in der Platen und die anderen bedeutenden ritterlichen Dichter lebten, tief verwirrt; und die Verwirrung ist auch in sein Werk wie in das der andern eingegangen. Platen selbst feierte die Trikolore, freilich als ein Sinnbild edler, verpflichtender Freiheit, das, nachdem es einmal aufgerichtet war, den höchsten Sinn erhalten sollte; er sprach in frühen Jahren das seherische und, in weitester Perspektive, doch falsche Wort von der nach Westen, in das Land der Freiheit fliehenden Weltgeschichte: die Träume von dem Menschheitslande Amerika, denen sich um die Jahrhundertwende Vossens Pfarrer hingegeben, während er behaglich am Ofen saß oder noch im Bette lag, waren noch nicht ausgeträumt. Aber die Zeit, in der solche Worte gesprochen wurden, stockte; und es mußte gerade den edelsten Geistern, die nach Tat und Gestaltung verlangten, fast alles willkommen sein, was die Zeit wieder in Fluß brachte.

Platen hat sich dann, namentlich seit er in Italien lebte und ›menschliches Wechselgeschick‹ ihm immer deutlicher vor die Augen trat, ein großes Geschichtsbild errungen; ein solches ist undenkbar ohne die Idee des Gerichts, des alle Schuld wieder zur Verantwortung ziehenden Gesetzes. Wohl hat Nietzsche, dessen Leben bei größter Gegensätzlichkeit der Wertsetzungen dem Platens in vielem gleichen sollte, die Idee einer solchen im höchsten Sinne sittlichen Weltordnung mit seinem bittersten Spott bedacht; aber sie gehört zu den Werten, die nur bestritten werden, um erprobt zu werden, und nicht aufgegeben werden können. Nicht nur, daß keine geschlossene dichterische Gestaltung möglich ist ohne diese Idee: es ist auch nicht möglich, Geschichte ohne sie zu verstehen und ihre Zusammenhänge zu erkennen. Eichendorff verkündete in seinen zu wenig gekannten ›Zeitliedern‹, daß ›Gott nun selbst die Weltgeschichte dichtet‹ oder daß der Herr sie schreibe mit seinen Blitzen; dieses über riesige Zeiträume ausgedehnte Wirken undurchbrechlicher Gesetze hat auch Platen erkannt und zum Gegenstand seiner Dichtung gemacht. Während etwa Schiller als Dramatiker gezwungen war, Schuld und Sühne in demselben auf einen kurzen Zeitabschnit zusammengedrängten Einzelschicksal sich auswirken zu lassen, konnte der Dichter der ›Oden‹ und ›Festgesänge‹ – großartigster Geschichtslyrik – sich über die Jahrhunderte emporschwingen und sie überschauen. So sah Platen – seiner Tradition wie seinem Wesen nach

Protestant im Gegensatz zu Eichendorff – in dem Unheil, das im sechzehnten Jahrhundert Rom traf, die Vergeltung dafür, daß sich die Päpste einst die Hoheit über die Kaiser angemaßt hatten, daß also Rom eine ihm nicht gebührende Macht erstrebt hatte; so konnte er noch in dem Gericht, das über Ludwig XVI. und sein Haus erging, die Sühne erblicken für den Mord an Konradin, dem Hohenstaufen:

> Uralte Blutschuld lastet lange schon
> Auf Capets Haus, seitdem den erlauchten Sproß
> Ruhmvoller Kaiser einst der schnöde
> Bruder des heiligen Ludwigs abhieb.

›Aus der Welt Jahrbüchern Gerechtigkeit zu lernen‹, dies war die Forderung, die der Dichter an Karl X. von Frankreich, an alle Schuldigen und Leidenden der Geschichte stellte. Eine solche Gerechtigkeit vollzieht sich nicht immer im einzelnen Leben; sie waltet über den Zeiten und erlegt gerade darum einer jeden Generation die schwerste Verantwortung auf; denn Schuld, die sie etwa auf sich lädt, wird sich erst an den späteren auswirken. Das Gericht ist verheißen für den Jüngsten Tag, am Ende der Geschichte; es ist aber auch in der Geschichte selbst und wird von denen erkannt, denen die Vergangenheit in ihrem ganzen Ausmaß gegenwärtig ist; ein Dichter, der seiner Herkunft zufolge nicht allein in der Gegenwart lebte, sondern auch die Vergangenheit als einen Schauplatz seines Daseins empfand, mußte das Gericht verkünden. Aus demselben Grunde fühlte sich Platen noch dreißig Jahre nach dem Untergang des Reiches als ›Vasall‹ des Kaisers: da Franz II. das Zepter gehalten, als der Dichter geboren wurde, so wußte sich dieser dem Kaiser unlösbar verpflichtet, und zwar ungeachtet der Schuld, die auf dem Habsburger lag und die der Dichter sehr wohl erkannte und aussprach. Aber eine solche Schuld konnte in seinen Augen die Geltung vererbten Gesetzes nicht aufheben, dessen Wesen es ist, unabhängig von Menschen und Ereignissen zu bestehen; und wer war nicht schuldig? Büßte doch auch Konradin, dessen Mord Ludwig XVI. sühnen sollte, für die Zerstörung Mailands durch Barbarossa; war doch Franz' II. Schuld zum guten Teil eine Erbschuld des Geschlechts: Ehrsucht der Könige erschien diesem unerschütterlichen Vasallen als das schwerste aller Vergehen. So verdammte er Karl V., den Kaiser, an dessen Bewertung die Deutschen sich ewig voneinander scheiden werden; daß auch Karl V. unter einem Auftrag gestanden, den abzuweisen nicht in seiner Macht lag, wollte Platen nicht anerkennen.

Der Dichter dachte daran, die großen Kaiser in einem Epos zu feiern, das sich einen Platz neben dem Nibelungenlied verdienen sollte; wenn er nicht in die befreiende Märchenwelt Arabiens und in die Gärten Persiens abschweifte, wenn ihn nicht die Schwermut eines im Grunde unheilbaren und unstillbaren Lebens in das Innerste seiner Seele flüchten ließ, so erlebte er, in furchtbarer Ferne von seinem Vaterlande, fast nichts als dessen Geschichte. Er pilgerte nach Canossa, fand kein Obdach beim Pfarrer des Orts, der in ärmlicher Hütte unter der zertrümmerten Burg hauste, und erinnerte sich in kalter Nacht der Leiden Kaiser Heinrichs; er zürnte Rom mit Otto III. und kam doch von Rom nicht los: dort sah ihn Ernst von Bandel, der Bildhauer, auf der Straße, nahe den Quattro Fontane, zusammenbrechen, einen von der Qual der Einsamkeit verzehrten Mann. Als der Dichter wenige Monate vor seinem Tode, nachts an der Küste Siziliens hinwandernd, seine mächtigen Festgesänge dichtete, gedachte er mit Stolz der nordischen Helden, die das Eiland erobert und besessen hatten, der in Palermo bestatteten Hohenstaufen Heinrich VI. und Friedrich II.

Dieser Gesang, der im Bewußtsein eines wohl nicht mehr zu übertreffenden Sieges gedichtet wurde und an Form und innerer Macht dem Dichter endlich genügte, enthält noch ein anderes Bekenntnis. Neben der Geschichte des Vaterlandes hatte die Antike am stärksten auf Platen gewirkt; ihr hatte er sein Leben lang nachgestrebt; ihr Vorbild hatte oft in drückender Schwere auf ihm gelastet (tödlich ist ja auch, wie er erfahren hatte, der Anblick vollkommener Schönheit); nun, mit dem letzten Gesang, glaubte er ihm Genüge getan zu haben:

Hellas erscheint nicht mehr so furchtbar.

Mit diesen Worten und noch einigen abreißenden Strophen, die Sizilien und der Antike galten, endete ein Leben, das in allen seinen Möglichkeiten an die Grenze gelangt war. Das Ersehnteste wurde nicht erreicht: nicht sehr ferne der Bühne, auf der vor dem grenzenlosen Meere die Chorgesänge des Äschylos zum ersten

Mal ertönten, fand der Dichter sein Grab; die Tragödie war seine Sehnsucht gewesen; er sollte sie durchleben, nicht gestalten dürfen. Sein Vermächtnis ist das vollkommene Gedicht, in dem eine Seele ihre Form annahm, um zu dauern; es ist ein Ethos, das um der Form willen einen jeden Verzicht forderte; es ist die Schule dieser vollendeten Form, der sich die Späteren nicht entziehen können; und es ist eine wahrhaft große und sittliche Auffassung der Geschichte und ›menschlichen Wechselgeschicks‹. Von dem Leben eines Dichters sollte nur gesprochen werden mit Bezug auf sein Werk; ist das Leben schwer und seltsam gewesen, das Werk aber unzulänglich, so ist auch das Leben für die Nachwelt ohne Bedeutung; ist das Werk groß, so erhebt es die Betrachtung des Lebens. Stolz und Leidenschaft, die sich auf Erden nur unter einem glücklichen Sterne vereinen, bekämpfen sich in Platen: die Leidenschaft beugte den Stolz; der Stolz zerstörte die Leidenschaft. Größer war vielleicht ein anderes, geistiges Leiden: der Zwiespalt zwischen Antike und christlicher Welt und Geschichte muß in ihm sehr tief gewesen sein. Ob dieser Konflikt die Kraft des Dichters verbrauchte? Unter allen tragischen Künstlerschicksalen des vorigen Jahrhunderts verbirgt sich die Tragödie des Glaubens und Nichtglaubenkönnens. Das Letzte kann nur geahnt, nur angedeutet werden; das von Blüten überwucherte Grab im Park der Villa Landolina birgt viele Geheimnisse, die Geheimnisse bleiben sollen. Es liegt am Rande des Erdteils und an der äußersten Grenze des Reichs, das der im Süden umhergetriebene Dichter bei allem Groll auf sein Vaterland nie verlassen hat. Aber Syrakus ist nicht nur die Stadt des griechischen Tragikers; es ist auch die Stadt des Paulus: ›Und da wir gen Syrakus kamen, blieben wir drei Tage da‹ (Apostelgeschichte 28, 12). Indem Platen diese Grenze, wo die Gegensätze sich trafen und vereinten, erreichte und überschritt, durchlebte er ein Schicksal, das so tief im Deutschen liegt, daß es noch oft wiederholt werden sollte. So wurde er Sprecher und begründete den Deutschen ein Eigentum an der Stelle, wo ihr gefährlich weites Reich unwiderruflich endet.

Wenige Gestalten von entscheidender geschichtlicher Bedeutung sind so schwer zu durchdringen und zu bewerten wie König Heinrich VIII.; man kennt Holbeins Bild in Windsor; aber der Prunk der Kleidung lenkt vom Antlitz ab und soll es vielleicht: von diesem Gesicht, dessen verschwommene, unnatürlich breite untere Hälfte mit der kalten Leere der Augen, bedeutender, im Zug der Brauen sich ausdrückender Energie und mit Zeichen durchbrechender Verachtung alles Menschlichen kaum in Einklang zu bringen ist. Das Bild steht etwa in der Mitte eines aus einander völlig gegensätzlichen Hälften sich zusammenfügenden Lebens: ein Jugendbildnis Jost van Cleefs zeigt einen weichen, unbestimmten Mann, dem allenfalls seine Weichheit und Eitelkeit gefährlich werden können, der aber anscheinend guter Wesensart ist; das Altersbild des Cornelis Matsys stellt ein böses, unförmiges Tier dar, das lauernd und zugleich furchtsam, nicht mehr ganz mächtig, sich zu wehren – denn die Hände scheinen kraftlos geworden zu sein –, aber doch immer noch eines furchtbaren Angriffs fähig, aus seinem Panzer blickt. Auf dem Jugendbildnis war ein Anflug von Seele sichtbar; auf dem Antlitz des Mannes lag der grelle Widerschein der Macht; über das Gesicht des früh Gealterten, Kranken ging Unaussprechliches hinweg; nun scheint er nur noch Schauplatz zu sein oder die Wohnstätte der Gewalten, die schon bereit sind, ihn zu verlassen

Was hat sich in diesem Manne zugetragen? Könige durchleben die Schicksale ihrer Völker wie ihr eigenes Leben; sie sind auch im Persönlichsten nicht nur Person; und wenn das Geheimnis des Königtums eben darin besteht, daß im Träger der Krone nicht nur Gegenwärtiges lebt, sondern im gleichen Maße die Tiefe der Vergangenheit und das Zukünftige, so daß er im umfassenden Sinne Ausdruck des geschichtlichen Seins des Volkes ist, dessen Krone er trägt, so ist auch Heinrich VIII. ein König gewesen; und es spricht ebenso für ihn wie für die eigentümliche Begrenzung englischen Königtums, wenn ein bedeutender Historiker (A. F. Pollard) Heinrich VIII. den größten englischen König nennt. Sein Leben zerfällt, wie die Geschichte Englands, in deren Mitte er steht, in zwei Teile; hinter dem Bilde des Königs liegen, durch eine Wasserscheide voneinander getrennt, die zwei Landschaften der englischen Geschichte. Die eine dieser Landschaften ist vom Glaubenslichte besonnt, die großen Kathedralen dämmern aus dem Wiesenlande empor, und wenn auch die Brandwolken des Krieges in der Nähe und Ferne über dem Lande schweben, so gehen doch die Ströme einen ruhigen Gang; das Größte ist gewiß: nicht im Diesseits, sondern im Jenseits liegt das Ziel. Aber auf der andern Seite stürzen sich die Ströme über wild zerrissene Hänge in das Meer, auf dem die Schiffe den Küsten des Weltreichs entgegenziehen oder mit fremdartiger Beute beladen zurückkehren.

Über Gestalten, die auf solche Weise die Wende der Geschichte bestimmen, ist niemals Einigkeit zu erzielen. Heinrich VIII. brach mit Rom, das heißt, er zerriß eine Bindung, die tausend Jahre bestanden hatte; Rom hat England geeint; es hat ihm das Christentum gebracht, auf dem seine Kultur unabänderlich ruht; wäre England nicht Rom auf diese Weise verpflichtet, so hätte es längst den Bruch verschmerzt, den der König vollzogen hat. Aber die St. Pauls-Kathedrale ist dem Katholizismus um vieles näher als dem Protestantismus. Der Bruch ist nicht verheilt und wird wohl auch niemals verheilen; er hat alle im Inselreich bestehenden Gegensätze der Traditionen verschärft und den Geist bis in die Wurzeln zerteilt; er hat jahrhundertelange Kämpfe hervorgerufen, die die Substanz des Landes aufzubrauchen drohten, und wenn England diesem Zwiespalt nicht erlag, so hat es dies vielleicht dem natürlichsten Umstand zu verdanken: dem, daß sein Volk ein Inselvolk ist. Wenn die Mannschaft eines Schiffes meutert, so wird das Schiff zum Spielball der Wellen; auch eine Insel wird Beute, deren Volk uneins ist; und England hat dieses Schicksal zu oft erfahren, als daß es nicht aus ihm hätte lernen müssen.

An dem Bruch mit Rom, zu dem sich Heinrich VIII. entschloß, hatten Gewissenskämpfe in der Art der in Deutschland ausgetragenen keinen Anteil; er erfolgte offenbar gegen das Gewissen; selbst Heinrich VIII. ist er nicht leicht geworden. Denn in den ersten zwanzig Jahren seiner Regierung, bis zu dem Augenblick, da die verzehrende Leidenschaft zu Anna Boleyn ihn überwältigte, kannte Heinrich keinen größeren Stolz, als der Paladin Roms zu sein; er verabscheute die deutsche Reformation; und auch später, als er mit dem Papste zerfallen war und es zuließ, daß englische Theologen und Bischöfe die in Deutschland gewonnenen Erfahrungen und Kenntnisse in England in begrenztem Maße verwendeten, verbesserte sich sein Verhältnis zu Luther nicht. Er hatte gegen Luther ein Buch geschrieben und sich dafür vom Papste den Titel eines Verteidigers des Glaubens verdient, auf den er noch in seinem Testamente als Haupt der losgerissenen Kirche Englands nicht verzichten sollte; Luther hatte ihm auf das heftigste erwidert, sich dann bei ihm entschuldigt und war später, als Heinrich die politische Macht des deutschen Kaisers doch höher anschlug als die der protestantischen Fürsten, in neuen Groll ausgebrochen; eine Verständigung war nicht möglich: Heinrich hatte kein Organ für das aus dem Innern hervorbrechende Revolutionäre, das in der deutschen Reformation mächtig war; er handelte von oben, als König, mit einem oft übergangenen, aber noch öfter sich geltend machenden Respekt vor dem Werte einer überkommenen Form. Die Erfahrung, die schon Wyclif gemacht hatte: daß man nicht gegen den Papst kämpfen und zugleich päpstlich sein, sich nicht von Rom trennen und zugleich am von Rom vertretenen Dogma festhalten konnte, war Heinrich VIII. unwillkommen; ihm ging es ja nicht um Dogma und Glauben und um nichts Inneres, sondern allein um die Macht.

Die Macht ist ihm spät erst aufgegangen; der dämonische Zwang, den das Verlangen nach ihr auszuüben vermag, hatte auf seine an Festen und ritterlichen Spielen reiche Jugend nur einen geringen Einfluß. Wie einer seiner Vorgänger aus dem Hause Plantagenet fuhr er noch über den Kanal (1513), in Frankreich zu kämpfen, während in den Händen seiner Gattin Katharina von Aragon die größere Verantwortung lag; sie, eine von der stärksten aller Traditionen, der spanischen, geformte Frau, leitete die Regierung, als die Schotten einbrachen und bei Flodden ihre vernichtende Niederlage erlitten. Neben dem König, der sehr lange jung blieb, das heißt lenkbar, abhängig, stand Wolsey, der Kardinal; dieser leitete die englische Politik, indem er die großen kontinentalen Spannungen zwischen Frankreich und dem Kaiser nutzte. Heinrich VII., der bedeutende, meist unterschätzte Vater des Königs, hatte nicht auf dem Recht, sondern auf der Gewalt die Macht des walisischen Hauses Tudor begründet; den überkommenen Gesetzen suchte der Sohn zu folgen, froh, wenn er Ruhm und Ansehen oder doch deren Schein vermehrte und dabei Zeit behielt für Maskenfeste in Westminster, Fahrten auf der Themse im bunten Boot unter dem Schall der Instrumente und dem Jubel des an ihm hängenden Volks, für die Turniere in Greenwich und die Jagden in den Wäldern um Windsor.

Es bedurfte der Leidenschaft des Blutes, um die politische Leidenschaft in ihm zu entzünden, ihn in wenigen Jahren völlig zu verwandeln und in Gegensatz zu den Werten zu bringen, die er zwar nicht aus dem Herzen, aber aus Tradition verehrt hatte. Seine eigenste, peinlich-persönliche Sache war es, die er im Jahre 1529, gemeinsam mit einem ihm mehr oder weniger dienstbaren Parlament, in Angriff nahm. Nun, da der Papst, der vom Kaiser abhängig war, die geforderte Scheidung nicht vollzog, wurde alles fragwürdig: das Ansehen der geistlichen Gerichte, durch die sich der König stark behindert fühlte, die Hoheit Roms, der Besitz der Kirche, endlich das Dogma. Es eröffnete sich die Perspektive einer ungeheuren, bisher von keinem englischen König besessenen Macht. Wie einst Wolsey nach der Papstkrone gestrebt hatte und an diesem Ehrgeiz gescheitert war, so strebte nun Heinrich VIII., der mit verzehrendem Neide einen jeden Erfolg Karls V. oder Franz' I. mit angesehen hatte, nach einer Würde, die Kaisertum und Papsttum zusammenfaßte: es war die ›imperial crown‹, die kaiserliche Krone Englands, die, aus der Tiefe römischer Zeit heraufschimmernd, den Blick des Königs blendete; jetzt war ihre Stunde anscheinend gekommen. Denn die Kaisermacht rieb sich an den Kämpfen im Innern Deutschlands auf; das Ansehen des Papstes war schon von Deutschland her auf das schwerste erschüttert: England hatte mit diesen Vorgängen im Grunde nichts zu tun, aber sie trugen dazu bei, es frei zu machen und auf sein eigenes Gesetz zu verweisen.

Dieses Gesetz hat Heinrich VIII. geahnt; es wäre zuviel gewagt, wenn man sagen wollte, daß er es verstanden hat; wie sein Vater, Heinrich VII., den gegen Ende das Geld reute, das er für John Cabots Fahrten nach Nordamerika hätte aufwenden sollen, so begriff auch Heinrich VIII. die Forderung des Westens nicht; er handelte weit mehr unter dem Zwang der Leidenschaft und im dumpfen Gefühl einer Notwendigkeit als in dem klaren Bewußtsein einer solchen; zu mächtig war in ihm das Blut, das ihn immer aufs neue in Fesseln legte, und wahrlich nicht nur in die Fesseln der Frauen, die er zu lieben meinte, sondern der Großen, die hinter diesen Frauen standen und sie ihm in die Hände spielten und wieder entrissen. Er blieb ein Geführter, auch wenn er als Freier zu handeln glaubte; aber das Gebot, dem er in seinen entscheidenden Augenblicken gehorchte, kam aus der Tiefe: England, das einen jahrhundertelangen Kampf mit Rom geführt hatte, macht sich frei; und es wurde frei und eines neuen, ins Ungewisse zielenden Schicksals fähig, als sein von der Leidenschaft geknechteter König dem Papst das Recht absprach, ihn zu richten.

Daß infolge dieses Entschlusses eine Glaubensform zertrümmert wurde, die in ihrer ganzen, das Leben ordnenden und umspannenden Größe nicht zu ersetzen war, zeigte sich bald; der gefährliche, aus dem noch streng gläubigen Westen und Norden heranflutende religiöse Aufstand, der im Todesjahr Anna Boleyns (1536) Heinrichs Macht bedrohte, war ein erstes Zeichen dafür; um die Wiederherstellung einer neuen Einheit an Stelle der von ihm zerschlagenen alten hat Heinrich VIII., der Königspapst, in seinen letzten Jahren verzweifelt gerungen, Sakramente aufhebend und wieder einsetzend, wie sein Kopf an Stelle des unbeteiligten Herzens es ihm eingab, und vergeblich versuchend, als Herr des Staates auch Herr der Seelen zu werden. Aber die Grenzen aller weltlichen Macht, die Heinrich, als ein echter Vertreter der Renaissance, nicht hatte kennen wollen, waren nun offenbar: das Reich der Seele lag nicht unter dem Zepter; in ihm herrschte ein anderes, dem Staate nicht dienstbares Gesetz; und von diesem Reiche her, das der König übergangen hatte, wurde die geschichtliche Wirklichkeit unaufhörlich erschüttert, was auch immer der König auf deren schwankendem Boden bauen mochte. Der Herrscher, der als ein todkranker Mann unter hervorstürzenden Tränen das erstaunte Parlament zur Einigkeit, ja mit den Worten des Apostels Paulus zur christlichen Liebe ermahnte, hatte die Tragik seiner Tat erlebt; er hätte diese Tat nimmer widerrufen; aber er erkannte nun, daß es einer Kraft des Herzens und des Glaubens bedurfte, deren er nicht Meister war.

Dennoch: hinter ihm erdämmert das Meer, der Umriß des Empire. Verfehlt sind alle Versuche, ihn von Schuld loszusprechen; er war schuldig in einem Maße, wie es nur wenige Menschen geworden sind: schuldig an den Frauen, deren einige freilich auch an ihm schuldig wurden; viel schuldiger an seinem Freunde Thomas More – sofern ein Mensch Heinrichs Freund genannt werden kann – und an Thomas Fisher; auch die schwerste Schuld, die geistige, lag auf ihm: sie war der Preis der Macht. Und als deren verbrauchtes Werkzeug ist Heinrich VIII. gestorben; dennoch der erste, der sich nicht nur König Irlands, sondern auch König

Englands nennen konnte in dem neuen Sinne: als König des Inselreichs, das es gewagt hatte, sein Gesetz aus sich selbst zu nehmen, und dem es gelungen war, dieses Gesetz – in der ungewöhnlich glücklichen, vom König verstandenen Stunde – gegenüber der Welt zu behaupten. Heinrich VIII. hatte die folgenschwerste Entscheidung der englischen Geschichte getroffen; aber endgültig gesichert war sein Werk nicht, als er starb, und der Kampf um dieses Werk wird niemals aufhören; denn wie Heinrich VIII. zu leben versuchte, vermag der Mensch nicht zu leben: er war kein Christ in dem allein gültigen Sinne, in dem Christ sein heißt Christus nachfolgen. Wie für ihn am Ende die Welt ihren Wert verlor, so auch bald für die Renaissance; Kämpfe und Leiden, eine Not der Seele standen bevor, deren ganzes Ausmaß der König als ein dem Diesseits verfallener und von diesem endlich enttäuschter Mensch nicht ahnen konnte; und der Bestand Englands hing nun davon ab, ob es gelang, auf dem furchtbar erschütterten Grund wieder eine Kirche zu bauen; und wenn auch nicht die umfassende, so doch eine Kirche, die stark genug war, den Glauben zu sammeln, zu verdichten und in solchem Maße wieder auszustrahlen, daß die Not der Seele gemildert wurde.

Christopher Marlowe, der Dichter der Macht

Poverty and Poetry his tomb does inclose.
Wherefore, good neighbours, be merry in prose.
Grabschrift des Dichters Thomas Churchyard (16. Jhd.)

Dichter, die Sprecher ihrer Völker sind, erscheinen und wirken
in engstem Zusammenhang mit der Geschichte: nicht um der Geschichte selbst zu dienen, sondern um die Kraft auszudrücken, die
sie von innen bewegt, und um, wenn die Sendung erfüllt werden
soll, das geschichtliche Leben, Vergangenes und Künftiges, mit
dem Ewigen zu verbinden. Die Sendung kann verfehlt werden;
denn auch das Genie ist frei und kann die ihm auferlegte Pflicht
mißdeuten oder abwerfen; die sittliche Kraft entscheidet auch
hier weit mehr als die Umstände. Weniger kann die Aussage verfehlt werden, wenn auch ihre Stärke und Geltung von der Meisterschaft über die Mittel des Ausdrucks abhängen. Die größten
englischen Dichter des sechzehnten Jahrhunderts erhoben sich,
als die Geschichte Englands ihre bedeutsamste Wendung genommen hatte, fast könnte man sagen, in zwei Stücke zerbrochen
war, so wie etwa ein treibender Eisblock auseinanderbirst und
dann die Strömung die beiden Teile rasch voneinander entfernt.
Das alte England der großen Herren, der Ritterklöster, mächtigen Geistlichen, schwachen, ehrgeizigen, verbrecherischen Könige, dieses unter allen Kämpfen doch befriedete, weil gläubige
England war noch nahe, aber der Abstand zwischen ihm und dem
Bestehenden vergrößerte sich von Tag zu Tag; wenn die Lebenden selbst nicht mehr in der entschwindenden Sphäre aufgewach-
sen waren, so stammten doch ihre Eltern aus ihr; diese waren
noch römisch getauft und aufgenommen worden in die eine, umfassende Kirche, gegen die plötzlich diesseits der Alpen und Py-
renäen der Kampf entbrannte. Aber die Macht der Taufe ist
schwer zu begrenzen, sie ist ein Geheimnis; wenige, die vom
heiligen Wasser genetzt wurden, verlieren die Bindung an den
Ort, wo dies geschehen ist; und es ist ohne Belang für die Tatsache dieser Bindung, ob sie von den Menschen anerkannt wird
oder ob diese während ihres ganzen Lebens sich bemühen, sie zu
zerreißen.

Was war geschehen? Der Sinn der englischen Reformation, das heißt der Tat Heinrichs VIII., besteht in einer Wertverschiebung: der Staat erlangte Autorität über den Glauben und seine Form. Der Kampf mit Rom und seinem Anspruch war ja nicht neu; er wurde immer geführt, auch von gläubigen Königen, und war ebensowenig völlig zu vermeiden, wie die einzelnen Streitfälle zu umgehen waren, die sich aus der wechselseitigen Durchdringung zweier Autoritäten ergaben. Solange die weltlichen Herren nicht versuchten, die Form des Glaubens zu verändern oder eine geforderte Wandlung im Kampfe mit Rom zu unterstützen, rührte dieser Kampf nicht an die Grundfesten der bestehenden Ordnung. Aber in diesem Kampf, der anscheinend nur um Interessen ging, um weltliche Hoheitsansprüche, um Geld, Besitz und Gerichtsbarkeit, war ein Gesetz lebendig, das die Gesamtheit des religiösen und geistigen Lebens zu verändern drohte: Im Augenblick, wo der König völlig siegte und sich und sein Land von Rom frei machte, mußte er auch die Glaubensform verändern; es war sinnlos, ja unmöglich, dem Papst den Gehorsam aufzusagen und papistisch zu bleiben, Rom zu verleugnen und die von Rom vertretene Glaubensform beizubehalten: beruhte nicht auf ihr und auf ihr allein die Hoheit Roms? So verfuhr Heinrich VIII. nur folgerichtig, als er Sakramente aufhob und seinen Untertanen bald dies, bald jenes zu glauben befahl, wie es ihm sein theologischer Dilettantismus und der ihm, als einem König, eigene Instinkt für die Notwendigkeit einer Form eingaben; der Staat hatte die Seelen aus einer Heimat verwiesen, die schon begonnen hatte, ihnen fremd zu werden; der Staat mußte nun darauf bedacht sein, ihnen wieder eine Heimat zu beschaffen – über die er selbst Herr war.

Aber bedurfte der Mensch wirklich eines solchen der Erde entrückten Bereichs? Kam es nicht auf einen Versuch an mit der Erde selbst? Diese Frage stellte Christopher Marlowe, der Schusterssohn aus Canterbury. Als er aufwuchs in der alten Kathedralenstadt, dem Ausgangspunkt der endgültigen Christianisierung Englands ud Mittelpunkt englischen Christentums, mochten sich noch viele Leute daran erinnern, daß vor etwa dreißig Jahren im Auftrage des Königs ein langer Wagenzug vor der Kathedrale erschienen war, um alle die Schätze mit fortzunehmen, die sich im Laufe vieler Jahrhunderte in dem ehrwürdigen Heiligtum und dem anschließenden Kloster aufgehäuft hatten; der Herrscher selbst, so wurde erzählt, habe an seinem Daumen den Rubin von wunderbarer Größe getragen, den einst ein frommer französischer König am Grabe des heiligen Thomas von Canterbury niedergelegt hatte. Das Ansehen der Kathedrale war vernichtet, auch das der alten Hauptstadt Kents; London, die Handelsstadt, schien England werden zu sollen. Wohl versuchte Erzbischof Parker zur Zeit der Königin Elisabeth der alten Schule wenigstens das Ansehen der Gelehrsamkeit zurückzugeben; aber es fehlte die Weihe, die sich durch nichts ersetzen läßt. Die Macht hatte gesiegt; auf Gut und Geld, auf Herrschaft kam es an, nicht auf Symbole oder die Ehrfurcht vor dem Unsichtbaren und deren sichtbare Form; Marlowe wurde zum Sprecher der losgelösten, rein irdischen Macht.

Wohl schon, als der Dichter nach beendigter Erziehung aus Cambridge nach London kam, brachte er das Manuskript des ersten Teils des ›Tamerlan‹ mit; kein zweiter Dichter, auch Shakespeare nicht, hat mit einer so rücksichtslosen Klarheit und Leidenschaft wie Marlowe bekannt, was England bewegte in den Jahren, da es seine künftige Macht zum ersten Mal zu umfassen suchte oder sie doch ahnte. Vergeblich hatte Martin Frobisher wieder und wieder Grönland umschifft, um an der Küste des Baffinlandes nach Gold zu suchen; Davis sollte ihm folgen und in die Straße eindringen, die nach ihm benannt wurde; mit Beute beladen, kamen Hawkins und Drake von der Küste Guineas, von den reichen spanischen Kolonien in Mittelamerika und dem nördlichen Südamerika zurück; als erster Nachfolger Magellans hatte Drake dessen Straße befahren und im Stillen Ozean, nahe der Küste Perus, unermeßliche Schätze geraubt, die er nach gefahrvoller Heimfahrt seiner Königin zu Füßen legte; früher schon war Jenkinson, das Goldland der Fabel vor Augen, um Skandinavien herum und durch das Weiße Meer gesegelt, um dann, über Moskau und Nischnij Nowgorod und das Kaspische Meer bis fast an die Grenze Afghanistans vorzudringen; Fitch war unterwegs, durch das Mittelmeer über Aleppo, Basra, Ormuz Indien und dessen Innerstes zu erreichen; Lancaster sollte ihm auf dem Wege um das Kap folgen. Die Welt lag offen da und war noch mit dem Scheine des Wunderbaren, mit der Möglichkeit des Unwahrscheinlichsten umgeben, die am stärksten zu Taten reizen; sie bot ungeheure Gefahren, aber doch nur geringen Widerstand; Tamerlan, der Welteroberer, stand mitten in der Gegenwart.

Aber Marlowe nährte den Skythen mit Normannenblut, mit uralt englischem Erbe; so kalt, so leidenschaftlich, so außerhalb einer jeden Möglichkeit, von der Schuld gebeugt oder gehemmt zu werden, war Wilhelm der Eroberer in der Zeit seiner Tat; als hochgewachsener blonder Normanne von furchtbarer Gliederstärke und mit blassem, von Gier und Plänen verzehrtem Gesicht stand Tamerlan vor den Augen des Dichters. War aber Wilhelm, der Staatsmann, besonnen im kühnsten Wagnis, fähig, auf den einen ihm günstigen Augenblick lange Zeit zu warten, ein zäher Vorbereiter und listiger, rücksichtsloser Betrüger, so war Tamerlan trunken; ihn berauschte die Macht, das unbegrenzte Versprechen, das die Welt und ihre Schätze ihm zu machen schienen. Und der Glaube? Toren sind alle, Mohammedaner und Christen, die auf übernatürlichen Beistand hoffen und nicht genug haben an der Erde. Es ist keine größere Seligkeit möglich als diese irdische; keine außer dem Triumph, einen gefangenen, einstmals mächtigen Kaiser als lebendige Stufe vor den Thron zu schleudern und auf ihn zu treten; als den Gefangenen in einem Käfig mitzuschleppen, ihn hungern zu lassen, zu schmähen und zu erniedrigen, auf einem von Königen gezogenen Gespann unter Peitschenknallen durch die bezwungene Welt zu rollen. Die Macht will ins Grenzenlose; das ist ihr Gesetz; aber es wirft keinen Schatten auf sie: der Sterbende, den kein Gegner besiegt, an dem kein Rächer seine ungeheuerlichen Verbrechen gesühnt, läßt sich eine Weltkarte reichen:

> Give me a map; then let me see how much
> Is left for me to conquer all the world;
> That these my boys may finish all my wants.

Er hat die Grenzen der Welt noch nicht erreicht und blickt auf Erreichbar-Größeres; er träumt in diesen letzten Augenblicken davon, einen Kanal graben zu lassen, der aus dem Mittelmeer in das Rote Meer führt; wenn er stirbt, so nur, weil seine Leidenschaft ihn verzehrt hat, sein Körper verbraucht ist; der Sohn wird vielleicht versagen, aber Tamerlan glaubt bis zuletzt an die Möglichkeit dessen, was er gewollt, an die Unangreifbarkeit irdischer Werte:

> So reign, my son; scourge and control those slaves,
> Guiding the chariot with thy father's hand.

Wohl sprach Tamerlan von Gott, aber nur, um sich als Gottes Geißel zu bezeichnen; es gibt einen Glauben, der dazu dient, Gott verantwortlich zu machen für Verbrechen ungeheuren Ausmaßes und frei zu werden für diese Verbrechen; es ist der Glaube der Empörer und großen Eroberer, der Glaube Tamerlans, eines Niedriggeborenen, der kein Recht hat und sucht und sich als bewußter Zerstörer auf Gott beruft; er will Geißel sein in der Hand des Herrn und duldet darum den Schöpfer.

Reuelos stirbt auch Barabas, der Jude von Malta, der, wie Tamerlan die Macht des Schwertes, die Macht des Geldes, die Weltmacht des Handels vertritt. Der in enger Kammer sitzende Händler, der sein Gold zählt und abwägt und den Lauf seiner Schiffe verfolgt, der bald darauf bereit ist, seine Tochter seinem Schatz zu opfern, nimmt als Gestalt und in seinem Schicksal alles Krämertum voraus, das sich nun erst, seit die Meere geöffnet sind, zu weltbeherrschender Geltung erheben soll. Mehr als er, mehr auch als Tamerlan, will Faust, der Deutsche, der seine Seele verkauft, um die höchste, die geistige Macht zu erwerben; war für Tamerlan ein König mehr als Gott, so ist für Faust der Wissende, Zaubergewaltige mehr als ein König. Der Glaube an die Allmacht des Wissens soll nun erst die Welt erobern, um durch Jahrhunderte zu herrschen; die Wissenschaft wurde ja eben erst ›frei‹; aber Faust verachtet Recht, Medizin-Theologie in gleicher Weise; er will Macht allein, und da diese sich endlich als unzulänglich erweist angesichts der Nichtigkeit der Zeit, so ist der eben begonnenen Entwicklung ihr Schicksal vorausgesagt. Auch Faust bereute nicht, er wollte nur bereuen, als es zu spät war; vorher, in der letzten ihm gegebenen Frist, entschied er sich nicht für Reue und Abkehr, sondern für das Leben, für Helena, deren Kuß ihm unsterbliches Leben verleihen sollte.

Um dieselbe Zeit etwa, da Shakespeare sich anschickte, den gewaltigen Epilog auf das entschwindende alte England zu halten, hatte Marlowe den Prolog für das werdende schon gesprochen, ja man könnte sein Werk den Prolog des Empire nennen, wäre es nicht allzu unerbittlich im Ausdruck und daher nicht eigentlich englisch; wo die entscheidende Tat geschieht, schätzt man selten das entscheidende, allzu deutliche Wort. Aber Schwert, Handel und Wissen, der Eroberer, der Krämer und der die Natur beherrschende Zauberer (der Techniker im modernen Sinne) begründeten und behaupten das Empire; Tamerlan weiß, daß die Macht die Liebe kosten kann; Barabas gibt aus Liebe zu seinem Gold die letzte Liebe hin; Faust verzichtet auf die Seligkeit und wird dadurch der Mächtigste. Doch in dieser Tragödie des verwegensten Empörers ist auch die Hölle geschildert: nicht mehr die der Glaubenszeit, sondern die Hölle, die den modernen Menschen umschließt. Nachdem Faust den Pakt vorgelesen und sich entschlossen hat, ihn zu besiegeln, gilt seiner erste Frage der Hölle; Mephistopheles erwidert: die Hölle sei unter dem Himmel; sie sei überall, wo wir uns befänden; und dereinst, wenn die Welt ende, sei alles Hölle, was nicht Himmel sei. Hölle ist Ferne von Gott; Hölle ist im Grunde die ganze Erde: die Sphäre der Macht. Gott ist, aber er ist unerreichbar geworden; in seiner letzten, entsetzlichsten Sekunde fühlt ihn Faust, der von den Teufeln fortgeschleppt wird:

My God! My God, look not so fierce on me!

Es ist der Schrei eines Verzweifelten, der die überirdische Macht wohl fühlt in seiner Angst, aber nicht an sie glauben und sich zum Glauben und zur Liebe nicht überwinden kann; es ist der Schrei des modernen Menschen. Puritaner behaupteten, bei einer Vorstellung des ›Faust‹ sei der zitierte Satan selbst auf der Bühne erschienen; ein nach dem Tode des Dichters gefundenes Dokument, dessen gotteslästerlichen Inhalt man nur mit Auslassungen wiederzugeben wagte, bezichtigt Marlowe des Atheismus; die Echtheit wird bestritten; der Inhalt, so ungereimt er im einzelnen ist, steht in einer gewissen Übereinstimmung mit Marlowe und seinen Werken. Die Lebensform, die er darstellte, war unmöglich von Anfang an; sie war aber zu einem guten Teil das Ergebnis der im sechzehnten Jahrhundert gefallenen Entscheidung: seit der Staat über dem Glauben stand, blieb als Ziel nur die Macht; aber die Macht ist kein Inhalt und rechtfertigt nicht sich selbst. Tamerlan ist bereits der Übermensch, der am Ende des neunzehnten Jahrhunderts wieder heraufkommt, nur ist er echt; Normannenblut ist in ihm. Marlowe lebte und starb als Empörer und gelangte darum nicht zur geschlossenen Tragödie, zur Kunstform; in Shakespeare überwog die Ehrfurcht, die in dem Menschen zu erwecken die letzte Aufgabe der Tragödie ist. Diesem Größeren übergab Marlowe am Ende seines kurzen Lebens, als noch nicht Dreißigjähriger, die Historie: auch als Dichter des ›Edward II‹ ist

Marlowe ein gewaltiger Gestalter, aber er ist nicht mehr, was er war, was ihn einzigartig machte. Der Tradition zufolge soll der Dichter des ›Tamerlan‹ kurz vor seinem Tode, vielleicht selbst an dem Tage, da ihn der tödliche Dolchstich traf, das seit Jahren bei Deptford in der Themse liegende Schiff Francis Drakes besucht haben, mit dem der große Pirat und spätere Seeheld als erster Engländer die Welt umfahren hatte. Diese Überlieferung wirft gleichsam ein letztes, grelles Licht auf das düstere Leben des Dichters; das Schiff war aus der Ferne gekommen, von der er einen verzehrenden Traum geträumt; es hatte den ganzen Bereich künftiger englischer Macht durchquert, so wie auch Marlowe diese Macht im voraus durchlebt hatte, um ihre Größe und ihre Tragik zu erkennen und zu feiern und endlich an ihre Grenzen zu stoßen.

Die Reformation vermögen wir uns nur zu denken als einen im Innern beginnenden Vorgang, der sich aus Kämpfen des Glaubens und des Gewissens entwickelt hat und die Lösung kirchenpolitischer und endlich staatspolitischer Fragen unter seelischen Erschütterungen anstrebte. Es ist das Kennzeichen der englischen Reformation, daß sie den entgegengesetzten Weg ging; für Heinrich VIII. handelte es sich zunächst nur um den Staat und seine Person, die der König dem Staate fast gleichsetzte; vollzieht aber der Lenker des Staates eine Wendung von so ungeheurer Bedeutung, die gleichsam das dem inneren Leben bisher angemessene Klima verändert, so können die Folgen nur sehr langsam sichtbar werden. Es ist ja ein Gesetz des geistigen Lebens, daß es zu jeder Zeit übergangen werden kann und die Wirkungen einer solchen Mißachtung sich sehr spät – und eigentlich immer zu spät, aber dann auf furchtbare Weise – bemerkbar machen; an Beispielen dieser Art ist in der deutschen Geschichte des achtzehnten und neunzehnten Jahrhunderts kein Mangel. Viel klarer noch muß dieses Gesetz in Erscheinung treten, wo es sich um den Glauben handelt, der das Innerste des geistigen Lebens ist; denn ohne den Glauben und ohne von ihm gespeist zu werden, muß das geistige Leben nach einer gewissen Zeit unfehlbar absterben; kein noch so kühner oder eigenmächtiger Einsatz kann für den Boden der Entfaltung entschädigen, den allein der Glaube sichert.

Die Form der englischen Kirche – nicht der Church of England, die erst entstehen sollte, sondern der aus dem Mittelalter überkommenen Church in England – war vom König und dem Parlament zertrümmert worden; wie sollte eine neue Form sich bilden, und gar eine englische Form, wenn kein neuer, spezifisch englischer Gehalt da war? Überraschend schnell war die Zertrümmerung gelungen; sie hatte nicht einmal die vom Lenker des Staates befürchteten, von einem Teil seiner Gegner vielleicht erhofften außenpolitischen Folgen. Daß es nach wie vor einer Kirche bedurfte, bezweifelte niemand in England; aber eine Kirche kann sich nur bilden, indem sie sich mit Notwendigkeit um einen starken Glauben zusammenschließt, um diesen zu schützen, zu bewahren und zu überliefern. Der Mann, der sein ganzes Leben daransetzte, dieser Kirche einen Inhalt zu geben und ein spezifisch englisches, von allen festländischen Autoritäten unabhängiges Christentum zu schaffen, war Thomas Cranmer (1489-1556), der im Jahre 1533 auf den erzbischöflichen Stuhl von Canterbury erhoben wurde und, als er diese höchste kirchliche Würde Englands empfing, dem Papst den geforderten Eid leistete und diesen Eid darauf widerrief.

Aber nicht um seines Werkes willen, das in seiner Art gewiß groß, wenn auch wohl nicht vollkommen ist, soll an ihn erinnert werden: Thomas Cranmer hatte nach einem arbeitsreichen, schweren Leben ein bitteres Schicksal, das eindringlicher als jede Theorie das Verhältnis zwischen Staat und Bischof und die für dieses Verhältnis geltenden Gesetze darlegt. Und selbst wenn man die englische Reformation nicht zu billigen vermag, ungeachtet ihrer großen Wirkungen – Wert und Wirkung sind ja unterschiedlichen Ranges und können nicht aneinander gemessen werden –, so wird man doch mit Ergriffenheit dieses Leben betrachten, das langsam von einem anfangs nicht geahnten Konflikt überschattet wurde und endlich an ihm scheiterte. Man wird Thomas Cranmer zubilligen müssen, daß er in seiner Jugend an den viel zitierten, keineswegs aber leicht und eindeutig zu umschreibenden Mißständen der alten Kirche litt und ehrlichen Herzens eine Besserung suchte; er wollte der Kirche dienen, so wie er, wie die Menschen des aufgehenden sechzehnten Jahrhunderts diesen Dienst verstanden; und er wollte zugleich seinem König dienen, dessen Autorität anzuzweifeln niemand in den Sinn kam. Daß diese beiden Forderungen miteinander in einen unversöhnlichen Gegensatz geraten konnten, mochte Thomas Cranmer nicht für möglich halten.

Er erwies dem Herrscher wertvolle Dienste, als dieser sich von seiner ersten Gattin trennen wollte; das klare Recht war gewiß nicht auf Heinrichs Seite, und in menschlicher Beziehung beging er offenbares Unrecht; Thomas Cranmer hat vielleicht nicht darunter gelitten. Als das schwerste aller Verbrechen erschien ihm Ungehorsam gegen die Obrigkeit; er war, was diese Rangordnung der Werte betrifft, durchaus ein Mensch der Renaissance, der beginnenden modernen Zeit. Wenn wir aber hören, daß der König in seiner Todesstunde nach dem Erzbischof verlangte und, schon nicht mehr fähig zu sprechen, dessen Hand preßte, daß

Cranmer von diesem Tage an seinen Bart nicht mehr schneiden ließ, um dieses Zeichen der Trauer um seinen Herrn bis an seinen Tod zu tragen, so erfahren wir, daß nicht nur empfangene Würde und Gunst den Diener mit dem König verbanden: es gibt der menschlichen Zeugnisse zugunsten Heinrichs VIII. nicht eben viel; darum soll dieser Zug nicht verschwiegen werden.

Cranmer hatte fast alles getan, was der König von ihm verlangte: er verband den Herrscher mit Anna Boleyn und erklärte drei Jahre darauf, als diese schon im Tower ihren Tod erwartete, die Ehe für ungültig; und er tat das, obwohl er behauptete, von keiner Frau eine bessere Meinung gehabt zu haben als von Anna; er mußte die Auflösung der Klöster hinnehmen, obwohl er zum mindesten mit der Form, in der diese geschah, keineswegs einverstanden war; er mußte die Sechs Artikel, das vom König festgelegte englische Dogma, hinausgehen lassen und suchte die Anwendung zu mildern, so gut oder so wenig er das konnte; er erlebte es, daß Thomas Cromwell, der ›Hammer der Mönche‹, enthauptet wurde, und war auch dieses Mal nicht einig mit seinem Herrn, dem er unerschütterlich diente. Aber seine eigentliche Arbeit und Aufgabe hing von all diesen Vorgängen nicht ab; auf des Herrschers Gebot und vielleicht mit dessen Hilfe gab der dem Volke eine englische Litanei an Stelle der lateinischen; und wie sie, so ist auch das Gebetbuch (Common Prayer Book), das Cranmer nach Heinrichs Tod herausgab, unentbehrlicher Besitz der Nation geworden. Er sorgte für die Verbreitung der englischen Bibel; er wies der englischen Kirche eine zwar von allen denkbaren Vorbildern bestimmte, aber doch unabhängige Stellung an; er kämpfte um die Durchsetzung einer einheitlichen Liturgie, eines einheitlichen Kirchenrechts. Zuweilen Luther, dann wieder Zwingli näherstehend, aber die Formen der katholischen Kirche viel höher schätzend als sie, Vorbilder der Ostkirche, vielleicht selbst der altspanischen, mozarabischen Liturgie nicht verschmähend, fügte Cranmer einen Kirchenbau zusammen, der, so problematisch er Ausländern scheinen mag, doch der Seele des englischen Volkes eine Heimstätte bieten konnte. Und der Verfasser des Prayer Book wußte wohl, wessen sein Volk bedurfte, auf welche Weise und in welcher Sprache es Gott verehren wollte; der Bischof, dessen ›wunderbar sanftes Wesen‹ seine Freunde rühmten, war ja selbst ein Vertreter englischer Art: er liebte unversöhnliche Gegensätze im privaten Dasein nicht und überließ ihnen dafür den Bereich, in den sie gehörten, die große Politik.

Aber der Gegensatz war da und sollte mit einem Male in das Leben des Volkes und eines jeden einzelnen treten; Cranmers Arbeit hatte darauf beruht, daß er sich erst mit König Heinrich, dann mit dessen unmündigem Sohne Edward oder dem Protektor einig wissen durfte: der König war das ›oberste Haupt der Kirche Englands‹; diesen Satz hatte Cranmer beschworen, und die Autorität dieses Oberhauptes war für ihn unerschütterlich. Die Kirche war nicht frei; sie hatte vom Träger der Staatsgewalt ihre Form, ja selbst ihr Dogma erhalten, das willkürlich zu verändern Heinrich VIII. sich wiederholt nicht gescheut hatte; langsam, wenn auch noch immer unter Schwankungen, festigte sich diese fragwürdige Kirche: wie, wenn nun ein Oberhaupt des Staates und der Kirche an die Macht gelangte, das diese Kirche und ihr zusammengestückeltes Dogma nicht gelten ließe? Das Recht, auf das sich der Bischof bisher verlassen hatte, war ein irdisches Recht: die Macht hatte es geschaffen, das Interesse hatte es gewollt. Aber die Macht wechselt im Ablauf der Geschichte ihren Herrn, das von der Welt her aufgebaute Recht bricht wieder ein. In diesem Augenblick zeigt es sich, daß der einzelne, und wieviel mehr der Bischof, an Gott gebunden sein müßte und daß die Kirche nur feststeht und ihre Aufgabe erfüllt, die nicht der Macht ihre Form verdankt, sondern der Offenbahrung und dem lebendigen Glauben. Nach dem Tode des Knabenkönigs machte sich auch Cranmer, wenngleich schweren Herzens und als letzter, an dem Versuche schuldig, die arme Johanna Grey auf den Thron zu erheben; aber das Volk wußte besser, was recht ist, als es der Bischof nun wissen wollte; der Anschlag scheiterte sofort; und Heinrichs Tochter Maria, die Katholikin, bestieg nach dem Willen Heinrichs, nach Recht und Gesetz den Thron Englands. Das Gesetz, das dem Herrscher die Hoheit über die Kirche zusprach, mußte sich nun gegen sie wenden; es zeigte sich, daß zerstörende Elemente in die Fundamente der vom Staat geschaffenen Kirche eingefügt waren.

Es gab keinen Ausweg für Thomas Cranmer. Einst hatte er seine Verpflichtung gegen den Papst gebrochen, um seinem König zu folgen; und es mag eingeräumt werden, daß er dies getan unter der Beteiligung seines Herzens, seiner besten Hoffnungen. – Geschichtsbetrachtung verdient ja nur dann ihren Namen, wenn sie von dem unverrückbaren Standort des Glaubens aus Gerechtigkeit übt. – Vom Regiment des Königs und von dessen gutem Willen mochte Cranmer die Wiederherstellung der von inneren Gefahren bedrohten Kirche erwartet haben. Aber er hatte sich, indem er sich so entschied, einem Grundsatz verpflichtet, der nicht haltbar war: was Heinrich VIII. getan, das konnte Maria, seine Tochter und Nachfolgerin, mit demselben Rechte tun, und der Bischof mußte sich nun entscheiden, ob er die Kirche verteidigen sollte, für die er bisher gelebt, ob er den Gehorsam gegen die weltliche Obrigkeit, der ihm erstes Gesetz gewesen, einhalten oder brechen sollte.

Die Mittel, die Königin Maria und ihr Gatte Philipp II. anwendeten, um England wieder katholisch zu machen, waren gewiß nicht die rechten; dennoch wird man nicht sagen können, daß die Absicht des Herrscherpaares – eines sehr seltsamen, tragischen Paares – der geschichtlichen Grundlagen entbehrt und dem ganzen Volke widersprochen habe; wäre es eine durchaus willkürliche Absicht gewesen, so hätte England nicht noch jahrhundertelang um die Einheit des Glaubens und seiner Form – vergeblich – kämpfen müssen. Thomas Cranmer verteidigte, schon als Gefangener, in einer Disputation zu Oxford seine Grundsätze mit Würde und nicht ohne Eindruck auf seine Gegner zu machen; aber als er dann wieder in seinem Gefängnis am nördlichen Stadttor der Universitätsstadt lag, muß auch zu ihm der lähmende, verwirrende Schrecken gedrungen sein, der damals auf der Insel lastete. Der Erzbischof war nicht zum Kämpfer, nicht zum Bekenner geboren: er war seiner Natur nach Gefolgsmann des Stärksten in seiner Nähe; so war er Heinrich VIII. verfallen, hatte er allen Einflüssen der Zeitgenossen nachgegeben, hatte er sich, wider besseres Wissen, dem Protektor Northumberland gefügt, als dieser Johanna Grey an Stelle Marias zur Königin machen wollte; nun vermochte er das Schicksal nicht zu tragen und auszutragen, das ihn in Konflikt mit der Staatsgewalt gebracht hatte. Äußerem Druck erliegend, aufgerieben von der noch furchtbareren Not des Zwiespaltes zwischen zwei Verpflichtungen, unterwarf er sich, eine Erklärung nach der andern unterzeichnend und immer weitere Zugeständnisse machend, bis er endlich in seiner fünften Erklärung sich dazu verstand, alle Sätze Luthers und Zwinglis zu verwerfen und die Hoheit des Papstes anzuerkennen. Auch das genügte der Regierung noch nicht; es wurde ein sechstes Dokument von Cranmer erzwungen, in dem der Zusammenbrechende seine bittere Reue aussprach über das von ihm heraufbeschworene Schisma und seine Folgen.

Um diesen Preis hatte der Verurteilte, der in seinem Gefängnis unter Todesschauern die letzte furchtbare Nacht durchlitt, sich wieder in Einklang mit dem geltenden Gesetz gebracht; aber nun, angesichts der Ewigkeit, wurde Thomas Cranmer frei. Denn als er am Morgen bei Sturm und Regen in die Kirche zu St. Mary in Oxford geführt worden war, um dort, auf einer Bühne gegenüber der Kanzel, den geforderten siebenten Widerruf zu leisten, ermahnte er zwar zum Gehorsam gegen König und Königin und zur brüderlichen Liebe, dann aber sprach er von der schrecklichen Not des Gewissens, in die er dadurch geraten sei, daß er der Wahrheit widersprechende Schriftstücke unterzeichnet habe. »Und da meine Hand gesündigt hat, indem sie schrieb, was meinem Herzen entgegen war, so soll sie zuerst verbrannt werden.« Als darauf der Greis unter wachsender Erregung der Versammelten den Papst und seine Lehre aufs neue verdammte und vom Sakrament zu sprechen begann, wurde er unterbrochen und zum Scheiterhaufen gebracht. Vergeblich ermahnten ihn die Mönche auf dem Wege, nicht seine Seligkeit zu verscherzen; als die Flammen auflloderten, stand der einstige Erzbischof, über dessen Brust der lange weiße Bart niederwallte, die Rechte ausgestreckt in die Glut haltend, mit der Linken sich die Stirne wischend, doch ohne einen Schmerzenslaut über die Lippen zu bringen, im Feuer. Die Flammen verzehrten die Hand, mit der er gesündigt, und erfaßten dann ihn; und erst in dieser Stunde stand Thomas Cranmer, der sein Leben lang ein Diener der Gewalt gewesen, als Verantwortlicher einsam vor Gott; erst in dieser Stunde war er, was er von Anfang an zu sein glaubte, ein Bischof; denn nun gab er das Beispiel, zu dem er verpflichtet war, indem er das Gesetz der Menschen erlitt, Gottes Gesetz aber, nach seinem Glauben, erfüllte.

Zu den Anekdoten von Friedrich dem Großen

Wer sich so manches bittere welt- und menschenfeindliche Wort
des Großen Königs ins Gedächtnis ruft und es den Anekdoten
gegenüberstellt, in denen auf den ersten Blick der Preußenkönig
sich in derselben herkömmlichen landesväterlichen oder kriege-
rischen Würde und Gewitztheit spiegelt wie auf dem Deckel einer
Schnupftabaksdose, der könnte meinen, daß selten ein so ergreifender Gegensatz zwischen dem Wesen eines Menschen und dem
von ihm entworfenen und ausgestalteten Bilde in Erscheinung
trete wie im Falle Friedrichs des Großen. Aber in den Malereien
auf den alten Dosen ist wie in den Anekdoten weit mehr von der
geschichtlichen Wahrheit des achtzehnten Jahrhunderts enthalten, als die Späteren wieder herstellen können. Wo liegt die letzte
Wahrheit, wo entsprechen einander Bild und Wesen, die Seele
und ihr Widerschein, wie sie einander doch immer entsprechen?
Keinem Maler war es erlaubt, ein zulängliches Bild des Königs
zu überliefern; statt dessen besitzen wir seine Totenmaske, in der
das Innerste seiner Natur zur reinen Form erstarrt ist. Aber auch
eine solche Maske täuscht, sie bildet nur den Kern der Wahrheit,
die sehr viel mehr umfaßt als das starre, ausgeglühte Siegel der
endgültigen Form; die Form wurde dem Leben abgerungen; und
dem Volke, dem der König bei allem ätzenden Spott mit heißem
Herzen diente, war es um dieses Leben zu tun. So hat es als Dichter und Ausgestalter der Anekdoten vom Großen König das Bild
gemalt, das ihm die Maler schuldig bleiben mußten und das ihm
später auch die Dichter – ohne im selben Maße wie die Maler entschuldigt werden zu können – vorenthielten. Dieses Bild scheint
zunächst freilich wenig gemein zu haben mit dem Herrn von
Sanssouci, der bei aller Heftigkeit seiner Empfindungen in der
Einsamkeit gleichsam erfror und die wenigen Herzen, die sich
ihm zu nahen wagten, tödlich verletzte; ja dessen Königsschicksal
es war, daß er die ihm Ebenbürtigen kränken und die ihm Fernen
beglücken mußte; es ist, als hätte das Volk aus allen Provinzen
des Königs Blüten und Zweige herbeigetragen, um den furchtbaren Ernst der immanenten Wahrheit – den Ernst der Totenmaske
– zu verbergen.

Dennoch enthüllt sich bei längerem Beschauen dieses Bild als tief, so wie ja auch eine Miniatur oder ein Stich ihre Tiefe langsam aufschließen können; es wird sich zeigen, daß das Volk recht damit hatte, aber es hatte auch ein Anrecht auf ein solches Bild des Königs. Denn welches innere Schicksal ein König haben mag und in welcher Einsamkeit und Kälte er auch zu leben verdammt ist, so muß doch seine Natur reich genug sein, um dem Volke Stoff zu einem solchen Königsbilde zu geben, das ihm nah und verständlich und zugleich durch innere Hoheit entrückt ist. Zu allen Zeiten und unter allen Völkern wußten die Könige, die erfüllt waren von ihrem Amt, von der Notwendigkeit eines solchen Bildes; ebenso wie die Völker den Herrschern, die den Thron bestiegen, das treu bewahrte Bild des Königs fordernd entgegenhielten, mochte dies nun in Form von allegorischen Darstellungen beim Krönungsritt oder Einzug oder, in ernüchterten Zeiten, in Form von Huldigungsgedichten, Bittgesuchen und Erinnerungen an die Vergangenheit und Tat und Art der Väter dargeboten werden. Nicht zuletzt besteht die Weisheit eines Königs darin, daß er dieses Bild achtet, das als Erbe der Zeiten in seinem Volke schlummert.

Friedrich wußte davon; aber er war König, das heißt, er entsprach seinem Wesen nach diesem Bilde. Er bedurfte keiner Geste, keines tönenden Worts, keines Aufzugs, – und wie leicht hätten seiner überreichen und zugleich zwiespältigen Natur auch die Mittel des Schauspielers zu Gebote gestanden, wenn er es nicht verschmäht hätte, außerhalb der Diplomatie, vor seinem Volke, sich ihrer zu bedienen. Ja er konnte die Harrenden, die den heimkehrenden, von siebenjährigem Kriege gebeugten Sieger feiern wollten, bitter enttäuschen, indem er auf Umwegen zum Schloß fuhr; und er entsprach auch damit dem Bilde des Königs, wenngleich das Volk in solchen Augenblicken lernen mußte, seinem König nachzudenken und ihn tiefer zu verstehen. Dies hatte die eine Voraussetzung, daß das Volk gesund war und noch einen untrüglichen Sinn für das Echte und den Unwert und die Unwürdigkeit aller Gesten und Schaustellungen hatte, daß es wußte, was ein König ist.

Freilich wäre der König seinem Volke nicht so nahe gekommen, hätte sich der unverwelkliche Kranz der Anekdoten – seiner eigentlichen Unsterblichkeit – nicht in solcher Üppigkeit gerundet, wenn nicht der Humor des Königs in einem jeden Augenblick die Verbindung zwischen dem Einsamen und dem Volke hergestellt hätte. Der Humor als das eigentliche Kennzeichen wahren Ernstes, innerer Freiheit und Überlegenheit – als solcher nur ganz wenigen Geistern dionysischer Natur vielleicht entbehrlich – wird vom Volke durchaus verstanden als das, was er ist, und darum auch gefordert; es gab wohl keinen bedeutenden Fürsten, der nicht über ihn verfügte, selten einen schwachen, der nicht in guten Stunden kraft seines Humors sich als königlich erwiesen hätte. Humor ist aber auch der Ausdruck wahrer Güte; er hat seinen Ursprung im Herzen und verrät das Herz, und das Volk, das vor allem den Herzschlag seines Herrn vernehmen will, verzeiht ihm leicht Ironie, Hohn und Zynismus, wenn nur das Herz unter den Hagelschauern seinen starken Schlag behält. Humor ist auch das Geheimnis unverlierbarer Hoheit: der König, der es hinnimmt, daß ihm seine Soldaten das ›Grad ut‹ zurückgeben und noch die Aufforderung, er möge seine Stiefel hochziehen, hinzufügen: dieser König ist wahrhaft Herr, in einem andern Sinne, als es ein General werden kann. Er kann einen Irrtum, einen Befehl widerrufen, ein versehentlich oder in der Leidenschaft begangenes Unrecht wieder gutmachen, selbst einer harten Notwendigkeit ausweichen, ohne den geringsten Splitter seiner Autorität einzubüßen. Denn eine Autorität dieser Art ist nicht auf dem Befehl, sondern in den Herzen begründet, ohne deren Teilnahme einmal auch der Befehl versagen muß.

Wunderbar! Dieses von Humor getönte und durchleuchtete, aus zahllosen Farbenbrechungen, Einzelzügen, glücklich aufgefangenen, weitergesponnenen Begebenheiten zusammengefügte Bild des Königs, an dem sein Volk weit über seinen Tod hinaus gearbeitet hat, ist das beste geblieben. Kein Forscher, kein Psychologe, mochte er auch zuweilen tiefer in die Geheimnisse der Seele eindringen, konnte ein Bild entwerfen, das reicher und gültiger geworden wäre. Die Totalität friderizianischen Wesens, die ganze ungeheure Weite des Lebens, die zwischen der Verbundenheit mit dem Volke und der Einsamkeit des tragischen Menschen sich ausbreitet, ist in den Anekdoten umschrieben. Totalität wird aber nur dort erreicht, wo die Mitte getroffen wird. Das Volk fühlte die Mitte; es fühlte vor allem, daß bei aller Kälte und Härte ein Herz pochte unter der Tat, daß ein Schicksal dieser Art nur von einem starken Herzen angetrieben werden kann. Und es erkannte die höchste Tugend des Königs: den Sinn für Gerechtigkeit, der freilich darauf verzichtete, die große Politik des Königreiches zu lenken, aber innerhalb der Landesgrenzen eine Einschränkung nicht zuließ. Wie der König selbst aus Eifer für die Gerechtigkeit zuweilen schweres Unrecht tat, so fügte auch das Volk der Wahrheit Unrecht zu, nur um den gerechten Sinn des Königs sinnfällig herauszustellen; und in beiden Fällen mag ihnen ein höherer Richter verziehen haben, der die Absicht prüft in den Werken.

Im Umkreis dieser Mitte treten alle Eigenschaften des Königs in Erscheinung: seine Zweifelsucht und seine Neigung zum Spott; seine echt königliche Freude, zuweilen die Vorsehung zu spielen und Ahnungslose zu beglücken wie den schlafenden Pagen; eine Art von Güte und Lust am Schenken, die nur aus dem fest verschlossenen Grabe eigenen Glücks hervorblüht; seine Fähigkeit, blitzschnell eine ihm feindliche Sachlage zu erfassen, zu wenden, eine gegnerische Antwort umzubiegen, einen unterlaufenen Irrtum auszulöschen, sich die Zuneigung eines Verletzten zurückzugewinnen, einen Menschen im übertragenen und selbst im wörtlichen Sinne zu entwaffnen; der geheime Heroismus der verzweifelnden, sich am Grunde ihrer Verzweiflung wieder aufraffenden Seele, der noch weit mehr bedeutet als der Heroismus in der Schlacht; Weisheit, die von der Hinfälligkeit eigenen Wirkens weiß und deren sichtbaren Ausdruck, die zerfallenden, moosüberwucherten Statuen im Park von Sanssouci, nicht missen will; die Genialität, aber auch die Dämonie des Feldherrn und Politikers, der rücksichtslos eines jeden Leben in seinen Dienst reißt oder achtlos hinter sich herwirbelt, und die fast pedantische Liebe und Treue des Musikers zu seiner Kunst. Aber auch Dunkleres wird der aufmerksam Schauende erkennen: die Ironie, die vor dem eigenen Beginnen nicht Halt macht und darauf verzichtet, Gott als Bundesgenossen in einem doch zweifelhaften, allzu irdisch-politischen Unternehmen herbeizurufen; die Fürsorge für die Tiere, hinter der sich herbe Entbehrung, aber auch kalter Stolz verbergen; eine ratlose Beschäftigung mit den letzten Trümmern des Glaubens und der Heilslehre, die der Verstand und die zerstörende Zeit noch nicht aufgelöst haben, und eine wehmütig-nachsichtige Achtung vor denen, deren Glaube noch heil ist. Dahinter deuten die Tat und ihr Gesetz sich an: die Sorge um Schlesien, mit dessen Eroberung der König im Augenblick seiner Thronbesteigung sich selbst, seinem Staate und seinem Hause, ja dem ganzen Vaterland ein Schicksal auferlegte, das bejaht und ausgetragen, aber nicht mehr gewendet werden konnte.

Unfehlbar wird im Ablauf der Zeit das Wesen eines geschichtlichen Menschen sichtbar; es prägt sich seinem Lebenskreise auf, und alle Bemühungen, die Umrisse zu verändern oder zu verwischen, sind endlich vergeblich. Wie der Umriß des Gestirns im lichterfüllten Dunst, so muß die Gestalt des Königs sich rein abheben von der Epoche, deren Atmosphäre von seinem glühenden Geiste und Willen gesättigt ist. Und wie der Künstler zuletzt nur durch Wahrheit wirkt, so auch die große geschichtliche Persönlichkeit nur durch die gebärdenlose Wahrheit ihres Seins. Dieses Sein kann im höchsten Maße zwiespältig und vielschichtig sein; es beruht aber auf einer zentralen Kraft, die auseinanderfliehende Teile bindet und ordnet. Diese Kraft spürte das Volk, als es das einzige ausreichende Bild seines Königs ausgestaltete, der im übrigen, wie es wohl ahnte, sein Geheimnis hatte und ›das natürliche Recht‹ in Anspruch nahm, dieses Geheimnis zu bewahren. Er war dem Volke nah und fern; das heißt, er hatte zum sichtbaren Reif den unsichtbaren hinzuerworben, den auch der geborene König sich verdienen muß; er war des Volkes einsamer König mitten unter diesem Volk. Verwandte und Freunde hatten Grund, sich von ihm abzuwenden; das Volk fühlte die Stärke seines inneren Lebens, verstand ihn und hing ihm an. Und so kann man vielleicht sagen, daß das Volk sich seinen König gedichtet hat; daß es aber den Stoff dieser Dichtung ausschließlich der gegensätzlichen Fülle und Genialität seiner Natur und der inneren Wahrhaftigkeit seines Königtums verdankte.

Zum Gedächtnis der Gnadenpilger
1536

Es ist ein bedenkliches Unternehmen, eine Entscheidung geistiger Art an den Folgen messen zu wollen, die sie in der ihr untergeordneten materiellen Sphäre hat – gleichgültig, ob man in diesen Folgen eine Bestätigung oder eine Verurteilung finden mag; denn eine geistige Entscheidung kann nur in sich selbst bestehen und fallen und nicht auf Dinge bezogen oder von Dingen abhängig gemacht werden, die unter ihr liegen, somit auch nicht von politischem Erfolg und Mißerfolg. Darum wird es immer sehr schwer sein, die englische Reformation zu rechtfertigen, selbst wenn sie als eine Voraussetzung des Empire angesehen wird; gewiß hat Heinrich VIII. nicht nur für sich selbst, aus persönlicher Leidenschaft, gehandelt; ein König erlebt und entscheidet immer mehr als sein eigenes Schicksal, auch wenn er irrt. Aber die englische Reformation stellt eine Vergewaltigung des geistigen Lebens im höchsten Sinne – also des religiösen Lebens – durch das Politische dar; in ihr hat sich, unter dem Einsatz der Gewalt, eine Wertverschiebung von ungeheurer Bedeutung vollzogen: der Staat erlangte die Vormacht über den Glauben; und das Furchtbare an dieser Wertverschiebung ist und bleibt, daß der Glaube – im Gegensatz zu den Vorgängen in Deutschland – an ihr gar nicht beteiligt war, sondern einfach übergangen wurde: er hatte kein Stimmrecht in dem Prozeß, der um sein Dasein ging. Die geistige Krise, die dieser Vergewaltigung folgte, kann kaum überschätzt werden; eine im Jahre 1572 erwähnte Schrift teilt die Engländer in Papisten, Atheisten und Protestanten ein und behauptet, eine jede der beiden ersten Kategorien sei zahlreicher gewesen als die dritte. Wenn dann im siebzehnten Jahrhundert der Glaube sich wieder zum Worte meldete, so ist das ein Vorgang für sich, der auf die Beurteilung des im sechzehnten Jahrhundert erfolgten Bruchs keinen Einfluß haben kann.

Die Geschichtsschreibung kommt, eben weil sie nach Genauigkeit strebt, in die Gefahr, über den Ereignissen die Seelenkämpfe zu vernachlässigen, die in den Menschen durch die Ereignisse ausgelöst werden. Die Seelenkämpfe, die die englische Reformation zur Folge hatte, werden daher nicht immer genügend beachtet; und doch haben sie bis zu dieser Stunde kein Ende genommen; sie sind ein Bestandteil des geschichtlichen Lebens Englands, und niemand kann sagen, wie sie sich noch auswirken werden. Die Entscheidung Heinrichs VIII., der übrigens zu früher Stunde zeigt, daß man ein eifriger Theologe sein kann, ohne gläubig zu sein, war und blieb vielen unannehmbar; der einzelne ist noch heute vor sie gestellt. Auf erschütterndere Weise aber wurde der Kampf um diese Entscheidung wohl niemals ausgetragen als im Jahre 1536, kurz nachdem die Reformation anscheinend vollständig gesiegt hatte, in dem Aufstand der Gnadenpilger, der ›Pilgrimage of Grace‹.

Um diesen Aufstand zu verstehen, muß man sich das Land vergegenwärtigen, wo er sich erhob, den Osten und Norden Englands. Dort führen die alten Städte, vor allem Lincoln, York und Durham, noch heute ihr eigenes Dasein, das in einem ergreifenden Gegensatz zu dem verzehrenden Lebensdrang Londons und der Industriestädte steht; in diesen Städten ist noch Stille, und es ist vielleicht ein Geheimnis Englands, daß es sich in seinem Innern diese Stille zu bewahren wußte, daß es weite Landschaften besitzt, die, ähnlich wie die Parks der Hauptstadt oder der Kreuzgang der Westminsterabtei oder der Hof des Towers, von der rücksichtslosen Entfaltung und dem Verbrauch aller Energien nicht verwirrt und ergriffen werden. Lincoln blieb eine kleine, altertümliche Stadt, die wie Toledo im ›Schatten der Kathedrale‹ liegt; die auf dem steilen Stadthügel stehende dreitürmige Kathedrale ist von einer solchen Größe des Umrisses, einer so erschütternden Gewalt der Form, daß die Häuser mit ihren krummen Dächern und schiefen Giebeln, aber auch die schweren Festungstore des die Kathedrale einfriedenden Klosterhofs nicht gegen sie aufkommen; die Gottesburg beherrscht die weite, gleich einem Meere sich unter ihr dehnende Ebene; sie ist Mitte des Lebens; und wie sie ganz aus dem Innern und Innersten der Menschen hervorgegangen sein muß als Ausdruck ihres Glaubens und ihrer Zuversicht, so hat sie sich auch lange danach in diesem Innern behauptet. Ihr Glockenschlag zeigte nicht nur die Zeit an, er erfüllte die Menschen; sie konnten angesichts dieser Kathedrale nicht untreu werden; und als der Glaube, der ihr Dasein bestimmte, bedroht war, da entschlossen sie sich, die nicht als Meuterer und Aufrührer geboren waren und die bestehende Ordnung als die von Gott gewollte Fortwirkung uralter Gesetze verehrten und achteten, für diesen Glauben zu kämpfen. Sie wollten keinen Aufstand, sondern nur weiter verehren dürfen, was sie bisher verehrt hatten und was – auf eine Weise, die sie sich niemals erklären konnten – von den Herrschenden abgetan wurde, als ob es nicht mehr verehrungswürdig sei.

Wie an einem jeden großen Volksaufstand, so hatten auch an der Erhebung der Gnadenpilger wirtschaftliche Motive ihren Anteil: ein Agrargesetz, das dem Brauch und in vielen Fällen auch dem Rechtsgefühl der Betroffenen widersprach, die Einziehung einer nicht gern geleisteten Steuer trugen das Ihre dazu bei, das Volk und zum Teil den Landadel zu erregen; aber nicht dessentwegen wagten die Menschen ihr Leben. Als die mit der Auflösung der kleineren Klöster beauftragten Beamten in der Gegend von Louth, nordöstlich von Lincoln, erschienen und das Gerücht sich verbreitete, daß sie auch das Meßgerät beschlagnahmen und einen Teil der Pfarrkirchen auflösen würden, ergriffen die Männer von Louth eines Abends das Silberkreuz ihrer Kirche und trugen es durch die Straßen, indem sie ihre Mitbürger aufforderten, dem Kreuze zu folgen, ehe es ihnen genommen würde. Die Aufständischen nahmen zwei Beamte Thomas Cromwells fest, die in der Nähe von Louth eine Abtei visitierten, und schleppten sie in die Stadt, nicht um sie zu töten, wie von einzelnen wohl gefordert wurde, sondern um sie ins Gefängnis zu bringen. Als die Männer die Papiere eines Unterbeamten des Bischofs von Lincoln, der sich als Anhänger der Reform und als Feind der in diesem Lande noch verehrten edlen Königin Katharina verhaßt gemacht hatte, durchwühlten, um sie ins Feuer zu werfen, und ihnen Blätter unter die Hände kamen, die des Königs Unterschrift trugen, nahmen sie ihre Mützen ab und riefen: »Gott erhalte den König!«; es erschien als eine Lästerung, des Königs Unterschrift nicht zu achten; sorgfältig bewahrten sie die Blätter vor den Flammen.

In dieser kleinen Szene, die sich in den ersten Tagen des Aufstandes ereignete, ist die Tragik der Erhebung beschlossen. Die Männer, die sich nun allerorten in Lincolnshire zusammenscharten und unter Bannern, auf denen Christi fünf Wunden, Kreuz, Kelch, Pflug und Stadtwappen abgebildet waren, in die Kathedralenstadt zogen, hätten es niemals über sich vermocht, gegen ihren König zu kämpfen. Sie wollten ihm treu sein, wie es ihre Väter gewesen; daß diese Treue die Treue des Königs gegen die vererbten Werte zur Voraussetzung hatte, sollte sich nun zeigen; und es sollte sich in der Folge in einzelnen wie auch in der aufständischen Masse, die die Kathedrale von Lincoln umdrängte, ein furchtbarer Seelenkampf abspielen; denn daß der König nicht treu war, mehr noch: daß ihm seine Untreue als solche kaum bewußt wurde, weil er bereits in einer ganz andern Welt lebte als die Bewohner Lincolnshires und Yorkshires, dies vermochten die Männer unter dem Wundenbanner nicht zu verstehen. Während der König handelte, zwei Heere aufbot, deren eines vom Herzog von Suffolk, das zweite vom Herrscher selbst geführt werden sollte, konnten sich die Aufrührer nicht zur Tat entschließen. Denn sie wollten ja für den König kämpfen, nicht gegen ihn; sie konnten sich nicht denken, daß das Oberhaupt des Staates ein Unrecht begehe; und wenn ein solches doch geschah, so schrieben sie es den Männern minderen Blutes zu (dem ›villein blood‹), die den König umgaben: Thomas Cromwell, der Feind der Klöster, war der Sohn eines Grobschmieds; wie konnte ein Mann dieser Abkunft den König beraten? Das Volk, das noch Volk war, nicht entwurzelt, nicht von falschen Ideen verheert, nicht von Demagogen mißleitet, hatte sich ein klares Bild irdischer Ordnung bewahrt: der Glaube der Väter sollte alle erfüllen, der König sollte recht tun und treu sein; Männer des besten adligen Blutes, aus den Geschlechtern, deren Amt es war, die Geschichte zu vertreten, die Vergangenheit in der Gegenwart wirksam zu erhalten, sollten den König beraten; ketzerische Bischöfe sollten ihr Amt verlieren, der Papst wieder Oberhaupt der Kirche werden, wie er es immer gewesen. Mochten vertriebene Mönche um des Glaubens und selbst um ihrer Interessen willen als Treiber unter den Aufständischen sein, mochte sich da und dort die Erbitterung gegen die Reichen und Obern in die Empörung mischen – wobei sehr zu beachten ist, daß um diese Zeit reich gewordene Kaufleute Grundbesitz erwarben, ohne ihn und die durch solchen Besitz gegebene Stellung verwalten zu können –, mochten in einzelnen Fällen revolutionäre Bestrebungen im modernen Sinne am Werke sein: im ganzen wollte das Volk nicht herrschen, sondern von denen, die Gott dazu ausersehen und mit schwerer Verantwortung belastet hatte, geleitet werden. Die Männer unter dem Wundenbanner kämpften für den Adel; und die Tragik des Jahrhunderts, in dem die Menschen nach neuen Werten und Ordnungen suchten, wollte es, daß diesen Männern der Adel ent-

71

gegentrat; denn immer gewohnt zu dienen und daher oftmals über dem Dienst die letzte Verantwortung vergessend, opferte der Adel seinen Glauben auf Befehl. Freilich gilt dies nur von einem Teil; andere mochten dem König aus Überzeugung zustimmen oder widerstreben. Das Volk wagte nicht, Führer zu stellen; wo die Aufständischen auf dem Zug in die Stadt Adligen begegneten, vereidigten sie diese unter Zwang und stellten sie an ihre Spitze. Sie wollten nicht gegen London vorrücken, ehe der König auf ihre Vorstellungen geantwortet hatte; so ließen sie ihre bedeutende Übermacht ungenutzt; und als dann Mißtrauen aufkam zwischen den adligen Führern und dem Volk, das sich von ihnen verraten glaubte, waren die Aufrührer ohne Schwertstreich besiegt; sie zerstreuten sich und ließen Suffolk in Lincoln einziehen. Bald sollten Schwert und Galgen Furcht verbreiten vor den Gesetzen des Königs, vor dem neuen Glauben, den er als ›oberstes Haupt der Kirche‹ in seinen Zehn Artikeln festzulegen sich angemaßt hatte, und vor den Maßnahmen Cromwells, des ›Hammers der Mönche‹.

Aber im Norden, in Yorkshire, Durham, Northumberland, Cumberland, Westmoreland und Lancaster, flammten die Signalfeuer auf, und das Geläute schallte von Turm zu Turm, von der Nordsee bis zur Irischen See. Hier, wo die großen Klöster die gegen sie erhobenen Vorwürfe viel weniger verdienten als in anderen Landschaften Englands, wo in einem von den Königen vernachlässigten, auf sich selbst angewiesenen Lande die geistliche und sittliche Einwirkung der Abteien nicht zu entbehren, die mit der Auflösung verbundene wirtschaftliche Einbuße nicht zu verschmerzen war, sollte das Erbe der Vergangenheit seine kühnsten und reinsten Sprecher finden. Gegen seinen Willen wurde Robert Aske, ein aus dem Landadel Yorkshires hervorgegangener Advokat, zum Haupte der Aufständischen; nachdem er auf der Rückreise nach London von Umherziehenden ergriffen und vereidigt worden war, ließ er sich von ihrer Sache ergreifen; nach wenigen Tagen schon gehorchte ihm ein gewaltiges, zum guten Teil wohlbewaffnetes Heer.

Bei Doncaster am Don standen die Heere einander gegenüber; Robert Aske verfügte über eine Macht von wenigstens vierfacher Stärke der königlichen Truppen, die der Herzog von Norfolk herangeführt hatte; sollte der Norden handeln, so mußte es jetzt geschehen. Aber die Männer unter dem Wundenbanner wollten nicht Rebellen, sie wollten Pilger sein; sie wollten ihren König bitten, nicht zwingen oder gar das Schwert gegen ihn ziehen; sie wollten dem von Emporkömmlingen verdrängten edlen Blut Englands zu seinem Recht verhelfen, und dieses edle Blut stand ihnen gegenüber: Norfolk, Shrewsbury, Talbot, Huntingdon. Welchen Wert hätte aber der Sieg der Gnadenpilger, wenn sie dieses Blut vergossen hätten; würden sie sich damit nicht an ihrer eigensten Aufgabe versündigen? Auch das Gewissen mahnte sie: in ihren Reihen standen Abkömmlinge der Geschlechter, die seit Jahrhunderten an der Grenze den Kampf gegen die Schotten führten; wie, wenn die Königlichen siegten und diese Männer fallen oder am Galgen sterben müßten: wäre das nicht zum Schaden Englands? Denn wer sollte dann die Grenze bewachen, wer den Schotten wehren?

Die Zeit hatte aus Royalisten Empörer gemacht; dieser Widerspruch lähmte ihre Kraft. So verhandelten die Aufrührer, statt zu kämpfen; der Augenblick der Tat ging hin und sollte nicht wiederkommen; denn der König, der sich weder seinen Gattinnen und dem vor Gott abgelegten Gelöbnis noch seinen Freunden verpflichtet fühlte, erkannte noch viel weniger gegen Aufrührer eingegangene Verpflichtungen an. Er versprach, um zu beschwichtigen, Zeit zu gewinnen, Soldaten aufzubieten; als nach einigen Wochen Robert Aske mit dem Herzog von Norfolk in einem Kloster in Doncaster zusammentraf, warf sich der Aufrührer der Gnadenpilger auf die Kniee, riß er sich das Zeichen seines Bundes ab: er konnte so wenig wie seine Freunde dem König die Ehrfurcht verweigern, des Königs Zorn ertragen. Wohl rief Heinrich VIII. Robert Aske nach London, um sich von ihm berichten zu lassen, was sich im Norden, einem dem König fremden und von ihm gemiedenen Lande, zugetragen hatte; als nach Askes Rückkehr Unbesonnene im ungünstigsten Augenblick schlecht vorbereitete Anschläge auf Hull und Beverley machten, war dem Herrscher der gewünschte Anlaß gegeben. Vor dem Tower starb Lord Darcy, der royalistische Aufrührer, der bekannte, er hätte dem König, seinem Herrn, sein Schwert an der Spitze gereicht, wenn ihm dieser auf dem Schlachtfeld entgegengeritten wäre; in York, der Stadt, deren altem Vermächtnis er noch einmal hatte Geltung verschaffen wollen, wurde Robert Aske gerichtet.

Es ist nicht Aufgabe dieser Zeilen, die einzelnen Vorgänge wiederzugeben; sie sollen nur den Konflikt zur Anschauung bringen, der von den Gnadenpilgern ausgetragen wurde. Dieser Konflikt, der auf dem Widerstreit dauernder Gesetze beruht und daher immer wieder hervortreten kann, war im Leben nicht lösbar; denn auf den Fortbestand der alten, verehrten Ordnung konnten die Gnadenpilger ebensowenig verzichten wie auf den Glauben; es erwies sich im Verlaufe ihres Aufstandes, daß geschehen war, was niemals hätte geschehen dürfen, und die Ordnung und der Glaube nicht mehr übereinstimmten. Es gibt geschichtliche Epochen, in denen das Leben nur einen geringen Wert hat, weil es mit einem Mal unmöglich geworden ist, den höchsten Forderungen nachzuleben; eine solche Epoche war jetzt eingetreten, wo Gesetze, die eins sein müssen, einander entgegen waren; ein Gläubiger kann nicht als Aufrührer gegen eine von Gott gewollte Ordnung leben; ein die Ordnung Erstrebender kann seinem Glauben nicht untreu sein. Die Treue gegen Gott war diesen Männern ebenso eingeboren wie die Treue gegen ihren Oberherrn; aus dieser doppelten Treue, die *eine* Treue sein muß, war etwas Zwiespältiges geworden: blieben sie Gott treu, so waren sie Gegner des Königs; standen sie zu diesem, so brachen sie die Treue gegen Gott. Menschen von Rang und solche, in denen das Echte ungeschwächt lebte, konnten diesem Konflikt verfallen, von ihm gelähmt werden und ihm erliegen; nur der Tod im Glauben konnte sie befreien.

Die Schuld fällt auf den König zurück, der als Oberherr des Staates sich zum Herrn über die Seelen gemacht und durch die getroffene Entscheidung den Bestand der Ordnung erschüttert hatte; von dieser Schuld konnte ihn der politische Erfolg nicht lossprechen, denn es war eine geistige Schuld. Aber auch innerhalb des Geschichtlichen wirkte die Schuld fort: das Wundenbanner sollte in Cornwall erhoben werden; die Gnadenpilger kehrten wieder; im Jahre 1569, als die Königin Elisabeth die große Krise ihrer Regierung erlebte, wurde das Wundenbanner im Norden wieder entrollt; achthundert Männer erlitten auf das Gebot der Königin, die gewiß nicht milder war als ihre vielgeschmähte Halbschwester Maria, den Tod. Und wie in der Geschichte eines jeden Volkes gewisse Gestalten wiederkehren, die Träger eines Unüberwindlichen sind, einer unerfüllten Sehnsucht oder nie verheilenden Leides, so scheinen auch die Schatten der Gnadenpilger nicht zu schwinden; der Einwand, den sie erhoben, wurde nie widerlegt; und der Riß im geistigen Leben Englands schloß sich nicht. Fast ohne Widerstand zu finden, hatte Heinrich VIII. seine entscheidenden Schritte getan; vom Politischen ausgehend und dieses in der Lostrennung von der höheren Wirklichkeit und folglich falsch bewertend, hatte er die Macht des Geistes und der Seele unterschätzt, eine Macht, die, wie die Kirche selbst, in der Stunde der politischen Tat leicht übergangen werden kann, im Jahrhundert und Jahrtausend der Geschichte aber unaustilgbar ist. Denn die Kirche ist fast niemals Macht gewesen in dem Sinne, in dem der Staat Macht ist, so daß sie sich selbst in ausreichendem Maße hätte schützen können: fast alle Revolutionen gingen leicht über sie hinweg; sie ist Macht als Ausdruck einer Wirklichkeit der Seele; und die Gnadenpilger mußten sich erheben und fallen, als der König, dem sie mit Leib und Leben dienen wollten, diese Wirklichkeit überging. Zwei Herren stellten in dieser furchtbaren Zeit an den Menschen Forderungen, die nicht miteinander in Einklang zu bringen waren; und den Menschen höherer Art, die dieses Einklangs bedurften, um leben und mit ihren besten Kräften dienen zu können, blieb als Ausweg nur der Tod.

Das Schweigen

Schweigt jetzt, nicht leitend, Gott? und kannst du,
Furchtbares Schweigen, nur du uns bessern?

Klopstock

Vom Glauben sprechen müßte heißen von der Zuversicht dessen
sprechen, was man hofft, aber auch von der Freude der Geborgenheit, der Erwartung; von der sich immer aufs neue herstellenden Sicherheit des Überwindenden, von der Verklärung der Welt
und des Lebens im Lichte ihres letzten Ziels. Aber diese Sprache,
die gewiß die allein gültige und die überzeugende ist, steht heute
nur wenigen zu Gebote; für die andern, denen der Glaube noch
ein Herzensanliegen ist, handelt es sich um eine Not. Nun könnte
man wohl meinen, wo eine tief erlebte Not ist, da sei auch eine
Hoffnung; es muß aber im voraus gesagt werden, daß es sehr viel
Höheres gibt als diese Not; und daß dieses Höhere seinen Rang
behalten muß, obgleich es noch weiter zu entschwinden droht und
obgleich auch die Not um den Glauben sehr selten geworden ist
und in der Tat fast die einzige noch deutlich vernehmbare Verheißung auszusprechen scheint.

Damit soll nur Tatsächliches gekennzeichnet werden; von den
Zuständen ist kein Rückschluß auf die Lehre und die sie bewahrende Form erlaubt, von den Amtsträgern kein Schluß auf das
Amt, wie unbekümmert auch Empörer jeder Art sich mit solchem Rüstzeug versehen. Einfach ist die Antwort auf die unvoreingenommene Frage nach der geschichtlichen Bedeutung dieses
Glaubens: Der Glaube hat als alles durchdringende, einigende,
steigernde Kraft die Geschichte des Abendlandes bewirkt, diesem seine Gestalt und seinen Inhalt gegeben; er hat die Seele erweckt, vielleicht sogar geschaffen in der ihr fortan eigenen Gestalt und sie mit einem Anspruch beschenkt, auf den sie nicht
verzichten wird, auch wenn der Mensch längst nicht mehr wissen
sollte, was er selber ist und was seine Seele will. Vergebens haben
die Gegner des Glaubens versucht, außerhalb seines Reiches eine
feste Stellung zu besetzen; sie werden auch nie einen anderen
Namen erwerben als den der Antichristen, gleichgültig, ob sie das
Vermächtnis der Antike oder der Vorgeschichte – wobei es sich
um sehr willkürlich aufgefaßte Vermächtnisse handelt – oder die

zweischneidigen Waffen modernen Denkens gegen ihn einsetzen. Darin, daß der Mann, dem der ›Fluch auf das Christentum‹ aus verzweifeltem Herzen quoll, sein Grab fand an der Mauer der alten Pfarrkirche zu Röcken, in der deutschen Schlachtenebene, kann vielleicht eine symbolische Antwort erblickt werden: das Leben und Wirken der Glaubensgegner spielt sich im Kraftfeld des Christentums ab; und es ist freilich eine übermenschliche, unausbleiblich in Verkrampfung ausartende Anstrengung nötig, um innerhalb dieses Kraftfeldes Feind zu bleiben. Es ist auch ein Gedicht vom ›Leben‹ dazu nötig, das Traum bleiben muß und allzubald verhallt in den Gewittern der Geschichte. Und es bedarf endlich einer merkwürdigen Art von Blindheit, um zu übersehen, daß ein jeder Hasser Knecht des Gehaßten ist. Die Feinde legen ein Zeugnis ab, das nicht minder gewichtig ist als das der Anhänger; und wie die Märtyrer des zwanzigsten Jahrhunderts in Rußland und Spanien, so triumphiert auch der Glaube auf dem Scheiterhaufen des Spottes.

Doch auch jenseits der Tragödie des modernen Denkens ist durch die gelebten Schicksale der Völker das Zeugnis für die allbestimmende Macht des Glaubens längst erbracht worden. Unter der Fahne des Kreuzes traten die abendländischen Völker den Weg in die große Geschichte an; und wenn es in den letzten Jahrhunderten immer dunkler geworden ist, die Völker unsicher wurden, den Weg verließen, ihn wieder suchten und aufs neue verfehlten, so aus keinem andern Grunde, als weil das Gesetz des Anfangs in ihnen seine Macht zu verlieren drohte; weil sie sich ihm entzogen. Die Geschichte verzeichnet das Beben der Seele wie der Seismograph das Beben der Erde; und durch eine wachsende Erschütterung, die Welle um Welle über die ganze Erde sendet, eine Not ohne Ende, die eine stille, wahrhaft schöpferische Tätigkeit der Seele nicht mehr aufkommen lassen will, bekundet der nun fehlende Glaube noch einmal die Macht, die er zuvor als Erfüller bekundet hat. Es kann hier nicht untersucht werden, ob der Herd dieser Erschütterung nicht eine im Innern fortbrennende Schuld ist; gewiß ist aber das eine: daß es die Aufgabe des Abendlandes war und ist, der Welt das Kreuz zu bringen; daß es aus diesem Auftrag heraus lebte, wenn es ihn auch nur unzulänglich erfüllte in der verhängnisvollen Stunde, da es sich die Vormacht über die Welt errang, und daß es von ihm eingefordert werden wird.

Auch wird man an die Geschichte des christlichen Abendlandes keine widerchristliche Geschichte anfügen können, ohne das gesamte Vermächtnis der abendländischen Kultur: Architektur, Musik, Dichtung, Denken und alle Ausdrucksformen, in denen wir uns heute als Christen wie als Antichristen allein zu äußern vermögen, bis zur völligen Unverständlichkeit den Menschen zu entfremden. Wohl gab es nach einem höheren, nicht von Menschen erdachten Plane einen Weg von der Antike zum Christentum im Sinne der Entfaltung erworbener Werte; aber es gibt keinen Weg von diesem in sein Gegenteil. Zwischen beiden klafft der Abgrund, und es ist noch heute, wo wir auch als Irrende, Zweifelnde, Abgefallene vom Brote leben, das der Herr ausgeteilt, schlechterdings nicht möglich, eine Welt oder gar eine Kultur zu sichten, die nun nicht mehr antichristlich wäre, sondern kraft eigener, neuer Werte sich jenseits des Christentums aufbauen und zu einem Ganzen zusammenschließen würde. Und nur in einer solchen nicht mehr im gegnerischen Sinne unchristlichen Welt wäre das Christentum tatsächlich überwunden.

Freilich läßt sich der Glaube der Völker kaum mit der nötigen Bestimmtheit umschreiben; faßbar ist bestenfalls der Glaube des einzelnen, dessen Standort und Lebensinhalt von der Geschichte bestimmt werden, wie frei auch dieser einzelne sich dünken mag. Es hat in vergangenen Jahrhunderten gewiß Geschlechter gegeben, denen der Glaube angeboren war: sie mußten nicht ringen wie ihre Urväter nach der ersten Verkündung der frohen Botschaft, wie die Apostel gerungen haben um den Glauben an die Gottessohnschaft Christi; sie durften Erben einer Gewißheit sein, von der sie kaum wußten, wie teuer sie erkauft worden war. Aber wie vielen unter den heutigen Menschen ist der Glaube auf diese Weise vererbt worden als ein Schatz, der sich in der Stille vermehrt aus der Kraft, dem Leben, dem Gebet der Geschlechter! Längst hütet die Ehrfurcht diesen Schatz nicht mehr; er wurde ans Licht gezerrt und vertan. Mächtig ist er fast nur noch als Mangel, nicht als Besitz. Wie das Absterben der Kunst nur verstanden werden kann als das gleichzeitige Versiegen der gestaltenden wie der aufnehmenden Kräfte, der zum Spenden und zum Empfangen bestimmten, so auch die Erschöpfung des Glaubens: vielleicht fehlt den Dienern Gottes oftmals die innere und innerste Kraft; vielleicht aber wird diese Kraft von der Gemeinde nicht erfleht.

Ist es nun so, wie Klopstock unter der Erschütterung geschichtlichen Geschehens fragte: schweigt Gott, indem er die Welt nicht
mehr leitet? Der Dichter stellte diese Frage im Jahre 1799, nachdem seine idealistische Hoffnung auf die Französische Revolution zusammengebrochen war und er erkannt hatte, daß Saat ge-
sät wurde, ›deren Ernte Verwilderung ist‹. Er sah, daß diejenigen
siegten, die des Menschen Rechte und Gott leugneten; über dem
ungeheuren Erdenlärm, der um die Jahrhundertwende über Europa hinwegtoste, meinte er ein furchtbares Schweigen wahrzunehmen: Gott schwieg; er ließ diejenigen handeln, die ihm entgegen waren, ja Gott schien diesen die Welt zu überlassen. Aber
auch um die düsterste aller Fragen zu erheben – die Frage nach
der geschichtlichen Aufgabe derer, die Gott entgegen sind –, bedurfte es der ›Wißbegierde‹, wie der greise Dichter seine Ode
nannte –; es bedurfte des Aufhorchens, Wartens, der Stille im
Menschen selbst. Klopstock wußte, daß er am Gestade des Oze-
ans wandelte, ›auf dem wir all einst schweben‹; wie hätte er Dichter sein können, wenn er das nicht gewußt hätte? Aber wer weiß
es, fühlt es noch täglich? Wem ist das Hinüberlauschen noch Bedürfnis? Es ist so leicht, zu sagen, der Glaube ist tot, so schwer,
zu erkennen, daß diese Worte meist nur bedeuten: die Liebe ist
abgestorben, die Seele zerschlissen; sie ist der Stille nicht mehr
fähig, in der allein ihre Liebes- und Glaubenskraft sich sammelt,
ihre höchste Hoffnung gedeiht. Wenn Gott schwiege und der
Mensch noch immer nicht zu schweigen vermöchte, ja der
Mensch sich immer lauter gebärdete, eben weil er fühlt – nicht
weiß und nicht wissen will –, daß Gott schweigt: was dann? Es
würde sich mit den Völkern verhalten wie mit den Bewohnern einer großen Stadt, deren übergrelles Licht die Tiefe des nächtli-
chen Himmels verdeckt, so daß kein Blick hinaufdringt; einge-
sponnen im mißfarbigen Lichtgewebe, gefangen im selbsterzeug-
ten Lärm, liegt die Stadt in der ungeheuren Nacht, deren Gestirne
über sie herrschen.

Der Glaube, der allein die Menschen zu verbinden vermag mit
der einzigen tatsächlichen Macht, ist wohl eine Gnade; aber es
wird keine Gabe in eine verschlossene Hand gezwungen. Wie
sollten diejenigen, deren Hand sich nicht öffnen will, urteilen
können über den Wert der Gabe? Das Gespräch über die Religion droht seit langem zum Streit über einen Unbekannten zu
werden, den niemand gesehen; wo die einfachste religiöse Erfah-

rung fehlt: die Begegnung mit der Allmacht, an der menschlicher Wille scheitert, um sich verehrend zu beugen und in der Überwindung zum Frieden zu gelangen – wie kann da von Religion gehandelt, geschrieben werden? Und wieder zeigt es sich, daß man den Glauben leicht für tot erklären kann – mit totem Herzen; hier liegt denn auch die Wahrheit: nicht der Glaube, das Herz ist tot. Das Herz der Empörer wird bitter; und die Menschheit ist seit Jahrhunderten empört und in solchem Maße geschäftig geworden in dieser Empörung, daß sie das Absterben ihres Herzens nicht bemerkte. Wenn aber einmal das künstliche Licht – wie alles Künstliche – versagt, die Stadt in der Finsternis liegt und der Lärm, der sie bisher vor Besinnung schützte, mit einer furchtbaren Plötzlichkeit abbricht: was dann? Es wird ein jeder auf sich selbst verwiesen sein; er wird sein lange mißhandeltes, übergangenes Herz befragen müssen, ob es etwa noch lebe, ob es nicht doch einen Funken der Verheißung bewahrt habe, die ihn schützt vor der Nacht, indem sie ihm hilft, die Nacht anzuschauen und im Glauben zu durchdringen. Denn der Mensch wird immer sein, was er ist und war: Bürger eines andern, fremden Reichs, der hier auf der Erde sein Tagwerk vollbringen, sich bewähren und die Anwartschaft auf die ewige Gnade verdienen soll. Wohl hat er nicht nur Schichten, sondern ganze Dimensionen seines Wesens, die Geschichte, die in ihm lebt, vergessen; er lebt doch nur kraft dieses Wesens, das er nicht kennt. Er läßt sich in keinem Werk, keiner Pflicht gefangen halten, sosehr er beider bedarf, und am wenigsten in der Vorstellung rein diesseitigen Glücks oder Genügens; die Stunde kommt unabwendbar, wo Werk und Pflicht zerfallen wie die Gräber am Jüngsten Tag und der Mensch, der in ihnen gefangen war, hinausgestoßen wird in die ihm angestammte Ewigkeit, die ihm fremd gewordene, furchtbare Heimat. Der große Schmerz, die große Stille, die Einsamkeit und Geduld, das Warten und Lauschen, die Liebe, die aus der Brust des Ringenden, Harrenden endlich einmal emporschlagen muß, um Gott zu erreichen und die Menschen zu umfassen: sie allein könnten vor dieser schwersten Erfahrung bewahren.

Daß der Mensch seinen Glauben verloren hat, bedeutet ja nichts anderes, als daß er sich selbst verloren, daß er, der zwischen dem Diesseits und dem Jenseits steht, mit der Ewigkeit nicht mehr verbunden ist und darum auch zur Erde das ihm gemäße Verhältnis nicht mehr finden kann. Aber Glaube ist und wirkt nur als Gestalt; er überlebt innerhalb der Geschichte die Kirche nicht, die ihn vertritt, wenn auch selbst die leere christliche Kirche in der Verwirrung der Glaubenslosigkeit noch immer der einzige geschlossene Raum sein würde: der einzige, der als Ausdruck sich vollenden konnte und mußte, weil der Inhalt stark genug war. Und wenn sie in Trümmer fiele, so nähmen doch diese die einzige klar bestimmte Stellung ein, während da und dort die Fahnen aufgezogen und wieder niedergeholt würden. Ist aber der Glaube wieder so stark in einem Menschen, daß er seine Schritte lenkt, so wird er ihn auf dem ersten Wege zu den Pforten der Kirche führen, daß der Gläubige sich vor ihre entscheide; hier erst wird sich dessen Schicksal wenden, wird sich zugleich Geschichte ereignen. Denn was wäre der fortbestehende Kirchenraum ohne Begegnung mit dem Sakrament? Nicht mehr als ein Stein, den die Vergangenheit in die Gegenwart spülte. Viele haben sich den christlichen Namen wieder zugelegt, weil sie die Forderung der Zeit nach Klarheit fühlten und weil dieser Name der einzige ist, der nach ihrer festen Überzeugung den vererbten höchsten Werten entspricht; und ein Bekenntnis zum Erbe in seiner reinsten Gestalt schien ihnen ja die Aufgabe des Menschen zu sein, der in der Zeit bestehen, in ihr wirken und gerechtfertigt werden will. Dürfen sie den christlichen Namen tragen, ohne sich im allein gültigen Sinne ausweisen zu können: durch den Glauben an den Sohn Gottes und den Entschluß, ihm nachzufolgen? Und wenn sie sich diesen Glauben errungen haben – der Entschluß zur Nachfolge ist wohl leichter zu fassen, als der Glaube zu erwerben ist –, aber im Bewußtsein, daß kein Schritt geschehen dürfe ohne die Zustimmung des Innern, noch immer zögern, die Kirche zu betreten: haben sie dann ein Recht auf den Namen, den sie führen?

Sie haben dieses Recht gewiß nicht; dennoch werden sie das Recht haben, das Heilige zu verteidigen, dem sie dienen wollen, das sie verehren. Langsam haben sich Vater und Ahne vom Glauben entfernt; es war eine vielhundertjährige Geschichte nötig, bis das Herz sich unter der Geißel des Verstandes losriß vom Glauben; wie, wenn sich nun das Herz ihm wieder zuwenden wollte: hätte es nicht auch ein Anrecht auf Zeit, auf einen langen Weg? Ist nicht schon viel geschehen mit der Wende, dem Wandel der Werte, mit dieser unter drohenden Zeichen begonnenen Wiedererrichtung des Kreuzes? Alles kommt an auf die Eindeutigkeit und Wahrhaftigkeit der Stellung wie der Tat; ein jedes vorgreifende Wort kann schaden; was ist, das soll erscheinen, nicht mehr, nicht weniger. Und vielleicht ist dann denjenigen, die sich der Kirche genähert haben, doch der Trost erlaubt, daß auch sie ihr zugehören, wenn auch in einem weiteren Sinne: als Verehrende, Hoffende, Wartende. Denn es ist keine andere Gemeinde und Gefolgschaft, die gleiche Macht über sie hat wie die Kirche der Väter.

Die Kirche wird den nur überzeugen, den sie ansprechen kann mit ihrer eigensten Stimme, dem Wort der Priester, dem Gesang und Gebet der Gläubigen. Aber sie hat noch andere Werber, deren Stimmen vernehmlich werden, während die Geschichte des Abendlandes, in immer heftigerem Gefälle fortschießend, sich der Menschen bemächtigt: es sind die Toten, die Vorfahren, die irgendwo an uns bekannten oder wieder vergessenen Orten in der Kirche knieten und beteten und im Schatten alter Mauern begraben liegen. Wie Geschichte Lebende und Tote umfaßt und dem nur ihre Zeichensprache verrät, der die gesegneten oder mit Fluch behafteten Hände der Toten wirken sieht am Gewebe der Zeit, so auch die Kirche; es ist ihre geheimnisvolle Stärke als einer geschichtlichen Macht, daß sie Lebende und Tote vereinigt und in ihrer Halle gleichsam die Unsichtbaren neben den Sichtbaren knien, daß sie weit genug ist, das ungeheure Heer der Gewesenen mit den Lebenden unter demselben Dach zu beherbergen. Heute gehören wir der einen Schar an, morgen der andern, aber heute und morgen werden wir denselben Raum bewohnen. In der Vorhalle von St. Peter ruhten einst die Könige der Angelsachsen, die nach Rom gewandert und dort im Frieden Gottes gestorben waren, neben den Päpsten; nun sind die Gräber verschwunden, und die alten Könige des Inselreichs sind spurlos eingegangen in den Bau, doch die weiten, dämmrigen Hallen der Grotten bergen noch immer die Gebeine der letzten Stuarts, der Schwedenkönigin, der Päpste und Kaiser Ottos II.; hier, am Quellort, wo der mächtigste Strom geschichtlichen Lebens entsprang, haben auch die Toten ihre Stätte, mögen sie nun unter sichtbaren Standbildern und Platten ruhen, die noch für eine Weile der Zeit widerstehen, oder mag ihr Staub sich vermischt haben mit dem Mauerwerk der tief in die Erde eingegrabenen Brunnenstube. Wenn aber Geschichte sich von den Gräbern wenden würde: welchen Weg sollte sie dann nehmen? Tempel und Grabmäler sind die letzten Zeugen gewesenen geschichtlichen Lebens: sie ragen dort noch lange auf, wo der Strom abirrte und sich in der Wüste verlor.

Es ist das Wesen der Kirche, zu beharren, so wie ein Baum beharrt, um über festem Grunde sich auszubreiten; darum wird ihre Stärke ebensooft unter- wie überschätzt. Ihre beste Kraft wird erweckt, wenn sie sich bewähren, behaupten soll. Dann wird sie Märtyrer stellen, und eine Kirche, die Märtyrer aufbringt, ist nicht verloren. In der letzten Tiefe des Abgrunds liegt ein Schatz vergraben; das Geschlecht, dem es bestimmt sein wird, ihn zu heben in der Stunde der Not, wird finden, daß die alten Gefäße das kostbarste Gut der Menschheit noch unversehrt bewahren: das Uralt-Heilige, unter dessen Berührung die Völker sich verjüngen.

Jeder Tag der Geschichte ist Gerichtstag; an einem jeden geschehen Tat und Schuld; ein jeder fordert Entscheidungen. Der Mensch ist in die Geschichte hineingeboren, deren eigentlicher Inhalt nicht der Aufgang und Untergang der Staaten ist, sondern der Aufgang des Reiches Gottes und das Gericht an den Feinden dieses Reichs. Darum ist die Seele des Menschen in einem höheren Sinne Schauplatz der Geschichte, als es die Schlachtfelder sind. Wie kämpfte die Seele um Gott? Wie erlebte sie seine Macht? War ihr Glaube stark genug, der geoffenbarten Wahrheit zu dienen? Dies sind die wesentlichsten Fragen an die Epochen der Vergangenheit, es sind die entscheidenden Fragen an die Gegenwart. Wer ihre Bedeutung ahnt, der wird mit einem Male die furchtbare Stille wahrnehmen, die auf allem Geschehen lastet. Könnte dieses Schweigen bessern? Es ist nun mehr als ein Jahrhundert vergangen, seit diese Frage ohne Antwort blieb. Und wie anders sollte sich eine Besserung vollziehen, als indem die Seele still wird und wieder lernt zu lauschen, das Herz sich wieder erschüttern läßt und wagt, einsam zu sein? So könnte doch, nach vielen Vergeblichkeiten, eine Wendung erfolgen, die nicht vergeblich ist; und die Strebenden würden, weil sie nicht zurückweichen, sondern hindurchschreiten mit gesammelter, innerlicher Kraft, auf einen Platz in der großen Gemeinde hoffen dürfen, zu der wohl der Glaube hinaufführt, in die vielleicht aber auch ewige Gnade diejenigen einmal berufen wird, die um den Glauben gerungen haben in der Zeit, unter dem Gesetz und der Not der Geschichte.

König Richard III.

Pale of complexion, wrought in him with passion,
Thirsting with sovereignty and love of arms.
Marlowe: Tamburlaine, II, I

Ein König lebt unter strengerem Gesetz als seine Untertanen.
Nicht nur die Welt, in die er geboren ist und die er in Ordnung
halten soll, nicht nur das Amt, das ihn erhöht, auch die Geschichte seines Geschlechtes nimmt ihn in Pflicht. Nur wer diese
Kräfte als schicksalbestimmende Mächte gelten läßt, wird das
Leben eines Königs verstehen, das nicht in sich selbst, sondern
nur in Verbindung mit der Vergangenheit ein Ganzes wird. Und
sogar wenn Willkür und Verbrechen den Glanz der Krone verdunkeln, ja wenn der Herrscher zum Schreckbild geworden ist,
wie so mancher Beherrscher Kastiliens, Frankreichs, Rußlands,
oder wenn er als Inbegriff aller Schrecknisse gilt wie Richard III.,
wird man diese auf ihn gefallenen Forderungen anerkennen müssen. (Es ist gewiß auffallend, daß solche Gestalten nicht im Zuge
der deutschen Geschichte liegen; auch Kaiser Heinrich V., vielleicht die düsterste Erscheinung unserer Geschichte, ist anderer
Art; das Kaisertum verlieh seinen Trägern einen höheren Rang.)
Aber seltsam! Die Welt, aus der solche Könige hervorwuchsen,
ist versunken, nur die Gestalten der Herrscher sind noch sichtbar
und sind nahezu unverständlich geworden, wie die Heiligenfigu-
ren in den Domen als Zeugen einer tief erfüllten, inbrünstigen
Zeit wohl noch bewundert, aber nur von wenigen verstanden
werden.

König Richard III. wuchs auf in den von beispiellosem Haß,
Macht- und Todesrausch durchstürmten Jahren, da das englische
Königshaus, gespalten in die Linien Lancaster und York, sich
selbst vernichtete; da zugleich der Adel in einem Übermaß von
Besitz- und Tatgier es dem Königshaus nachtat. Auf dem Tore
der Stadt York stak das mit einer Krone aus Goldpapier verun-
zierte Haupt des Herzogs Richard von York, der in der Empörung gegen seinen Vetter, den König Heinrich VI. aus dem Hause
Lancaster, gefallen war (30. Dezember 1460); wohl siegte bald
darauf Edward, sein Sohn, um die Häupter seines Vaters und ei-

nes jungen Bruders vom Tore zu nehmen und sie durch die bleichen Köpfe lancastrischer Führer zu ersetzen. Aber auch nachdem Edward von York im Geleite seiner beiden Brüder George und Richard zur Westminsterabtei geritten war und dort das heilige Zepter König Edwards des Bekenners ergriffen hatte, wollte das heiße Blut der Gegnerpaare nicht ruhig werden. Ein Haß dieser Art verlöscht erst, wenn die Geschlechterstämme, aus denen er hervorschlug, zu Asche verzehrt sind. Blut bindet ja nicht nur durch Lebensfreundschaft, sondern auch durch Lebensfeindschaft; wie oftmals ein Kronprinz den Vater haßte, nur weil dieser die Krone trug, so haßten die Träger der weißen und roten Rose einander, nur weil sie beide desselben königlichen Blutes waren, berufen zu demselben Amt. Wo immer die Todfeinde aufeinander trafen, mußten die Gefangenen ihre Niederlage mit dem Leben büßen; wie vor mehr als siebzig Jahren das Königshaus sich gespalten hatte, so drohte nun der siegreiche, die weiße Rose tragende Zweig sich zu zerteilen: König Edward IV. hatte Grund, seinem Bruder George, den er zum Herzog von Clarence gemacht, zu mißtrauen; nur auf Richard, den jüngeren Bruder, den die herzogliche Würde von Gloucester schmückte, war Verlaß. Endlich beschuldigte König Edward vor dem Gerichtshof zu Westminster seinen Bruder Clarence unter entehrenden Beschimpfungen der Treuelosigkeit; bald darauf wurde bekannt, daß George im Tower gestorben sei; er sei ertränkt worden in einem Malvasierfaß, berichtete die Sage, die auch jetzt das Schreckliche mit dem Sonderbaren vermischte.

Aber der Tower – und der Tower allein – wußte auch von einem Mord, der sieben Jahre früher geschehen war; damals, wenige Stunden nach König Edwards siegreichem Einzug in die Hauptstadt, nach Niederwerfung des letzten lancastrischen Widerstandes, hatte König Heinrich VI. dort sein Ende gefunden, und heute noch wird am Todestage die Nische mit Blumen geschmückt, wo der heiligmäßige König ›gestorben‹ ist. Richard von Gloucester sei damals im Tower gewesen, so hieß es; Richards Wahlspruch war: ›Loyauté me lie‹; band ihn die Treue so fest, daß er auch die verbrecherischsten Befehle seines Bruders vollstreckte? Er war dem König treu bis zu dessen Tode, focht seine Schlachten aus, zog für ihn gegen die Schotten; dann, als Edward, ein träge gewordener, den Lüsten verfallener Herrscher, gestorben war, sollte auch Richard, der sich bisher in Zucht und Form gehalten, der Dämonie der Macht erliegen. Der schwerste Dienst wurde ja nun erst von ihm gefordert: er sollte das Königreich verwalten für des Bruders hinterlassene Söhne Edward und Richard und deren Erbrecht schützen; aber Richard leistete diesen Dienst nicht. Wohl mochte er Grund haben, die Anhänger der Königinwitwe, deren zahlreiche Sippe und sie selbst zu fürchten, die das Regiment des Lordprotektors nicht dulden würde; wohl konnte und mußte ein Einzelner Herr sein in England. Richard handelte rasch. Mit wenigen Griffen raffte er die ganze Macht des Landes zusammen, unbekümmert um ihren Preis.

Die Ritter, die den Knabenkönig Edward V. von der walisischen Grenze nach London geleiteten, wurden auf der Mitte des Weges von Gloucester und dem Herzog von Buckingham überrascht; noch glaubten sie, von Freunden eingeholt zu werden, doch Gloucester nahm sie gefangen und führte den jungen König in den Tower. Die Ländereien, die Richard verteilte, erwarben ihm Anhänger unter dem hohen Adel; freilich waren nicht alle Herren käuflich; der stärksten unter diesen gedachte sich Gloucester zu bemächtigen, als er eine Ratsversammlung in den Weißen Tower – den alten Mittelbau des Eroberers – beschied. Anhänger und Feinde waren versammelt; der Herzog trat ein mit Bewaffneten, bezichtigte seine überraschten Gegner der Anschläge gegen sein Leben, der Zauberei, streifte zum Beweis den Ärmel zurück von seinem verdorrten Arm; ohne sich verteidigen zu können, wurde Lord Hastings in den Hof des Towers hinabgerissen, wo alsbald sein Blut floß. Andere unterwarfen sich dem Gewaltherrn oder blieben gefangen. Mit Bewaffneten zog der Protektor vor die Westminsterabtei, wo Edwards IV. Witwe Elisabeth mit ihrem zweiten Sohn Richard und ihren fünf Töchtern Zuflucht gefunden; Gloucester erzwang die Auslieferung des jungen Richard und sandte ihn zu seinem Bruder in den Tower. Bald darauf erklärte ein Rechtsgelehrter an St. Pauls Kreuz, vor der Kathedrale, dem erstaunten Volke, daß König Edwards Ehe ungültig gewesen, weil der König sich zuvor heimlich mit einer Tochter des Grafen Shrewsbury vermählt habe; die Stände versammelten sich in der Kathedrale und entsetzten Edwards Kinder des Erbrechts; Richard von Gloucester war ›rechtmäßiger‹ Erbe der Krone. Er konnte nun, da er ihrer sicher war, sich in seinem Stadtschloß Baynards Castle um die Annahme der Krone demütig bitten lassen, wie es einst auch Wilhelm der Eroberer getan, der große Ahne, der ihm ebenbürtig war an List, wenn auch weit überlegen an Geduld und Klugheit. Während dies in der bestürzten Hauptstadt geschah, verbluteten im Schlosse zu Pontefract in Yorkshire die Ritter Rivers, Grey, Vaughan, Hawte, die der Thronräuber gefangen genommen, als sie den jungen König nach London geleiten wollten. Richard durchzog das mittlere England, seiner Herrschaft sich zu versichern, zugleich lauernd, beobachtend, bangend; der Boden bebte unter dem Reiter: er wußte wohl, daß weder Gewalt noch Lüge das Recht ersticken konnten, dessen lebendige Zeugen die beiden Knaben im Tower waren. Der Goldreif, der einen jeden in Pflicht nimmt, sobald er dessen Stirn berührt, forderte mehr; zuviel war schon geopfert worden, als daß der König auch das letzte Opfer nicht gebracht hätte: dieses Opfer, das vielleicht nicht einmal notwendig war, das nur seine Angst um die unrechtmäßig erworbene Krone von ihm heischte. Oder haßte Richard das lebendige Recht? Er sandte seinen Vertrauten, den Ritter Tyrrell, nach London in den Tower; der Hauptmann der düstern Feste wollte den ihm gegebenen Wink nicht verstehen, so bereitete der Ritter den beiden Knaben ein Ende auf eine Weise, die auch dann verborgen blieb, als fast zweihundert Jahre später die Gebeine der Königsknaben unter der gewundenen Treppe im Weißen Tower entdeckt wurden.

Aber nun erhob sich Buckingham, der mächtigste Helfer des Usurpators, gegen diesen; auf dem Marktplatz zu Salisbury büßte er seinen Abfall mit dem Leben, doch Heinrich Tudor, der Graf von Richmond, der gefährlichste Gegner, war nicht in Richards Hände gefallen. Der Tudor, ein walisischer Fürst, gab sich als Haupt der lancastrischen Partei, indem er sich auf seine Mutter Margarete berief; vielleicht zu seinem Glücke hatte ihn der Sturm abgehalten, als er, von Frankreich herüberfahrend, in England landen wollte. Der nach Frankreich Zurückgekehrte versprach seinen Anhängern, auch die Rechte des Hauses York zu erwerben, indem er sich mit Edwards IV. Tochter Elisabeth vermählen würde; im August 1485 segelte er zum zweiten Male über den Kanal. Er landete in Südwales, seinem Stammlande, entfaltete das Banner seines Hauses, den kymrischen Drachen und zog mit wachsendem Heere dem Usurpator nach Mittelengland entgegen.

König Richard III. war bereit, für seine Krone zu kämpfen. Er hatte den Endkampf erwartet, Heer und Flotte aufgeboten und wieder entlassen und darüber seine Schätze erschöpft; längst hatte ihm das Schicksal die Wende seines Glückes angezeigt: sein einziger Sohn war gestorben, und selbst grimmige Feinde und Verleumder mußten es später dem König lassen, daß er den Erben verzweifelt betrauert habe: was galt die überzahlte Krone nun? Auch Anne, Richards Gattin, starb; sie war die Witwe des armen Prinzen Eduard gewesen, Heinrichs VI. Sohn, der auf dem Schlachtfeld zu Tewkesbury vergeblich den Herzog von Clarence um sein junges Leben angefleht hatte; und Dichter allein mögen wissen, was Anne, eine zarte, kränkelnde Frau, durchlitten hatte in diesem Zeitalter ungeheuerlichster Kämpfe und Leidenschaften, über dessen Schwelle sie endlich schreiten durfte. Gerüchte gingen um, daß Richard sich mit einer Tochter seines Bruders Edward vermählen wolle, daß dessen Witwe bereit sei, dem Mörder ihrer Söhne auch die Tochter zu geben; aber der König selbst ließ diese Nachrichten widerrufen und gab den Gedanken an eine solche Heirat auf. So zog er in den Kampf, ein Mann, der es längst verlernt hatte, ruhig zu schlafen, was doch eine wichtige Kunst der Könige ist; es war ihm zur Gewohnheit geworden, die Hand am Dolche zu halten, während seine Gedanken ruhelos kreisten, die Augen flackerten und der Menschen Sinn zu ergründen suchten. Wem konnte er vertrauen? Wer betrog, haßte ihn nicht? Wer war nicht gegen ihn verschworen? Am Tor der St. Pauls-Kathedrale waren Spottverse angeschlagen; wohl konnte Richard solchen Spott in Blut ertränken, und er tat es auch. Würden aber die Adligen ihm beistehen, die Krieger für ihn kämpfen? Führte er nicht, da er seinem Heere vorausritt, ebenso viele Verräter mit?

Er hoffte, wenigstens William Stanley, den mächtigsten Herrn in Lancashire und Cheshire, in der Hand zu haben – nicht weil er dessen Worten und Mienen glaubte, sondern weil er Stanleys Sohn als Geisel mit sich schleppte. Aber da nun bei Bosworth, westlich von Leicester, die Heere Heinrich Tudors und Richard III. einander gegenüberlagen, hielt sich Stanley mit seinem Heere genau in der Mitte, ein Dritter, der anscheinend als Zuschauer gekommen war – oder um im gefährlichsten Augenblick nach eigenem Gutdünken die Entscheidung herbeizuführen. Richards Heer stand gut auf den Hängen eines Hügels, geschützt von Sümpfen; noch einmal bewährte sich des Königs Feldherrnblick; doch als der Feind den Sumpf umging, brauchten Richards

Krieger ihre Waffen nur mit geringem Eifer, bis der York – ein kleiner, sehniger Mann, dessen rechte Schulter ein wenig höher war als die linke und der sich in die funkelnde Rüstung seiner früheren Siege gekleidet hatte –, den Tudor inmitten des Streiterhaufens erblickend, sich die Krone auf den Helm stülpte und den Hügel hinabstob mit seinen Reitern, ein niederfahrender Blitz des Hasses, ja dessen Dämon selbst. Er fällte den riesigen Fahnenträger, über dem sich der rote kymrische Drache sinkend bauschte, das tief verhaßte Zeichen des feindlichen Hauses; doch nun war für William Stanley der Augenblick gekommen, wo er sich den Dank des künftigen Königs verdienen konnte – mochte es seinen gefangenen Sohn kosten oder nicht: seine Reiter brachen in den Rücken der Königlichen und braußten über sie und endlich ihren Führer hinweg, der unter dem gellenden Ruf »Verrat!« die Axt schwingend im sich verengenden Ringe seiner Gegner sein Blut verströmte.

König Richard war gefallen, wie es die Ballade meldet:

Nun gib mir die Schlachtaxt in die Hand, setze die Krone Englands auf das Haupt mir hoch,
Bei ihm, der machte See und Land, als König von England sterb ich doch.

Die Krone, der er maßlose Opfer gebracht, hatte für ihn während der zwei Jahre seiner Herrschaft einen geheimnisvollen Schimmer angenommen; ihre Forderungen lebten in ihm, er war königlichen Sinns, konnte großmütig sein, mit freigebiger Hand beglücken und selbst verzeihen; er sorgt für Wohlstand und Handel, schirmte, soweit er es vermochte, das Recht und suchte die Gerichtshöfe auf, die Amtswaltung der Richter zu prüfen. Die Krone war für ihn mehr als Besitz oder das Symbol der Macht: das Zeichen uralt-heiliger Würde, und so mochte sich der Thronräuber und Mörder im Kampf um diese Krone auf Gott berufen in seinem letzten Augenblick, wie es die Ballade erzählt. Schuld klebte an dieser Krone ja längst; nicht erst seit Heinrich von Lancaster den armen König Richard II. abgesetzt hatte (1399), dessen Anspruch das Haus York wieder aufnahm und in den zweieinhalb Jahrzehnten seiner Herrschaft vergebens zu behaupten suchte; diese Krone hatte schon William der Eroberer widerrechtlich an sich gerissen. Als aber William Stanley König Richards III. Krone bei Bosworth unter einem Strauche hervorzog und sie unter dem Zuruf des Heeres Heinrich Tudor reichte, ging eine Zeit zu Ende: der Tudor war kein Fürst des alten Schlags; wie ein Schreiber oder ein Priester erschien er dem Volke, und nicht auf dem Rosse, sondern im geschlossenen Wagen sollte er hinter dem kymrischen Drachen in London einziehen. Der Haß erlosch; die alten Geschlechter waren verzehrt; ein Übermaß von Kraft hatte sie getrieben, sich selbst zu zerfleischen; wie in einem letzten, schreckenverbreitenden Ausbruch hatte sich dieser Haß entladen in König Richard III., dessen Geschlecht furchtbar geblutet hatte in den Kämpfen um die alte Krone und der das vergossene Blut wieder heimzahlte, die Schuld mit Schuld vergeltend.

Wer es vermag, sich in seine Zeit zu versetzen, der wird auch diesen König verstehen; freilich bedeutet verstehen niemals verzeihen, wie es ein moderner Irrtum will; in der Fähigkeit, zwischen verstehen und verzeihen zu trennen, würde sich ja erst eine höhere, feste Urteilskraft bewähren. Endlich hat auch Richard III. seine Verteidiger gefunden, die als Gegner der Tudors den alten Streit erneuerten; aber vielleicht hat auch der hitzigste Anhänger der Tudors den letzten König aus dem Hause York nicht so gründlich mißverstanden wie seine modernen Sachwalter; erst die Möglichkeit solcher Verteidigung macht es klar, in welchem Maße die letzte Epoche des altenglischen Königtums uns entrückt ist. Den Weg zu ihr zeigt der Dichter; er, der den Nachhall jener Jahre noch vernehmen mochte, wenn er zurücklauschte, der ihr Wesen ahnte in seinem gestaltenden Innern, wurde auch dem blutigen Ende der Heldenzeit gerecht, wie er fast allem gerecht wurde, was England erlebte und erlitt. So scheute er auch nicht davor zurück, seinem Helden noch schwerere Schuld aufzubürden, als er begangen, um dessen dämonische Größe zu steigern. Der Dichter ist ja dem Geiste am nächsten, der die Geschichte dichtet, das größte Gedicht von Schuld und Gericht; während aber das Gesetz des Weltgerichts, wie der Stundenschlag in der Nacht, nur in langen Pausen sich anzeigt, so daß die Menschen die anwachsenden Stundenschläge verschlafen und dann plötzlich erwachen vom grellen Licht des Gerichtstags, verkündet es der Dichter durch das vollendete Schicksal, in den festen, strengen Grenzen seines Werks.

Von der Bewertung des Genies

Es könnte als überheblich erscheinen, von einer Bewertung des Genies zu sprechen, stellt sich der Bewertende doch oft genug über das Phänomen, das er bewerten will. Aber von Überheblichkeit könnte doch nur dann die Rede sein, wenn eine Erscheinung, über deren Auftreten und Wesen menschlicher Wille keine Gewalt hat, Werten unterworfen werden sollte, die von Menschen, und gar vom Bewerter selbst, geschaffen wurden. Das Genie, eine im Übernatürlichen entspringende, von ihm erfüllte und zeugende Kraft, kann nur bewertet werden, indem es auf Werte bezogen wird, die nicht im Menschen wurzeln und nicht von ihm abhängig sind, sondern ihm gegenüberstehen mit der Kraft unveränderlichen Seins. Die Unerschütterlichkeit dieser objektiven Wahrheit auch der seltensten Erscheinung gegenüber ist wohl niemals mit größerer Härte und Bestimmtheit ausgesprochen worden als vom Apostel Paulus mit den Worten: ›Und wenn ein Engel vom Himmelreich eine andere Botschaft brächte als wir, er wäre im Banne‹ (Galaterbrief I, 8). In diesen kaum ergründlichen Worten scheint die ganze Tragik des Genies, namentlich des Genies der modernen Zeit, beschlossen zu sein; man muß sie aber auch im Gedächtnis behalten, wenn man die Haltung der Kirche, als der Verteidigerin der objektiven Wahrheit, in den Fällen verstehen will, wo die Kirche gegen einen außerordentlichen Geist entschied. Das Apostelwort drückt jedenfalls die Absicht und die Überzeugung aus, von denen die Kirche sich in solchen Entscheidungen leiten ließ; es kann aber auch einen Irrtum durchleuchten, der für die Geisteshaltung der neuen Zeit, namentlich des achtzehnten und neunzehnten Jahrhunderts, bezeichnend ist und der die Verantwortung für viele Fehlschläge und Fährnisse trägt.

Wie, es könnte ein Engel vom Himmel niedersteigen und eine Botschaft verkünden, die der geoffenbarten Wahrheit entgegen wäre und darum von deren Verteidigern verflucht werden müßte? Ein Mensch könnte kommen, der von den geheimen Zeichen der Sendung umleuchtet wäre, ein offenbarer Sendbote – und er spräche nicht die Wahrheit? War dies nicht eben die Legitimation des Verkünders – und bald die einzige noch verständliche Legitimation in einer mehr und mehr der Autorität entbehrenden Welt –, daß ein Mensch eine ›Sendung‹ hatte? Die Philosophen des neunzehnten Jahrhunderts von Fichte bis Nietzsche waren offenbar Gesendete; in Schopenhauers Augen war das Genie mit dem Mantel der Unfehlbarkeit bekleidet; als Gesendete sah man auch die modernen Dichter an, namentlich wenn sie sich zu Verkündern einer Weltanschauung erhoben, und man beugte sich vor ihnen, eben um dieser Sendung willen. Auf ihr schien die einzige noch erträgliche Autorität zu beruhen; und der moderne Mensch, der bereit war, um seiner Freiheit willen alles Vätererbe wie lästigen Hausrat zu verbrennen, fühlte sich zur Ehrfurcht und Nachfolge oder wenigstens zum Geleit verpflichtet, wo immer er die Anzeichen einer solchen Sendung wahrzunehmen glaubte oder auch mit vollem Recht entdeckte. Entscheidenderes konnte man von einem Geist, einer Sache nicht sagen, als daß sie ›genial‹ waren; mit dieser Feststellung waren sie auch legitimiert und mit einem Ansehen ausgestattet, das der Offenbarung einzuräumen in vielen Fällen als schlimmste Rückständigkeit erschienen wäre. Die Heldenverehrung jeder Art, mochte sie sich Helden des Geistes oder der geschichtlichen Tat erwählen, glaubte, sich auf eine höhere Instanz nicht berufen zu können. Freilich befanden sich die auf solche Weise legitimierten Autoritäten samt ihren Anhängern untereinander in einem immerwährenden Widerspruch und im Konflikt mit fast allen Lebenden und Toten, so daß endlich nur die Genialität als solche, ein mit unheimlicher Schnelligkeit sich verbrauchendes, an Gehalt verarmendes Wort, übrig blieb. An Genialität und genialen Geistern schien kein Mangel zu sein; aber wie verschwenderisch die Menschheit mit solchen Autoritäten gesegnet war, ebenso ratlos war sie auch.

So mußte es sich endlich zeigen, daß Genialität wohl einen Auftrag einschließt und die Fähigkeit, diesen Auftrag zu erfüllen, daß sie aber damit noch nicht zur Autorität wird. Vergessen wurde von den Anbetern und unterwürfigen Gefolgsleuten des Genies, denen oft die Reflexe mehr als die Sonne waren, daß die Gaben des Geistes dem Menschen in keinem andern Sinne verliehen werden als die irdischen Güter: damit er sich in ihrer Anwendung bewähre. Genie als solches ist weder gut noch schlecht; es ist ein Auftrag und stellt eine Aufgabe; sein Wert hängt allein ab von dem Dienst, den es der unverrückbaren Wahrheit leistet; und erst in der Beziehung auf sie erlangen auch die Opfer, die der Berufene seiner Berufung bringt, einen Wert. Es steht nicht über der christlichen Ethik, sondern es ist unlösbar an sie gebunden und empfängt nur von ihr einen Sinn; die Gleichheit der Menschen vor ihrem Richter, die das Mittelalter veranschaulichte, indem es die Großen der Erde im nichtig gewordenen Schmuck ihrer Würden als Staub und Moder in ihren Gräbern zeigte, wird vom Genie so wenig wie von den machtlos gewordenen Mächtigen durchbrochen. Und wie auf einem Bilde des Hieronymus Bosch ein von der Gerichtsposaune erweckter König entsetzt an seine Krone faßt, weil er fühlt, daß dieses Zeichen, das ihn einst über die Menschen erhöhte, ihn auch einem strengeren Richterspruch unterwerfen wird: so wird das Haupt, dem das Stigma ungewöhnlicher Gaben aufgeprägt ist, auch einen ungewöhnlichen Spruch erwarten müssen. Denn der Mensch wird belastet, damit er seine Stärke erweise an der Last; Genie ist Prüfung, seine Verleihung eine Probe auf den Menschen, dem es verliehen wird; und ein jeder wird an der Aufgabe gemessen werden, die ihm erteilt wurde. Genie ist aber auch eine Probe auf die Menschen, unter denen es auftritt, und vielleicht die schwerste und furchtbarste Probe; es kann ihnen zum Segen werden, es kann aber auch unter ihnen aufgepflanzt werden als ein Wegkreuz, dessen Inschriften sie lesen müssen, um den rechten Weg zu finden. Wegkreuze dieser Art stehen deutlich sichtbar in der Geistesgeschichte des vergangenen Jahrhunderts und oft genug an Stellen, wo die Straße der Völker sich im Dunkeln verliert. Während so die Sendung zum Gericht am Gesendeten wird, kann sie auch diejenigen zum Gericht einfordern, an die er gesendet wurde; stellt doch das Genie am eindringlichsten die Frage nach jener Kraft des Glaubens und der Verpflichtung an die Wahrheit, die den Apostel befeuerten, als er bereit war, auch einen vom Himmel herabgestiegenen Engel zu verwerfen, sofern dieser wider das Evangelium gezeugt hätte.

Cromwell und die Krone

Wohl keine Gestalt der an Rätseln reichen englischen Geschichte steht in einem so tiefen Dunkel wie Oliver Cromwell; die Zeit ist ihm ebenso nahe wie fern; sie beschäftigt sich daher viel mit ihm, wahrscheinlich aber ohne das Rätsel zu durchdringen. Hätte ihn Rembrandt gemalt, so wäre sein Wesen vielleicht sichtbar geworden, obwohl anzunehmen ist, daß der Protektor, der von der Kunst rücksichtslosen Realismus forderte, Rembrandts Malweise kaum verstanden hätte. Aber des großen holländischen Meisters Auffassung vom Menschen paßt ganz auf Oliver Cromwell: aus einem Schattenreiche, dem er verwandter ist als dem Licht, leuchtet das Antlitz des Menschen hervor; sein Wesen ist Rätsel; Rüstung, Waffen und die Insignien der Macht schimmern; aber auch in diesem Glanze ist etwas Rätselhaftes, Überirdisches; das Licht, das den Menschen von innen belichtet oder aus der Höhe kommt, das Schattenreich des Hintergrundes deuten ja beide ein Jenseits an; wo sie einander begegnen, wo das Licht eindringt in das Dunkel, steht der Mensch.

Damit kann vielleicht das Innerste angedeutet, gewiß nicht ausgesprochen werden; Cromwell war ein Realist von furchtbarer Härte, wie es ja auch die Niederländer waren, aber die Tat kommt niemals aus dem Bezirk, in dem sie sich auswirkt. Die Frage, deren Lösung der Geschichtswissenschaft die größte Schwierigkeit macht, ist die nach dem Ursprung der Tat; eine Antwort auf sie kann allenfalls gesucht werden in den Selbstzeugnissen des Handelnden, die auf irgendeine Weise immer ehrlich sind, mag diese Ehrlichkeit auch im Ausweichen oder Verschweigen, oder in der angewandten Taktik der Verschleierung bestehen; und an der eindeutigen Ehrlichkeit der Briefe und Reden Cromwells ist wohl nicht zu zweifeln. Er ist der modernen Zeit nahe als Realist, als erster, nahezu schon konsequenter Revolutionär, der die Gesetzmäßigkeit der Revolution erlebt; er ist ihr unendlich fern nach seinen innersten Beweggründen und in dunklem Gefühl verborgen, ihm niemals deutlich gewordenen Zielen: darin, daß er ganz und gar ein Geführter war und sein wollte. Vielleicht haben wir zu ihm, wie zu Menschen seiner Art, heute ein ähnliches Verhältnis wie die Erdbewohner zum Mond: wir sehen stets nur die eine

Seite seines Wesens im wechselnden Licht der Wandlungen und Umwertungen politischer Werte; kein Blick fällt auf die andere, der Ewigkeit zugekehrte Seite.

Gewiß ist jedenfalls das eine, daß die Revolution, auf deren Welle er stand, nur als eine religiöse Bewegung und unter Einbeziehung der gewaltigen, immer heftiger nachbebenden religiösen Erschütterungen des sechzehnten Jahrhunderts verstanden werden kann. Das Gesetz dieser Revolution und dieses ganzen Zeitraums war ein tragisches; und Karl I., der, wenn auch nicht in der Tat, so doch im Leiden und Erfahren königlich war, hat es wohl richtig bezeichnet mit dem merkwürdig tiefen Wort, das er kurz vor seiner Hinrichtung in seinem letzten Brief an seinen Sohn hinterließ: ›For I have observed, that the devil of rebellion doth commonly turn himself into an angel of reformation.‹ Zur Zeit Heinrichs VIII. hatte die Politik über den schwach gewordenen, vorübergehend fast erschöpften Glauben gesiegt; im Innersten getroffen, erhob sich der Glaube wieder, aber nun als Revolutionär; er siegte in dem Augenblick, als Cromwell das Parlament der Heiligen eröffnete (4. Juli 1653). Indessen war jedoch eine neue Wandlung längst in vollem Gange; die in mächtiger Bewegung begriffenen politischen Kräfte strömten in die vom Glauben aufgesprengten Lücken ein; und die demokratisch-revolutionären Formen, die ursprünglich religiöser Natur waren und dem Bewußtsein der Gleichheit aller Menschen vor Gott, der Überordnung des Jenseits ihr Dasein verdankten, wurden von den politischen Kräften in Anspruch genommen, ausgefüllt und umgewandelt. Das Ergebnis der gewaltigen Eruption lange niedergehaltener, verkannter religiöser Kräfte war die Zerstreuung des inneren Lebens und der erneute Sieg des politischen Willens. Nach wenigen Monaten schon mußte es sich zeigen, daß das Parlament der Heiligen, an dem Cromwells höchste, überschwengliche Hoffnung gehangen, sich in einem unheilbaren Gegensatz zu allem Bestehenden befand: zum Heer, zur Außenpolitik, zu den Resten kirchlicher Organisation, zu Recht und Besitz; was Cromwell erstrebt, worin er seine letzte Rechtfertigung gesucht hatte und allein suchen konnte: die Unterordnung des Staates unter den Glauben, die Herrschaft des Unbedingten über den Staat, erwies sich als undurchführbar. Denn dieses Ziel wäre nur erreichbar gewesen auf dem Wege der Unterordnung unter einen geformten Glauben, nicht unter der Herrschaft radikaler Sekten, die das Parlament der Heiligen stellten. Jetzt siegte in Cromwell endgültig der Realist über den Ekstatiker, der Staatsmann über den Propheten; aber der Staatsmann, der sich mit allen Kräften bemühte, das tief zerrüttete Land zu ordnen, das durch die religiösen Kämpfe aufgespaltene Volk zu einen, sollte nun einem Symbol begegnen, an dessen Macht er niemals geglaubt: der Krone.

In dem ersten Entwurf einer Verfassung, den die Partei des Generals Lambert aufsetzte, als der Zusammenbruch des Parlaments der Heiligen bevorstand (November 1653), war der Königstitel für den Protektor vorgesehen; vier Jahre später spielte sich dann der schwere Kampf um diesen ›Titel‹ ab, in dessen Verlauf sich die Unentrinnbarkeit des über Cromwell, seine Epoche und seine Helfer gebietenden Gesetzes auf das deutlichste enthüllen sollte. Als das Parlament im Frühjahr 1657 einen Verfassungsentwurf ausgearbeitet hatte, der endlich nach den vielen Fehlschlägen der vergangenen Jahre und nach dem Versagen dreier Parlamente Festigung und Ordnung zu versprechen schien, aber an die Wiedererrichtung des Königtums in Cromwells Person gebunden war, sah sich der Protektor genötigt, eine Definition des Königtums zu geben: Das Königtum, erklärte er am 13. April 1657 der vor ihm in Whitehall erschienenen Kommission, sei kein bloßer Titel, vielmehr der Name eines Amtes, der durch das Gesetz laufe. Es ist, fügte er, gleichsam atemholend, in seiner schweren, ringenden, oft unklaren Redeweise hinzu, der Name eines Amtes, das die höchste Autorität umfaßt. (»It is a name of office plainly implying a supreme authority.«) Ein solcher Titel könne, ebenso wie er festgelegt worden sei, auch wieder aufgehoben werden; der Name eines Königs sei allein abzuleiten von der Autorität. (»Therefore the name is only derived from that authority.«) Der Name sei gleichgültig, auf die Sache komme es an. Vom Parlament stamme alle Autorität; freilich habe dieses ›Ding‹ (er meinte das Königtum) sehr lange bestanden, aber doch nur auf Grund der vom Parlament erhaltenen Autorität; irgendwo (!) habe es seinen Ursprung; die Einwilligung aller sei dieser Ursprung gewesen; und diese Einwilligung allein möge auch die Nadel sein, mittels deren der Faden weitergeführt werden könne. (»It has its original somewhere! And it was with consent of the whole – there is the original of it. And consent of the whole, will still I say, be the needle that will lead the thread through all.«)

Cromwell lehnte dann im Verlauf der Rede den Titel ab; er halte ihn nicht für nötig; aber die Annahme würde auch, wie er mit der für ihn charakteristischen Offenheit erklärte, seine Mitkämpfer beleidigen, durch deren Beistand er den Sieg errungen habe. Gott werde eine Sache nicht segnen, Königtum oder was es sonst sein mag (»kingship or whatever else«), die den Gläubigen entgegen sei; er wisse, diese würden den Titel nicht ›schlucken‹. (»But if I know, as I indeed do, that very generally good men do not swallow this title.«) Es sei seine Pflicht und das Gebot seines Gewissens, darum zu bitten, daß ihm nicht schwere Dinge auferlegt würden, Dinge, die schwer wären für seine Freunde, die diese nicht ›schlucken‹ könnten. (»It is my duty and my conscience‹ to beg of you that there may be no hard things put upon me; things, I mean, hard to them, which they cannot swallow.«) – Diese Begründung konnte den Antragstellern nicht alle Hoffnung nehmen, war auch offenbar nicht dazu bestimmt, ging doch deutlich genug aus ihr hervor, daß Cromwell die Krone nicht grundsätzlich ablehnte, sondern aus Rücksicht auf andere: weil er abhängig war von den Männern, aus denen er sein Heer gebildet. Von diesen also, nicht von ihm, sollte im Grunde die Entscheidung über die Wiederbegründung des Königtums gefällt werden. Ein sehr eigentümliches Motiv darf jedoch nicht übergangen werden: Cromwell war davon überzeugt, daß die große Empörung nicht von Menschen gemacht worden sei, daß sich vielmehr ›Gottes Revolution‹ (God's Revolution) in England vollzogen habe; indem Gott sich unwürdiger Werkzeuge bediente, habe er, so glaubte Cromwell, den Namen des Königs ausgetilgt, den Königsstamm entwurzelt und aus dem Lande geworfen: müßte nun die Wiedererrichtung des Thrones nicht den Herrn erzürnen? Es lag ja, wie der Ausgang des Kapitäns nach der Meinung des Protektors erwiesen hatte, Gottes Fluch auf dem Titel. (»He blasted the very title.«)
Das Wesentliche ist nicht der bekannte Verlauf der noch lange hin und her gehenden Verhandlungen, die den Staat in neue, schwere Gefahr zu bringen drohten, bis sie mit Cromwells notgedrungenem Verzicht auf die Krone und der Neubegründung des Protektorats – einer Art Königtum ohne Krone – endeten; aufschlußreicher ist schon die Art, auf die der Protektor seine Entschlüsse faßte: von Gottes Willen machte er alle Entscheidungen abhängig; aber es war das Wesen und das Geheimnis seines

Glaubens, daß er Gottes Willen in der Notwendigkeit erkannte. Das Heer war gegen die Annahme der Krone; der Gegensatz zum Heer, zu seinen Freunden, die mit ihm auf den Schlachtfeldern gestanden, hätte Cromwells Stellung untergraben, das begonnene Werk vernichtet: dies aber konnte – wie er meinte – nicht Gottes Wille sein; also fiel die Forderung, die sich aus der Konstellation der Kräfte ergab und rein politisch war, mit Gottes Absicht zusammen. Im Tatsächlichen war für Cromwell auch das Heilige, im Erfolg die Bestätigung der Werte; es konnte endlich seiner Meinung nach keine gewichtigere Beweisführung gegen den König geben als den Umstand, daß der König unterlegen war; was notwendig war oder so erschien, das war für Cromwell auch gut, und hierauf beruhte die Energie seines Handelns; – wobei es ihm freilich nie in den Sinn kam, daß es ebenso viele Notwendigkeiten gibt, als Standorte eingenommen werden, und daß die Stellung seiner entschiedensten royalistischen Gegner, die auf dem Boden unveränderlichen Rechtes standen, durch seine Erfolge nicht erschüttert werden konnte. Hätte sich, während Cromwells Königtum zur Diskussion stand, eine neue Notwendigkeit ergeben, hätten sich die Freunde, auf die es ankam und von denen er abhängig war, für die Krone entschieden, so hätte er wahrscheinlich auch den ›Fluch‹ überwunden, der ihm auf der Krone zu liegen schien: Gott hätte dann durch die Stimme der Notwendigkeit diesen Fluch aufgehoben und den Protektor zum Tragen der Krone ermächtigt. Auch im Willen der Freunde, leidenschaftlich gläubiger Männer, war er ja bereit, Gottes Willen zu erkennen.

Aber welche Vorstellung hatte Cromwell vom Königtum! Es war das Amt, das die Autorität umfaßte, nichts weiter als ein staatsrechtlicher Begriff. Die Krone war für ihn ein Werkzeug, das er anzusetzen bereit war, wenn es politischen Nutzen versprach; eine Eigengeltung hatte sie für ihn nicht; mochte er doch auch glauben, daß das goldene Band, das er nach der Auflösung des Parlaments der Heiligen an seinem Hute befestigen ließ, die Krone allenfalls ersetzen könnte. Eine sehr merkwürdige Erklärung, die ihm einer seiner Räte gegeben, ehe er die Abordnung des Parlaments empfing, mochte ihn in seiner Auffassung von der rein staatsrechtlichen Bedeutung des Königtums bestärkt haben: um den Unterschied zwischen dem Titel Protektor und dem Namen eines Königs zu erläutern, erfand der Rat ein Gespräch zwischen Cromwell und einem Bürger. Dieser würde zum Protektor kommen mit den Worten: ›Mein Lordprotektor, warum habt Ihr, wenn Ihr auf das Gesetz vereidigt seid, das und das getan?‹ – ›Bin ich's,‹ würde der Protektor antworten, ›warum? Wie bin ich verpflichtet zu handeln?‹ – ›Der König könnte das nicht getan haben.‹ – ›Ja, aber ich bin nicht König; ich bin nicht verpflichtet, als König zu handeln; ich bin Lordprotektor. Zeige mir das Gesetz, das mich verpflichtet, als Protektor so zu tun.‹

In der Tat: der König war gebunden, der Protektor nicht; und man wird wohl nicht fehlgehen, wenn man vermutet, daß das Parlament zu einem Teil aus dieser Erwägung heraus Cromwell die Krone angetragen hatte; es wäre dadurch ein gesetzmäßiger Zustand geschaffen worden, und das Parlament hätte dann wahrscheinlich seinen alten Kampf wieder aufgenommen. Zugleich hoffte man wohl, die royalistische Opposition, die immer bedrohlicher wurde, auf diese Weise zu lähmen oder einzufangen. – Daß Cromwell den Versuch, ihn zu fesseln, durchschaute, wird man ebensowenig bezweifeln können. Der Rat, der das Gespräch erfunden, hatte ja recht, ebenso wie ein anderer, der ausführte, daß der Name des Königs das ›Rad des Gesetzes‹ sei und darum aus diesem nicht herausgenommen werden könne; dennoch wurde in all diesen Erörterungen das Wesen des Königtums völlig übergangen. Denn die Krone stellt ja Heiliges dar, insofern sie der König von Gott empfängt und sich ihr angelobt und Menschen sich wohl an ihr vergehen können, sie selbst aber unverletzlich bleibt; und das Bewußtsein dieses Wesens der Krone war in England keineswegs erloschen, wie eine Flugschrift bewies, die den Unterschied zwischen einem rechtmäßigen Fürsten und einem Usurpator – am Beispiel Richards III. darlegte. Seltsam genug! In Whitehall und im Banqueting House wurden diese Gespräche geführt, angesichts der Westminsterabtei, wo der Krönungsstein lag, wo die englischen Könige schon vor der Eroberung aus den Händen des Priesters und unter dessen bindendem Weihespruch die Krone empfangen hatten; aber die Macht der Weihe und die Konstanz des Geschichtlichen, die gleichfalls Macht ist, wurden von diesen Realisten nicht bedacht. Und doch handelte es sich zunächst gar nicht um die Rechte, die mit dem Titel verbunden waren, sondern um ein Symbol: daß Oliver Cromwell die Krone nicht als Symbol verstand, sondern ein Mittel oder ein Werkzeug in ihr sah; daß das Geschichtliche in seinem ganzen Ausmaß für ihn keine Gegenständlichkeit war; vor allem, daß er aus dem Einwand gegen die Träger einen Einwand gegen die Idee machte und die Bedeutung der Weihe innerhalb der Geschichte – der Weihe, insofern sie unangreifbar ist und insofern sie wirkt – überging: dies macht seinen Irrtum und seine Schuld aus. All die Mächte, die er überging, waren ja noch vorhanden, wenn auch durchaus nicht in ungebrochener Gestalt; seine Parlamente vertraten England niemals: die Träger und Vertreter der ›Revolution Gottes‹ bildeten, wie Cromwell wohl wußte, ein Volk im Volke, aber das Geschichtliche im weitesten Sinne, als Fortbestand der Vermächtnisse, lag zum größeren Teil außerhalb dieser Revolution und erwies sich auf immer bedrohlichere Weise als Macht.

Darum soll Cromwells Glaube nicht angezweifelt werden: er fühlte sich als Geführter auf dunklem Weg und handelte im Augenblick und für diesen. Nie zweifelte er daran, daß Karl I. den verdienten Tod erlitten habe und daß die Untertanen ein Recht hätten, den König zu richten – welche Meinung Karl I. ebensowenig anerkannte wie Shakespeare in ›Richard II.‹. Daß Cromwell Werkzeug war, daß das Gericht, das er schuldig werdend vollzog, ein Gericht Gottes war: wer wollte es verkennen? Bekannte sich doch auch Karl I. als schuldig, freilich nicht vor Cromwell und dem Gericht in Westminster, sondern vor Gott und dem Schatten des kühnen Ministers Strafford, den der König in der Not aufgegeben hatte. Um die Herrschaft des Unbedingten zu begründen, das Irdische in ganzem Ausmaß vom Glauben abhängig zu machen, nicht um der Rechte des Parlaments willen, wenn auch wohl für diese Rechte, war Cromwell ins Feld gezogen, hatte er den König töten lassen; an dieser höchsten Aufgabe ist er gescheitert, und man wird dagegen den oft überschätzten politischen Gewinn nicht ausspielen können. Das Parlament der Heiligen, glühenden Sektierer, von welchem Parlament er die Erfüllung dieser Hoffnungen erwartete, hatte den Staat bedroht; denn nur der geformte Glaube schafft wieder Form und unterhält sie; aber in Kirche und Krone, in geweihten Formen, hatte das Heilige bereits – bei aller Unzulänglichkeit seiner Vertreter und Träger – die höchste Stelle eingenommen, die ihm Cromwell im Widerspruch zur Tradition und daher vergeblich aufs neue erringen wollte.

Zwischen Geschichtsschreibung und Geschichtsbewertung sollte streng unterschieden werden. Gemeinsam ist ihnen beiden, daß sie von einer festen geistigen Grundlage ausgehen müssen und an sie gebunden bleiben; aber die Geschichtsschreibung hat es mit dem Geschehenen zu tun, mit dem Sein, das den Boden dieses Geschehens bildet, und den Kräften, die darauf einwirkten. Die Geschichtsbewertung ist der Pflicht, dieses Geschehene, seine Bedingungen und seinen Ablauf zu verzeichnen, enthoben; sie ist vor allen Dingen unabhängig von der Bedeutung, die das Geschehene, nur weil es geschehen ist, für die Geschichtsschreibung hat. Auch die Größenverhältnisse, die zwischen den einzelnen Ereignissen und Erscheinungen walten, gelten für sie nicht; Großes wird für sie unscheinbar, Unscheinbares groß; und meist können die Gescheiterten und Geschlagenen von ihr die Wiedergutmachung angetanen Unrechts erwarten.

Die unerbittliche Gegensätzlichkeit, die zwischen Geschichtsschreibung und Geschichtsbewertung aufklaffen kann, läßt sich vielleicht am eindringlichsten am Beispiel der russischen Geschichte verdeutlichen. Im Zusammenhang mit der Katastrophe und der inneren Wandlung des modernen Menschen, die diesen befähigen, die religiösen Kräfte der Geschichte wieder mit den höheren, ihnen eigenen Werten einzuschätzen, scheint der Bewertung der russischen Geschichte eine bedeutende Umwandlung bevorzustehen. Es entsprach dem Glauben an die Werte der Aufklärung, die zwar absinken, aber bei weitem noch nicht untergegangen sind, daß Peter der Große unter mancherlei Vorbehalten und gegen den Einspruch der Tieferblickenden doch als der Mann angesehen wurde, der Rußlands Bestimmung erkannte und den entscheidenden Schritt auf dem Wege zu dieser Bestimmung tat. Aber inzwischen ist, was Peter für wahr und endgültig hielt, wieder fragwürdig geworden; die Meinung, daß er Rußland auf entsetzliche Weise mißverstanden habe, ja das ›russische Verhängnis‹ gewesen sei und nach dem Maßstabe seiner Selbstherrlichkeit und unbestreitbaren gewaltigen Kraft auf das verderblichste auf sein Land gewirkt habe, will nicht still werden. Wie, wenn das alte Rußland, mit dem er glaubte aufräumen zu

müssen, eben das eigentliche Rußland gewesen wäre; und wenn
es wieder eine echt russische Kraft gewesen wäre, die sich gerade
im Ertragen dieses ›Verhängnisses‹ bewährt hätte; wenn diese
Kraft noch da wäre, wie so viele stille und mächtige, unter dem
Geschehen fortströmende Kräfte der Geschichte, während die
Werte, denen Peter auf das gewalttätigste diente, zerbröckeln,
die Ziele, denen er leidenschaftlich nachtrachtete, wieder ver-
dämmern würden? Unabhängig von solchen Fragen wird das, was
Peter getan hat, immer der eingehenden Erforschung und Darstellung bedürfen, wird die Geschichtsschreibung ihm einen sehr
weiten Raum freihalten müssen, während die Geschichtsbewertung, die ihm oft dienstfertig huldigte, ihm vielleicht nur dürftige
Ehren erweisen wird.

Wie im Raum der englischen Geschichte von der normanni-
schen Eroberung und dann von der Reform Heinrichs VIII. weite
Gebiete eines erhabenen religiösen Lebens verdeckt wurden, so
wird auch das Glaubensleben Altrußlands von den Erscheinungen der neueren Geschichte verdeckt. Während man aber im
Falle Englands wird zugeben müssen, daß es zum mindesten
hochragende Baugerüste, ja sogar Formen waren, die den ver-
hüllenden Schatten auf die ihnen vorausgegangenen Epochen
warfen, ist man angesichts der russischen Geschichte geneigt, an
die Potemkinschen Kulissen noch einmal zu erinnern. Freilich
begnügte sich Peter der Große nicht mit gemalten Dörfern wie
der Günstling Katharinas; er errichtete die Kulisse einer Stadt,
ja einer ganzen Kultur. Aber Regen und Blut haben inzwischen
die Kulissen abgewaschen; die niemals ruhenden Stürme russischen Unglücks – diese Stürme der Ebene, die auch die Erobe-
rerhorden vor sich herwirbelten – haben sie zerfetzt.

Was steht auf dem Gesicht des eigentlichen Russen zu lesen?
Worin besteht sein Leiden, und was macht seine Kraft aus? Eine
Antwort bekommt, wer das Leben des Protopopen Awwakum
liest, und darum soll auf diesen großen Dulder und Gläubigen
wieder hingewiesen werden. Denn dieser Heilige des siebzehnten
Jahrhunderts mag noch immer seines Weges wandern hinter den
Kulissen, die wir gewohnt sind als russische Geschichte zu be-
trachten; und wir sollten uns vielleicht auf ihn, auf sein russisches
Antlitz besinnen, ehe die Weltuhr eine neue Stunde schlägt. Ru-
dolf Jagoditsch hat vor einigen Jahren die Autobiographie des
Protopopen mit einer vorzüglichen, in die Tiefe der Geschichte

dringenden Einleitung in deutscher Übersetzung herausgegeben; wer das ergreifende Buch zur Hand nimmt, wird sich einen Teil jenes unerläßlichen Wissens um Rußland erwerben, das dem Westen Europas noch immer zu fehlen scheint, wie es den russischen Revolutionären im neunzehnten Jahrhundert gefehlt hat, ein Wissen, das vermutlich Bleibendes und Zukünftiges umfaßt, während so viele ›Wahrheiten‹ des Tages am Vergänglichen und Vergangenen kleben.

Awwakum wurde etwa um 1620 in einem Dorfe jenseits der Kudma, eines rechten Nebenflusses der Wolga, als Sohn eines Popen geboren. Er übernahm das Amt und den Hof des Vaters; schon auf dem Dorfe hatte er mannigfache Verfolgung zu leisten. Ein Stadthauptmann, den er ermahnte, ein schweres Unrecht wieder gutzumachen, prügelte ihn in der Kirche fast zu Tode; ein anderer Stadthauptmann wünschte, daß Awwakum die Messe rascher singe, und erbitterte sich in solchem Maße über den Widerstrebenden, daß er zwei Pistolen auf ihn abfeuerte. ›Ich aber sang so, wie es vorgeschrieben ist, und gar nicht schneller.‹ Dieses unbeugsame Festhalten am Ritual seiner Kirche brachte Awwakum um Haus und Hof; es sollte für ihn, sein Weib und seine Kinder zum grauenvollen Schicksal werden, als der Patriarch Nikon sich um die Mitte des siebzehnten Jahrhunderts entschloß, die russische Kirche, die unter dem Patriarchat Moskaus eine eigene Gestalt angenommen hatte, nach dem Vorbild der griechischen, ihrer Mutter, zu reformieren.

Wie eine jede Reform, so empfing auch diese von bestehenden Mißbräuchen einen starken, aber nicht entscheidenden Anstoß. Nikon, ein Bauernsohn, war von dem zweiten Zaren aus dem Hause Romanow, Alexei Michailowitsch, auf seine hohe Stelle gerufen worden; er hatte auf einem Inselkloster des Weißen Meeres und dann im Kreise Kargopol sich während langer Jahre in strenger Askese geübt; man wird ihm zubilligen müssen, daß er nach seiner Berufung mit allen Kräften das Ansehen der russischen Kirche auf der Grundlage verstärkter Rechte zu erhöhen strebte. Sein und seiner Untergebenen Unglück war, daß er nach dem Urteil des ihm wohlwollenden russischen Historikers Kljutschewski ›seinen persönlichen Haß in die rein kirchlichen Angelegenheiten hineintrug‹, daß er, nach der Meinung des genannten Geschichtsschreibers, Korrekturen mit Reformen verwechselte; schlimmer noch war, daß Nikon, als er das Ritual vereinfachte, die russischen Kirchenbücher nach griechischen auf willkürliche Weise glaubte berichtigen zu können und gegen den Gebrauch an Stelle der Lesungen aus den Kirchenvätern Predigten einführte, das Wesen altrussischer Frömmigkeit verkannte.

Die Bedeutung, die das Ritual für die Altgläubigen hatte, wurde oft selbst von Russen unterschätzt; Westeuropa ist leicht geneigt, mit einem mitleidigen Achselzucken über sie hinwegzugehen. Aber Symbol und Gehalt, Zeichen und Lehre waren für diese Frömmigkeit eine unlösbare Einheit. Es gab keinen Wertunterschied zwischen Außen und Innen; wer das Äußere verletzte, der verging sich auch am Innersten. Wenigstens wird man mit Karl Stählin (in dessen erstem Band seiner ›Geschichte Rußlands‹) von einer ›magischen‹ Bedeutung der Kultformen sprechen und dabei bedenken müssen, daß diese Magie doch nur ein Ausfluß der Glaubenswahrheit war. Tausend- oder fünfzehnhundertmal kniete der Zar während des vielstündigen Gottesdienstes hoher Festtage nieder; als der Vorleser im Hochamt mit den Worten »Segne, Vater« begann, schrie ihm Alexei Michailowitsch, indem er von seinem Sitze aufsprang, zu: »Was sagst du da, du Bauernlümmel, du Hundesohn? ›Segne, Vater‹? Der Patriarch ist hier anwesend, da hast du zu sagen: ›Segne, heiligster Herr!‹« Für einen in diesem Maße gebundenen, von vererbten Formen umschlossenen Glauben ist keine heilige Zeremonie gleichgültig; so ist es auch nicht verwunderlich, daß der heftigste Streit zwischen Alt- und Neugläubigen sich an der Frage entzündete, ob das Kreuz mit zwei oder drei Fingern geschlagen werden sollte. In Übereinstimmung mit dem Beschluß griechischer Mönche, die sich auf dem Berge Athos versammelt hatten, verlangte der Patriarch Nikon, daß künftig das Kreuz mit drei Fingern geschlagen werde; es sei Ketzerei, das Kreuzeszeichen, wie es bisher in Rußland geübt worden war, mit zwei Fingern auszuführen; die Bücher, die dieses vorschrieben, wurden verbrannt.

Awwakum hatte sich damals, nach manchen Schicksalsschlägen, durch sein asketisches Leben und seinen Glaubenseifer das Wohlwollen, selbst die Verehrung des Zaren erworben; er mußte in einem Staate, dessen erstes und oft auch einziges Gebot der Gehormsam war, unsägliches Leiden auf sich und die Seinen herabziehen, als er sich der Reform widersetzte. Doch er bekreuzte sich auf die Weise und nach der Lehre der Väter mit Mittel- und Zeigefinger, die er unter leiser Krümmung des Mittelfingers zusammenlegte: so wurde angedeutet, daß der Gekreuzigte Gott und Mensch war in einer Person; die übrigen drei Finger, der Daumen, der Ringfinger und der kleine Finger berührten sich mit den Spitzen, um die Dreieinigkeit darzustellen. Das Kreuzzeichen der Gegner bedeute freilich auch eine Dreifaltigkeit, erklärte Awwakum als Haupt der Reformfeinde, und zwar die, von der Sankt Johannes in der Apokalypse schreibe: die Schlange, den falschen Propheten und das Tier oder, mit andern Worten, den Teufel, den irrgläubigen Patriarchen und den bösen Zaren, der Unwahrheit und Schmeichelei liebe. Nikon wich den Gegnern auf tückische Weise aus, indem er und die von ihm berufene Kirchenversammlung ihre Widersacher nicht wegen des Festhaltens an der Überlieferung, sondern wegen ihres Ungehorsams zu bestrafen vorgaben, eines Ungehorsams, der doch nur die unvermeidliche Folge des Festhaltens am Überlieferten war; aus dem Streit um Glaubenswerte wurde durch diese Umstellung ein kirchenpolitischer und selbst politischer Streit, der unsägliches Leiden über Rußland brachte und das Blut der Besten kostete. Die russische Kirche schuf sich den ›Raskol‹, die ›Abspaltung der Altgläubigen‹ (Stählin), die bald vom Märtyrertum erhärtet und darum nie völlig überwunden worden ist, obwohl Peter der Große und Nikolaus I. die Raskolniken grausam bekämpften.

Wie seltsam und absonderlich auch die Anlässe dieser Spaltung waren, so sollte sich doch im Verlauf der Verfolgung der Altgläubigen die unvergleichliche Größe und Kraft der russischen Seele offenbaren. Es ist weit mehr die Kraft des Leidens und Ausdauerns als der Tat. Der Protopope Awwakum wurde dank seiner unerhörten Fähigkeit, zu leiden und zu beharren, die auf das engste verknüpft war mit einer besonderen Form der Gott- und Schicksalsergebenheit, zur großen russischen Gestalt. Für ihn, der ja durchaus im Mittelalter lebte – das russische Mittelalter reicht wenigstens bis zum Ende des siebzehnten Jahrhunderts, das heißt, bis zum Regierungsantritt Peters des Großen –, war der Satan ebenso wirklich, ebenso gegenwärtig wie Gott; die Welt betrachtete er als das Schlachtfeld, auf dem der Fürst der Hölle wider den Herrn stritt. In diesem Kampf ›hatte sich der Satan von Gott das lichte Rußland auserbeten, um es purpurrot zu färben mit dem Blute der Märtyrer‹. Awwakum, der im Keller des Androjewklosters zu Moskau unter Ungezieferschwärmen darbte, bis eine himmlische Erscheinung ihn erquickte, der bald darauf als Verbannter Weib und Kinder auf einem elenden Bauernwagen nach Tobolsk führte, war davon überzeugt, daß er der Not, die er litt, nicht entgehen sollte. Für ihn hatte das Schicksal etwas Heiliges, wußte er doch, daß es von Gott kam und daß die Ärgernisse unvermeidlich sind; allem Leiden, aller Not, auch der Krankheit haftete in seinen Augen etwas Heiliges an. Die einst auch in Deutschland vertretene christliche Auffassung von der Krankheit als ›einer persönlichen Angelegenheit zwischen Mensch und Gott‹, zu der sich Paracelsus bekannte und die in der Romantik flüchtig wieder aufleben sollte, war seiner Natur gemäß. Da er die abgründige Sündhaftigkeit des Menschen erfahren hatte, so war ihm jedes Ungemach ein Zeichen der noch nicht völlig eingebüßten Gnade des Herrn.

In seinem Gefängnis in Moskau hatte er einen Besessenen aufgenommen; es war einer der Soldaten, die ihn bewachen sollten. Awwakum mußte den Kranken erst scheren, waschen und kleiden. ›So lebten wir zusammengesperrt zu zweit. Die Dritten aber waren Jesus Christus und die Allerreinste Gottesmutter.‹ Auch in Tobolsk brachte man ihm einen Besessenen; zwei Monate rang der Protopope mit dem Teufel um die Seele des Kranken; dann konnte er es wagen, ihn in die Kirche zu führen und der Gnade Gottes zu übergeben. Gerade in diesem Verhalten zeigt sich die tief christliche Wesensart des Bekenners; es ist kein Christentum denkbar ohne ein Wissen um den Sinn der Krankheit; dieses Wissen vermag mit vielen Heftigkeiten und Härten auszusöhnen, von denen Awwakum, wie er wohl wußte, im Kampf mit seinen Feinden keineswegs frei war. Aber die wesentlich christliche Substanz des Russen lassen selbst die Verfolger des Märtyrers zuweilen erkennen: sie besteht in der Fähigkeit, Schuld einzugestehen, sich vor dem Gegner zu demütigen und seine Verzeihung zu erbitten; in der unaustilgbaren Erkenntnis, daß die Menschen gleich sind vor Gott. Im Grunde kommt das Böse auch nicht von ihnen, sondern der Teufel nimmt in seinem Kampf mit Gott von ihnen Besitz in Gestalt der Leidenschaften; sie sind Brüder, eben weil sie alle in gleichem Maße der Gefahr unterliegen, vom Teufel besessen zu werden. Darum verhärtet sie begangenes Unrecht nicht für immer; werden sie für einen Augenblick der Dämonen ledig, so bitten sie einander um Vergebung, und niemals wird diese verweigert; niemals erschöpft sich die Bereitschaft des Russen, im andern den Bruder zu umarmen, der sogar als Übeltäter unter der

Geißel Satans gelitten hat. Wo aber Leiden ist, da ist auch Bruderschaft. ›Wir dürfen auch nicht vergessen, daß ja nicht vom Zaren uns dieses Elend gekommen ist, sondern daß um unserer Sünden willen Gott es dem Teufel gegeben hat, uns nun zu quälen.‹ Ebensogut wie der Heilige wußte das der Zar Alexei Michailowitsch. ›Wo du auch immer bist, vergiß uns nicht in deinem Gebet‹, ließ er dem Dulder als letztes Wort bestellen, und diese Bitte wurde getreulich erfüllt: ›Soviel ich nur kann‹, schrieb Awwakum kurz vor seinem Märtyrertode, ›bete ich auch heute noch für ihn. Denn wenn er mich auch quält, so ist er doch der Zar.‹ Freilich wußte er wohl, daß der Zar nicht auf seiten der Dämonen hätte kämpfen dürfen, sondern Christi Heerschar hatte führen müssen. Wenn Iwan der Schreckliche, der ›liebe‹ Zar, noch lebte, so hätte er von ihm wohl die Befreiung Rußlands aus der Umklammerung Satans erwarten dürfen. Iwan muß ja auf dem Boden altrussischer Geschichte in wesentlich günstigerem Lichte erscheinen als in der Perspektive Europas, im Schatten eines düstern und sogar – nach Jagoditsch – dem ursprünglichen Sinn nicht entsprechenden Beinamens.

Aber Tobolsk sollte nur der Ausgangspunkt des neuen Leidensweges sein, den Awwakum beschreiten mußte. Als er fortfuhr, die Reform Nikons zu befehden, wurde er einem jener Kosakenzüge mitgegeben, die seit den letzten Lebensjahren Iwans des Schrecklichen nach Sibirien vordrangen und das Land für das Zarenreich erschlossen. Inmitten des rohen Kriegsvolks, unter den Mißhandlungen des Hetmans Paschkow wanderte Awwakum fünf Jahre lang ostwärts; er mußte an Ob, Jenissei und Tunguska die Schiffe stromaufwärts ziehen helfen, oder er lief, mit armseliger Habe bepackt, immer wieder stürzend, neben dem Schlitten, auf dem Weib und Kinder zusammengekauert saßen, über das Eis. Er flehte fast verdurstend auf einem gefrorenen See Gott um seine Hilfe an, und die Eisdecke öffnete sich und ließ ihn trinken; er gelangte unter Todesnot, mit wundgeschlagenem Rücken durch die Stromschnellen des Angara und über den von ungeheuren schwarzen Felsen umstarrten, von Wasservögeln wimmelnden Baikalsee nach Transbaikalien. Er keuchte vor dem Schlitten über das Jablonagebirge, während sein Weib neben ihm den Säugling und das wenige Mehl auf dem Rücken schleppte oder den in den Schnee gefallenen Kindern ein Stück Pfefferkuchen in den Mund steckte, um sie zum Weiterwandern anzueifern. Nachts lagerten sie unter den Föhren, eine Speise aus dem Mehl der Föhrennüsse verzehrend; der Hetman ließ sie in seinem Haß nicht in das umzäunte Lager, wo die Männer sich um das Feuer scharten. Eine schwarze Henne legte täglich zwei Eier für die Kinder; diese einzige dürftige Hilfe genügte ihnen als Zeichen göttlicher Fürsorge.

Endlich wurde der Verbannte zurückgerufen. ›Wie lange‹, fragte ihn sein Weib unter den Mühen der dreijährigen Heimfahrt, ›wird dieses Elend wohl noch dauern?‹ ›Und da sagte ich: ›Markowna, bis zum Tode ist uns auferlegt zu leiden um unseres Heilands Jesu Christi willen.‹ Einen tiefen Seufzer tat sie dann und sagte: ›Nun ja, Petrowitsch; dann wandern wir nur weiter.‹ – Vielleicht ist uns aus der ganzen russischen Geschichte, einer Leidensgeschichte ohne Beispiel, kein ergreifenderes Wort überliefert als dieses ›Dann wandern wir nur weiter‹, das ein krankes, erschöpftes Weib in Transbaikalien zu einem Heiligen des alten Glaubens gesprochen hat. Awwakums Heimreise nach Moskau führte ja in den Tod: nachdem er neue Verfolgungen erduldet, neue Prüfungen bestanden hatte, wurde er nach Pustoserk, nahe der Mündung der Petschowa in das Nördliche Eismeer, verbannt; dort erlitten seine Glaubensbrüder die entsetzlichsten Martern, dort mußte er endlich, am 14. April 1682, den Scheiterhaufen besteigen. Seine hoch über die Flammen gehobene Hand zeigte dem Volke die zwei nach Väterweise zur Bekreuzigung ausgestreckten Finger; sein letztes Wort bezeugte seinen Glauben: »So ihr in diesem Zeichen beten werdet, werdet ihr in Ewigkeit nicht verderben.«

Wohl wurde Awwakum zum Heiligen der Altgläubigen, doch hat er in der Geschichte nicht gesiegt; den Reformen war Bahn gebrochen, das russische Mittelalter ging unter, und die russische Kirche mußte den Bruch mit der Tradition, der sich um diese Zeit zu vollziehen begann, in der Folge mit einer Erschütterung ihrer Stellung bezahlen. Nachdem zuerst eigene Willkür ihr geschadet, sollte bald fremde Willkür sie knechten und es ihr immer schwerer machen, dem Volke zu geben, was das Volk von ihr fordern mußte. Aber nicht um dieser geschichtlichen Zusammenhänge willen sollte an Awwakum erinnert werden; er ist für die Geschichtsbewertung von weit höherer Bedeutung als für die Geschichtsschreibung. Vielleicht könnte er eine Frage beantworten und eine furchtbare Sorge beschwichtigen. Denn wer um die

Schicksale der Völker bangt und mit leidet an ihrer verschwiegenen Not, der mag einmal den russischen Heldenpopen vor sich sehen wie einen Tröster. Wie, wenn Awwakum noch immer vor seinem Schlitten herschritte unter der Last des ›heiligen Schicksals‹, wenn die arme Markowna an seiner Seite ihn noch immer tröstete und ermutigte? Sind nicht viele Kulissen eingestürzt, während Awwakum, ein unvergänglicher Schatten, durch die Ebene zog? Das Prachtgebäude Nikons, der unrussische Militärstaat Peters des Großen, der falsche Glanz der klugen Katharina und die Weltmacht der letzten Romanows? Ist aber die Geduld, die Zuversicht und die Kraft der Leidenden nicht endlich doch die stärkere geschichtliche Macht? Denn russisch waren ja all diese Kulissen nicht; russisch ist die passive Stärke des Protopopen Awwakum, die vielleicht gerade in der Zeit, da sie ausgelöscht scheint, ihre größten und freilich verborgensten Triumphe feiert. Vielleicht ist es das Schicksal dieses Schattens, ewig heranzuwandern aus Sibirien oder in Gefängnissen zu schmachten und dem Dasein der Gewaltherren durch das von ihm erduldete Leid einen Sinn zu geben; vielleicht aber wird einmal das verschüttete ›lichte Rußland‹, dessen Bote Awwakum ist, zum Befremden des Westens wieder sichtbar werden.

Vom täglichen Leben in der Geschichte

Viele Träger geschichtlichen Lebens und großer Entscheidungen haben sich ihr Leben lang aus der Geschichte herausgesehnt; mochte nun Karl V. seine Klostersehnsucht durch die halbe Welt schleppen und ihr endlich nachgeben, Friedrich Wilhelm I. sich ein friedliches, sauberes Haus in Holland erträumen, wo er erlöst sein würde von der Dämonie des Handelns und des Werkes; mochte Elisabeth von England sich als Schäferin verkleiden, um sich für eine Stunde über die Kälte ihres Daseins hinwegzutäuschen, oder Peter der Große sich gefallen als Arbeitsmann, Pilot oder Soldat unter dem Kommando eines Untertanen; mochten Feldherrn oder Staatsmänner versichern, daß sie nichts Höheres sich wünschten als ein geordnetes, ländliches Leben auf ererbtem Grund, fern aller Geschichte, und dann doch auf deren ersten Anruf, auf das Erscheinen der ersten Wetterzeichen hin wieder bereit sein. Sie alle mußten fühlen, daß es keine Flucht vor der Geschichte gibt; denn wenn es ihnen auch gelungen wäre, der Tat sich fernzuhalten, so hätten sie sich damit der Geschichte noch nicht entzogen. Ihr Bereich umfaßt ja das sichtbare Geschehen ebenso wie das unsichtbare: sie spielt sich auf der Schaubühne ab, wo die Völker ihre Kämpfe austragen, und in den Kammern der Seele; werfen die Völker doch das ganze Gewicht ihres Seins, ihrer äußern und innern Kräfte in die Waagschale der Geschichte. Auch das Innerste und Verborgenste muß sich einmal im Bereich des Sichtbaren auswirken, wenn auch auf eine Weise, die nicht festgestellt werden kann und soll, und allerdings auch, ohne im mindesten auf eine Rechtfertigung durch das Sichtbare angewiesen zu sein. Die abseits Lebenden wären also im Bereich der Geschichte geblieben: sie hätten das geheimnisvolle Strömen, das Kommen und Schwinden wahrgenommen, das als Ausdruck der Zeit die Seelen der Menschen durchflutet, ihnen Gedanken, Erkenntnisse, Geschenke und Versuchungen zuträgt, von deren Möglichkeit sie kaum etwas ahnten; die Geschichte hätte ihnen wieder, nur auf eine weniger geräuschvolle Art und ohne daß die Umwelt dessen gewahr geworden wäre, Entscheidungen abgefordert, wie sie es getan, als ihre Träger noch vor aller Augen auf der Bühne standen. Denn eine jede Zeit kämpft zwischen Glauben und Unglauben; seit des Herrn Geburt muß ein jedes Geschlecht zu einer jeden Stunde sich entscheiden, ob es für Christus oder wider Christus ist. In welchem Maße sind etwa alle, die der Französischen Revolution zujubelten – selbst wenn sie dem Schauplatz einst vollbrachter großer Taten so ferne waren wie der Prinz Heinrich von Preußen in Rheinsberg –, schuldig geworden an dem damals durchgebrochenen, nicht mehr beschwichtigten Unheil!

Dies ist denn auch das Wesentliche am Leben in der Geschichte, daß es täglich Entscheidungen fordert, mag es nun um Entscheidungen der Tat oder der Haltung gehen; oder um eine letzte innere Stellungnahme zu einer von der Geschichte gestellten Frage. Wie die Antwort des einzelnen Menschen ausfällt, dies scheint zunächst ohne Bedeutung zu sein; gebietet doch draußen das Gesetz der Tat, das von Folge zu Folge, in der Wechselwirkung der Mächte und Kräfte sich unerbittlich geltend macht. Ein Zwang, der von einem ersten, nicht mehr erkennbaren Anstoß herrührt, scheint in der äußeren Wirklichkeit eine Bewegung ohne Ende in Atem zu halten; und doch ist dieser gewaltige Zwang der Ursachen und Folgen nur ein Faktor des Produkts, das wir Geschichte nennen. Tag für Tag strömt diesem äußeren Geschehen ein inneres zu aus den Seelen, die Geschichte erleben und von ihr zu Entscheidungen gezwungen werden; und dieses Geschehen gehorcht einem anderen, inneren Gesetz. Denn Einzelne nur, in denen das Ganze lebt, machen die Völker; und die Gesichter der Völker verändern sich auf eine kaum erforschbare, unaufhaltsame Weise unter der Auswirkung der Entscheidungen, die ihre Einzelnen angesichts der von der Geschichte aufgeworfenen Fragen treffen. Während etwa, gegen die Mitte des vorigen Jahrhunderts, Deutschland den wirren Kämpfen um seine neue Gestalt entgegenging, entschied sich abseits, in Bismarcks Seele, der Kampf um den Glauben, um eine letzte Gewißheit, die erst zur Tat befähigte; und während dann diese Tat wie ein bisher verborgen gewesener Quell hervorbrach, erfolgte in zahllosen Seelen eine neue Entscheidung, die jene Tat gefährdete schon in den Augenblicken ihres Siegs und ihre Wirkung endlich zu einem großen Teil wieder aufheben sollte: Das Volk, mochten es seine geistigen Führer, mochten es zahllose Unbekannte sein, die in diesem Betracht von kaum geringerer Bedeutung sind als die Gerühmten, verlor mehr und mehr den Glauben an die unveränderlichen, über das Leben gebietenden Werte. Es begann, sich ein Recht des Lebens und Hierseins, der reinen Diesseitigkeit bereit zu legen, ja dieses Recht dem Leben selbst in immer anderen Abwandlungen zu entnehmen; so brach angesichts der verführerischen Entscheidung zwischen Wohlstand und unbeirrbarer Hingabe im geheimen der Grund wieder ein, auf dem die neue staatliche Ordnung, freilich mit allen Rissen und Sprüngen eines Notbaus, errichtet worden war.

Man kann der Meinung sein, daß das Leben nichts Großes enthalte, sofern der Mensch es ihm nicht einflöße. Wer so denkt, wird Trost und Bestätigung finden in den ebenso stolzen wie resignierten Worten, mit denen Schiller kurz vor dem Ende seines Lebens sein ganzes Sinnen und Trachten auf ergreifende Weise zusammenfaßte:

> Wisset, ein erhabner Sinn
> *Legt* das Große in das Leben,
> Und er *sucht* es nicht darin.

Menschen dieser Art, dieses Ranges können ein geschichtliches Schicksal nicht hinnehmen, ohne mitverantwortlich und, im Notfalle, mitschuldig zu sein. Aber Demut und Ehrfurcht, die oft tiefer dringen als der Blick des eigenmächtigen Gestalters, müssen erkennen, daß Größe auch im Leben selbst liegt, jenseits der Vertauschung von Sein und Schein, und daß sie überall dort aufleuchtet, wo ein Mensch sich bewährt und unter zwei möglichen Entscheidungen diejenige trifft, die angesichts des Unveränderlichen die richtige ist. Denn nicht von Zuständen und deren Nutzen oder Nachteil soll das Verhalten des Menschen sich herleiten, sondern von Grundsätzen. Dies ist die Stelle, wo ein jeder zur geschichtlichen Persönlichkeit werden kann und werden muß. Es geht kein Tag hin, der nicht die Probe macht auf einen jeden; und es wird sicherlich kein Tag ausgelöscht werden, an dem diese Probe bestanden oder nicht bestanden wurde. Wie große Gaben einem Menschen vor allem als Prüfung verliehen werden: nicht damit er ausgezeichnet werde, sondern damit er zeige, wie er sie zu tragen vermag, und unter der größeren Last eine größere Überwindung aufbringe, so den Völkern ihre Größe, ihr Unglück, ihre Bestimmung. Und wenn auch diese Auferlegung Schicksal ist, das keines Menschen Kraft abzuwehren oder her-

Suhrkamp
Wissenschaft

2. Halbjahr 1977

Gesamtausgaben
Theorie der Wissenschaften
Philosophie
Sprachphilosophie
Literaturwissenschaft
Psychoanalyse
Soziologie
Theorie der Gesellschaft
Theorie der Kultur

Eine Auswahl

abzuzwingen vermag, so bleibt doch dem einzelnen die Freiheit der inneren Haltung, die ihn zum Verantwortlichen macht. Frei ist der Mensch nur vor dem Ewigen; und in dieser Freiheit der Haltung liegt der Sinn, der dem persönlichen Leben innerhalb der Geschichte unverlierbar eigen ist; der Sinn, dem der Mensch auch dann nicht ausweichen könnte, wenn er der Tat fern bliebe. Ein jedes Jahr und eine jede Stunde dieses Jahres schlägt gleichsam mit eisernem Stabe an die Glocken der Seelen, um sie auf die Reinheit ihres Tones zu prüfen. Die Frage, die alles Geschehen an den einzelnen stellt, ist die unabweisliche Forderung der Geschichte an ihn; die Antwort, die er als Mitverantwortlicher findet, macht den ethischen Gehalt der Geschichte aus; sie entscheidet über den inneren Wert seines Daseins, und dieser Wert kann nicht ohne Wirkung auf die Geschichte bleiben.

Herz und Maschine

Seit die moderne Kulturphilosophie die Meinung ausgesprochen hat, daß die Technik ihr eigenes Gesetz habe und, einmal von den Menschen gerufen, deren Schicksal unabänderlich bestimme, ist die Maschine zum Range des Fatums erhoben worden. Die Behauptung der Kulturphilosophen entsprach ja dem längst in den Menschen erwachten Gefühl, daß sie sich mit der Maschine einen unheimlichen Helfer gerufen haben könnten, einen Knecht, der zum Herrn, ja zum Tyrannen werde und vor dem es kein Entrinnen mehr gebe; unaufhaltsam gestaltete die ins Leben der Völker getretene Maschine deren gesamte Lebensformen um, schien sie der Kultur den Tod zu bereiten, während sie gleichzeitig mit den entfesselten Kräften und Mächten der Wirtschaft die Politik immer hitziger antrieb, Zielen und Notwendigkeiten entgegen, die nicht gewollt, kaum geahnt worden waren. Aber diese tausendfältig erfahrbare Macht der Maschine findet ihr Gegenstück in einer weniger leicht feststellbaren Herrschaft über das Innere der Menschen; die Maschine ist ja uralt, ihr Prinzip, das in fernsten Zeiten bekannt war, hätte nicht genügt, einen Wandel aller Lebensumstände hervorzubringen, wie er seit den letzten hundertfünfzig Jahren im Vollzuge ist. Hier gilt das Wort des heiligen Franz von Sales, daß es ein anderes sei, Gift zu besitzen und vergiftet zu sein.

Die Menschen kamen vielmehr jener Veränderung entgegen, indem sie mehr und mehr die Schöpfung als ein Objekt betrachteten, dessen Bestimmung es sein sollte, auf eine jede Weise vom Menschen ausgebeutet zu werden. Die Schöpfung war nicht mehr ein erhabener Gegenstand des Erkennens, als welcher sie noch von den mittelalterlichen und an der Schwelle der Neuzeit stehenden Denkern verehrt worden war; haben diese doch so manchen Gedanken moderner Techniker vorausgedacht, ohne eine rücksichtslose Ausnutzung der erkannten Kräfte im Sinne des neunzehnten Jahrhunderts einzuleiten. Eine Verschiebung im Verhältnis zur Umwelt, vor allem zur Natur, mußte sich ereignet haben, ehe die Technisierung des Lebens sich anbahnen konnte; und diese Verschiebung setzte sich dann mit dem Vorschreiten der Technik fort; die heutigen Lebensformen können wahrscheinlich nur als Produkt einer Wechselwirkung zwischen diesen beiden Vorgängen angesehen werden. Die Knechte der Maschine haben ein ›Maschinenherz‹ und sind ihr darum ausgeliefert.

Bekannt ist die schöne Erzählung des chinesischen Philosophen Tschuangtsi, in der dieses Wort fällt. Ein Schüler des Konfuzius beobachtet auf einer Wanderung nördlich des Han-Flusses einen alten Mann, der sich die Arbeit an seinem Gemüsegarten sehr sauer werden läßt. Der Alte steigt um eines jeden Eimers Wasser willen in seinen Brunnen hinab, trägt den gefüllten Eimer in den Armen herauf, gießt ihn in den Bewässerungsgraben aus und steigt dann wieder hinab, um zu schöpfen; so bringt er bei aller Mühe nur wenig zustande. Als ihn aber nun der Philosoph fragt, warum er nicht einen hölzernen Hebel aufstelle, um mit dessen Hilfe mit viel geringerer Mühe eine viel größere Menge Wassers heraufzupumpen, steigt dem Alten der Ärger ins Gesicht: »Ich habe meinen Lehrer sagen hören: Wenn einer Maschinen benützt, so betreibt er all seine Geschäfte maschinenmäßig; wer seine Geschäfte maschinenmäßig betreibt, der bekommt ein Maschinenherz. Wenn einer aber ein Maschinenherz in der Brust hat, dann geht ihm die reine Einfalt verloren. Bei wem die reine Einfalt dahin ist, der wird ungewiß in den Regungen des Geistes.« Er meint dann, ein solcher Mensch verstoße gegen die höchste Aufgabe: den Sinn (das Tao, das unausdrückbare Eine hinter allen Dingen und allem Denken) zu erfassen und in Übereinstimmung mit ihm zu leben. Mit dieser Erzählung, die hier nur mit Bezug auf das Maschinenherz betrachtet werden soll – ihren gesamten Inhalt hat einmal Paul Ernst in einer gedankenreichen und beherzigenswerten Predigt erläutert –, ist ein Gleichnis des Philosophen Mongtsi verwandt; dieser spricht einmal von der Wichtigkeit des Berufs. ›Warum‹, so fragt er, ›sollte ein Pfeilmacher an sich weniger Liebe haben als ein Panzerschmied? Aber der Pfeilmacher muß darauf bedacht sein, die Menschen zu verletzen, ein Panzerschmied muß darauf bedacht sein, die Menschen vor Verletzungen zu schützen. Ebenso steht es mit dem Gesundbeter und dem Sargmacher. Darum ist die Wahl des Berufes etwas, was wohl beachtet werden muß.‹

Beiden Gleichnissen liegt die Wahrnehmung zugrunde, daß das Wesen des Menschen sich den Dingen angleicht, mit denen er beschäftigt ist; wessen Beruf es ist, Zerstörungswerkzeuge herzustellen, der wird auch ›weniger Liebe‹ haben als ein anderer, der auf den Schutz der Menschen bedacht ist. Auf die Stärke der Liebe kommt es aber an, im alten China sowohl wie in der Gegenwart; und *der* Beruf ist ohne Zweifel der beste, in dem sich die Liebe am reichsten entfalten kann. Es ist einer der Gründe, warum der Priester und Seelsorger so hoch steht; aber auch der echte Arzt und der Künstler können ihren Beruf nur kraft sich immer erneuernder Liebe ausüben. Die Liebe scheint nun eben dem ›Maschinenherzen‹ zu fehlen; aber erst wo keine Liebe mehr vorhanden wäre, könnte die Maschine die ganze Atmosphäre auf die von der Kulturphilosophie beschriebene Weise dämonisieren. Die Liebe ist die einzige Kraft, die der Dämonen Herr werden kann; sie ist auch die große Kraft, die alle Wahrscheinlichkeitsrechnungen der Geschichtskenner aufzuheben und die scheinbar unüberwindlichen Gesetze politischer Notwendigkeit zu durchbrechen vermag; sie ist die Kraft, nicht des geschichtlichen Zwanges, sondern der ewig unerforschlichen, bald ermattenden, bald sich erneuernden und damit auch die Welt erneuernden Herzen der Menschen.

Die Frage ist nun, ob es erlaubt ist, aus jener zweifellos zutreffenden Wahrnehmung ein Gesetz zu machen. Muß, wer mit Maschinen umgeht, auch ein Maschinenherz bekommen? Tötet die Maschine unabänderlich die Liebe; ist sie wirklich Herrin der Menschen und damit eines unaufschiebbaren finsteren Geschicks? Wir müßten unsere ganze Umwelt entstellen, wenn wir es glauben wollten; denn wir begegnen Maschinenherzen dort, wohin kein Geräusch der Maschinen dringt, und finden Menschenherzen im Lärm der Maschinen. Aber wir müßten auch an der ewigen Wahrheit bereits verzweifelt sein, wenn wir glauben wollten, daß die Maschine notwendig eine Gewalt über das Innerste erlange. Der Mensch hat es ja nicht nur mit der von ihm geschaffenen oder hervorgerufenen Wirklichkeit zu tun oder mit der Wirklichkeit der Geschichte, in die er verstrickt ist; es steht ihm, samt allem, mit dem er verknüpft ist, eine Wirklichkeit *gegenüber*. Diese ist unantastbar und unveränderlich wie die Gestirne und ganz unabhängig davon, ob der Mensch sie ›erlebt‹ oder nicht; sie sendet ihr Licht auf ein jedes Leben und in eine jede Zeit; sie wirft es auf die Maschinen nicht anders als auf das einfache Gerät des Gärtners; und heute wie vor tausend und zweitausend Jahren haben die Menschen keine andere Aufgabe, als dieses Licht wahrzunehmen und sich ihm zuzuwenden. Sie können es nur mit lebendigem Herzen, mit erschlossener Seele.

Die Maschinenstürmer des achtzehnten Jahrhunderts mochten richtig empfindende Menschen sein; sie fanden ein tragisches Schicksal, das sie erhob. Im zwanzigsten Jahrhundert würden Maschinenstürmer nur ein lächerliches Schicksal finden. Aber wie, wenn es immer deutlicher erkannt würde, daß die Maschine nur darum als Fatum erscheint, weil die Menschen sich ihr ausgeliefert und sie zum Fatum erklärt haben? Die Unterwerfung unter die Dinge, die Abhängigkeit vom ›Erlebnis‹ der Wirklichkeit statt von der Wirklichkeit selbst war ein bezeichnender Mangel nun zu Ende kommenden Denkens; die Hingabe an die mit der Maschine hervorbrechenden dämonischen Kräfte verhalf ihr zu jenem Sieg über den Geist, der sich vielleicht am verhängnisschwersten in einer mechanischen Geschichtsauffassung und endlich mit der Behauptung ausdrückte, der Mensch müsse das mit der Technik ergriffene unaufhaltsame Schicksal ausleben; er müsse der Maschine sich hingeben, um mit ihr und in Übereinstimmung mit ihren Gesetzen sein Leben zu gestalten und Zielen zu dienen, die in jedem Falle doch nur irdische Ziele sein können. Gedanken kommen aus dem Herzen, und auch das Maschinenherz hat seine Gedanken; aber Raum für die Liebe ist überall, die Stunde der Wahrheit ist eine jede Stunde, die Stunde des Maschinenherzens nur dann, wenn der Mensch dieses Herz haben will.

Es müßte einmal ein Punkt erreicht werden – und im geheimen ist er vielleicht schon erreicht –, wo die Menschen vom Dasein der Maschine nicht mehr verwirrt werden. Dieses Dasein läßt sich nicht mehr aufheben, es stellt seine Forderungen; wo diese aber das Herz ergreifen und das Innere des Menschen in Besitz nehmen wollen, ist ihre Grenze; nicht um bestimmter Zwecke willen, etwa um eine noch nie dagewesene Macht zu erringen, soll der Mensch Herr der Maschine werden: Er *ist* ihr Herr genau so lange, solange und insofern er Mensch ist, insofern er ein Herz hat, das die Liebeswärme auf Erden vermehren soll, und eine mit dem Herzen geeinte Seele, deren Bestimmung das ewige Leben ist. Und wenn auch während der Verdunkelung dieser Wahrheiten die Technik im modernen Sinne sich Bahn brach und sie um so leichter siegte, je länger die Verdunkelung anhielt, so wäre doch die Klage darüber ebenso unzeitgemäß wie der Maschinensturm oder die Hoffnung auf die Maschinendämmerung. Wie einem jeden Phänomen irdischen Seins der Bezug auf das Ewige nicht verweigert ist, so auch der Maschine nicht: ihr Sinn ruht in der Forderung, die sie stellt; er kann nicht gesucht werden in einem Ja oder Nein an die Maschine, sondern in einem Ja an die ewige Aufgabe des Menschen, zu dem sich dieser inmitten der von der Technik geschaffenen Not erhebt.

Denn dringlicher als im Maschinenzeitalter wurde wohl nie vom Menschen verlangt, daß er Mensch sei; daß er sein Herz lebendig erhalte und täglich und stündlich seiner Seele gedenke. Er wird um so mehr Liebe aufbringen müssen, je kälter sein Arbeitsraum ist; dann könnte das Dasein der Maschine nicht mehr als entscheidende Tatsache angesehen werden; als entscheidend müßte vielmehr gelten, was es immer war: die von Christus verkündete Bestimmung des Menschen. Wie könnte ein Ding in die Mitte *des* Lebens rücken, das seine Mitte schon hat? An der ursprünglichen Stellung des Menschen in der Zeitlichkeit hat die Herrschaft der Technik nichts geändert. Der Mensch bleibt seiner Bestimmung unterworfen an einem jeden Ort und in einer jeden Stunde, einem jeden Augenblick der Geschichte, in deren Ablauf sich wohl die gestellten Aufgaben verändern, die ihnen gemeinsame Lösung sich aber nicht verändern kann. Eine dieser immer wechselnden Aufgaben, deren Folge den Inhalt der Geschichte ausmacht, stellte die Maschine dem modernen Menschen; gelöst kann sie nicht werden durch rückhaltlose Hingabe an die Technik und deren ideelle Rechtfertigung, die notwendig an den Nihilismus streift, sondern nur durch die mit äußerster Kraft, in der Zuversicht und im Glauben erstrebte Bewährung des Menschen. Diese Forderung ist im Gang der Geschichte wahrscheinlich nicht zum ersten Mal an die Menschheit gestellt worden; wenn aber dieses Mal die Macht der Versuchung größer sein sollte, so war doch die Menschheit noch niemals mit besserem Rüstzeug ausgestattet als in diese Ära, die mit der Menschwerdung des Herrn begann. Und die Menschheit würde im selben Augenblicke siegen, da sie sich dessen in völliger Klarheit wieder bewußt würde und sich entschlösse, sich zu wandeln, auf daß die Welt sich wandeln könnte. Denn die Welt dürstet nach der Kraft eines jeden einzelnen Herzens.

Portugal

Auch im Sommer breitet sich oftmals der Nebel über das Meer vor der portugiesischen Küste, so daß sich die Schiffe in der Morgenfrühe hindurchtasten müssen mit ihren Signalen, bis sie das weite Tor der Tejomündung gewinnen, von wo sie dann langsam stromaufwärts gleiten, immer weniger erschüttert von den hereinschlagenden, ihre Kraft verlierenden Meereswellen und den verflachenden Ufern näherkommend. Sie fahren vorüber an Cascaes, der alten Stadt der Fischer und Seefahrer, deren Zitadelle im Schatten der Palmwipfel die Flußmündung bewacht; sie grüßen den Turm von Belem, dessen Plattform und zierliche Warttürmchen längst verlassen sind, und dahinter die langgestreckte Halle der Klosterkirche, dann Lissabon, das wirre Häusergeschiebe, das Stufe um Stufe die Hänge ersteigt, von dem prächtigen, von Masten umstarrten Platz am Hafen bis zur altersmüden Feste St. Georgs und höher noch zu dem Kirchlein Unserer Frau vom Berg. Und mit einem Mal ist alles wunderbar geworden: klar und streng erschienen auf der Herfahrt die Linien und Felsenbollwerke der spanischen Küste, die Zacken der Hafentore und die Gebirge dahinter; hier aber, in Portugal, sind Farben und Linien verhüllt; ein leiser Nebel umspinnt den Süden, und wie fast überall die gebrochenen Farben die schönsten sind – mögen es die der großen Maler, mögen es die der Seele sein–, so auch hier: das leichte Gespinst, das die Hauptstadt des Küstenreichs überweht, läßt alle Farben tiefer und verhaltener schimmern. Wohl beglückt der Schatten zwischen den rötlichen Mauern steiler Gassen: wer sich aber umwendet, sieht das Meer gleißen in der Ferne, und die purpurnen Segel glühen auf der Flußmündung; sie neigen sich tief auf die Flut und treiben hinaus als Schwingen der großen Sehnsucht, die in der Stadt und ihren Menschen und dem ganzen Lande dahinter weiterlebt und weiterträumt als Vermächtnis lang vergangener Tage.

Das Meer! Das Meer! Hat es dieser Stadt nicht alles gegeben, alles genommen? Prinz Heinrich der Seefahrer, ein wahrhaft christlicher Held, der zugleich Priester, Ritter und Entdecker war, lauschte ihm ein Leben lang seine Geheimnisse ab im fernsten Süden, in Lagos; dann trug es die leichten Schiffe der Indienfahrer willig an der Küste Afrikas entlang zum furchtbar drohenden Kap und in den indischen Zaubergarten; es forderte von den Heimfahrern am Kap den Zoll, mochten sie ihn nun entrichten müssen in Menschenleben oder auch in Juwelen, Gewürzen und kostbaren Tüchern. Es ließ noch immer genug der wunderbaren Schätze östlicher Reiche in die Hauptstadt gelangen, so daß die Ritter, von ihnen geblendet, ihre Schlösser verließen, die Bürger die streng geformten maurisch-mittelalterlichen Städte, die Bauern die Äcker, um zu erwerben und zu erraffen; und es diente dann anderen – Spaniern, Holländern, Engländern und Franzosen –, die zu glücklicherer Stunde aufbrachen als die Wegbereiter, ebenso willig wie diesen. Ja es erhob sich endlich gegen die Stadt Lissabon, die doch gleichsam aus seinem Schoße emporgestiegen war in ihrer abendländisch-orientalischen Pracht, und erstürmte die Gassen und Plätze an dem schreckensvollen Unglückstage des Jahres 1755, da die Erde aufbegehrte, als wolle sie die Stadt nicht mehr tragen.

Aber was ist Geschichte? Furchtbare Wirklichkeit und doch nur ein Traum, von dem sich ein Volk einmal abkehren mag, um nun seiner Seele zu leben, der eigentlichen Wirklichkeit. Wohl tost das Leben in den Gassen; die Schreie der Fischverkäuferinnen, die mit nackten Sohlen über die Treppen hasten, übergellen das Rollen und Ächzen der Wagen; von den flachen Körben starren die Fische mit schreckhaft geöffneten Augen und Mäulern auf das rasche Leben hinab; – aber wieviel Stille gibt es in Lissabon! Kann doch so mancher, der genug hat vom Tage und seinem Lärm, schlafen im Schatten einer Kirche; zwinkern doch die Papageien auf ihren Stangen vor den Häusern nachdenklich in das verblassende Licht; – wer Geduld hat wie sie und sie anspricht, der wird sich mit ihnen unterhalten können, und vielleicht umschließen sie auch zögernd, mit vorsichtigen kühlen Krallenhänden den dargereichten Finger. Ragen doch inmitten der Stadt, wo ihr Leben am heftigsten pulst, die Ruinen des Carmoklosters auf; und wieviel Weisheit, wieviel Stolz auch auf das Schicksal und seine Einmaligkeit gehörten dazu, dieses Denkmal des Unglücks stehen zu lassen inmitten der wieder aufblühenden Stadt! Dieses Volk hat ja viele Erfahrungen, mancherlei Weisheit voraus, die andern, auf der Höhe der Macht stehenden oder langsam absteigenden Völkern noch vorbehalten sind: es hat Kronen getragen, die im Meere versanken; es weiß von der Flüchtigkeit aller

Größe, von dem Traumreich der Erinnerung, das die Erde überdauert.

Draußen an der Küste ist alles, wie es immer war, immer sein
wird. Die Fischer knüpfen ihre Netze zwischen den niederen weißen Häusern von Cascaes; sie singen dazu vom Meer und der
Ferne und dem großen Verlangen, das hinaustreibt ins Nirgendwo; oder sie fahren unter den spitzen, mächtig flügelnden
Segelschwingen mit fliegenden Mützen hinaus. Dann schweben
die Boote lange zwischen den ineinanderfließenden Lichtmeeren
der Höhe und der Tiefe, von Delphinen umspielt, während die
Wellenberge, mit geheimnisvoller Schnelligkeit sich auftürmend,
an den roten Felsen zerkrachen und die Flut sich gischtend und
schäumend in die Löcher und Risse wühlt. Spät umsegeln die
Männer wieder die Zitadelle; der Wind treibt ihnen ihre Lieder
voraus; sie fassen zu zwei und zwei die fischbeladenen Körbe und
springen über die auf den Sand schlagenden Wellen; Lichter flak-
kern und beglänzen die Schuppenpanzer und brechen sich in den
toten, verglasten Augen; zornig stößt der Speerfisch noch immer
seine lange Nadel in das Dunkel.

Dieses Volk hat sein eigenes Reich; es ist seinem Nachbarn fern,
aber auch allen europäischen Völkern; und wieviel müßten diese
an ihm gutmachen, wenn sie es nur verständen! Es gehörte eine
Seele dazu, die erschauert, wenn die blaudunklen Schatten auf
das Meer fallen und das Land verschwimmt und unwirklich wird,
eine Seele, die eines Übermaßes von Sehnsucht fähig ist, ein Herz
auch, das ebenso leidenschaftlich liebt, wie es traurt, das die
Traurigkeit sucht in der Liebe und die Vergänglichkeit im Glück
und etwas ahnt von der wundersamen Lust am Traurigsein, dem
gôsto de ser triste. Es gehörte auch mancherlei Erfahrung dazu
von der Unerreichbarkeit höchsten Glücks, aller edlen Dinge,
von dem zweifelhaften Wert, ja dem endlichen Unwert des Seins,
von der Überlegenheit des Wartens und Geschehenlassens, des
Leidens; und es gehörte eine große Ehrfurcht dazu vor dem Gewesenen, vor den Toten, ihren Werken und Wappenschilden, und
endlich die Fähigkeit, eins zu werden mit dem Schicksal, auch
wenn es ein sehr schweres und zugleich sonderbares, unbegreifli-
ches Schicksal ist. Glut und Trauer zugleich, Süden, den der Nebel leise umspinnt, Liebe, deren schönstes Glück es ist, zu leiden,
zu verzichten – vielleicht zu verlieren und dann zu leben für die
große Klage. Wer mag sie fassen? Wer auch verstehen, daß Ja und

Nein nicht die höchsten Worte sind; daß zwischen ihnen alles liegt: das ganze Leben in der unsäglichen Vielfalt seiner Brechungen und darüber der leuchtende Abendhimmel der Seele? Wer will sich noch darauf besinnen, daß das Herz es liebt, sich selbst zu widerstreiten, daß es besser ist, sich zu sehnen als zu empfangen, ja daß der wahrhaft Sehnsüchtige, zur Sehnsucht Geborene gar nicht empfangen kann und daß es auch einen Dämon der Sehnsucht gibt, der vielleicht in den zärtlichsten Herzen wohnt und erst die höchste Art von Leidenschaft entfacht? – Dies alles scheint nicht abendländisch zu sein, und wenigstens hat sich das Abendland mit solchen Erklärungen auch meist beholfen; es ist an diesem Volke vorübergegangen, das es nicht verstand, und hat Mauren und Kelten zu Ahnherren dieser eigenartigsten Volksgestalt gemacht. Aber was wäre damit gewonnen oder gar erklärt? Die Seele des Küstenvolkes, der es aufgetragen war, das letzte, äußerste Wort zu sagen, ist in Wahrheit eine echt abendländische, im schönsten Sinne christliche Seele; ihr Lied schwebt aus dem Diesseits in das Jenseits hinüber; es ertönt im Zwischenreich, das die Wohnstätte des Menschen ist; und so ist diese Seele der Welt nicht feindlich und sehnt sich doch über sie hinaus. Traurigkeit ist ja nur eine Form der Sehnsucht; wie sollte die Seele hier, am Rande der Erde, nicht befallen werden von der sehnsüchtigsten Trauer, die sie allein wieder hinübertragen kann in ihre Heimat?

Daß die Seele überall spürbar, vernehmbar ist, in den Stimmen und den schimmernden Augen der Menschen, im Klang der Glocken und im klagenden, schwingenden Ruf der Straßenverkäufer, der Austernhändler und Scherenschleifer und der Bauern, die mit einer Palmzweiggerte ihre Truthühner zum Markte treiben, in der wehmütigen Linie der Dächer, der Kuppeln und Türme: dies ist der Zauber Portugals, ein Zauber, den kein anderes Land mit ihm teilt. Seine Dichter wußten davon und haben diese Seele ausgesagt; einsam wie das Volk sind auch seine Dichtungen geblieben, die dennoch den schönsten und eigentümlichsten Kronschatz ausmachen, den das Volk dem gefährlichen Meere seines Schicksals abgewann. Perlenfischer am Meere ihres Schicksals sind die Portugiesen ja geblieben bis auf diesen Tag, ihre Geschichte verklärend und stolz vertretend als ihr innerstes Eigentum. Denn die Geschichte eines Volkes ist endlich die Gestalt seiner Seele.

Alle Städte berichten von ihr: Porto, über dessen schreiendes Gewimmel der Menschen und Ochsenwagen sich die bebende Dourobrücke spannt; Vianna do Castello vor den nördlichen Bergen mit seinen zierlichen Kirchen und Palästen und den weiten Gärten ringsum, über denen das Traubengeflecht, von Palmen getragen, wie schwebende Matten hängt; Coimbra, wo die Krone des Königreichs erhoben wurde und der Gesang noch immer tönt von der Einheit der drei großen Lebensmächte: der Liebe, des Schicksals und der Traurigkeit; und Evora im Süden, dessen grellweiße Häuser sich vor dem niederstürzenden Licht unter Palmwipfeln bergen. Wenn es aber Winter wird, hüllt der Nebel die Küstenstädte ein, deren kleine Häuser geschmückt sind mit fremdartig-traulichem Gerät: den Truhen aus Indien, seltenen Stoffen und Porzellanen. Die Schiffe rufen einander durch den Nebel; unter dem belebenden Schimmer der Kerzen scheinen die Heiligen zu erwachen über den schmalen Haustüren und auf den barocken Fliesentafeln der Kirchen; die Boote liegen auf der Straße wie vom Meer ausgeworfene Fische. Dann ist es, als sei wesenlos vergangen, was in der Ferne der Zeiten und der Ferne der Welt geschehen: die Tat der Helden und der hohe Ruhm, den sie errungen, das tapfere Leben und die Not und Sorge der Könige; und als sei von den versunkenen Schiffen der Geschichte allein das Kostbarste geborgen worden: das Verlangen der Seele nach ihrer Heimat und der starke Traum der Dichter.

Wieviel schönere und reichere Bilder auch England und Schottland bieten mögen, so kehrt doch dieses eine immer wieder zurück, beharrlicher noch als das Leuchten des Meeres und der Ginsterhänge an der nordöstlichen Küste, als das Wiesengrün, auf dem der Schatten der Kathedralen liegt, und als das Licht des Herbstlaubs unter dem Schloßberge zu Windsor: Der Himmel ist grau über Edinburg, und die schwarzen Berge umlagern die Stadt wie Wolkenschatten, die niedergesunken sind auf die Erde; der Blick dringt tief in die Häuserschluchten ein, wo Giebel neben Giebel, Kamin an Kamin steif und finster, die eine strenge Form wiederholend, stehen; dann windet sich die Straße ins Land hinaus, steigend und fallend. In England säumen lebendige Hecken die Wiesen ein, die Vögel nisten darin, und ihr Laub mag schon grünen; dort blühen Narzissen und Krokus, und die Schwäne jagen, zornig aufflügelnd, die Enten über die Teiche; hier ziehen sich Mauern aus Feldsteinen über die grauen, steilen Hänge, und statt des Ziegels und Fachwerks englischer Gehöfte gebietet in den armen Ortschaften grauer Stein. Es ist armes Land und somit das Land eines Dichters; unter den langgewellten Hügeln hatte Walter Scott seinen Sitz. Wenn Dichter zu Hause sein sollen auf der Erde, so gelingt es ihnen noch zuerst in einem armen Land, dem sie alles geben müssen, was sie besitzen und erschaffen können. Die Mancha bedeutet für sie den glücklichsten Fall; und darum haben auch die meisten in der Mancha gelebt, mochte es nun in Spanien sein oder in Deutschland oder hier. Scott liebte selbst die düstern, geheimnisvollen Inseln der schottischen Küste und das sie umschäumende finstere Meer; er wurde überreich hier, wo er so wenig vorfand, und durchlebte, umgeben von Scharen unsichtbarer Genossen, die Ferne der Welt und der Zeiten im schottischen Hochland.

Aber die Ferne der Zeit ist noch immer bereit, sich aufzutun; und wer in das Tal des Tweed kommt und vor der zertrümmerten Abtei von Melrose steht, der kann mit einem Male durch die hohen Fensterrahmen der Vergangenheit blicken. Das Ostfenster der Abteikirche und das Abschlußfenster ihres südlichen Querschiffs sind noch erhalten; sie heben sich in der unversehrten

Schönheit wundersamen gotischen Maßstabs frei aus den Trümmern; Streben verbinden noch einige Pfeiler, das weite Geviert des Kreuzgangs ist erkennbar, und dahinter deuten Mauerreste im Rasen die Klostergebäude an. Schöner, zierlicher umrankt wohl nirgendwo in England das steinerne Laubwerk die Kapitelle; es ist, als pulste das Leben, wie im Schlafe, in den feinen Blättern und Gewinden fort. Aber vielleicht muß sich auch das Leben verzaubern und versteinern lassen, wenn es dauern will, hier, wo das Frühjahr nicht kommen mag, der Himmel sich nicht lichtet, der scharfe Wind nicht schweigt und nur die Herden auf den grauen Matten über dem Flußtal zu leben scheinen.

Die Zisterzienser, die sich, begünstigt von dem Könige David I. von Schottland, am Tweed anbauten, waren, so wird berichtet, froh über das Weideland und über den Fluß, der reich an Salmen und Forellen war. Heute gehört ihre Abtei den Toten; sie liegen dicht neben dem Gemäuer unter dem Rasen; aufgerichtete Platten und schottische Kreuze, Obelisken und Säulen, auf denen Urnen stehen, wiederholen die Namen der Gewesenen noch immer, obgleich der Regen es ihnen schwer macht; Büsche siedelten sich zwischen den Denksteinen an, aber der Wind wird nicht müde, sie zu zausen, und läßt sie kaum wachsen. Es ist ein seltsamer Trost darin, diese Namen zu lesen, mit denen durchaus nichts verbindet als das allen Gemeinsame: das Ende, das Geheimnis, die Verheißung. Und es ist, als erfolge nun doch eine Begegnung mit den unbekannten Bewohnern einer fremden, wieder untergegangenen Wirklichkeit, nun nach hundert, zweihundert und dreihundert Jahren; müssen sich so, in der Ferne der Zeit, die Straßen alles Lebens kreuzen, und wird von den letzten Spuren heutigen Daseins zu irgendeiner Zeit auch ein Fremder, der es im Vorübergehen wagt, auf die Schwelle zu treten, erschüttert werden? Aber einer der Schläfer spricht durch die Inschrift seines Grabsteins für alle, die hier und irgendwo in der Erde ruhen, so als spräche er in die Zeit hinaus, die an ihm und allen vorüberfließt:

> The earth goes on the earth glistring like gold
> The earth goes to the earth sooner then it wold
> The earth builds on the earth castles and towers
> The earth says to the earth: All shall be ours

Die Erde geht auf der Erde glitzernd wie Gold
Die Erde muß in die Erde eh sie's gewollt
Die Erde baut auf der Erde Türme aus Stein
Die Erde spricht zu der Erde: Alles wird mein

Diese Klage des Lebens, das allzu fest an der Erde hängt – an dieser armen schottischen Erde, die nur ein Dichter oder ein glühendes Herz verklären kann –, ist nicht die einzige Kostbarkeit der Abtei: nahe dem Hochaltar ward das Herz eines schottischen Königs bestattet, vielleicht Schottlands Herz. Denn wer hing leidenschaftlicher an Schottland als der König Robert Bruce? Er machte es frei; am 1. März des Jahres 1328 erklärte der geschlagene Eduard III. von England, dessen Großvater Eduard I. die Schotten unterworfen hatte, ›seinen geliebten Verbündeten und Freund, Robert von Gottes Gnaden König von Schottland‹, der Lehnspflicht ledig. Ja, der englische König gab selbst die Urkunden zurück, die Schottlands Unterwerfung verbürgten; hätten sich die Londoner Bürger nicht widersetzt, so wäre auch der berühmte Krönungsstein der schottischen Könige, der im Thron zu Westminster ruht, nach Scone zurückgesandt worden.

Aber den Sieger beugte Krankheit, schwerer vielleicht die Schuld; er hatte, da er zur Macht strebte, einen Gegner an geweihter Stelle erdolcht; nun, da er die Macht zu tragen hatte, mußte er die Schuld mit tragen. Sein Herz, das für Schottland geglüht, für seine uralte, heilige Krone, seinen Ruhm und seine Rechte, sehnte sich von Schottlands Erde fort zu heiliger Stätte: auf seinem Totenbette ließ der König den Grafen Douglas, einen seiner treuesten Helfer, schwören, daß dieser sein von Schuld zerquältes Herz nach Jerusalem bringen werde. Aber der Graf fiel unterwegs im Kampf gegen die Ungläubigen, und das Herz ward zurückgetragen und in Melrose Abbey bestattet. Schottlands Freiheit sank mit dem Herrscher, der sie wieder hergestellt hatte, dahin; bald feierte Eduard III. als Sieger Weihnachten in der Abtei.

Die Schicksale wechselten, und das schottische Königsgeschlecht, eines der kühnsten Herrschergeschlechter des Abendlandes, verblutete endlich; in den Kämpfen des sechzehnten Jahrhunderts wurde die Abtei zerstört. Des Königs Herz blieb in der Erde, für die es geschlagen, um derentwillen es schuldig geworden war und gelitten hatte unter seiner Schuld; wo sollte eines

Königs Herz ruhen, wenn nicht in der Erde, mit der er eins war, solange er lebte? Auch die toten Könige werden nicht frei; sie finden das Grab nicht, das sie sich wünschten, und das Heil nicht, nach dem sie sich sehnten. Doch kam in der zertrümmerten Abtei am Tweed nicht nur Roberts I. heißes Herz zur Ruhe, und nicht nur die Schläfer, deren Namen im Umkreis der zerbrochenen Mauern noch erkennbar sind oder wieder verlöschen, fanden hier ihre letzte Stätte; über Größerem erhebt sich die Abtei als Grabmal. Denn wie die Menschen, so gehen auch die Völker über die Erde, schimmernd wie Gold, Schlösser und Türme erbauend und schwindend; das Letzte, Innerste, das sie bewegte, vermögen auch sie so wenig wie Menschen zu sagen; aber über den Dahingegangenen erscheint zuweilen eine Schrift, die aussagt, was sie gewesen, und Schuld und Größe, die sich unlösbar verschlingen, das Verlangen nach der Erde und das Unvermögen, die Erde je zu fassen und sich an ihr zu stillen, zu erkennen gibt. Das Erschütterndste ist eine zu Ende gekommene Tradition, einer großen Geschichte erstarrtes, begrabenes Herz.

Ehe der Avon, der von Warwick und von der Stadt Shakespeares kommt, im weiten Wiesenlande sich in den Severn ergießt, zwängt er sich noch, unmittelbar vor seiner Mündung, durch die Brückenbogen der kleinen Stadt Tewkesbury. Die Häuser halten nur das eine Ufer besetzt und folgen dem Fluß eine Strecke weit; dort, dem Ufer nahe, liegen Verwandte Shakespeares begraben; wenn der Avon wieder aus dem Häuserschatten tritt, erscheint der Turm der Abteikirche über dem Wiesenlande, einer der schönsten Türme Englands. Zwar reicht er nicht so hoch wie die Türme der Kathedralenstädte Gloucester und Worcester, zwischen denen Tewkesbury in seiner Wiesenstille liegt, aber doch scheint er zu gewaltig zu sein für das langgestreckte Kreuz der Kirche, aus deren Vierung er sich erhebt. Sein unteres Geschoß, das nach jeder Seite zwei schmucklose romanische Fenster zeigt, trägt noch die Ansätze des alten Kirchendaches in Form spitzer Dreiecke; dieser Teil mag noch aus der großen Zeit stammen, da die aus der Normandie herübergekommene ungestüme Schöpferkraft der Eroberer die Türme im ganzen Inselreiche aufsteigen ließ. Kunstreicher sind die später aufgesetzten Stockwerke des viereckigen Turms, die in der schweren, gebundenen Formensprache der Mitte des zwölften Jahrhunderts mit Zackenlinien und ineinander geschlungenen Bogen sprechen; die Zinnen und zierlichen Ecktürmchen, die den Abschluß bilden, kommen freilich nicht gegen sie auf. Eine Zeder beschattet das Westtor der Kirche, das aus einem einzigen gewaltigen Rundbogen besteht; er wölbt sich tief in die Wand und in solche Höhe hinauf, daß er die Wölbung des Innern noch übersteigt; im siebzehnten Jahrhundert, als die Größe auch dieser Form unverständlich und vielleicht untragbar wurde, setzte ein hilfloser Baumeister ein gotisches Fenster in die Tornische, aber die kleine Pforte darunter hat darum nichts von ihrer Bescheidenheit verloren: es ist, als hätten Zwerge versucht, den Bau eines vergangenen Riesengeschlechts zu bewohnen.

Doch wie ergreifend die Abteikirche von Tewkesbury auch ist in ihrem Frieden, im Kranze der Bäume, Büsche und hohen Grabsteine und in der widerspruchsvollen Wucht und unruhigen

Größe des Innern, so ist doch der Rasenplatz noch ergreifender, der hinter ihr ansteigt; dort, auf dem Grün, steht eine Tafel, die anzeigt, daß an dieser Stelle das Schloß der Grafen von Gloucester gestanden hat; es ist kein Mauerzug und kein Stein mehr sichtbar. Und wer sich auf die runde Bank unter der Eiche setzt, um den Blick über das Wiesenland zu genießen und den ernsten Turm zu beschauen und sich an die Bilder zu erinnern, die dieser Turm gesehen hat, der muß mit einem Male die Macht der Geschichte und die Fragwürdigkeit dieser Macht empfinden. Ist es die Macht des Wesenlosen, nicht Wirklichen, das sich in der Wirklichkeit zusammenballt wie Rauch und wieder schwindet? Denn wirklich ist ja endlich nur der Friede, die Stille; ein Tag wie dieser, wo die Wolkenschatten über die Wiese gleiten und über das Gehölz dahinter, wo die Pferde weiden am Avon und Severn und der rätselhafte Turm das entschleierte Licht erträgt, nicht anders, als er Gewitter und Regen ertragen hat: als seien sie nichts. Hier das Rasenstück zur Linken, zwischen der Abtei und dem Fluß, heißt die Blutwiese, und hügelauf, neben dem Gehölz, liegt das ›Rote Stück‹; es ist das Schlachtfeld von Tewkesbury. Seltsam! Was war der Streit der Häuser Lancaster und York, des einen gespaltenen Königshauses mit sich selbst, der um die Macht ging, um keine Idee; um nichts als die Macht!

Und doch dämmert der Maitag des Jahres 1471 wieder herauf. Die Heere Edwards von York und der Königin Margarete, der Gattin Heinrichs VI. aus dem Hause Lancaster, strebten in Gewaltmärschen auf Gloucester zu, ein jedes wollte die Stadt vor dem andern besetzen; auf dem flachen Hügel von Tewkesbury, die Abtei und den Avon im Rücken, zwischen dem Forst und einem kleinen Flusse, lagerten sich die erschöpften Streiter der Königin; Edward trat ihnen rasch mit seiner Streitmacht gegenüber. Die beiden Heere teilten sich jeweils in drei Haufen; als Somerset, der Führer des rechten Flügels der lancastrischen Truppen, den Hügel bergab in den Feind brauste, strömte das Blut auf dem Roten Stück; die Mitte und der linke Flügel der Lancastrischen folgten nicht nach, während den Angreifern die aus dem Gehölz hervorbrechenden Lanzenreiter Edwards in die Flanke fielen. Den Fliehenden nach stürmte Edward und mit ihm sein Bruder Richard von Gloucester den Hügel hinauf gegen den Feind, der schon in Verwirrung dem Flusse, der Stadt und den Mauern der Abtei zujagte oder auf der Blutwiese verblutete; nun fiel Edward, der sechzehnjährige Sohn Heinrichs VI., seinen Schwager, den Herzog von Clarence, vergeblich um Gnade anflehend; mit gezogenem Schwerte eilte der König dem Flüchtenden in die Kirchenhalle nach, bis ihm ein Priester, der die Hostie erhob, entgegentrat und Einhalt gebot.

Das Haus Lancaster war zum letzten Male besiegt; Edward, der einzige Sohn Heinrichs VI., wurde im Chor der Abteikirche, unmittelbar unter dem Turme der Normannen, bestattet, und die erzene Platte dort klagt ihm nach: ›Hier liegt Edward, Prinz von Wales, der grausam erschlagen wurde, als er noch ein Knabe war, am 4. Mai 1471. Wehe über die Wildheit der Menschen! Du warst das einzige Licht deiner Mutter und die letzte Hoffnung deines Stammes.‹ Wenige Tage nach dem Siege Edwards von York starb der gefangene Heinrich VI. auf geheimnisvolle Weise im Tower; aber auch Clarence, der die Bitte des Knaben auf der Blutwiese zu Tewkesbury nicht erhört, sollte einmal im Tower enden und dann seine Gruft hier, hinter dem Altar der Abteikirche, finden, nicht ferne von der Gruft des Prinzen.

Aber dies alles ist in solche Ferne entschwunden, daß es eher der Legende anzugehören scheint als der Wirklichkeit. In der Turmnische, wo Heinrich VI., ein heiligmäßiger König, seinen Tod fand, legte der Hauptmann des Towers noch immer alljährlich Blumen nieder, wie eine fromme Stiftung es will; über dem Schlachtfeld waltet Friede; und wer an einem milden Tage hier rastet, versteht die düstern Namen nicht. Geschichte scheint sich, wie ein bezeichnender Vorfall im Leben des einzelnen, ewig zu wiederholen und endet doch auch für immer; in wilderem Streite hat nie ein Volk geglüht als das englische in den dreißig Jahren, da die Häuser Lancaster und York und die großen Adelsgeschlechter einander zerstörten; das Feuer ist ausgebrannt; es gibt geschichtliche Wirklichkeiten, die niemals wiederkehren und kaum Spuren lassen, Schicksale, die zu Ende gelebt werden, weil sie an ein Geschlecht gebunden sind und mit ihm vergehen.

Die kleine Stadt spiegelt sich im Avon; und im Werke des großen Dichters, der den Anfang und das Ende seiner Tage am Avon durchlebte, erlangte die Schlacht von Tewkesbury ihre eigentliche, dauernde Wirklichkeit. Der Prinz, den der Dichter gestaltete, stirbt noch immer einen königlichen Tod; er herrscht den Sieger und Usurpator an:

Sprich wie ein Untertan, ehrsüchtiger York!
Nimm an, mein Vater rede jetzt aus mir!
Entsag dem Thron, und knie du, wo ich stehe,
Weil ich an dich dieselben Worte richte,
Worauf du, Frevler, Antwort willst von mir!

Heinrich VI., 3. Teil, 5. Aufzug

Die erzene Platte unter dem Turme ist ja längst erneuert worden, und nur der Schmerz, den die Inschrift ausspricht, ist noch der alte; ewiges Leben ist in den Worten des Dichters, der die Geschichte Englands auf dem Schauplatz seines inneren Lebens noch einmal austrug und in die endgültige Wirklichkeit erhob. Geschichte muß, wenn sie bestehen und fortwirken soll, einmal völlig durchgeistigt werden; sie trägt ihre Rechtfertigung nicht in sich selbst. Denn die Stille kommt rasch wieder über die Orte der Entscheidung; das scheinbar Wirkliche wird wesenlos; und auch der Turm von Tewkesbury, unter dem die Streiter der überwundenen Schlacht ruhen, beginnt zu zerklüften; Lancaster und York sind vergangen; es bleibt das Drama von der Schuld der Macht.
  Und es bleibt noch ein anderer Klang: über dem Chorgestühl und dem Grabe des Prinzen steht eine alte Orgel aus Hampton Court, auf der Milton gespielt haben soll, Milton, der nicht als reiner Gestalter wie Shakespeare, sondern von Leidenschaften bewegt, handelnd, kämpfend und irrend in der englischen Geschichte stand. Aber die Verse aus seinem Gedichte ›Il Penseroso‹, diesem großen Lobgesang auf die Melancholie, die hier zum Gedächtnis angeschrieben sind, preisen das Kloster und sein Dämmer, die hohen Gewölbe und gewaltigen Pfeiler, das ›dunkle Licht des Glaubens‹. Und wenn am späten Abend die Kirche sich erleuchtet und die wunderbaren Scheiben sich erhellen, die Eleonore de Clare im vierzehnten Jahrhundert gestiftet hat, und wenn ein Klang herausweht auf das Schlachtfeld und auf die Stätte, wo das mächtige Schloß der Grafen von Gloucester einmal stand: was ist dann noch die Geschichte und ihre Wirklichkeit? Kaum mehr als der Sturm, der durch die Orgel fährt und sie zum Klingen bringt; er ist nichts ohne die Antwort der Seele.

Jeanne d'Arc

Wer die Geschichte der Jungfrau von Orleans nach ihren politischen Ergebnissen bewertet, wird rasch an dieser wunderbaren Erscheinung vorbeigehen können. Denn die Behauptung des modernen französischen Historikers Ernest Lavisse, daß auch ohne Johannas Eingreifen die Herrschaft der Engländer in Frankreich ihr Ende gefunden hätte, wird sich kaum widerlegen lassen. Die Jungfrau hat in einem Augenblick, da es Frankreich nicht an Kräften und dem französischen Volke so wenig wie jemals an Einsatz- und Opferbereitschaft gefehlt hat, den ermatteten Kampfesmut geschürt und den Kämpfern feste Ziele gewiesen: eben die Stadt, als deren Befreierin sie noch immer gefeiert wird, dann die Krönungsstadt Reims, endlich Paris, wo das Glück sie verließ, und das bedrängte Compiègne, vor dessen Mauern sie am 23. Mai 1430, als sie einen Ausfall gewagt, angesichts der hochgezogenen Zugbrücke gefangen wurde. Es mangelte Frankreich damals nicht an Kämpfern, wohl aber an fortreißendem Feuer und einem siegessichern Willen, und diese lebten in der Jungfau; einmal mußte wohl die Zeit kommen, da das französische Volk kriegsmächtig genug sein würde, den Feind von seinem Boden zu vertreiben, oder da der Anspruch Englands auf das Festland in sich selbst zerfallen würde.

Aber Wirkung und Kraft dieser Erscheinung beruhen nur zum geringsten Teil auf ihrer geschichtlich-politischen Rolle. Das Bauernmädchen von Domrémy hat eine Tragödie erlebt, wie sie nicht reiner gedacht werden kann und sich vielleicht niemals wieder abgespielt hat. Denn das vollkommen Reine ist mit ihr in die Geschichte eingetreten – einen ihm fremden Bereich –, um unter Menschen zu wirken, ihnen das Feuer zu schenken, das sie selbst nicht erzeugen konnten, und um von ihnen zerstört zu werden. Johanna empfing einen Auftrag Gottes, vollzog ihn und wurde sein Opfer; man wird ihr keinerlei Schuld nachweisen können, und das menschliche Zagen, das sie in den Stunden tiefster Not, unbeschreiblicher Verlassenheit befiel, aber nie völlig überwältigte, die Natürlichkeit, Freiheit und fröhliche Überlegenheit, mit denen sie den gefährlichsten und hinterhältigsten Fragen ihrer Richter begegnete, machen ihr Bild nur lebendiger, ohne es im mindesten zu trüben. So gibt es wohl kein ergreifenderes Phänomen in der ganzen an Leid und Tränen überreichen abendländischen Geschichte als die Märtyrerin von Rouen. Alles Leid des Genies wird überstrahlt von der Schmerzensgloriole dieser von Mitwelt und Nachwelt mit aller denkbaren Schande übergossenen, dennoch unberührbaren, ja, wie es scheinen könnte, unversuchbaren Heiligen.

Und doch kann es sich für den Betrachter dieses kurzen Lebens – mit etwa zwölf Jahren vernahm Johanna die himmlischen Stimmen, mit siebzehn betrat sie die Bahn ihres Schicksals, mit neunzehn erlitt sie den Tod – nicht allein um den Gehalt an höchstem Menschentum und Menschentragik handeln. Denn die tiefsten Fragen nach dem Wesen und Sinn der Geschichte sind in ihm beschlossen; wie einst ihren gelehrten und doch so verblendeten Richtern gibt Johanna, deren Prozeß gewissermaßen nie zu Ende kam, den gelehrten Häuptern der Nachwelt Rätsel auf. Noch immer scheiden sich in diesem Tribunal die Geister; man kann die Reichweite und Tiefe der Historiker, ja ihr ganzes Weltbild ablesen an dem Urteil, das sie über Johanna fällen; die etwaige Einseitigkeit und Unzulänglichkeit ihrer Geschichtsbetrachtung, die sich bei hundert Anlässen nicht verrieten, müssen an diesem einzigen Falle offenbar werden. Ist die Geschichte nur die eigengesetzliche Entfaltung der in der Erde und im Menschen aufgespeicherten Kräfte, oder greift Gott unmittelbar in sie ein? Blüht die Geschichte eines Volkes oder einer Kultur ab in der ›erhabenen Sinnlosigkeit‹, der Oswald Spengler als Sprecher seiner Zeit einen so erschütternden Ausdruck lieh, oder findet sie ihr Ziel nicht in sich selbst, sondern in der Erwartung des verheißenden Richters und des endgültigen Reichs, das sie vorbereiten soll?

Dies sind die entscheidenden Fragen, auf die das Schicksal der Jungfrau vielleicht nur eine mittelbare, aber dennoch eine deutliche Antwort gibt. Denn es ist durchaus unmöglich, an der Wahrhaftigkeit der Jungfrau zu zweifeln. Somit bleibt dem Skeptiker nichts übrig, als die Erscheinungen, die Johannas Leben bestimmten, für gutgläubig aufgenommene Illusionen zu erklären oder die Durchleuchtung des noch immer rätselhaften Phänomens von der Wissenschaft künftiger Zeit zu erwarten. Diese letzte Haltung, die vielleicht auch wieder auf einem Glauben beruht, nämlich auf dem Glauben an die noch nicht bewiesene uneingeschränkte Zuständigkeit der Wissenschaft, mag bestehen bleiben; gewiß aber ist, daß auch sie den Gehalt dieses Schicksals und der Geschichte nicht auszuschöpfen vermag, den der Skeptiker verfehlen muß. Denn wirklich und geschichtlich war endlich doch nur, was in Johanna vorging und sie antrieb, ihren furchtbaren Weg zu gehen. Man mag die Antworten lesen, die sie ihren Richtern gab auf die Frage, in welcher Weise und Gestalt ihr der heilige Michael erschienen sei, und man wird zu der Behauptung, daß es sich um Illusionen handle, kein rechtes Zutrauen fassen: Sie sah den Engel im Glanze der Lichtwolke, die alle Erscheinungen umleuchtete; sie konnte ihn berühren und umfassen, erblickte auch seine Flügel, doch konnte sie nicht sagen, welches Gewand er getragen. Ihre Antworten gingen von einem deutlich festgehaltenen Bilde aus und beachteten streng die Grenzen des tatsächlich Geschauten; sie sind ebenso sachlich wie die Aussagen der heiligen Katharina von Siena und der heiligen Theresia von Avila.

So hatte die Kirche wohl ein Recht und sogar die Pflicht, die Aussagen Johannas zu prüfen und den Anspruch zu untersuchen, den die Jungfrau von den ihr zuteil gewordenen Erscheinungen herleite. Wie, wenn ein jeder sich hätte auf Erscheinungen berufen können, die außerhalb eines jeden Autoritätsbereiches den Menschen Gebote auferlegen und sie zu ebenso folgenschweren Taten verpflichten würden wie das Mädchen von Domrémy? Aber das geistliche Gericht, das sich am 21. Februar 1431 in der Schloßkapelle zu Rouen versammelte, war nicht frei; es war vielmehr aus Parteigängern der Engländer gebildet; und die arme Gefangene, die ihm vorgeführt wurde, hatte auch nicht in einem Gefängnis, das der geistlichen Gerichtsbarkeit unterstand, sondern im Schloßturm, inmitten roher englischer Wachen, diesen Tag erwarten müssen. Wie hätten die Männer, die dem englischen König anhingen, vielleicht sogar an dessen Rechte glaubten, sich davon überzeugen können, daß Gott dieses Mädchen ausgesandt habe, um die Sache des französischen Königs zu retten und die Soldaten ihres Gebieters aus dem Lande zu werfen? Der Prozeß hätte nur geführt werden können vor Richtern, die weder der einen noch der andern Sache dienten, sondern der Kirche allein, einer über den Parteien thronenden geistlichen Instanz, deren Reinheit nie dringender geboten war als in diesem Augenblick. Doch die Männer, die das kirchliche Gewand trugen, waren dem Streit der Welt verfallen, von deren Gewalten abhängig und luden in solcher Knechtschaft eine grauenvolle Schuld auf ihre Häupter.

Das vollkommen reine Licht wurde ausgelöscht von den Menschen, die nicht fähig waren, in dieses Licht zu schauen; die Menschen jener Zeit, vor allem der unselige König Karl VII., der Bischof Pierre Cauchon von Beauvais, sein Tribunal und die englischen Befehlshaber und Wachen, versündigten sich auf das schwerste; dennoch wäre nichts verfehlter, als Johannas Schicksal gegen die Gesetze auszuspielen, auf denen die Ordnung jener Zeit beruhte. Hat sie selbst doch in Karl VII. stets nur den König, niemals den schwachen Menschen sehen wollen; und auf die gleiche Weise hat sie die Autorität der Kirche niemals in Zweifel gezogen, wenngleich sie darauf bestand, daß ihr Gott unmittelbar durch seine Heiligen und Engel seinen Willen kundgegeben habe. Auf die Frage, welcher Papst der rechte sei, Martin V. oder sein Widersacher, antwortete sie: »Gibt es zwei?« Nicht gegen, sondern für die Ordnung jener Zeit ist sie eingetreten und gefallen. Der Engel, erklärte sie, habe nach Chinon, als sie vom Dauphin zum ersten Mal empfangen wurde, eine wunderbare Krone gebracht; und um dieser Krone willen verwirrten sich sogar in diesem seltenen Falle ihre Aussagen.

Der Engel mit der Krone ist zu ihrem Symbol geworden; als den Lehnsmann Gottes hatte sie den König zu seiner Pflicht gerufen; die irdische Ordnung war für sie unlösbar verbunden mit der himmlischen. Darum liegt eine furchtbare Konsequenz darin, daß Voltaire gerade diese Gestalt mit Hohn und Schmutz übergoß. Denn Johanna – dies ist wohl die letzte der vielen Spiegelungen, die sie im Raum der Geschichte und des Geistes erfährt – vertrat das alte Frankreich, das es im achtzehnten Jahrhundert zu stürzen galt; und alles, was groß und verehrungswürdig war am alten Frankreich, wurde von Voltaire, dem Revolutionär, unter dem Beifall einer völlig verirrten Zeit und sogar der Oberschicht, in den Staub gezerrt. Inzwischen – und damit sei noch einmal eine Frage mit dieser Erscheinung verbunden – ist vieles, was jene Revolutionäre vorbereiteten und zum Siege führten, wieder brüchig geworden, hat sich, was sie den Menschen als Ersatz für die zerstörten Werte anboten, als unzulänglich erwiesen. Um die Mitte des neunzehnten Jahrhunderts erfolgte die Veröffentlichung der Prozeßakten und Quellen durch Quicherat; damit wurde das Bild Johannas auf unangreifbare Weise wieder hergestellt; ein Bild, das ja auch Schillers hohe Dichtung nicht völlig wieder herstellen konnte, weil sie einen rein religiösen Stoff – den Stoff eines Mysteriendramas – auf den fremden Boden des deutschen Idealismus zu verpflanzen suchte. Seit dieser Zeit, das heißt seit der offenbaren Krise der Aufklärung, nähert sich die Gestalt Johannas wieder den Menschen, und niemand wird sagen können, ob das alte Frankreich, das sie verkörpert, noch einmal in den Kampf eintreten wird mit dem neuen, dessen Kraft und nicht lange, aber großartige und aufpeitschende Tradition nicht unterschätzt werden sollen. Wohl kehrt Gewesenes nicht wieder; aber es gibt ein Bleibendes in der Geschichte, das fortbesteht, unabhängig davon, ob die Menschen ihm nahe sind oder sich von ihm entfernen. Geschichte vollzieht sich ja nicht als geradlinige Entwicklung, und auch das ›Rad der Geschichte‹ bietet nicht den passenden Vergleich; Geschichte ist nach der Augustinischen, von Goethe wieder aufgenommenen Definition der Kampf zwischen Glaube und Unglaube; Franz von Baader sah als das Werk der fortgehenden Weltgeschichte einfach die ›Wiedervereinigung Gottes mit dem Menschen und durch ihn mit der Welt‹ an. Kampf ist mehr als Entwicklung oder Bewegung auf ein bestimmtes oder gar unbekanntes Ziel. Bald wird die eine, bald die andere Schar zurückgedrängt; die zurückgeschlagenen Kräfte eilen aufs neue aufs Feld und finden nun vielleicht des Gegners Kraft erschöpft; die endgültige Entscheidung, nicht die Entfaltung der Kräfte ist das Ziel der Geschichte. Gewesenes kehrt nicht wieder; denn die zurückgeschlagene, zu neuem Einsatz vorstürmende Kraft hat sich inzwischen formen oder umformen müssen; die bittere Erfahrung der Niederlage liegt zwischen diesem und jenem Augenblick, der Boden trägt die Spuren des Geschehenen, und die Gesichter der Kämpfer unter dem Banner sind nicht mehr dieselben, aber das Banner ist dasselbe geblieben, und triumphieren wird dasjenige, auf dem die ewigen Zeichen stehen. Auf dem Banner der Aufklärung stehen diese Zeichen nicht; dennoch hat sie in äußeren Lebensumständen fraglos zur Verwirklichung christlicher Ideale beigetragen, freilich nur, um das überschätzte irdische Dasein gegen das ewige Leben auszuspielen; es fehlte ihr das innerste christliche Geheimnis der Nachfolge, das Opfer, das die Jungfrau ihrem Volke vorgelebt hat. Es scheint aber heute nicht an Zeichen zu mangeln, die eine tiefgehende Wandlung im französischen Geiste vermuten lassen. Wie, wenn Frankreich, das ge-

wiß so wenig erschöpft ist wie die anderen Nationen des Abendlandes, in den letzten Jahrzehnten vom Ertrag der Aufklärung
gelebt und ihn verzehrt hätte und inzwischen die Ernte der älteren Zeit wieder herangereift wäre? Die Völker verstehen sich auf
ein unergründliches Geheimnis: den Austausch ihrer Traditionen; und Ideen können ihre breiteste geschichtliche Wirkung
lange nach ihrem Tode erreichen. So erging es den Ideen der
Aufklärung; Frankreich wird gewiß eher die Aufklärung überwinden als mit ihr sterben. Die Aufklärer leiteten ihren Anspruch
von unten, von der Erde, dem Leben auf ihr und den irdischen
Zuständen ab; sie mußten daher eine geschichtliche Gestalt auf
das leidenschaftlichste bekämpfen, die ihren Auftrag fraglos von
oben empfangen hatte. Aber eben als Trägerin dieses Auftrags
wird vielleicht die Jungfrau in Frankreich wieder verstanden.

Das Gebet in der Geschichte

Sollten wir einmal wieder zu einer Geschichtsschreibung aus dem Glauben gelangen, wie sie in den frühen christlichen Jahrhunderten geübt wurde, so würde sich die Erkenntnis immer weiter verbreiten, daß ein großer Teil der in der Geschichte wirkenden Kräfte, und vielleicht sogar der entscheidende Teil, nur auf unzulängliche Weise erfaßt und eingeschätzt werden kann und somit häufig übersehen wurde. Unter diesen Kräften ist das Gebet die wesentlichste Kraft; die geistigen und sittlichen Werte, die nicht allein in den bekannten Vertretern eines Volkes, sondern vor allem in den unbekannten und nie erwähnten lebendig waren, sind solchen Kräften zuzurechnen, wenn auch dem Gebete nicht gleichzustellen. Das Erstaunen, das den Betrachter der Geschichte oft darüber ergreift, daß der Herr eine Welt noch nicht richtete, die offenbar – das heißt nach der Aussage dokumentarisch bezeugter Zustände – das Recht auf die Existenz verwirkt hatte, könnte dann wohl einer höheren Einsicht den Platz räumen; niemand vermag es ja mehr zu sagen, wieviel Fromme und Dulder etwa unter dem schändlichen Regimente Heinrichs VIII. in England gelebt und sich unter den Prüfungen der Geschichte bewährt haben. Dem verruchten Sohne Wilhelms des Eroberers, Wilhelm dem Roten, trat ein Anselm von Canterbury entgegen, und wir werden wohl annehmen dürfen, daß hinter dem Bischof ein Heer von Betern stand, das ihn stützte. Das Leben der heiligen Birgitta in Rom, das reine Dasein der heiligen Katharina von Siena haben, auch wenn man von der weit reichenden tätigen Wirkung dieser beiden Frauen absehen wollte, eine wohl gar nicht zu überschätzende Bedeutung für die Erkenntnis des Lebensgehaltes jener Epoche; sie lassen uns ahnen, warum eine Kirche, über die das Exil von Avignon verhängt war, nicht unterging.

Aber in höherem Maße noch als auf die Geschichte der westlichen Völker müßte vielleicht eine solche Betrachtung auf die Geschichte des russischen Volkes angewendet werden, dessen größte und verehrungswürdigste Gestalten dem Schauplatz der Ereignisse noch ferner sind und darum selbst von russischen Geschichtsschreibern – von denen des Auslands zu schweigen – nur selten gebührend eingeschätzt wurden. Zur selben Zeit, da der Glaube des Westens den bisher schwersten Gefahren ausgeliefert war, in der Epoche der Aufklärung und ihrer Nachwirkungen, wurde der Kirche Rußlands eine Reihe höchster Erscheinungen geschenkt, die zugleich zu den reinsten Vertretern des Christentums gezählt werden müssen; es sind die Starzen, deren Erhabenster, der heilige Serafim von Sarow, im Herbst des Jahres 1793, also im Augenblick der tiefsten Erniedrigung der westlichen Kultur, zum Priester geweiht wurde. Die Starzen, in asketischem Leben gereifte Mönche, die kraft der ihnen zuteil gewordenen Gnade und Erfahrung die Seelen der sich ihnen Anvertrauenden mit höchster geistlicher Vollmacht führen, sind im Westen vor allem durch die Dichtung bekannt geworden; Dostojewski besuchte mit Wladimir Solowjew den Starez Amwrosi von Optina, um sich von ihm beraten und erleuchten zu lassen; er hat mit dem Starez Sossima in den ›Brüdern Karamasow‹ der eigenartigsten Erscheinungsform russischen Glaubenslebens einen weithin sichtbaren Ausdruck gegeben. Igor Smolitsch bietet uns in seinem Buch über ›Leben und Lehre der Starzen‹ neben einer fesselnden Geschichte des Starzentums lebendige und ergreifende Schilderungen der einzelnen Persönlichkeiten und eine Auswahl aus den Schriften der Seelenführer, die nicht allein als kostbare Dokumente bewertet werden dürfen; Erfahrung und Wissen, die in diesen Schriften niedergelegt sind, konnten nur von Geschlechterfolgen in härtestem Ringen erworben werden; sie vermögen einem jeden Strebenden Hilfe und Erleuchtung zu bringen.

  Die Geschichte des Starzentums, die Smolitsch erzählt, reicht in oft nicht sichtbarer, aber nicht abreißender Kette in die frühen Zeiten der Ostkirche, zu den Lehrern des vierten Jahrhunderts zurück; seit dem Ende des siebenten Jahrhunderts hat diese Überlieferung auf dem Berge Athos die alle Reiche und Zeiten überdauernde Stätte lebendiger Pflege und Nachfolge gefunden. Von dem heiligen Berge wurde das russische Mönchstum gespeist; die Verbindung Rußlands mit dem heiligen Berge wurde trotz des Wandels der politischen und kirchlichen Zustände immer wieder gesucht und hergestellt, so im fünfzehnten Jahrhundert durch den Starez Nil Sorski und im achtzehnten Jahrhundert durch den Starez Paisi, der das Vermächtnis der heiligen Lehrer wieder hob und veröffentlichte, nachdem er selbst in vieljährigem

Ringen und Schweigen auf Athos seine Seele geläutert hatte. Paisi verwirklichte die Lehre der Väter in den ihm anvertrauten Klöstern der Moldau, übertrug die heiligen Schriften in das Kirchenslawische und wurde so zum Vorbereiter der großen Blütezeit des Starzentums. Diese währte durch das ganze neunzehnte Jahrhundert und bis in das zwanzigste hinein in dem breiten Kranze von Klöstern und Einsiedeleien, die sich zwischen St. Petersburg, Wologda, Moskau und Kiew in den Wäldern bergen und unter denen neben Sarow die Optina-Einsiedelei die berühmteste ist. Als 1921 oder 1922 der in den großen Städten entfachte Brand auch dieses Heiligtum erreichte, war der uralte heilige Strom gewiß nicht versiegt; er trat nur aufs neue unter die Oberfläche der Erde, wie er oft schon unter dem geschichtlichen Leben unsichtbar dahingeflossen ist, und man wird weniges mit solcher Zuversicht von den künftigen Zeiten erwarten dürfen wie das Hervorbrechen der in der Tiefe noch stärker und mächtiger gewordenen russischen Heiligkeit.

Wer aber die Lebensläufe dieser Beter und Seelenführer betrachtet und sich den unerhörten Ernst ihrer Kämpfe vergegenwärtigt, der mag sich wohl erschauernd fragen: Zielt die letzte Forderung, die auf dem Menschen ruht, auf solchen Ernst, solche Entsagung, solche Hingabe? Zwei, vier und sieben Stunden währten die Gottesdienste; wohl tausendmal mögen die Starzen täglich das einfache, aus ältester Zeit überlieferte Gebet gesprochen haben: ›Herr Jesus Christus, Sohn Gottes, erbarme dich meiner‹, diesen einzigen Satz, den ohne Unterlaß, ›mit dem Verstand im Herzen‹ zu beten die schwerste Aufgabe langer Jahre war! Drei Jahre verbrachte der heilige Serafim von Sarow, indem er auf einem Stein kniete, fünfzehn Jahre in der Klausur; als er sein Starzentum begann, im Jahre 1825, hatte er sich in wenigstens fünfzigjährigem asketischem Leben vorbereitet, nur noch acht Lebensjahre lagen vor ihm, aber während dieser Zeit leitete, prüfte, erhob er die Menschen mit nicht mehr menschlicher Kraft.

Und doch sind es vielleicht diese Kräfte, und sie allein, die eine schwer zerrüttete Welt noch erhalten und ihr eine Hoffnung eingepflanzt haben, die kein Sturm entwurzeln kann. Dostojewski sprach es in dem von Smolitsch zitierten Satze aus, ›daß von den Gebeten dieser Demütigen und nach Einsamkeit und Stille sich Sehnenden die Rettung Rußlands ausgehen wird‹. Vielleicht haben die Einsiedler in den russischen Wäldern, die völlig außerhalb der Geschichte zu leben schienen, Nacht für Nacht auf den Mauern der bedrängten Stadt mit den Dämonen gekämpft, deren Herrschaft nach ihrem Tode anbrach. Und vielleicht kämpften die Nachfahren der Einsiedler über den Trümmern des alten Rußlands heute wieder mit den Dämonen, die nicht nur auf den Hochsitzen der Macht, sondern in den einzelnen Herzen nisten. Was wäre dann die Geschichte? Was sie immer war: der Kampf des Gottesstaates mit dem Erdstaat; und die Bereiter des Gottesstaates wären dann die im höchsten Sinne geschichtlichen, die eigentlich entscheidenden Menschen. Ihre Wirkung ist auf keine Weise zu beschreiben, obwohl die Ausgangspunkte und Anfänge dieser Wirkung deutlich sichtbar sind: der mächtige Einfluß der Starzen auf das Geistesleben – die Kulturphilosophie und das Slawophilentum von Kirejewski bis Leontiew – und das aus diesen folgende geschichtlich-politische Leben wird von Smolitsch nachdrücklich hervorgehoben; mit Recht betont der russische Forscher, daß dieser Einfluß bisher ›nicht richtig eingeschätzt und anerkannt‹ worden sei. Aber das gesamte Kraftfeld dieser Wirkung, die Reichweite des Gebets, läßt sich mit den Mitteln der Wissenschaft nicht erhellen, und nur das eine ist gewiß, daß die Welt haltlos in die Nacht stürzen müßte, wenn sie nicht mehr durch diese Kraft mit der Gnade verbunden wäre.

Dem Andenken Lothars von Supplinburg
Gestorben am 3. Dezember 1137

Zwischen den Herrschern, die einer der drei großen Geschlech-
terketten des Mittelalters angehören, steht ein von der Nachwelt
nur selten geehrter Kaiser gleichsam als Begründer und Vollen-
der der kurzen Geschichte seines Hauses; es ist Lothar der Supplinburger, dessen Geschlecht in der braunschweigischen Heimat
unvermittelt aus dem Dunkel der Zeiten hervortritt, im Glanze
der höchsten Krone aufleuchtet und mit dem Träger dieser Krone
endet. Kein königlicher Vorfahr bahnte diesem Sachsenkaiser
den steilen Weg, und er sollte, was er mit Umsicht und Beharrlichkeit und unter dem Beistand wunderbaren Glücks erworben
hatte, keinem Sohne vererben können. Im Feuer der Jugend betraten die Königssöhne das Münster zu Aachen, um sich unter der
verpflichtenden Krone zu beugen; Lothar bestieg als Sechziger
den Stuhl Karls des Großen; und Reife und Einsicht, die Weisheit
eines Vielerfahrenen, den es nicht mehr nach Streit und Sieges-
kränzen verlangt, sondern nach der Behauptung seines Ansehens
und Auftrags, eines Mannes, der wohl nachzugeben und auf
Rechte zu verzichten vermag, ohne sein Recht zu verlieren: diese
Fähigkeiten, die im stürmischen Ablauf der Kaisergeschichte
vielleicht nicht immer zur wünschenswerten Auswirkung gelang-
ten, kennzeichnen die wenigen Jahre, da Kaiser Lothar herrschte
(1125-1137). Freilich sind es auch Fähigkeiten, denen die Welt
den Ruhm der Größe nicht so leicht zuerkennt wie wagemutiger
Tatkraft; sie mögen von den Zeitgenossen geschätzt werden, ver-
blassen aber um so rascher in den Augen der Nachfahren, die ja
meist, wenn sie in die Dämmerung des Gewesenen zurückblik-
ken, nach hochragenden Denkmälern oder dem fortglimmenden
Brandschein der Schlachtfelder suchen. Aber was wäre gewonnen, wenn man Lothar den Sachsen einen ›großen‹ Kaiser nennen
wollte? Bedarf doch der Name des höchsten Fürsten der Christenheit keines Beiworts; ist der Kaiser seinem Amte gerecht geworden, so hat er sich auch als ein hoher Mensch erwiesen. Besseres ließe sich von ihm nicht sagen, als daß er die Krone des
Reiches getragen hat und ihrer würdig gewesen ist.
Allein es scheint alles am Erben zu liegen; ein jeder Träger der

Krone ist ein Vorbereiter, der das Gut seiner Söhne verwaltet; kommt nun die Zeit nicht, der er diente, so wird auch sein Tun hinfällig, und was er geschaffen hat, sinkt dem bald vergessenen Namen nach. Lothars ganzes Sinnen und Trachten war darauf gerichtet, dem welfischen Bayernherzog Heinrich dem Stolzen, dem Gatten seiner einzigen Tochter Gertrud, die zähe aufgebaute sächsische Hausmacht samt der Krone zu vererben; als der Kaiser, ein der Welt und ihrer Lasten müder Mann, auf der beschwerlichen Heimfahrt aus Italien in einem armen Bauernhause zu Breitenwang in Tirol die Augen schloß, erhoben sich die Feinde des Welfen. Nach zwei Jahren verzehrenden Streites starb der stolze, ehrsüchtige Herzog, und die höchsten Hoffnungen seines Geschlechts sanken mit ihm ins Grab, lang ehe sein Sohn, der Löwe, die Macht des Hauses über dem Haupte Barbarossas aufs neue und vergeblich zusammenballen sollte. Kaiser Lothars Krone, die bestimmt war, das Sachsenland wie in den Zeiten der Ottonen zu schmücken, fiel in den Staub; und wie so oft in der deutschen Geschichte die neuen Anfänge lieber gewagt wurden als der Fortbau an einem bereits gegründeten Werke, so sollten auch jetzt die Grundsteine des welfischen Kaisertums aufgegeben und neue Grundsteine im Süden gelegt werden. Die Staufer, die sich als Erben der Salier fühlten und deren Erwartungen durch die unvermittelte Wahl Lothars zu Mainz vernichtet worden waren, kehrten an ihren Platz zurück und begannen, unter Mühen und Fehlschlägen ihre Vormacht zu befestigen, um sich endlich zum großartigsten Anspruch zu erheben. Lothar sollte als ein Gescheiterter in die Geschichte eingehen, den Welfen mit gewaltigem Besitz den gefährlichen Traum von der Erneuerung des sächsischen Kaisertums, vom geschichtlichen Vorrang des sächsischen Stammes hinterlassend. Wohl hatte man ihn, namentlich in seiner Heimat, um seiner vielen und oft so glänzenden Kriegszüge willen gepriesen, die er mitten im Reiche und an der Nord-, Ost- und Westgrenze, im Lande der Friesen wie vor dem Danewerk, jenseits der Elbe im Slawenland und noch über das Eis der Ostsee bis nach Rügen, der Insel der Ranen, endlich zweimal über Alpen und Apennin bis tief ins Apulische geführt; wohl sollte ihn das Volk noch loben und sein Gedächtnis ehren, weil unter seiner Herrschaft die Felder reichere Frucht trugen als sonst in manchem Jahre und Bauern und Bürger sich damals des Friedens erfreuten. Aber das Erstrebte, die Kaisermacht Heinrichs des Stolzen und seiner Nachfahren, ging unmittelbar nach dem Tode des Gründers verloren; und so wurde auch der Gründer vergessen.

Der Kaiser, mit dem am Ende des stürmischen Jahrhunderts salischer Herrschaft eine neue Ära hätte anbrechen sollen, ist zum Schatten geworden in einem strengeren Sinne als so mancher anderer Träger der Krone. Denn wohl will es nicht leicht gelingen, sich die Züge Konrads II., Heinrichs III. oder Heinrichs V. zu vergegenwärtigen, aber innerhalb der Reichsgeschichte und des Jahrhunderts, das den Saliern wie den beiden andern großen Geschlechtern von dem so oft der Ungerechtigkeit geziehenen Schicksal gleichmäßig zugeteilt wurde, haben sich diese Männer ihren festen Standort in lebendiger Fortwirkung gesichert; und wer die Sprache ihrer Taten zu enträtseln versteht, der wird vielleicht auch ihre Gesichter erkennen im Gestaltenzug der Vergangenheit; es sind die leidenschaftlichen, hochsinnigen, von dem Verlangen nach Macht tief durchfurchten Züge der Salier. Lothar steht in einer Lücke, so als sei es seine Bestimmung gewesen, recht und schlecht die Pause auszufüllen, da das Volk gleichsam Atem schöpfte, um noch einmal, und nun unter der Führung der wohl glänzendsten Herrscherreihe, um die ihm angemessene und doch unerreichbare Krone zu streiten. Verschleiert sind die Züge des Supplinburgers, und auch die Schrift seiner Taten ward von der Zeit verwischt. Gegen den Staufer Friedrich I. von Schwaben war der sechzigjährige Sachsenherzog von der kirchlichen Partei und den sächsischen Herren zum König ausgerufen worden; er kämpfte viele Jahre gegen Friedrich und seinen Bruder Konrad, bis sie sich ihm unterwarfen; als Lothar starb, folgte Konrad doch. Was war gewonnen? Waren diese zwölf Jahre nicht eine vergeblich verkämpfte Zeit, ein Versuch, aufzuhalten, was doch kommen mußte, und Recht durch Unrecht zu hemmen, eine jener nach rückwärts gerichteten Windungen des Stromes? Doch wo wäre das Ziel der Geschichte, wenn nicht in einem jeder ihrer Tage, in der Probe, die ein jeder Tag auf Volk und Herren macht! Sind sie bereit, das Ewige in der Zeit zu vertreten und seinen Wirkungsbereich auszudehnen, den Gottesstaat im Erdstaat zu begründen? Sind sie für die große Geschichte entschlossen, die doch erst dann beginnt, wenn das Überirdische das Irdische bewegt? Sind sie es nicht?

Diese Frage war auch an den Supplinburger ergangen, und er

hat sie beantwortet; er hat sich für die große Geschichte entschieden, deren Inhalt die Erscheinung und Verbreitung des Ewigen in der Zeit ist. Die Vorbilder der von ihm hoch verehrten Sachsenkaiser gewannen im Augenblick seiner Krönung Macht über ihn, dessen Vater doch nur ein kleiner Herr und dazu ein Aufrührer gewesen war. Der zum König Gewählte geriet in einen unversöhnlichen Widerspruch zu seinem bisherigen Leben; denn wie sein gegen Kaiser Heinrich IV. gefallener Vater, so hatte auch er seine ganze Kraft daran gewendet, die verhaßte salische Kaisermacht zu bekämpfen und in diesem Kampfe Land und Vasallen an sich zu reißen. Es gelobte als demütiger Büßer Versöhnung und Treue und brach sein Gelöbnis; er stützte die päpstliche Partei, weil sie gegen den Kaiser war, und nur im Osten trug er durch rasche Kriegszüge zur Vermehrung deutschen Ansehens bei, freilich nicht als Diener des Kaisers oder des Reiches, sondern im Dienste der gegen Osten gewendeten sächsischen Politik. Er war grau und fast schon kriegsmüde geworden als Empörer; er mochte freilich auch weise geworden sein in dieser Zeit als Zeuge der furchtbaren Schicksale, die Heinrich IV. und Heinrich V. unter der Last ihrer Schuld und der Bannflüche samt den Trümmern hoher Pläne dahinrafften. Nun, in späten Jahren, wurde aus dem Aufsässigen ein Bewahrer, aus dem Zänker ein Friedensstifter, aus dem Treubrüchigen ein Lehnsherr, der Treue erwarten und fordern und Treuebruch ebenso schwer ahnden mußte, wie er an ihm geahndet worden wäre, wenn seine verstorbenen kaiserlichen Herren eine stärkere und glücklichere Hand gehabt hätten. Er kannte sich auf den Schleichwegen des Verrates aus und wußte gegen andere den Argwohn zu nähren, den er oft genug selbst gerechtfertigt hatte. Er hatte sich, um seiner Stammespolitik willen, kein Gewissen daraus gemacht, den Zugriffen der Kirche Vorschub zu leisten als ein immer streitlustiger, scharfblickender Gegner des Kaisers, der diesen im Rücken bedrohte, sobald er sich nach Süden oder Westen wendete; das Konkordat, das Heinrich V., nach heillosen Kämpfen gerade noch das Erreichbare sichernd, im Jahre 1122 zu Worms abschloß, mochte dem Supplinburger und der Partei der sächsischen Aufrüher nicht einmal sehr willkommen gewesen sein. Noch um der deutschen Krone willen hatte der Sachsenherzog sich der Kirche fester verpflichtet, als gut und rühmlich war; niemand wird ihn von schwerer politischer und wohl auch menschlicher Schuld freisprechen können.

Aber darauf beruht vielleicht gerade der eigentümliche Gehalt und Wert seines Lebens, daß die Geschichte ihn beim Wort nahm und ihn in den letzten zwölf Jahren all das erleiden ließ, was er bisher seinen Feinden zugefügt hatte, Feinden, vor denen er im Unrecht war; daß ihm gegenüber die Staufer an die Stelle traten, die er selbst gegen die Salier eingenommen; daß er, bei allem Willen zur Versöhnung und der wohlbegründeten Scheu vor einem neuen, die Grundlagen deutschen Lebens zerreißenden Streit mit der Kirche, die Gefahren seines Nachgebens sofort am eigenen Leibe spüren mußte; daß er endlich, als er starb, sein Lebenswerk im Süden wie im Norden auf das schwerste bedroht sah durch jenes Gesetz der Teilung und des Widerstreits, das die ganze deutsche Geschichte durchklüftet und kraft dessen er sich selbst emporgeschwungen hatte.

So werden die zwölf Jahre seiner Herrschaft zu einem Gleichnis und einer Aussage, wie sie kaum tiefsinniger gedacht werden können; dieses Leben, das innerhalb der politischen Geschichte einem Fundamente gleicht, auf dem nie gebaut worden ist, erscheint auf der Ebene des Sinns, auf die wir alle Geschichte erheben müssen, um sie uns wahrhaft zu eigen zu machen, vollkommen geschlossen: Zu Unrecht bildet die eine Hälfte des Kreises, Recht die andere; es ist kein vergebliches, sondern ein erfülltes Leben gewesen, über dem das ewige Walten sichtbar wird. Indem die ewigen Mächte dem Empörer das Recht in die Hand legten, damit er es wahre, ließen sie ihn zum Kaiser werden.

Und ohne eine bedeutende Wirkung zu hinterlassen, ist Lothar auch nicht über das Feld der politischen Geschichte geschritten; diese Wirkungen werden eine um so höhere Bewertung erfahren, je eher der Betrachter geneigt ist, neben dem Täter den Schlichter, neben dem Streiter den Gärtner und Pfleger seines Landes gelten zu lassen. Lothar verstand es, nicht nur die rechten Männer, sondern die rechten Geschlechter zu wählen und an der Stelle einzupflanzen, wo sie ihren Auftrag forterben konnten; er rief die tatkräftigen Grenzwächtergeschlechter, die sich während so langer Zeit bewähren sollten, auf ihre Posten: die Schauenburger in Holstein, die Askanier und die Wettiner im Osten, und reichte den Zähringern im Südwesten die blutgetränkte burgundische Herzogsfahne. Als der Kaiser dem Askanier Albrecht dem Bären nach harter Dienst- und Probezeit die Altmark anvertraute, stiftete er einen Segen, der in dem armen Lande nie versiegen sollte. Aber eben um dieses Landes willen bekämpfte Albrecht unmittelbar nach des Kaisers Tod die Nachfolge des Welfen, der als Erbe Lothars und Herr zweier Herzogtümer, Bayerns und Sachsens, die neu aufstrebende askanische Macht zu ersticken drohte. So sollte Albrecht die liebste Absicht seines Lehnsherrn durchkreuzen, sollte Lothar sich selbst den gefährlichen Feind seiner Sache wählen. Auch an jenen flüchtig aufblitzenden Triumphen, die den Namen des Reiches unter den Völkern erhöht haben, ohne ihm dauernden Gewinn zu bringen, war Lothars Regierung nicht arm: der Böhmenherzog war sein treuester Waffengefährte, in Halberstadt trug ihm der Sohn des Dänenkönigs das Schwert voraus, Ungarn und Polen schickten mit Geschenken beladene Gesandte in die Altenburger Pfalz, des Kaisers Schiedsspruch in ihrem Thronstreit zu erbitten; zu Merseburg beugte sich der Polenherzog vor dem Kaiser, die Zahlung lange rückständigen Tributs versprechend und Pommern und Rügen von ihm zu Lehen nehmend; dann schritt der Pole seinem Lehnsherrn als Schwertträger voraus in den Dom. Und da alles Große und Erhebende, das sich unter der Herrschaft eines Königs begab, dessen Namen verklärt, sofern er ihm seinen Schutz argedeihen ließ, so trug auch das Werk des milden Pommernapostels Otto von Bamberg zum Ruhme Lothars bei; der Bischof erschien vor seiner zweiten Ausreise in das heidnische Küstenland in der Pfalz zu Merseburg vor seinem Herrn; in Lothars Namen und gestützt auf sein Ansehen rief Bischof Otto bald darauf die verstörten Heiden im Pommernlande an das Taufbecken. Weniges mochte dem Kaiser so am Herzen liegen wie die Errichtung des Kreuzes im Norden und Osten; versuchte er doch in Rom, dem Erzbistum Bremen seine alte geistliche Hoheit über den Norden zu sichern, ohne jedoch mehr zu erreichen als die dokumentarische Bestätigung in Wahrheit längst eingebüßter Rechte.

Er ertrug beharrlich alle Beschwerde seines Amtes, das den Sechziger heimatlos gemacht hatte und ihn von Pfalz zu Pfalz, von Land zu Land trieb; nur die Not der Seele, die Heinrich IV. und Heinrich V. auf sich luden, mag der bedächtige, fromme Supplinburger gefürchtet haben: Lothar trat nicht in den Todeskampf mit dem Papste ein, dessen Folge der Bann gewesen wäre. Später sollte es ihm zum Vorwurf gemacht werden, daß er die zwiespältige Papstwahl des Jahres 1130 nicht nutzte, um sich zum Richter über den Nachfolger Petri aufzuwerfen; aber es lag nicht in des Supplinburgers Art, einen Anspruch zu erheben, der wohl zum vorübergehenden Sieg, aber nie zu dauernder Ordnung hätte führen können. Er, der die Salier hatte scheitern sehen, glaubte an die heilsame Macht eines Einverständnisses, das sich nicht im Grundsätzlichen, wohl aber im einzelnen Falle herstellen ließ. So wurde mancher Bischofssitz nach seinem Willen besetzt, sollte er freilich auch manche Kränkung seines Willens erfahren. Doch wer mag die Macht wägen, die er tatsächlich besaß, die geringen Möglichkeiten abschätzen, die für ihn offen waren! Lag die größte Macht jener Zeit doch vielleicht nicht in den Händen der Gekrönten, sondern, als eine geistige Macht, in den Händen Bernhards, des Abtes von Clairvaux. Dem Rate Berhards schloß sich der König an; und man wird ihm schwerlich vorwerfen können, daß er damit die Wirklichkeit seiner Epoche verkannt habe. Lothar erhoffte auch wenig von hitziger Tat; er trug wohl das Schwert an der Seite, doch seit er Kaiser war, entschloß er sich nicht leicht, es zu ziehen; Friede galt ihm mehr als Ruhm, Einverständnis mehr als Sieg; und er kehrte dankbar von einem Feldzug zurück, wenn es ihm gelungen war, sein Ansehen zu behaupten, ohne Blut zu vergießen. So beschied er sich vor dem Danewerk mit der Huldigung des Dänenkönigs, ließ er sich als einziger deutscher König im Lateran die Krone Karls des Großen reichen, während der Gegenpapst Anaklet in der Leostadt höhnisch trotzte. Lothars Krone war nicht von dem Glanze umstrahlt, dem die Staufer als Männer kühnerer und leidenschaftlicherer, auf das Endgültige und Äußerste gerichteter Sinnesart nachtrachteten; aber Hoheit war dieser Krone eigen, als sie der Sterbende an einem Dezembertag des Jahres 1137 in einem Tiroler Bauernhause seinem welfischen Eidam übergab.

So dürfte seine Gestalt wohl schattenhaft sichtbar werden hinter dem Gewebe der Zeiten: die Gestalt eines Mannes, der den Widerstand der Welt erfahren hat und durch ihn zur Einsicht gelangt ist, eines frommen, zähen und geduldigen, doch hochsinnigen Sachwalters, der sich den Vätern verpflichtet fühlt und die Enkel sich wieder verpflichten möchte, dem vielleicht der Segen an seinem Grabe begehrenswerter schien als das Loblied seiner Taten, eines Gründers, der sich sein Feld abgesteckt hat in der Hoffnung, daß die Nachfahren dem umsichtig erworbenen, sorgsam gesicherten Besitz erweitern würden. An seiner Seite erduldete eine

Frau die Unruhe und Mühsal des Königslebens, der er wohl mehr zu verdanken hat, als die kargen Urkunden andeuten; Richenza aus dem reichen und kriegstüchtigen Stamme der Nordheim trug dem um vieles älteren Sachsenherzog ein bedeutendes Erbe zu; sie begleitete den greisen Kaiser auf seinen Zügen in der Glut des Südens beratend, vermittelnd und betend und endlich dem Erschöpften, der kaum noch die Paßstraße über die winterlichen Alpen zurücklegen konnte, auch die Regierungsgeschäfte abnehmend.

An zwei Orten scheint der Schatten des Kaisers noch zu haften; im fernsten Süden liegt der eine, im heimatlichen Norden der andere; sie scheinen nichts miteinander gemein zu haben und deuten doch gerade in ihrer Gegensätzlichkeit die Beständigkeit und großartige Weite, Ausgangspunkt und Ziel dieses Lebens an. Der Dom zu Königslutter, den Lothar sich als Grabstätte gründete, aber nicht mehr vollendet sah, erhebt sich über seiner engsten Heimat, den schweren Feldern an den Hängen des Elmwaldes, die noch immer, wie zu des Kaisers Zeiten, reichen Segen tragen; um den wuchtigen, ehrwürdigen Dom, dessen Eingang steinerne Löwen bewachen, türmen sich die Linden auf; unter dem Gewölbe des Langhauses ist das Kaisergrab geborgen, auf dessen umfriedeter Platte der Kaiser mit Zepter, Apfel und Schwert im wallenden Barte abgebildet ist; Gattin und Eidam ruhen an seiner Seite. Freilich, wer mag sagen, ob das Steinbild noch einen Widerschein seiner Züge trägt? Die Platte wurde ja längst erneuert, und der Staub der Toten ist verweht, aber ihr Gedächtnis dauert noch fort in dem einsamen, abseitigen Dom, wenn auch die Mönche längst nicht mehr beten am Grabe des welfischen Kaisertraums und der wundersame Kreuzgang draußen, der vielleicht in Deutschland nicht seinesgleichen hatte an Schönheit des Schmuckwerks und Feinheit der schlanken Säulen, verwaist und zertrümmert ist.

Aber auch Montecassino, das uralte Reichskloster im Kampanischen Gebirge, bewahrt das Andenken an Kaiser Lothar, seinen Schirmherrn. Dort verweilte der Supplinburger in seinem letzten Herbst, nachdem er versucht hatte, dem unruhigen Süden eine höhere, dauernde Ordnung aufzuzwingen; schon mochten es die Einsichtigen ahnen, daß diese gewaltige Anstrengung, die Rechte des Reichs zu sichern, vergeblich war und hinter dem Herrscher, der kaum Herren und Städte in Pflicht genommen, der mit letzter Kraft errichtete Bau wieder zusammensinken würde. Doch vielleicht genoß der Kaiser auf dem Berge des heiligen Benedikt in wenigen Rasttagen den Frieden, der die Ahnung ewigen Friedens ist. Jenseits des ungeheuer weiträumigen, von wechselnden Lichtern bestrichenen Tals, in dessen Tiefe ein schmaler Fluß die Bäume spiegelt, steigen die Bergwände hintereinander in immer großartigeren Umrissen bis zu den fernsten Schneegipfeln auf. Am Fuße des Klosterberges drängt sich die kleine weiße Stadt in den Schatten, die Arena der Römer birgt sich unter Weinstöcken und Olivenbäumen, von halber Höhe starren Kastell und Fluchtmauer nieder. Auf dem Gipfel des Klosterberges, von dem Fenster des noch erhaltenen Turms, erblickte einst der heilige Benedikt Gottes Welt in einem Sonnenstrahle; vielleicht hat auch der Kaiser in jenen Frühherbsttagen, da ihn die Ahnung seines Todes schon befallen hatte, die überwundene Welt in jenseitigem Lichte geschaut. Er lebte, als sei er der Abt des ehrwürdigsten Klosters der Christenheit, durchschritt nachts die Zellen, betete für die Toten und beschenkte gemeinsam mit der Gattin die Armen, die sich am Tore versammelten. Die Fahne des Reiches wehte auf dem Kloster; schweren Herzens, im Vorgefühl des nahenden Endes, schied der Kaiser in Aquino von dem deutschen Abt, den er eingesetzt. Bald nach dem Abschiede seines Herrn sollte der Abt auf brennendes Land herabschauen; aber das Kloster bewahrte eine Urkunde des Kaisers und sein goldenes Siegel, dessen Trümmer es noch immer besitzt; und noch im siebzehnten Jahrhundert war die Erinnerung an den einstigen Schirmherrn stark genug, um ihm ein Denkmal zu setzen. Im dritten Hof, im obersten der drei in herrlicher Freiheit sich übereinander erhebenden, von Terrassen umzogenen Höfe des Klosters steht Lothars Standbild neben den Denkmälern Karls des Großen und des heiligen Kaisers Heinrich.

Einst, als in Königslutter Benediktiner am Grabe des Stifters und seiner Angehörigen beteten, war der Grabdom am Rande des deutschen Laubwaldes mit dem Kloster im südlichen Gebirge durch denselben Dienst, denselben strengen Stundenschlag der Horen verbunden, die auch des Kaisers Tage und Nächte einteilten während seiner Rast im Kloster Benedikts; längst sind diese Bande gelöst, und doch wird der Wanderer, der sich auf einer dieser Höhen des Kaisers erinnert, immer auch der andern gedenken müssen. Zwischen dem Stift im Sachsenlande, das Lothar auf dem Boden seiner Ahnen nahe der Supplinburg gründete, und dem fernen, von jenseitigem Lichte berührten Klosterberge ist des Kaisers Leben verlaufen; er suchte vor seiner zweiten Ausfahrt nach Italien seine künftige Ruhestätte auf, und er kehrte als Toter dahin zurück, von wo er ausgegangen. Sein Leben war mühevoll und bewegt; er fehlte und durfte den Fehl wieder gutmachen, soweit das Menschen erlaubt ist; er diente lange Zeit sich selbst; doch als er die höchste Stufe irdischer Macht erreicht hatte, wurde er vom Reiche in den Dienst genommen, der seine Altersjahre verzehrte. Er mag ein einfacher, schlichter, vorsichtiger Mann gewesen sein, keiner derer, um deren Grabstein der magische Schimmer der Sage und des Ruhmes spielt. Dennoch sah das Volk, als der Kaiser mit dem Papste Innozenz II. im Dome zu Bari weilte, eine himmlische Krone im Scheine schwebender Kerzen sich auf den Dom herabsenken; und wie das Städtlein Lutter sich Königslutter nennen darf und gleichsam gekrönt worden ist, als man den Kaiser dort zur Ruhe bestattete, so trägt auch das Land am Elmwalde noch immer in Gestalt des dreitürmigen Domes die steinerne Krone seines Königs Lothar.

Der Starez
Ein Gespräch

Rußland. Zur Zeit Nikolaus' I.

PAUL Dein Entschluß ist gefaßt?

STEFAN: Ja. Ich werde noch in diesem Monat die Hauptstadt verlassen. In den Wäldern nördlich von Kiew habe ich in meiner Kindheit einmal ein Haus gesehen, das dem Himmel gewissermaßen schutzlos ausgeliefert war; und ich bilde mir ein, daß es mich in all den Jahren zu diesem einsamen Hause gezogen hat, daß ich in den toten Straßen der Hauptstadt nur habe atmen können, weil ich am Ende einer jeden das Bild jener ernsten Landschaft und des anderen, so ganz anderen, mir vorbestimmten Lebens sah. Das kann wohl Täuschung sein, doch habe ich den Eigentümer des Hauses ausfindig gemacht und ihm geschrieben; er ist bereit, mir eine Kammer zu geben.

PAUL: Diese Einsamkeit würde ich fürchten, und ich weiß nicht, ob auch du sie fürchten müßtest, wenn du sie dir einmal deutlich vorstellen willst.

STEFAN: Ich fürchte sie auch; und doch ist sie nur der Anfang der Einsamkeit, des Einsamwerdens. Hinter dem Hause, tief im Walde, liegt ein Kloster; und weit hinter dem Kloster, wo der Wald eigentlich erst anfängt, wenn das scheinbar Grenzenlose einen Anfang haben kann, sollen, so sagt man, fromme Einsiedler leben. Erst diese sind vielleicht ganz einsam.

PAUL: Du hoffst, einmal einer der Ihren zu werden?

STEFAN: Wie sollte ich das zu hoffen wagen? Und wie sollte ich auch wissen, ob ich es könnte? Heute sehe ich ja nur das Haus am Walde; und der Gedanke an jene Männer übt auf mich eine seltsame Macht aus. Er wird mich dort nie verlassen; und ich werde, wenn schwere Stunden kommen sollten – und sie müssen ja kommen –, den Trost haben, daß dort die unbekannten Streiter für mich kämpfen und es nicht zulassen werden, daß der Böse meine Seele schutzlos antrifft. Denn erst den Einsamen begegnet er leibhaftig. Aber alle ehrlich ringenden Seelen sind miteinander verbunden; sie machen das Heer aus, das bisher unter Gottes Gnade die Welt gegen die Herrschaft Satans verteidigt hat.

PAUL: Ich will deine Überzeugung deshalb nicht angreifen, weil du sie erst vor kurzem erworben hast. Ich will auch nicht untersuchen, welchen Anteil persönliche Schicksale an dem Aufkommen dieser Überzeugung haben und inwiefern die Zeit ihnen zum Siege verholfen hat. Ideen und Überzeugungen werden dadurch nicht erklärt, daß sie abgeleitet werden; es ist ja wohl so, daß die Zeit und persönliche Schicksale auf eine wunderbare Weise zusammenwirken, so daß alles Persönliche auch geschichtlich und alles Geschichtliche wieder persönlich ist...

STEFAN: Ja, weil alle Fäden zusammenlaufen in der Hand des Herrn.

PAUL: Aber dennoch haben wir Raum für die freie Entscheidung. Erst die Tat bindet, und erst das Geschehen erweist sich als Notwendigkeit. Du könntest dich auch anders entscheiden.

STEFAN: Du glaubst, daß ich nicht recht tue?

PAUL: Ja, du fliehst.

STEFAN: Nenne, was ich vorhabe, immerhin Flucht. Aber ich tue es nicht, um den Kampf aufzugeben, zu dem wir verpflichtet sind. Wer mit zerbrochener Waffe auf dem Schlachtfeld steht und seine Sache doch nicht aufgeben will, der muß fliehen, um sich eine neue Waffe, und, wenn möglich, eine bessere, zu beschaffen. Ähnlich steht es mit mir. Ich möchte eine bessere und reinere Kraft einsetzen, als ich bisher besaß; und ich kann sie mir nur in der Einsamkeit erringen. Darum gehe ich.

PAUL: Aber wir brauchen dich eben jetzt. Ich weiß nicht, wie ich das Lebensgefühl ausdrücken soll, das in uns alle in gleicher Weise eindringt wie steigendes Grundwasser in die Keller. Es ist, als lebten wir am Morgen des Gerichtstags, und die ganze immer lautere Geschäftigkeit der Menschen dient, ob sie nun guten oder bösen Willens sei, der Aufrichtung des Schafotts. Diese Welt ist verfallen; sie lebt von ihrem künftigen Tod. Fühlst du nicht, wie die Verzweiflung die Menschen aushöhlt, wie ein jeder nach einem Worte verlangt, das ihn ausfüllt, ihm weiter hilft, ihn mit dem Dauernden verbindet und errettet vor dem entsetzlichen Nichts, das auf allen Wegen an ihn heranschleicht? Solange du die Hoffnung haben kannst, nur zu zwei oder drei Menschen ein solches Wort zu sprechen, darfst du nicht gehen.

STEFAN: Wie viele solcher Worte werden heute gesprochen, ohne daß ihr sie hört oder hören wollt! Wie viele Tröster leben im Lande! Und wie vielen wird in der Tat geholfen, wie vielen andern könnte geholfen werden, wenn sie die Demut hätten, dort Hilfe zu suchen, wo ihre Väter sie gefunden haben, bei den Priestern unserer Kirche. Geh in die Kirche, und du wirst die Worte hören, nach denen du suchst. Nur der Stolz verzweifelt; die Demut kann nicht verzweifeln. Und oft ist es nicht einmal Stolz! Nihilismus ist die verzweifelte Hoffart oder die Eitelkeit der Verzweiflung. Sind wir nicht auch freventlich hoffärtig gewesen, als wir uns gegen den Zaren verschworen? Wollten wir die Welt nicht genau an der Stelle verbessern, wo sie sich nicht verbessern läßt? Als ob wir nicht hätten anfangen müssen in unsern eigenen Herzen! Aber ob wir die Welt verbessern wollten? Seit gestern weiß ich, daß der Zar das Gute will, ob er sich auch oft in den Mitteln vergreift. Wer soll die rechten Mittel treffen, wenn es sich von keinem voraussagen läßt, wie es wirken wird auf die heillos ungeordneten Menschen! Und seit heute weiß ich, daß wir uns verschworen haben, weil wir das Nichts, das wir wie eine verzehrende Krankheit mit uns herumschleppten, in die Welt hinauswerfen wollten. Diese Art von Krankheit will alles krank machen, was sie umgibt.

PAUL: Es ist wahr, wir haben zuerst uns selbst betrogen und dann versucht, auch die Welt zu betrügen. Wenn wir das aber wissen und es offen bekennen, machen wir dann nicht einen Anfang?

STEFAN: Den einzig möglichen und doch so kläglichen Anfang, hundert Klafter tief unter der Daseinsebene, die unsere Väter nie verlassen haben.

PAUL: Und nun willst du diesen Anfang abbrechen und schweigen!

STEFAN: Ich will schweigen, weil mein Glaube gewachsen ist; weil ich Wort und Schrift nicht mehr überschätze, wie wir es wohl alle getan haben; weil meine Hochachtung vor der Tat, die Faust unbegreiflicherweise an den Anfang setzte – das war auch einer der Irrtümer des Westens, an denen wir krank geworden sind –, beträchtlich geschwunden ist; und weil ich nicht mehr glaube, daß sich die Geschichte sichtbar vor unsern Augen als Wirkung und Gegenwirkung vollzieht. Das ist freilich auch Geschichte, aber nur deren Teil. Dahinter kämpfen die unsichtbaren Heere. Paracelsus soll sich gegen die Astrologie gewehrt haben, weil sie dem Gebet keinen Raum ließe. Gegen

Astrologie brauchen wir uns heute nicht zu wehren; denn wir leiten die Geschichte, getreu den Aufklärern, nicht von den Sternen, sondern von der Erde ab. Aber das ist nicht der Weg, dem Satan beizukommen, der von Anfang an das Gegenspiel in der Geschichte geführt hat. Und glaubst du nicht, daß so mancher Beter – ich will nicht einmal die Heiligen nennen – einen größeren Anteil an der Geschichte hatte als die gerühmtesten Feldherren seiner Zeit? Was wissen wir denn von den Schlachtfeldern, auf denen Gottes Reich erobert oder verloren wird! Die heiligen Väter, die auf dem Berge Athos beteten und deren Namen wir nicht kennen, haben vielleicht für Rußland mehr getan als Kutusow und Rostoptschin; und ich will doch diesen Männern gewiß nichts nehmen.

PAUL: Wenn sie aber gedacht hätten wie du, was wäre dann aus Rußland geworden?

STEFAN: Ich weiß es nicht. Ich weiß nur, daß ich meiner Erkenntnis folgen muß; und gewiß sind diese Männer vor sich selbst nicht das gewesen, was die Geschichtsschreiber aus ihnen machen.

PAUL: Wenn du dich mit derselben Entschiedenheit einsetzen würdest, um unmittelbar auf Menschen zu wirken und ihre Herzen umzustimmen – denn das ist doch wohl die einzige Stelle, an der sich die Welt verbessern läßt –, so könntest du mit einer bestimmten Wirkung rechnen, mag sie nun groß oder klein sein. Die andere Wirkung kennst du nicht; und vielleicht kostet schon das Streben nach ihr deine Kraft.

STEFAN: Nein, ich kenne sie nicht. Vielleicht bin ich auch zu schwach für diesen Weg. Die eigentlichen Versuchungen, die wir kaum dem Namen nach kennen, erwarten uns ja erst in der Einsamkeit; und es kann auch sein, daß Gott mir die Gnade verweigert, weiß ich doch selbst viel zu gut, daß ich kein Anrecht auf sie habe. Dennoch schätze ich die gewisse Wirkung, von der du sprichst, nicht so hoch ein wie du. Hoffnung können wir nur setzen auf eine vollkommen reine Kraft, die nicht vom Verhältnis zur Welt bestimmt wird, sondern vom Verhältnis zu Gott. Meine Kraft ist bisher nicht rein gewesen.

PAUL: Aber sie könnte vielleicht erreichen, das Falsche um eines Fußes Breite zurückzudrängen. Und wer kann mehr hoffen? Und wenn wir in diesem Ringen nicht ablassen von Tag zu Tag und von Geschlecht zu Geschlecht und uns läutern an diesem

Ringen und einander helfen in dieser Läuterung, könnten wir dann nicht einen Teil der Schuld tilgen, die auf uns lastet? Muß es auf diese Weise nicht ein wenig heller werden über den Menschen? Und selbst wenn uns kein anderes Licht mehr aufgehen sollte als der Morgen des Gerichtstags und wir keinen andern Weg mehr vor uns hätten als den zur Richtstätte, müßten wir nicht auf diesem Weg, an unserer Stelle, beten lernen und die furchtbare Leere zu durchdringen suchen, die zwischen Gott und uns sich aufgetan hat?

STEFAN: Vielleicht. Wir werden freilich die schlimmen Gedanken nicht mehr einfangen, die unsere Väter und wir in die Welt gesetzt haben. Und wenn wir selbst auch gerichtet würden, was wäre damit gewonnen? Wir sollen mehr tun als büßen für unsere Schuld. Auch das Gericht nähme uns diese Aufgabe nicht. Denn warum sollte es besser werden nach uns? Wo die Gefahr alles Maß überschreitet, da wird auch ein Einsatz ohne Maß gefordert. Es ist der Einsatz im Verborgenen. Doch Einsatz ist wohl schon ein zu hochtönendes Wort. Vielleicht handelt es sich nur um das schonungslose Leiden der nach Reinheit verlangenden Seelen, oder auch nicht um das, nur um die Bereitschaft zu diesem Leiden. Unser Volk ist ja von dem Nichts noch kaum angerührt worden, durch das wir hindurchgegangen sind. Das Nichts unterliegt nur dem Banne, der vom Kreuze ausgeht. Wo das Kreuz fällt, breitet das Nichts sich aus. Und das Kreuz steht nur fest in den Herzen, die bereit sind, sich rückhaltlos zu opfern. Um diese Bereitschaft geht alles.

PAUL: Das Kreuz steht nur fest in der Gemeinde.

STEFAN: Und darum gilt alles, was ich erstrebe, der Gemeinde. Ich gehe nicht, um zu nehmen, sondern um zu geben. Nur will ich Besseres geben als zuvor. Und sofern wir heute nicht um das Äußerste ringen, wovon soll dann morgen das Volk zehren, wenn es – was der Herr nicht wolle – dorthin gelangen sollte, wo wir einst waren? Aber ich werde gewiß verloren sein, wenn mir die Beter nicht beistehen. Unser Irrweg war ohne Beispiel, und das Furchtbare ist, daß er so offen daliegt wie ein falsches Buch und daß wir die Menschen nicht hindern können, ihn zu gehen. Vielleicht müßte auch die Sühne ohne Beispiel sein. Ich bin auf weiten, mühevollen Wegen durch die Ebene gewandert; nun erst habe ich den Fuß des Berges erreicht, und ich stehe dort, wo ich mit frischen Kräften hätte beginnen müssen.

PAUL: Ich möchte dir folgen, wüßte ich nur, ob dein Weg auch der meine ist. Aber wir haben denselben Beruf: Gottes Reich zu verbreiten auf der Erde; die Verbreitung dieses Reiches und der Kampf darum ist der einzige Inhalt der Geschichte, die wir so lange nicht verstanden haben. In ihm hat ein jedes Volk seine Aufgabe; für diese Aufgabe muß es sich opfern. Es gibt keinen Ort und keine Stunde, wo dieser Kampf nicht geführt werden muß. Ich will meinen Posten zu halten suchen, damit er nicht dem Bösen zufalle.

STEFAN: Die Männer, die vor zwanzig oder dreißig Jahren sich in den Wäldern verloren, werden heute wieder sichtbar, ohne ihr Zutun, nur weil sie sich in der furchtbaren Einsamkeit ein reines Herz und einen starken Glauben erworben haben. Das Reine leuchtet und sammelt die Menschen um sich aus eigener Kraft, nicht aus der Kraft der Welt. Und wenn es mehreren gelänge, rein zu werden, so wüßten wir, daß Gott die Welt noch nicht verworfen hat, sosehr sie es auch verdient. Aber wenn wieder zwanzig oder dreißig Jahre um sein werden, so müssen andere sichtbar werden und leben mit den weit verstreuten, suchenden Seelen und ihr Leid tragen und ihnen helfen und sie beraten. Wieder andere treten in die Wälder ein und verlieren sich auf immer; und vielleicht müssen viele sich verlieren, damit jene wenigen einmal aufleuchten in der grauenvollen Nacht, die sich die Menschen auf Gottes Erde bereitet haben.

PAUL: Vielleicht müssen sich viele andere unter den Menschen verlieren wie die Einsamen in den Wäldern. Der geringste Widerschein des ewigen Lichtes kann ein Herz verwandeln. Darauf allein kommt es an, daß wir von Christus ergriffen werden.

STEFAN: Er ist die ewige Gegenwart über der Geschichte. Doch wir kennen Gottes Willen nicht. Vielleicht sendet er Vorposten an den Weg, den ein Volk einmal auf seiner Wanderung beschreiten wird. Die den Befehl zu hören glauben, müssen gehen.

Auf den Höhen

Wenn in weiten Abständen neben den Feldwegen Pfähle stecken, ist der Winter nicht mehr fern. Bald wird der Schnee die steilen Pfade zu den letzten Dörfern und Höfen verwehen; niemand wird dem Hinaufwandernden begegnen, den er fragen könnte nach dem rechten Weg. Noch einmal haben zwar die Waldkuppen den Schnee abgeschüttelt; aber die Weiden umringen die kleinen Teiche, die da und dort in die Hänge gegraben sind, wie tief gebückte Gestalten; sie reichen einander die Hände, um die erwartete Last gemeinsam zu tragen. Bald wird das dunkle Wasser zum blanken Spiegel werden, auf den die Wolken ihre Schatten werfen; dann wird der Spiegel auslöschen unter dem niederfallenden Schnee. Aber nicht nur die Pfähle weisen den Weg hinauf, auch die Kreuze könnten ihn zeigen, die über die Höhen verstreut, in den Wäldern versteckt sind; übermooste Steinkreuze aus dem grauen Gestein des Gebirges, Holzkreuze, die zuweilen einen Arm sinken lassen, als seien sie müde geworden, und die vielen Gedenkkreuze, die an den einsamsten Orten stehen und sich oft gerne von den jungen Tannen verdecken lassen, damit das Schicksal, dessen Spur sie anzeigen sollten, wieder vergessen werde und sich des Menschen niemand mehr erinnere, der hier überrascht wurde von der großen Einsamkeit.

Der Nebel zieht dem Schnee voraus und verhüllt die Walddörfer mit seiner Feuchtigkeit, die langsam zu Eis erstarrt. Die Höfe, deren graue Dächer tief am Boden ansetzen, um sich wie Hügel aus den Matten zu wölben, verschwimmen; noch schickt der Kirchturm seinen schweren Glockenschlag ins Tal, aber er kann sich des Gespinstes nicht mehr erwehren. Den spitzen Helm verhüllen Wolken; um den grauen und roten, an der Wetterseite mit Schindeln beschuppten Stein fliehen die Dunstfetzen. Die zarten Engel auf den Gräbern lassen von ausgestreckten Händen die Tropfen niederfallen auf die fahlen Kranzblumen; dann erstarren die Tropfen, und über die Kämme, die in weitem Umkreis zwischen Himmel und Erde stehen, treibt immer kälterer Wind dunkle, von wechselnden Lichtern bestrichene Wolkenmassen. Jetzt wird der Kirchenraum tief und wunderbar; verhalten leuchten die Purpurgewänder der Heiligen und die goldenen, verschnörkelten Zieraten der Kanzel; das Kreuz schwebt frei im Triumphbogen, und die ritterliche Frau in dem verborgenen Winkel rechts vom Altar tritt im Mantel ihres gelösten Haares aus dem Stein hervor.

Aber was ist Geschichte hier oben? Das Dorf, das ja nur aus der Kirche, dem mächtigen, von alten Bäumen umhegten Gasthof und weit verstreuten Höfen besteht, ist vielleicht die älteste Siedlung im Hochgebirge; Ritter haben die erste Kirche gebaut, und über den Wäldern, auf unzugänglichen Höhen erhoben sich Burgen, deren Bewohner die Namen der Berge trugen. Sie waren freilich auch nicht die ersten in dieser Einsamkeit; lange vorher schauten römische Wachsoldaten von ihren Türmen über das dunkle, tief in die Ebene hinabflutende Wipfelmeer, und vielleicht nisteten sich die Ritter im römischen Mauerwerk ein, oder die Kirchtürme der Walddörfer sind aus Steinen gefügt, die von den Römern zusammengetragen und behauen wurden. Auch Münzen der Römer wurden in der Nähe eines tiefer gelegenen Klosters gefunden, und sie mögen da und dort noch unter der Straße liegen, die einst die Herren der Welt gezogen sind. Aber die Tage der Römer und Ritter und des edlen Markgrafen, der noch in dieser Höhe Schanzen aufwerfen ließ, um Land und Reich zu verteidigen, und sie doch dem Feinde überlassen mußte nach seinem frühen Tod, die Tage auch der frommen Herzöge, die unten im Waldkloster schlafen, und der Reisenden, die in den wechselnden Gewändern der Zeiten in die Felsenschlucht hinabfuhren zur Stadt und vorher vielleicht am Eingang der Schlucht im Gasthof rasteten oder in der Wallfahrtskirche beteten, sind wie Tage der Unbekannten gewesen, wie dieser heutige Tag, da die Welt mit einem Male verzaubert ist und Unfaßbares, das doch immer bestand, vor der erstaunten Seele steht. Die Feuchtigkeit an den Ästen ist zu Eis geworden, und die Bäume werden im flüchtigen Blitz der fahlen Sonne zu Glas, die Wiese ist von kostbaren Steinen übersät, der Brunnen vor dem Gasthof schüttet Funken in den Trog, und im Geäst der Sträucher tanzen blaue und rubinrote Flämmchen. Jetzt ist die unwiederbringliche Stunde des Lebens, da Verborgenes sichtbar ist und der Raum für das Wunder sich auftut, so wie in einem jeden Leben einmal Raum für das Wunder war.

Aber die große Einsamkeit der Höhe will errungen sein. Denn der Himmel schreckt, und der Sturm macht schwermütig, und im lautlosen Dunkel des Tannenwaldes warten die vergangenen Jahre. Schritt für Schritt will das Gehen auf einsamen Wegen erlernt sein; die Seele, die in sich selbst nicht gesammelt ist, wird unter der Last der Weite und Höhe auseinanderbrechen wie der Wacholderbaum unterm Schnee. Die Vergangenen helfen nicht, alle Schatten, die über das Gebirge hinzogen im Ablauf der Jahrtausende, vermögen nur das eine Wort zu sagen: ›Hier war ich einmal so einsam wie du; hier mußte ichs lernen, in den grenzenlosen Himmel zu schauen; hier mußte ich mich mit dem Schweigen vertraut machen und mit dem Vergessenwerden; hier mußte ichs lernen, meine Seele zu fragen, was sie in so vielen Jahren gewollt hat; hier mußte ich mir ein Herz fassen und emporschauen zu Gott.‹ Denn alle Gewalten sind los in der Einsamkeit; und darum vielleicht erbauen sich die Menschen die Städte, um geschützt zu sein vor den Mächten oder um wenigstens glauben zu können, daß sie geschützt seien. Denn die Mächte dringen auch in die Städte ein, freilich auf unmerkliche Weise, und in ein jedes Haus und in ein jedes Zimmer; und die Menschen verfallen ihnen, ohne zu spüren, wie ihre Seele umsponnen und betäubt und erstickt wird. Hier aber erwarten dich die Mächte in ihrer ganzen Gewalt, wie sie von Anfang an sind und bleiben werden: die großen Sehnsüchte und Versuchungen, deren Vorbereiterin die große Traurigkeit ist; und es bleibt dir nichts, als dein Leben mit ganzer Kraft loszureißen aus dem Wurzelgrund des Vergänglichen und es emporzuheben in die Ewigkeit. Nur wenn du all deine Gedanken und Hoffnungen und alle Liebe, die dich mit Menschen verbindet, hinüberrettest in die Ewigkeit, wirst du in dem Schweigen bestehen, das auf den Wäldern lastet.

Und nun beginnen die Kreuze an den Wegen zu sprechen; sie tun ja nirgendwo so not wie hier, an den verlassenen Pfaden, neben den Höfen, die den fernen Nachbarn kaum mehr am Lichtschimmer erkennen, und am Aufgang zu völlig einsamen, waldumringten Häusern, die keinen Nachbarn mehr haben. Wo aber ein Kreuz steht, vermag sich die Seele in sich selber zu fassen und ihre tiefste Traurigkeit und ihre Hoffnung zu erkennen. Der Sturm bringt über Nacht den Schnee; am Morgen sind die Wege verschüttet, die sich die Menschen gebaut haben, und noch immer wälzen sich die Wolken über die hohe Kuppe, die den Eingang der Talschlucht hütet, bis alle Fernen verhangen sind und nur das unaufhaltsame Niederfallen aus der letzten Himmelstiefe über dem Wanderer bleibt. Dann muß die Seele in der Unerfüllbarkeit des irdischen Lebens ihren besten Trost gefunden haben. Zuweilen leuchtet im Halbdämmer des Schneefalls ein Licht am Wege auf: unter der gewaltigen Dachhaube birgt ein Haus seine Lebenswärme, Menschen und Vieh und die letzten, dem Winter abgerungenen Blüten und die sanftgrünen Blätter der Zimmerlinde. Das Bild verweht, und der Himmel öffnet sich über dem Schreitenden wie eine Schlucht: so ist es immer gewesen, vor zweitausend Jahren, als die römischen Wachsoldaten frierend in das Dunkel schauten, und vor tausend Jahren, als die Ritter im engen Wohnturm dem Wetter trotzten, und durch viele hundert Jahre, da die Höfe hier ausharrten und ihre Bewohner für sich und die Enkel die Wege sicherten durch Kreuze und Kapellen. Und noch immer ringen die Gewalten um die Seele des Menschen, die einmal von ihrer Einsamkeit überrascht wird; denn unversehens wendet sich die Schicksalsstraße und läßt alles Bekannte und Vertraute zurück; die Einkehr in einem gastlichen Hause am Wege würde keinen Schutz mehr bieten und die Seele nicht hinwegtäuschen über den Befehl, der an sie ergangen ist. Nur der Himmel bleibt und der ferne Ruf der Glocke, der dann und wann vernehmlich wird, wenn der Sturm den Atem anhält und das allumfangende Schweigen Welt und Menschen wieder einfordert.

Schuld und Sühne der Konquistadoren

Im Spätherbst 1547 sah Ferdinand Cortez, der Eroberer Mexikos, in Castilleja de la Cuesta, einem Dorfe in der Nähe Sevillas, gefaßt und gläubig seinem Ende entgegen; die tödliche Krankheit hatte ihn überrascht, als er sich eben nach Mexiko einschiffen wollte, wo er auf den ihm verliehenen fürstlichen Besitzungen die Seinen zurückgelassen hatte. Vergebens hatte der große Kriegsheld während der letzten sieben Jahre versucht, seine Rechte und Ansprüche beim Kaiser durchzusetzen; wohl durfte er den Monarchen auf dessen Zug gegen Algier begleiten; aber das Glück, das dem Eroberer auf die wunderbarste Weise beigestanden, als er das Aztekenreich niederzwang, hatte ihn längst verlassen. Unglücklich, wenn auch nicht ruhmlos, war der Zug nach Algier, ja das Schiff, auf dem sich Cortez und sein ältester Sohn befanden, zerschellte; kaum vermochten sich Vater und Sohn schwimmend zu retten; der vielbewunderte Juwelenschatz des Eroberers versank, gleich so vielen von den Spaniern erbeuteten und geraubten Schätzen des Westens, in den Wellen. Ohne Glück war ja auch Cortez in den letzten Jahren in Mexiko gewesen; andere verwalteten in des Kaisers Namen das Reich, das er mit beispiellosem Mute der Krone Spaniens unterworfen; die Expeditionen, die er in zäher Opferbereitschaft unter dem Einsatz seines gewaltigen Vermögens ausgerüstet und auf Entdeckungen ausgesandt hatte, sollten dem Zurückgesetzten den leidenschaftlich begehrten Ruhm neuer Verdienste nicht einbringen.

So viele Fehlschläge, der sehr kurze Genuß seiner Macht, die lange, tatlose und endlich doch verlorene Wartezeit, in der Cortez, wie er dem Kaiser schrieb, ›gleich einem Vaganten umhergewandert‹ sei – was seinem Alter nicht angestanden habe, diese ganze bittere und doch so echt spanische Erfahrung des ›desengaño‹, der Enttäuschung an allen heiß begehrten irdischen Gütern, mochten den Marqués des Tales von Oaxaca, wie sein stolzer Titel lautete, auch zum Nachdenken über die Rechte bewogen haben, deren sich die Spanier im Westen bemächtigt hatten. Standen diesen Rechten nicht andere, ältere entgegen, die, wenn sie auch nicht mehr stark genug waren, sich selbst zu behaupten, doch galten vor Gott und dem Gewissen? Am Lager des Sterbenden weilte sein junger Sohn Martin, der die Erbschaft antreten sollte, eine Erbschaft freilich, die zum nicht geringen Teil aus kaum bezifferbaren Ansprüchen bestand. Wie, wenn der Sohn als Erbe schuldig würde? So erklärte Cortez in seinem Testament, er habe sich sehr ernstlich bemüht, festzustellen, welchen Tribut die Eingeborenen vor der Eroberung an ihre Obern entrichtet hätten; sollte nun der ihm geleistete Tribut den früher bezahlten übersteigen, so möge sein Sohn die Indios voll entschädigen. Auch zweifle er, ob es erlaubt sei, persönliche Dienstleistungen von den Eingeborenen zu fordern; die Frage müsse untersucht, etwa geschehenes Unrecht wieder gutgemacht werden. Endlich kam Cortez darauf zu sprechen, daß es seit langem eine Frage sei, ob die Spanier guten Gewissens Sklaven halten dürften; diese Frage sei noch nicht beantwortet; doch trage er es seinem Sohne Martin und dessen Erben auf, keine Mühen zu scheuen, um die Wahrheit zu ergründen; handle es sich doch um eine Sache, ›die das Gewissen eines jeden von ihnen wesentlich angeht, nicht weniger als das meine‹.

Cortez, dessen fürstlich kühner Sinn und große Art sich bei aller Bedenklichkeit seines Tuns kaum jemals verleugneten, vermachte somit seinem Sohne eine Gewissensfrage; ja man könnte aus dem Tone des Testamentes schließen, daß der am 2. Dezember 1547 verstorbene Eroberer Mexikos sein Gewissen bereits befragt und von ihm ein Nein zur Antwort erhalten hatte und daß er nur darauf wartete, bis auch die Gesetzgebung den Mut zu diesem Nein fände. In dieser künstlich aufrecht erhaltenen Frage, die kaum einen Zweifel über die Antwort ließ, was das tiefste Problem der Entdeckung und Kolonisation, vielleicht sogar der abendländischen Geschichte beschlossen. Mit welchem Rechte fuhren die Spanier in den Westen; auf welchen Anspruch gründeten sie ihre Pflanzstaaten? Da wir aber das Schicksal eines abendländischen Volkes nicht von dem des Erdteils lösen können, vielmehr immer in Beziehung auf das ganze Abendland betrachten und nach seinem Verhältnis zur Bestimmung des Abendlandes bewerten müssen, so können wir auch in der Konquistation nicht nur eine spanische Angelegenheit sehen; unterschiedlich sind ja die Aufgaben und Fähigkeiten der europäischen Völker, aber sie alle stehen und fallen im Kraftfeld der einen abendländischen Aufgabe. Spanier und Portugiesen hatten in den Glaubenskriegen mit den Mauren ihre Form gefunden und ihre Kraft bis zum äußersten verdichtet; sie waren vorbestimmt, als erste die dem Abendlande überantworteten religiösen und ethischen Werte über das Meer zu tragen, gewissermaßen als die Fahnenträger der Christenheit, während die Völker der Mitte oder des Nordens, die unter demselben Gesetz standen wie die Seefahrer und Eroberer, andere Aufgaben hatten oder ihre Weltstunde noch erwarteten. Denn diese Stunde und ihre Forderung wechselt, nicht aber das Gesetz.

Daß es die Aufgabe der Spanier sei, die Heiden der Neuen Welt zu bekehren, war nicht nur den Königen, Admirälen und Hauptleuten, es war auch dem einfachsten Soldaten bewußt, der sich emsig bestrebte, die staunenden Indios zu taufen, ohne im übrigen viel zu fragen, ob sie seine Handlung verstanden oder ob die Getauften etwas von dem neuen Leben des Christen ahnten. Dieser Aufgabe widersprach der Charakter der Kolonisation. Denn die ganze Ordnung der Kolonien, die Bewirtschaftung der Pflanzungen und Bergwerke war von Anfang an unter dem furchtbaren Zwange der Verhältnisse und Lebensbedingungen, aber auch der Herrschlust und Besitzgier der Eroberer auf Sklaventum begründet worden. Kein Brunnen konnte gegraben, kein Brotwurzelbeet angelegt werden, ohne daß die Indios unter den Augen spanischer Aufseher sich abquälten. So hatte schon Kolumbus seinen Gefährten auf Haiti Ländereien zugeteilt mit der Anweisung, daß der dort wohnende Kazike mit seinen Untertanen den Boden zu bestellen habe; und dieses Verfahren, dem kaum auszuweichen war, sollte bald an keine Grenzen mehr stoßen. Allerdings hoben die Formulare, auf denen die Gouverneure den Kolonisten im Namen der spanischen Könige Eingeborene zuteilten, hervor, daß der Belehnte die ihm angewiesenen Indios im Glauben zu unterrichten habe – insofern erlosch das Bewußtsein der höchsten Verpflichtung niemals –, aber die Unterworfenen verkamen in den ersten Jahrzehnten spanischer Herrschaft in namenloser Not; zwischen den Jahren 1508 und 1514 sank die Urbevölkerung Haitis auf den vierten Teil; um die Zeit, da Cortez starb, mag sie nur noch ein halbes Tausend betragen haben, während sich der Unterricht im christlichen Glauben oft genug darauf beschränkte, daß ein Mestizenknabe in armseliger Kapelle aus Rohr und Stroh am späten Feierabend den erschöpften, ausgezehrten Männern und Weibern in unverständlichem Sprachgemisch Gebete vorplapperte. Volksstämme entschlossen sich zum Selbstmord: die Männer wollten nicht mehr zeugen, die Frauen nicht mehr gebären. Das einmal eingepflanzte Unrecht wucherte in tropischer Üppigkeit fort und erstickte die Rasse; schon Kolumbus, der während seiner unglücklichen Verwaltung Haitis nicht nur die Sklaverei begünstigt, sondern auch Menschenraub getrieben, um den Königen die Gelder für die Ausrüstung der Flotten zurückerstatten zu können, litt in seinen trüben letzten Jahren schwer unter dem Geschick der Indios, doch ohne sich seiner eigenen Schuld recht bewußt zu werden.

Aber nicht auf die Schilderung dieser Not kommt es hier an, die in jedem Falle nur angedeutet werden könnte, sondern darauf, daß Spanien die furchtbare Tragik seiner geschichtlichen Aufgabe und Stellung begriff und sie mit seinen edelsten Kräften zu überwinden suchte. Das Urteil über die Entdecker und Konquistadoren ist offenbar leicht gesprochen, viel schwerer läßt sich der Zwiespalt ermessen, an dem sie gelitten haben: sie sollten taufen, aber die Getauften wurden ihnen gleich und ebenso freie Glieder der Kirche Christi wie sie selbst; und auf der Unfreiheit beruhten Handel und Wandel und sogar die Ordnung der Kolonien. Es war ein Problem, dem noch das neunzehnte Jahrhundert nicht gerecht geworden ist, wie die Geschichte der Sklaverei auf Kuba zeigt. – Und wie, wenn auch unabhängig von der Frage der Bekehrung die Freiheit der indianischen Völker, die bisher ihren eigenen angestammten Fürsten unterstanden, offenbar wäre, wenn die fünf Könige Haitis, die Beherrscher Mexikos, Guatemalas und Perus dieselben Königsrechte hätten wie Karl V.? Wenn es kein Vorrecht und somit auch keinen Machtanspruch eines höher entwickelten Volkes über ein tiefer stehendes gäbe, sondern jenes nur die Pflicht hätte, dieses emporzuheben? Männer, die zu dieser Einsicht gelangt waren, mußten in einen unversöhnlichen Gegensatz zu den Zuständen in den Kolonien, ja unter Umständen zum Staate treten; mußte doch dieser in wachsendem Maße mit den Einkünften aus den Kolonien rechnen.

Der Widerspruch zwischen dem christlichen Auftrag und der über Nacht emporgeschossenen Macht, die sich doch stets wieder auf diesen Auftrag berief und berufen mußte, wurde von allen gefühlt; die Königin Isabella sorgte, soweit sie es immer vermochte, für die Freiheit und das Wohl der Indios; sie verbot, ihnen Schaden zuzufügen, forderte die Wiedergutmachung gesche-

henen Unrechts und befahl, aus Amerika nach Spanien ver-
schleppte Sklaven zurückzubringen; es bedurfte nach Isabellas
Tod besonderer, das Wesen und die Lage der Eingeborenen ver-
zerrender Berichterstattung, um Ferdinand den Katholischen zu
einer für die Indios ungünstigen Gesetzgebung zu veranlassen.
Der große Kardinal Jimenez wurde durch seinen Tod von lange
erwogenen helfenden Maßnahmen abgehalten; der junge Karl V.
fühlte die Notwendigkeit einer Reform. Es war einer der großen
Konflikte, derengleichen den Völkern immer wieder begegnen
und die gewissermaßen die Probe auf die Völker, auf das Edle in
ihnen machen. Dieses Edle ist die Bereitschaft, dem klaren, von
Gott empfangenen Auftrag und dem von ihm gewollten Recht irdisches zu opfern und damit die Existenz ohne Rücksicht auf
Macht und Gut aufs neue im Ewigen zu begründen. Diese Probe
hat Spanien in dem furchtbar dramatischen Augenblick, da es den
Gipfel seiner Macht erreicht hatte, bestanden, und es ist dennoch
an ihr gescheitert; im Feuer dieser Probe hat es sein Ethos verkündet, und es suchte diesem Ethos zu folgen, ohne ihm gerecht
werden zu können.

   Der Sprecher dieses Ethos war der Dominikaner Fray Bartolomeo de Las Casas (1474-1566), der Bischof von Chiapa, der als
›Vater der Indios‹ in der Neuen und Alten Welt noch immer verehrt wird. Um seine Bedeutung ganz zu erkennen, muß man ihn,
einen leidenschaftlichen, zuweilen dem Irrtum unterworfenen,
aber für die Wahrheit glühenden und von ihr niemals ablassenden
Mann inmitten der spanischen Geschichte sehen. Ihr gehört er an
als ihr gültiger Vertreter, nicht der Geschichte des Westens, obgleich er auf diese vielleicht tiefer gewirkt hat. Denn sein Name
– der ›des edelsten Europäers, der den Boden Amerikas betrat‹,
wie ein englischer Biograph sagte – ist unvergeßlich geblieben,
weil er bis in das höchste Greisenalter nicht aufhörte, für die Freiheit der Indios zu kämpfen und ihre Peiniger mit unerschrockener
Stimme anzuklagen, weil er diesseits und jenseits des Meeres, das
er zwölfmal, vielleicht sogar vierzehnmal kreuzte, in Spanien und
auf den Antillen, in Mexiko, Guatemala und an der Küste Parias,
zuweilen phantastischen Plänen nachjagend, zuweilen als Besiegter aus der Welt in das Kloster flüchtend, dann wieder her-
vortretend, immer mit derselben Kraft, mit demselben schnei-
denden Schmerze in der Stimme, beladen von einem Leid, einer
Zeugenschaft, einer Berufung, die nachzuerleben auch der

Stärkste zu schwach wäre, vor dem Kaiser und erbitterten Pflanzern, ihre Pflicht verkennenden geistlichen und weltlichen Würdenträgern diese eine Sache vertrat: ›Den Indios geschieht unrecht; auch um der Bekehrung willen dürft ihr sie nicht bekriegen und unterjochen. Dem Täufling werden die Sünden vergeben, darum habt ihr kein Recht, Christen für das zu strafen, was sie als Heiden getan; vielmehr müßt ihr ihnen das Kreuz bringen, und wenn ihr, wie so mancher tapfere Glaubensbote, das eigene Leben einbüßtet; denn so will es das Apostelamt Jesu Christi, das auf Spanien gefallen ist, als Kolumbus, der edle, aufrichtige und doch auch schuldige Mann, unter Gottes Führung die Neue Welt entdeckte. Nicht ein Real gehört dem spanischen König im Westen; er hat dort durchaus kein Eigentum außer diesem Auftrag des Herrn, um dessentwillen der Papst auf Ansuchen der spanischen und portugiesischen Herrscher die Neue Welt unter diese geteilt hat. Die ganze Geschichte Spaniens bis auf den heutigen Tag hat dieses eine Ziel; und wenn der König Macht und Land verlieren würde, weil er diesem Ziele nachtrachtet, so würde ihm das beste Los zuteil werden; denn dann hätte er bewiesen, daß er ein König ist nach dem Willen Gottes, und dann vielleicht könnten wir uns der Hilfe und Gnade des Herrn getrösten, bei dem kein Ding unmöglich ist. Wehe aber dem Volke, das seinen Auftrag verfehlt! All seine Macht ist falsche Münze, seine Hoheit schon verfallen; es wird untergehen, keine Spur seiner Herrlichkeit wird bleiben.‹ – Ja die Stimme des Warners und Treibers, der sich zum Propheten erhob, wurde rauher und strenger, je länger sie vergeblich in das Wirrsal der Geschichte hallte, so als risse ihn sein Zorn von dem Vaterlande los, um das es ihm doch ging. Unerbittlich enthüllte er in einem von Greueln berstenden Bericht die ›Zerstörung der Indien‹ durch die Verbrechen der Spanier; endlich sagte der Neunzigjährige in seinem Testament den Untergang der spanischen Weltmacht, der Macht eines Volkes, das sich Gottes Willen widersetzt habe, voraus; denn an die Gerechtigkeit im Weltlaufe glaubte er unerschütterlich – schuldig waren nach seiner Meinung ja auch die Indios vor Gott, doch nicht vor den Spaniern –; und seine Schriften sollten, so bestimmte er, aufbewahrt werden, damit sie in der Stunde des auf Spanien herabkommenden Gerichtes für Gottes Gerechtigkeit zeugten.

Die Anklagen und Enthüllungen des Las Casas sollten mit allen

Übertreibungen und Härten, zu denen ihn sein Eifer hinriß, noch ein Jahrhundert nach seinem Tode gefährliche Waffen in den Händen der Engländer, Franzosen, Holländer sein, die sie im Kampfe gegen die spanische Weltmacht emsig vorbereiteten; dennoch ist dieser Sproß eines alten Rittergeschlechtes mit seinem ganzen Herzen, seiner Glut, seinen Irrtümern und nicht zuletzt seinem kindlich reinen Glauben ein Spanier gewesen, vielleicht sogar der eigentliche Erfüller der spanischen Mission. Selten nur gönnte er dem Mitleid eine Stelle in seinen Schriften; nicht das Mitleid, sondern die Einsicht in geschehendes Unrecht hatte ihn, nachdem er, wie die meisten Spanier und vielleicht auf nicht viel rühmlichere Weise, erst auf Haiti, dann auf Kuba Pflanzungen und Minen betrieben, zur Umkehr bewogen. Auch nachdem er das geistliche Gewand genommen, behielt er noch weltlichen Besitz, bis er sich zum Staunen des Gouverneurs von Kuba davon lossagte; nur langsam fand er unter dem Einfluß der Predigten kühner Dominikaner, unter der Gewalt der Schrift, die ihn eines Tages, da er sich auf eine Predigt vorbereitete, wie eine Stimme anredete, den Weg zu seiner Tat. Sie entsprang in der Erkenntnis der Unvereinbarkeit des Bestehenden mit dem ewigen Recht; ihr letzter Sinn war es, das Gewissen und das Wissen um die Ewigkeit inmitten der Geschichte zu vertreten. Aber es war das Gewissen eines Priesters, der weit mehr um Seelen bangte als um das irdische Leben; daß unter dem Zepter des Unrechts die Seelen der Indios dem Reiche des Herrn verloren gingen, daß die Bekehrten oder schon Getauften sich empörten, weil sie mit den unwürdigen Dienern auch den Stifter des Glaubens und seine Lehre verwarfen, ja daß Sterbende sich der Taufe widersetzten, nur um den Spaniern im Jenseits nicht wieder zu begegnen, endlich, daß unter der Last einer ungeheuren, täglich sich höher türmenden Schuld die Seelen der Spanier erstickten und verdarben: dies war das furchtbarste Leiden des unseligen Zeugen Las Casas, der, wo er ging, die Frevel des Diesseits sah und die Nähe des Jenseits fühlte. Es war die Sorge um das Seelenheil seines Volkes, die ihm keine Ruhe ließ und ihn nach unsäglichen Anstrengungen am Ausgang des neunten Jahrzehnts seines Lebens noch auf den Straßen Kastiliens, zwischen Valladolid und Madrid, umhertrieb. Er hatte die Irrtümer und auch die Schuld seines Volkes getragen; er hatte in jungen Jahren Sklaven besessen und nach Gold gegraben, und da er mitschuldig war und dieses Bekenntnis unter bitterer Reue immer wieder ablegte, so hatte er auch ein Recht, diejenigen zu verklagen, die in der Schuld verharrten.

Vielleicht gibt es kein erhabeneres Ereignis in der ganzen spanischen Geschichte als den Erlaß der ›Neuen Gesetze‹ durch die Junta zu Valladolid (November 1542); sie bedeuten den Sieg des Las Casas und des Dominikanerordens, der die Verteidigung der Indios zu seiner Tradition erwählt hatte. In diesen Gesetzen wurden die Indios unmittelbar unter die Krone Spaniens gestellt als deren freie Vasallen; es wurde verboten, Sklaven aus ihnen zu machen, gleichgültig unter welchem Vorwande, auch Krieg und Rebellion sollten nicht als Entschuldigung gelten; Sklaven sollten freigelassen werden, Zuteilungen von Arbeiterscharen durften nicht mehr erfolgen. Spanier, denen Indios zugeteilt waren, sollten auf Lebenszeit im Besitz ihrer Rechte bleiben, diese aber nicht vererben dürfen; eine Entschädigung der Erben durch den Staat war vorgesehen. Damit hatte Karl V. in dem Augenblick, da er vor der Ausführung – und dem Scheitern – seiner größten dem Abendlande und der Kirche geltenden Entwürfe stand, als Recht anerkannt, was Las Casas als Recht verfochten, was die ersten Missionare, Franziskaner und Dominikaner, vor drei Jahrzehnten in den Kolonien gefordert hatten.

Aber diese Gesetze sind wie der ergreifende Widerhall einer menschlichen Stimme an den starren Bergwänden der Geschichte; die Pflanzstaaten, deren Wohl von den schwersten Erschütterungen bedroht wurde, erhoben Einspruch und Vorstellungen, die in langen Verhandlungen die Vollstreckung des Gesetzes lähmten. Las Casas selbst mußte nach kurzer Zeit sein Bistum Chiapa im südlichen Mexiko aufgeben, nachdem er vergeblich versucht hatte, den Gesetzen mit geistlichen Mitteln, wie der Verweigerung der Absolution an Sklavenbesitzer, unbedingte Geltung zu erzwingen. Aber ein eigentlicher Widerruf der grundsätzlichen Haltung erfolgte nicht; noch Philipp II. ehrte und beschützte den greisen ›Vater der Indios‹, ungeachtet der ungeheuren Angriffe und Vorwürfe, die dieser vor dem Forum der Welt an Spanien gerichtet hatte. Wie Philipp als junger Prinz und Regent Spaniens Las Casas kräftig unterstützt hatte, so wünschte er als König den Bischof in seiner Nähe; er verfügte, daß dem Vater Las Casas in Ansehung der Dienste, die er dem verehrten kaiserlichen Vater wie ihm selbst geleistet, eine würdige Unterkunft in der Nähe des Hofes eingeräumt werde, wann immer der einstige Bischof von Chiapa vor diesem erscheine; und nicht ferne seinem König, im Kloster zu Atocha vor den Mauern Madrids, ist Las Casas gestorben.

Erfolg oder Mißerfolg entscheiden über eine solche Erscheinung nicht; was Las Casas anstrebte, sollte erst unter völlig veränderten Verhältnissen und nachdem die Völker, die er hatte retten wollen, entweder untergegangen oder in ihrer Eigenkraft und Art gebrochen waren, verwirklicht werden. Dennoch gab er seinem Vaterlande, dessen Rückständigkeit auch seine Bewunderer zu beklagen pflegen, in Sachen der Menschlichkeit den Vorrang vor den übrigen Seemächten. Aber was liegt an solchem Ruhm? Viel mehr bedeutet die Erscheinung selbst; denn einmal war die Sprache des Gewissens, eines lange gequälten, vielleicht schon erkrankten Gewissens, laut geworden; einmal hatte sich der König Spaniens, dem das Schicksal ungezählter Völker in die Hand gegeben war, bereit gefunden, angesichts der schwersten Opfer Gottes Gebot zu vollstrecken; einmal durfte Las Casas, der Mann, dem das Recht im Herzen brannte, glauben, daß die irdische Ordnung der ewigen sich annähern werde. Und vielleicht ist diese Stunde doch von größerer Gewalt als die furchtbare Stunde, da der sterbende ›Vater der Indios‹ das Ende des spanischen Weltreichs ankündigte; denn die einmal entfachte Leuchtkraft der Idee vermag selbst den Untergang und viele Verfehlungen zu überstrahlen; an ihr kann sich ein Volk, wenn sie ihm ins Herz fällt, wieder entzünden.

Ein Drama Calderons
Zu Calderons Weltbild

Nur wenige Völker haben sich mit solcher Klarheit über ihr eigenes Wesen, ihre Stellung in der Welt, die undurchbrechlichen Gesetze ihres Daseins ausgesprochen wie die Spanier. Wenn sie trotzdem, namentlich vom neunzehnten Jahrhundert an, sich unsicheren Schrittes in der Geschichte bewegten und oft genug dort Rat suchten, wo für sie keiner zu holen war, so in der Hauptsache, weil sie den rechten Zugang zu ihrem Vermächtnis nicht mehr fanden und dessen verpflichtende, formende Kraft nicht mehr spürten. Wohl wird ein jedes Volk durch den Gang der Zeit, den Wandel der Verhältnisse und des Lebensgefühls wie der Erkenntnisse von seinem Vermächtnis entfernt; aber diese Entfernung ist nur scheinbar, wenn das Vermächtnis auf dem Unveränderlichen gegründet ist. Denn dann besteht die besondere Aufgabe einer Epoche darin, das Endgültige in ihrem Raum fruchtbar zu machen und die Welt, wie der Ausschnitt der Zeit sie darbietet, zu gestalten und zu erfüllen mit den überlieferten ideellen und ethischen Kräften.

Von solcher Art ist das Vermächtnis der Spanier, mag es nun in der Geschichte selbst oder in den Worten und Taten geschichtlicher Repräsentanten, in den Schriften der Heiligen, Theologen und Philosophen und den Werken der Dichter niedergelegt sein. Das Bewußtsein der festen besonderen Bindung an das Ewige, einer Bindung, die schon aus den geschichtlichen Ursprüngen folgen mußte, hat die gesamte Überlieferung geprägt; darum wird man, sobald man die große geschichtliche Epoche Spaniens betritt, die auch die Epoche der großen Aussage ist, überall demselben Ethos, derselben Zielsetzung begegnen; es herrscht eine fast wörtliche Übereinstimmung in den Aussagen der Könige, der Feldherren, der Heiligen und der Dichter in allen Fragen des Glaubens, der Lebenshaltung, der Ehre, des geschichtlichen Wirkens und der nationalen Würde. Darum schwillt die Stimme dieses Volkes zu einem gewaltigen Chor an, dessen Eindringlichkeit, Ernst und Stolz den Empfänglichen immer wieder ergreifen müssen.

Mit dieser Einmütigkeit mag auch die vielbestaunte Fruchtbarkeit des spanischen Geistes zusammenhängen, wenngleich sie sich dadurch nicht erklären läßt: das Ringen der Geister hatte ja nicht mehr die Erkenntnis oder das Weltbild zum Gegenstand; diese lagen unverrückbar fest, und die ganze Kraft des Volkes richtete sich auf den Ausdruck. Es genügte, Spanier zu sein, um eine feste Haltung gegenüber der Ewigkeit wie der Zeit einzunehmen; die große Aufgabe der Sprecher war, diese Haltung auszudrücken und sie zu überliefern und damit auf immer neue Weise fruchtbar zu machen. Im neunzehnten Jahrhundert hat man die spanischen Dichter viel beklagt wegen des auf ihnen lastenden ›geistigen Druckes‹, der sie angeblich gelähmt habe; aber man übersah, daß die Umrisse des Weltbildes wohl fest waren, daß es aber eine unbegrenzte Vertiefung in der Erfahrung des Sakralen zuließ; daß anderseits, wie schon die griechische Tragödie beweist, gerade die Strenge der Gesetze, mögen diese nun den Glauben oder die Ehre betreffen und Handlungen als Verbrechen ahnden, die uns belanglos und jedenfalls nicht strafwürdig erscheinen, für das Drama ungemein fruchtbar ist. Denn je strenger Gesetz und Form sind, um so näher liegt der tragische Konflikt, um so schmaler ist der Weg, auf dem sich der Mensch bewegen muß, um so leichter kann dieser auf fast unschuldige Weise schuldig werden, um so furchtbarer ist die Strafe. Steht dieser Strenge größte Leidenschaft des Wollens und Fühlens gegenüber, so muß das ganze Leben zur tragischen Bühne werden; die Epik der Geschichte löst sich auf in eine Überfülle auf das schärfste zugespitzter tragischer Handlungen; ein jeder fühlt die gefährliche Dramatik des Lebens, die eherne Festigkeit des so schwer zu befolgenden Gesetzes, die Nähe der Schuld. Der Verwirklichungen ist kein Ende, und Unzählige fühlen sich gedrängt, diese Dramatik auszusprechen, an ihrem Ausdruck mitzuarbeiten, die immer wieder erlebte Aussage zu wiederholen. Das Theater der Spanier verdankt zum guten Teil seinen Ursprung diesem Zusammentreffen von Leidenschaft und Gesetz.

Zur höchsten Bedeutung muß sich die Aussage erheben, sobald das geschichtliche Schicksal Spaniens zur Darstellung gelangt. Wenn die Kunst auf der innigsten Durchdringung von Ernst und Spiel, Wahrheit und Schein beruht, so daß der Gehalt wahr ist, die Mittel seiner Versinnlichung aber der Phantasie entstammen oder von ihr gesammelt und verschmolzen werden, so muß auch die künstlerische Darstellung der Geschichte das eigentlich Geschehene weit überragen; es wird in ihr die letzte, nur selten rein befolgte, wohl niemals ans Ziel gelangte Absicht erscheinen, die alle Taten eines Volkes durchwirkt. Aus dem Munde großer Geister können wir dann vernehmen, was das Volk hätte tun müssen oder auch angestrebt hat, ohne es zu erreichen; wir empfangen von ihnen das Bild der Geschichte, das als die höchste und gemäße Forderung über allem geschichtlichen Handeln schwebt. Und in dieser geläuterten Vorstellung seines Wirkens drückt das Volk das Beste aus, was in ihm lebendig ist.

Unter solchen Erwägungen wird man Calderons Drama ›Die Aurora von Copacabana‹ (nach Schack zum ersten Mal veröffentlicht in dem 1672 erschienenen vierten Band der Comedias) eine besondere Bedeutung zuerkennen müssen. Als dramatisches Kunstwerk steht es nicht so hoch wie die meisten großen Geschichtsdramen des Dichters; es setzt zu Beginn des dritten Aktes mit einer fast neuen Handlung ein, die nur in geistig-symbolischer, allerdings sehr tiefer Beziehung die geradlinige Fortsetzung der vorhergegangenen Handlung ist. Dennoch mögen die hohen, poetischen Schönheiten, die oft einzigartige Größe der Bilder August Wilhelm von Schlegel bestimmt haben, eine Übersetzung anzufangen, über die er am 15. März 1811 an Goethe berichtete. Das Stück gilt der eigentlich spanischen Tat, der Konquistation; es schildert die Eroberung Perus. Copacabana ist das alte Sonnenheiligtum der Peruaner in der Nähe von Tumbez; über dem Felsenheiligtum, wo die Sonnengottheit den Peruanern ihre Herrscher gab, geht nach dem Willen der Vorsehung, deren Werkzeuge Pizarro und seine Gefährten sind, die ›neue Aurora‹ des Christenglaubens auf.

Es war Calderons unvergleichliche, nicht genug zu bewundernde Meisterschaft, aus einem tief innerlichen, ja sakralen Vorgang eine leidenschaftlich bewegte, in den größten Bildern dahinziehende, von eherner Folgerichtigkeit getriebene äußere Handlung zu machen; wohl kein zweiter Dichter hat in einer solchen Fülle von Werken das Verborgenste sichtbar gemacht, indem er es im weitesten Raum der Weltgeschichte in Handlung umsetzte, ja bis auf den letzten Rest in wahrnehmbare Geschehnisse aufgehen ließ. Freilich, diese Fähigkeit und die Geschichtskonzeption Calderons, die aus den Szenen der ›Aurora‹ in wunderbarer Klarheit hervorleuchtet, sind eng miteinander verbunden; es mag in diesem Zusammenhange erlaubt sein, nicht das

Kunstwerk, sondern das Geschichtsbild zu betrachten.

Das Drama schildert nicht etwa den Machtkampf, als welcher die Eroberung des Inkareichs in die Geschichte eingetragen ist, sondern es schildert den Kampf der Abgötterei mit dem christlichen Glauben. Am Anfang des Stückes herrscht die Sonnengottheit, der zu Ehren die Peruaner unter der Leitung ihres Fürsten Guascar Inka und der Priester ein Fest feiern; am Ende vereinigen sich der spanische Vizekönig und der Gouverneur mit den peruanischen Edlen und dem Volke vor einem wundertätigen Marienbilde, während die fliehende Abgötterei in Sturmesgestalt das Land verläßt und die Dämonen, die im Volke wohnen, abruft. Himmlische und höllische Mächte walten über dem Menschen, der ihren Kampf gewissermaßen auf Erden austrägt; auf diesem letzten Gegensatz zwischen Wahrheit und Irrglauben beruht die Dynamik des Dramas der Geschichte. So wäre nur ein Schritt zu tun bis zur Unfreiheit des Menschen; es könnte ja scheinen, als ob er nur ein Spielball der Mächte wäre; ist doch auch die Abgötterei, wiewohl sie besiegt wird, durchaus als höllische Gottheit gedacht, die wohl verjagt, aber nicht getötet werden kann.

Diesen einen Schritt tut Calderon jedoch niemals; wie in vielen anderen Stücken, etwa den ›Cadenas de Demonio‹, gestaltet er die unantastbare Freiheit des Menschen. Der Mensch ist der Beweger der Geschichte – freilich nicht ihr Lenker; alles hängt ab von der Entscheidung, die er trifft, ob er sich im Glauben für Gott, ob er sich für die Abgötterei entscheidet, Ja, diese Entscheidung kann in einem Gedanken, einer Neigung bestehen; da Tucapel, der zu hoher, symbolischer Bedeutung erhobene ›gracioso‹ des Dramas, nachdem er in die Hände der Spanier gefallen ist, nur den Wunsch aufkommen läßt, daß einer der in Peru verehrten Dämonen ihm sage, was er tun solle, erscheint auch sofort die Abgötterei vor ihm, um von ihm Besitz zu nehmen; sie ist, wie sie selbst sagt, von Gott an die Kette gelegt und kann nur handeln, wenn der Mensch sie ruft.

Niemals kann sie, der doch so große Zaubermacht gegeben ist, den Menschen vergewaltigen, das heißt der Fähigkeit, sich zu entscheiden, berauben, niemals unmittelbar in die Geschichte eintreten – darum könnte man an ihrer leibhaftigen Erscheinung wohl nicht den von Schlegel befürchteten Anstoß nehmen –; aber alles Böse im Menschen, alles, was ihr zugeneigt ist oder zustrebt, gehört ihr, und sie bemächtigt sich dieser Kräfte augenblicklich und weiß sich ihrer auf die tückischste Weise zu bedienen. Allein durch das Medium des ihr verfallenen Menschen kann sie ihre Anschläge ins Werk setzen, ihre Gedanken weiterleiten, die ihr Widerstrebenden gefährden, doch stehen auch diese wieder in dem fest umgrenzten und doch so leicht überschreitbaren Schutzwall ihrer Freiheit. Der Mensch kann zu ihrem Werkzeug werden, ebenso wie er zu Gottes Werkzeug werden kann, wenn er sich für ihn entscheidet; auch Gott will gerufen sein; ein Wunder begibt sich erst, wenn im Menschen schon das Wunder des Glaubens geschehen ist. In den hochgerühmten Szenen des zweiten Aktes, die Pizarro und seine Gefährten in dem auf Einflüsterungen der Abgötterei in Brand gesteckten Königspalast von Cuzco, dann in der brennenden Stadt zeigen, tönen Rufe und Gebete der Gläubigen in die Schmerzensschreie der Verbrennenden; im Bewußtsein, daß allein der Glaube für die Spanier das ›Kap der Guten Hoffnung‹ sei, entschließt sich Pizarro, mit den Kameraden zu sterben; draußen auf der Straße, wo der Inka und sein Volk den Feuertod der Spanier erwarten, werden aus den Flammen wieder die Gebete Pizarros, Almagros, Candias vernehmlich, die sich in ungebrochenem Glaubensmut der Gottesmutter anbefehlen, bis zwei Engel unterm Klange himmlischer Musik ihr Bildnis niedertragen und aus einer Wolke Schnee auf die Feuersbrunst herabsinkt.

Auf dem Hintergrunde dieses Widerspiels zwischen den Mächten der Höhe und der Tiefe, die doch nur in ihrer Beziehung zum Menschen in Erscheinung treten, begibt sich eine zweite, innere, aber nicht minder in das Sichtbare übersetzte Handlung: es ist die Krise des Unglaubens und das Aufkommen des Glaubens in den Herzen der Menschen. Calderon hat dieses Geheimnis durch das Schicksal der Sonnenpriesterin Guacolda ausgedrückt; nach dem ersten Erscheinen der Spanier fordert ein von der Abgötterei eingegebenes, aber erst durch die besondere Deutung des Unglaubens wirksam gewordenes Orakel Menschenopfer; das Los fällt auf Guacolda, und zwar wählt der junge Edle Yupangui unter dem Einfluß seiner Liebe zu der Priesterin den für sie verhängnisvollen Pfeil; aber auch den Inka hat die Leidenschaft zu Guacolda erfaßt. Durch das flüchtige Auftreten der Spanier wird die ganze heidnische Welt erschüttert, der Sonnenglaube schon bedroht, werden alle in ihm enthaltenen Widersprüche entbunden und zu Bewegern der Handlung gemacht; der Inka gerät in den Zwiespalt zwischen seiner Liebe und seinem Königsamt; soll er sein Reich seiner Liebe oder die Liebe dem Reich, soll er der Liebe den Glauben opfern? Er entschließt sich, Guacolda durch Yupangui, von dessen Liebe zu der Priesterin er nichts weiß, aus dem Tempel entführen zu lassen, also das Orakel zu hintergehen; dadurch fühlt sich die Abgötterei bedroht. Um den Inka aufs neue an sich zu fesseln, verrät sie ihm, daß er gar nicht von der Sonne abstamme, wie das Volk seit Jahrhunderten glaubte, daß vielmehr jene Sage nur die lügnerische Umgestaltung uralter Überlieferung von der Herabkunft des Himmelssohnes sei.

Nun sieht der Inka den religiösen Nimbus seines Königtums fallen; sein Glaube ist erschüttert; nur die nackte Macht kann er noch erlangen. Was ihm bisher Wahrheit gewesen, will er künftig als Schein aufrecht erhalten, um durch diesen Schein seine Macht aufs neue zu begründen; er will sich noch einmal der Abgötterei verpflichten, aber nicht mehr aus Glauben, sondern aus Berechnung: Guacolda soll geopfert werden, doch Yupangui hat sie bereits entführt; auch in den Liebenden geriet der Sonnenglaube längst ins Wanken. Denn wie der Inka schon nicht mehr glaubt, so kommt Guacolda als Liebende über den Zweifel nicht hinweg, ob ein Gott, der selbst nicht geopfert hat, Menschenopfer fordern dürfe; so wird Yupangui als Liebender in Gegensatz zur heidnischen Überlieferung gebracht, bis er über der Feuersbrunst das leuchtende Muttergottesbild sieht und dieses sich ihm ins Herz senkt und seine Seele verwandelt. Als der Inka die Liebenden trennen will, umklammert Guacolda in höchster Not ein von den Spaniern errichtetes Kreuz, Yupangui einen Baum; vergebens suchen die Peruaner sie auf Befehl ihres Fürsten loszureißen; sie werden unter Blitz und Donner entrückt, während der Inka sich zum Tempel der Idole schleppt, an die er selbst schon nicht mehr glaubt; sein Königtum ist nur noch Macht, es hat seinen Inhalt eingebüßt und kann nicht dauern. Die Abgötterei verliert die Seelen, Maria gewinnt sie: dies ist die eigentliche Eroberung von Peru.

Am Ende bleibt der Abgötterei keine andere Ausflucht als der Versuch, Zwietracht unter den peruanischen Christen zu stiften. Das Marienbild, das Yupangui in inbrünstiger Hingabe, aber mit unzulänglichen Kräften zu schaffen versucht, wird zum Anlaß des Streites; es genügt den Gläubigen nicht. Vielleicht hat Calderon weniges gedichtet, was so herzbewegend ist wie dieses Ringen eines Bildners um die höchste Aufgabe; immer wieder bittet der sich Abmühende Gott, ihm, dem er die Kraft der Gestaltung verweigert, doch auch den Trieb zur Gestaltung zu nehmen, bis endlich Engel vom Himmel niedersteigen und das unzulängliche Bild zur unaussprechlichen Freude des frommen Bildners ausgestalten und vollenden. Wieder hat der Dichter auf die kunstreichste Art das Ringen um den Glauben und seinen vollkommenen Ausdruck und die dem Glauben entgegenkommende himmlische Hilfe versinnlicht; wenn angesichts des vollendeten Bildes die Peruaner um die Taufe bitten, so ist der Sieg der Glaubenskräfte und seine Ausstrahlung in die Geschichte auf überzeugende Weise Anschauung geworden.

Alle Geschichte ist Heilsgeschichte, scheint dieses Drama zu sagen; auf die Seelen, auf das, was sich im Innersten des Menschen begibt, kommt alles an. Die Dämonen haben eine gewaltige Macht in der Geschichte, vor allem die Macht des Zaubers, der Bestrickung, der Lüge und List; aber sie sind nicht allmächtig, denn sie sind auf den Menschen angewiesen, und die Seele des Menschen gehört Gott und kann sich zu einer jeden Stunde und noch in der furchtbarsten Bedrängnis für ihn entscheiden, der sie nicht verlassen wird; wer das Kreuz ergreift, ist sicher vor den Dämonen. In dem großen Weltkampf des ewigen Glaubens gegen den ewigen Unglauben haben die Spanier eine besondere Aufgabe: die an der Küste Perus landenden Entdecker streiten sich darum, wer unter ihnen das erste Kreuz auf heidnischem Boden pflanzen darf; sie sollen erobern, auf daß, wie Pizarro sagt, ›eine bessere Sonne in den Armen einer besseren Morgenröte angebetet werde‹; Maria ist die Morgenröte, die den Erlöserknaben im Arme hält; nicht nach dem Golde, sondern nach der Ausbreitung des Glaubens sollen die Spanier trachten; sie sind die erlesenen Streiter wider die Dämonen, deren Reich überall dort beginnt, wo das Kraftfeld des Kreuzes endet. Denn dem Kreuze gehorchen selbst die wilden Tiere, wie auf der symbolischen Bühne Calderons gezeigt wird; und nicht aus der Erde, aus welcher der Mensch gemacht ist, sondern aus dem Holze, aus dem das Kreuz gebildet wird, gelingt es Yupangui mit Hilfe der Engel, das Bild der Gottesmutter und des Heilandskindes zu gestalten: nur wer das Kreuz ergreift, wird Gott anschauen, und die Errichtung des Kreuzes im Reiche der leibhaftigen Abgötterei ist die geschichtliche Aufgabe und der große Stolz der Spanier.

Den letzten Einsichten des Dichters, die einfach sind wie alles Große, vermag keine Zeit etwas anzuhaben; denn was immer im Widerspruch zu ihnen geschehen mag, fällt schon in den Bereich des geschilderten Weltdramas: es würde allein die Rückkehr und den neuen Sieg der vor dem Muttergottesbilde zu Copacabana entflohenen Abgötterei bedeuten. Aber Rückkehr und Sieg sind in der Stellung, die der Dichter für alle Zeiten eingenommen hat, bereits überwunden; der Kampf ist vom Anbeginn der Welt entschieden; die Seele des Menschen ist Gottes; so waren die heidnischen Peruaner vorgebildet für das Kreuz, trug Guacolda ein opferbereites Herz in der Brust, das sich freilich nur einem Gott opfern konnte, der sich selbst geopfert hat. Und fest gegründet wie dieses Vertrauen ist das Ethos des geschichtlichen Auftrags, das sich hoch über die spanische Geschichte erhebt und doch aus ihr hervorgegangen ist: eines jener mit schwersten Opfern erkauften Richtbilder, von denen sich abzuwenden die Völker nicht einmal durch die Bereitschaft zum Untergang ermächtigt wären.

Der Einsame
Zu Grillparzers Tagebüchern

In der ergreifenden ›Selbstbiographie‹ erzählt Grillparzer, wie er, während er mit Goethe in dessen Garten auf und nieder ging, seine ›vereinzelte Stellung in Wien‹ beklagte; Goethe erwiderte darauf, ›daß der Mensch nur in Gesellschaft Gleicher oder Ähnlicher wirken könne‹. Wie meist auf der Reise, fühlte sich Grillparzer, der doch damals, im Jahre 1826, hohen Ruhm genoß, auch in Weimar niedergedrückt; das Bewußtsein dessen, was in dieser Stadt getan worden war, ließ ihm seine eigene Leistung, sein Wollen so unzulänglich erscheinen, daß er nicht wagte, einer Einladung Goethes zu einer abendlichen Zwiesprache zu folgen. Er habe, berichtet Grillparzer, dadurch Goethe verstimmt und für die Folge abgekühlt; Goethe sei ihm später nicht gerecht geworden, denn, fährt der Selbstbiograph fort, für den Besten, der nach Goethe und Schiller gekommen, müsse er sich doch, trotz allem Abstande, halten. Diese Bekenntnis wurde ohne Groll niedergeschrieben; wenige haben Worte so hoher Verehrung für Goethe gefunden wie Grillparzer. Aber am Bilde Weimars wird es sofort deutlich, was der österreichische Dramatiker entbehrt und sein ganzen Leben lang nicht verschmerzt hat; es war eine von einem starken Kulturwillen bestimmte und zusammengehaltene Geisteswelt, die zerstreute schaffende Kräfte anzog und ihnen eine Mitte gab. Daß Grillparzer dennoch Wien treu bleiben mußte, wenn er bleiben wollte, der er war, bedarf keiner Erörterung. Nicht allein die Lebensluft und die geschichtliche Tradition, auch die künstlerische Überlieferung der Vaterstadt sind aus Grillparzers Werk und Leben nicht wegzudenken. Dem alten Wiener Theater der Feen- und Rittermärchen verdankte er frühe entscheidende Eindrücke, und man wird diesen Einwirkungen in vielen seiner Dramen, selbst noch im ›Goldenen Vlies‹, begegnen; er war an seinem geschichtlichen Standort trotz allen Seufzens und herber Kritik zum Sprecher der österreichischen Tradition bestimmt, der gerade jetzt, da die alte Form zu zerfallen drohte, als Bewahrer und Überlieferer notwendig war. Seine geistige Heimat aber war Weimar, eine Heimat freilich, die für ihn und seine Zeit von Jahr zu Jahr in weitere Ferne entschwand.

Mit dem Herzen war er unlösbar an sein Vaterland gebunden, aber Geist und Streben fanden die Stätte nicht, wo sie gedeihen konnten. Eine ungeheure Einsamkeit weitete sich um den Dichter, in der unter ›schändlichem Geistesdrucke‹ endlich sein Werk versiegte. Den ganzen Ernst dieser Einsamkeit, aber auch die Größe des Ringens mit ihr lassen sich wohl erst ermessen, seit im Rahmen der überaus verdienstlichen Grillparzer-Ausgabe August Sauers die Veröffentlichung der Tagebücher mit deren sechstem Band, der auch ein sorgfältig durchgearbeitetes Verzeichnis der Bibliothek des Dichters enthält, abgeschlossen ist. Grillparzer war gewiß kein guter Tagebuchschreiber; immer wieder mußte er sich ermuntern, seine Arbeit fortzusetzen, immer wieder wurde er seinen Vorsätzen untreu. In den wichtigsten Erörterungen, mitten im Satze, brach er ab, als sei er es müde, noch länger vor sich hin zu sprechen; Aufzeichnungen von seinen Reisen, die er sich zu ergänzen vorgenommen, wurden nie vervollständigt; der eigentliche Schaffensprozeß scheint, namentlich in den späteren Jahren, auf einer ganz anderen Ebene abzulaufen als die in den Tagebüchern festgehaltene Existenz. Auch darin bewährte sich des österreichischen Dichters tiefe Beziehung zu Weimar und der deutschen Klassik, daß er die Ausbildung des Menschen unbeirrbar über die Aufgabe des Künstlers stellte: ›Der Henker hole alles Wissen und Schreiben, wenn dem Innern der Ausbildung als Mensch gar nichts zugute kommt.‹ Er fühle, erklärte er an anderer Stelle, kein Bedürfnis mehr, zu produzieren, seit er sich durch einige gelungene Arbeiten ›von dem Gemeinen und Gewöhnlichen abgesondert‹ habe, denn die ›harmonische Ausbildung der eigenen Empfänglichkeit für das Gute und Große‹ sei ›der Zweck und das Bedürfnis seines Lebens‹.

Jene besondere Entweihung des persönlichen Lebens, die darin liegt, daß dieses nur noch als Mittel zur Kunst betrachtet wird, blieb Grillparzer völlig fremd; darum können auch die Tagebücher und ebenso die eingestreuten Notizen von seinen Reisen nach Italien, Deutschland, Paris, London, der Türkei und Griechenland nicht als literarische Arbeiten angesehen werden. Ja ein Teil der literarischen Werke, vor allem Gedichte, Epigramme und die glänzenden Satiren, gehört den Tagebüchern an; diese Stücke müßte der Leser an den verzeichneten Stellen einschalten, um den Gesamteindruck dieser einzigartigen Aufzeichnungen in sich aufzunehmen. Es handelt sich also um den reinen Niederschlag einer Existenz, die unter den mannigfaltigsten Hemmnissen den ihr gemäßen Boden erobert, zu halten sucht, dann aber von ihm abgedrängt wird und sich in tiefer Resignation, aber auch in stolzer ›Selbstbewahrung‹ und im Bewußtsein des dennoch Geleisteten über die Niederlage erhebt. Die schonungslose Aufrichtigkeit dieser Niederschriften, denen es oft an Schlagkraft und aphoristischem Glanz nicht gebricht, entschädigt in reichem Maße für die nicht beabsichtigte literarische Form.

Grillparzer wußte wohl, wie gefährdet seine Existenz und seine Schaffenskraft in sich selber waren; gegen alle Vorwürfe, die er an seine Zeit und Umwelt richtete, muß daher dieses Wissen in Anschlag gebracht werden. Er hätte ja einer besonderen Behandlung, besonderer Liebe bedurft, um zu werden, was er werden sollte; und eben dieses Verständnis für den Kampf in seinem Innern, der als Lebensaufgabe schon unter den günstigsten Verhältnissen ausgereicht hätte, wurde ihm nicht zuteil. In ihm lagen Verstand und Phantasie in immerwährendem Streite, so daß der ›Geist, von Natur aus, dabei alles zurückstößt, was von der Einbildungskraft hergeholt ist‹. Der Verstand zehrte aber auch an der Empfindung, deren Wahrheit und Tiefe Grillparzer immer wieder auf das dringendste vom Dichter forderte. ›Ich wollte‹, klagt er nach einem tragischen Todesfall, ›was schuldig sein um einen Schmerz, ein Unglück, eine Verzweiflung, die – und wärs nur für eine Stunde – mein Wesen ganz aufgehen machte in eine Empfindung und mich – nur für eine Stunde – von dieser lauernden Verstandeskälte freimachte, die wie ein hohnlachender Narr hinter jedem Vorhang hervorguckt.‹

Ja, er hatte ein so schweres Auskommen mit sich selbst, daß er schon den eigenen Namen nicht ertragen konnte. In Pückler-Muskaus ›Briefen eines Verstorbenen‹ fand er sich zu seinem Schrecken erwähnt: ›Der Dichter Grillparzer. Der verfluchte Name hat mich immer geärgert. Geschrieben kann ich ihn sehen, gedruckt entsetzt er mich. Derlei Namen kommen nicht auf die Nachwelt…‹ Aber wie mit dem Namen, so war er auch mit dem Träger zerfallen. Er mußte sich selbst in eine andere Gestalt verwandeln, um sich aus der Ferne mit Humor betrachten zu können, und erfand dafür die komische Figur des Herrn Fixlmüllner; diesen beschenkte er mit all der Ironie, die dem Dichter Grillparzer zugedacht war. ›Ungefähr zwischen Hamann und Rousseau, zwar versteht sich, tiefer als beide, aber in gleicher Entfernung von beiden‹ hatte Fixlmüllner ›als Mensch‹ seinen Platz. Sein Wesen war ›Passivität nach außen, ja nach innen, durch Fieberanfälle der Begeisterung unterbrochen‹, sein poetisches Talent war ›durchaus elegisch‹; hätte er nie geschrieben, so wäre er ›ein weicher, empfindender Mensch geblieben; die Reibungen mit der Außenwelt verhärteten ihn‹. Auch in der Liebe erlebte er seine höchst persönliche Tragödie, weil er sich aus Weichheit zwang, hart zu erscheinen, und mit solcher kalter Bewußtheit und Überwachung seiner selbst seine ursprünglich enthusiastische Natur verdarb; seine höchste Leidenschaft galt der Musik. In Benjamin Constants ›Adolphe‹, in Rousseaus ›Confessions‹ findet er sich zu seinem Schrecken wieder; er erschrak immer, wenn er sich selbst und seinen Wirkungen begegnete.

Und auf welche Widersprüche stößt erst der Dichter! Er ringt um den schlichtesten Ausdruck innigster Empfindung und fühlt sich doch von einem Drange zum Theatralischen fortgerissen, der ihn die kühnsten, ja zuweilen bedenkliche Wirkungen suchen läßt und in Gefahr bringt, das Dramatische durch das Szenische zu verdrängen. Der stille, scheue, früh schon grämliche Archivdirektor wird auf Reisen, sei es in Berlin oder Leipzig, in Paris, London oder Preßburg, nicht müde, die Theater aufzusuchen; ihretwegen allein scheint er die Strapazen der Fahrt auf sich genommen zu haben, die ihm im Grunde so verhaßt sind. Und welcher unfaßbare Gegensatz besteht doch schon zwischen seiner äußeren Existenz und Erscheinung und dem Theater! Dennoch bietet ihm die Bühne allein den Schauplatz, auf dem seine Leidenschaften miteinander ringen können, die Kämpfe seines tief verletzlichen, von den heftigsten Spannungen heimgesuchten Innern sich austragen lassen. Sehr bald ist er der Last des Ruhmes überdrüssig, aber bitter leidet er an dessen Schwinden, das er sich immer wieder ausmalt, am Verfall der schöpferischen Kräfte, den er sich in hypochondrischer Übertreibung vergegenwärtigt; am Vertrocknen seiner Empfindungen und Phantasie, das er mehr als einmal mit Entsetzen versinnbildlicht sieht, wenn er nach langer, ungewollter Arbeitspause sein Tintenfaß eingetrocknet findet. Dann erfaßt ihn die Furcht vor der ›gänzlichen Spurlosigkeit‹ seiner Tage, und er zwingt sich zu Niederschriften, die doch bald wieder stocken.

Dennoch hat sich dieses Leben nie auf lange Zeit von seiner unheimlichen Problematik aufreiben lassen, ist es ihr, auch nachdem die Muse verstummt war, nie völlig erlegen. Nichts spricht mehr für den Menschen Grillparzer, als daß er unter unsäglich bitteren Erfahrungen, in einer Epoche des Verfalls, des Versagens und geistiger Knebelung doch nicht zum Verneiner geworden ist. Seiner Überzeugung von der Objektivität der Wahrheit, diesem Fundamente seines Weltgebäudes, ist er ebenso treu geblieben wie seiner Auffassung vom Menschen und dessen unveränderlicher Natur, dem Glauben an das Gute im Menschen, der Verehrung der Sitte, seinem von der Zeit immer grausamer mißhandelten Kunstideal und seiner Vorstellung von der gebotenen staatlichen Ordnung. Nur für das eigene Leben, nicht für seine Ideale hat er resigniert. Es mag vor allem *eine* Kraft gewesen sein, die ihn vor der grundsätzlichen Verneinung rettete, obgleich er ihrer nur selten erwähnt. ›Der Ehrgeiz?‹ fragt er sich im Dezember 1830, in Stunden der Krise und schwermütiger Rückschau. ›Er ist bei mir so klein oder, wenn man will, so riesenhaft, daß er in beiden Fällen für so gut als nicht existierend gerechnet werden kann. Am stärksten wirkend wäre bei mir noch eine allgemeine Menschenliebe, die aber auch als eine allgemeine keine Triebfeder fürs besondere darbietet, indes alles Handeln und Dichten doch aufs besondere geht.‹ Diesen Grundzug der Humanität, das Siegel der Epoche, in der seine geistigen Ursprünge lagen, bewahrte sich Grillparzer, vielleicht als der letzte Weimaraner, wie einen unverlierbaren Adel bis zu seinem Tode.

Denn wie genau er auch seine Schwächen kannte, wie rücksichtslos er sie enthüllte, so wußte er doch um seine Kraft: ›Ich bin im Einzelnen inkonsequent, aber eisern konsequent im Ganzen.‹ Diese Beständigkeit bei höchster Empfänglichkeit und Biegsamkeit war es ja, die den Ertrag seiner Jahre sicher einbrachte, wie viele ›verlorene Tage‹ er in seinem Tagebuch auch vermerkte – oder endlich verschwieg. Er hatte den deutlichsten Begriff seiner besonderen Aufgabe, seiner Stellung in der Geschichte des Geistes. In der Verehrung höchster Meister, vor allem des Euripides, der Spanier, Shakespeares, Tassos, Ariosts und Molières, im bewußten Gegensatz zu seiner Umgebung hatte er sich sein Kunstideal geprägt; für ihn kam die Kunst von ›oben‹, und darum war sie wahr; sie konnte nicht in der Nachbildung des äußeren Lebens bestehen. Daß der ›sinnlich befriedigende Eindruck durch Erweckung der Idee des Vollkommenen ins Übersinnliche hinüberreiche‹, war für ihn die erste Forderung an das

Schöne. Als schön ließ er nur gelten, was das Sinnliche vollkommen befriedigt und zugleich die Seele erhebt. Der Poesie lag ›die Idee einer höheren Weltordnung zugrunde, die sich aber vom Verstande nie im ganzen auffassen, daher nie realisieren läßt und von welcher nur dem Gefühl vergönnt ist, dem Gleichverborgenen in der Menschenbrust, je und dann einen Teil ahnend zu erfassen‹. Darum hatte er es schon früh als die Aufgabe der dramatischen und epischen Poesie gegenüber der Geschichte bezeichnet, ›daß sie die Planmäßigkeit und Ganzheit, welche die Geschichte nur in großen Partien und Zeiträumen erblicken läßt, auch in dem Raum der kleinen gewählten Begebenheit anschaulich macht‹.

Somit war die Poesie wohl ein ›Gleichnis, eine Figur, ein Tropus des Unendlichen‹, aber das ganze Gewicht der Kunsttheorie lag auf der Verschmelzung von Gehalt und Form. Den Gehalt billigte Grillparzer auch dem Dilettanten zu, doch erst die ›Formgebung‹, die Fähigkeit, den völlig befriedigenden sinnlichen Eindruck hervorzurufen, machte in seinen Augen den Künstler. Im Ideellen sah er die Stärke, aber auch die große Gefahr der Deutschen; ihr gegenüber hatte er es sich vorgenommen, ›das Leben und die Form so zu vereinigen, daß beiden ihr volles Recht geschieht‹, nicht, wie so viele Zeitgenossen, den Gedanken sich vorzusetzen und dann die ›Einkleidung zu suchen‹, sondern von der Gleichzeitigkeit oder wenigstens Ebenbürtigkeit des Ausdrucks und des Gedankens auszugehen. Alles Innere durch ein Äußeres *darzustellen* – nicht etwa zu ›besprechen‹ nach der Weise der Modernen – und durch die vollendete Form ins äußere Leben zu stellen, den Geist durchaus zu ›verkörpern‹, was nur durch die ›Wahrheit der Empfindung‹, das heißt die Fähigkeit des Dichters, außerhalb seiner selbst, in lebendigen Gestalten zu leben und zu fühlen, möglich war: dies erschien dem österreichischen Dichter als seine große Aufgabe, als der von ihm der deutschen Dichtung zu zollende Beitrag. Mit dieser Einsicht hoffte er fortführen zu können, was Goethe und Schiller begonnen hatten; und so streng waren die Maßstäbe, denen er sich unterwarf, daß er im Testament von 1848 die Vernichtung zweier seiner eigentümlichsten Dichtungen, des ›Bruderzwistes‹ und der ›Libussa‹, anordnete, weil er nicht wollte, daß sein ›Name durch derlei leblose und ungenügende Skizzen geschändet werde‹. Seine Kunsttheorie war durchaus auf das Drama gerichtet, ist doch auch sie, wie alle

Kunsttheorie der Künstler, weit mehr Selbstaussage als abstrakte Zielsetzung; das Drama bot in der Handlung das vollkommene Mittel der Versinnlichung und erlaubte zugleich den Blick in den undurchdringlichen Hintergrund menschlichen Daseins. In der Behandlung eine gewisse Inkongruenz zwischen Ursache und Wirkung durchschimmern zu lassen und damit auf Gottes Wirken zu verweisen, betrachtete der Dichter des ›Ottokar‹ als das Größte, was der historischen Tragödie erreichbar war.

Um diese Einsichten in das Wesen der Kunst und die Aufgabe des dramatischen Dichters könnte vielleicht die gewaltige Stoffmasse der Tagebücher geordnet werden. Von ihnen her erklärt sich die hohe Verehrung Lopes, der wie kaum ein zweiter die sinnlichen Mittel des Dramas, Dialog und szenisches Spiel, beherrschte, und Calderons, der auf einzige Weise die tiefsten geistigen Inhalte in sichtbare Handlung umzusetzen wußte. Die Vereinigung des Tiefsinns des Philosophen mit der Freude des Kindes an bunten Bildern pries Grillparzer als den Geist der Poesie; er konnte nicht reiner als von den beiden Spaniern vertreten werden. Aber Grillparzers Kunstsinn wurde im gleichen Maße auch den Griechen und der englischen Bühne, Corneille und Racine und noch Voltaire gerecht; erst das innerste Wesen des Mittelalters ist ungeachtet sehr ernster Bemühungen um das ritterliche Epos dem Dichter des neunzehnten Jahrhunderts verschlossen geblieben, ebenso wie er, dessen Jugend noch von der Ära Josephs II. bestimmt wurde, in das Geheimnis der Religion nicht eindrang, vielleicht auch nicht eindringen wollte. (Als er einmal beten sollte, machte er die Entdeckung, daß er den Wortlaut des Vaterunsers nicht mehr wußte.) Bewegt von diesen Einsichten, durchaus als Dichter, durchforschte er alle Epochen und Bezirke der Geschichte von der Antike und den abendländischen Traditionen über die nordische Vergangenheit bis in das alte Ägypten, immer wieder Stoffe, Verwicklungen, Begebenheiten erwägend; von der Geschichte erwartete er die Mittel der Versinnlichung des Unfaßbaren, doch erst wenn Erscheinung und Gedanke zusammentrafen, entzündete sich die schaffende Kraft. Im endlosen Gespräch mit den Philosophen der Vergangenheit und Gegenwart klärte er seine Erkenntnisse, während er zugleich bemüht war, sie an den Dichtungen des Abendlandes zu prüfen, sein Wissen um die dichterischen Mittel unablässig zu erweitern und zu vertiefen.

Diese ungeheure Arbeit vollzog sich im ständigen Widerspiel zu einer Zeit, die dem Dichter durchaus entgegen war und ihn sogar noch mißverstand, wenn sie ihn ehren wollte. Der treu bewahrende Sinn des Gemäßigten konnte im Lager der Radikalen keine Gegenliebe erwecken, während die strengen Forderungen, die der Dichter an den Menschen stellte, ihn zum Anwalt geistiger und staatsbürgerlicher Freiheit machten, den die Regierung glaubte mit Mißtrauen betrachten zu müssen. Mit offenbarem Bezug auf seine Epoche sprach er um das Jahr 1825, anknüpfend an Jacobis Lehre, von den Formen, in denen sich das Höhere im Menschen zu verschiedenen Zeiten und an verschiedenen Orten zeigt: ›Die traurigsten Zeiten sind dann offenbar die, wo eine solche Form im Verscheiden ist und die eine Hälfte der Menschheit sich abmüht, das inhaltleere Gefäß zusammenzuhalten und zu flicken, die andere Hälfte aber den Gehalt überhaupt leugnet, weil er in dem verwitterten Gefäße nicht mehr zu finden ist.‹ In einem jeden Sinne, im geistigen wie im politischen Leben, stand Grillparzer ›dazwischen‹; immer häufiger griff er zu der Notwaffe des Epigramms, der Satire, bis er endlich verstummte und sich mit dem Bewußtsein seiner selbst und der Freude am Geisteserbe der Völker begnügte. So betrachtet, erscheinen die Tagebücher als das Abbild eines Kampfes, der an Größe des Schauplatzes und Zähigkeit des Strebens wenig seinesgleichen hat. Sie spiegeln das Ringen eines Dichters um seine Sendung, der in seiner Zeit und in seinem Raume keine Gefährten hatte; Grillparzer hatte nur weit entrückte Vorbilder als Helfer; diesen suchte er zu genügen in der klaren Erkenntnis, daß ein Leben, das sich mit aller ihm verliehenen Kraft dem Dauernden unterstellt, erst gewürdigt werden kann, wenn dieses Dauernde wieder auf eine verpflichtende Weise in das Bewußtsein der Menschen getreten ist.

Das Licht

Vielleicht haben die Berge ihre schönste Zeit, wenn der Schnee noch nicht von ihnen gewichen ist, aber der Kraft der Sonne schon wehrlos unterliegt. Dann wallt der Dunst unter wolkenlosem Himmel aus den weit verzweigten Tälern empor; im Übermaß der Helligkeit scheint er sich ganz in Licht zu verwandeln, und dieses Licht durchdringt die Gebirgsmassen so, daß sie durchsichtig zu werden scheinen. Doch ist es nicht die gläserne Durchsichtigkeit, die zuweilen den Bergen des Südens eigen ist; die Durchsichtigkeit der vom tauenden Schnee bekleideten Berge gleicht der des Himmels; es ist eine grundlose Bläue, die von den klaren Umrissen gerade noch zu körperhaften Formen verdichtet wird. So steigen die Berge vor dem in die Ferne und Tiefe Blikkenden hintereinander empor in der unaufhaltsam fließenden, schwebenden Helligkeit; jenseits des Stromtales zieht sich ein Wolkenkranz durch die Lüfte, der beharrlich stehen bleibt. Es sind die Schneehäupter des verwandten Gebirges jenseits der Grenze; schwingt sich die Sonne noch höher, so sinkt es unter im Licht, bis es gegen Abend oder am andern Morgen wieder hervortritt. Aber der Schnee verliert von Tag zu Tag an Boden; und während unten im Tale der Saum der Berglehnen schon vom Grün überweht wird und dann der Blütenschnee aufleuchtet zwischen den Dörfern, bewahren sich nur noch die letzten Gipfel ihren Schmuck. Die schimmernden Flächen diesseits und jenseits des Stromes schrumpfen ein; doch auch der Schnee auf den Obstbäumen unten im Tale taut unter der heißeren Sonne des steigenden Jahres: das große, allumfassende, alldurchdringende Licht der Osterzeit schwindet wieder hinauf in den Himmel. Wohl behalten die Berge ihren höchsten Schatz, der eben das Licht ist, durch das ganze Jahr; ein Abglanz jenes unfaßbaren Leuchtens und Sichauflösens schimmert in der magischen Helle der Sommernacht; der Herbst scheint noch einmal die Massen mit brechendem Farbenglanz zu entschweren, und wenn die Sonne die übereisten Schneeflächen bestreicht, so ist es, als wollten Lichtgewalten aus ihnen hervorbrechen und sich in den abgründig blauen, ja blauroten Himmel stürzen. Aber alle Brunnen des Lichtes fließen doch nur dies eine Mal im Jahre, wenn die Eis-

und Schneelast sich auflöst und auch aus dem verborgensten, dunkelsten Waldtale, in das kein Blick hinabdringt, die durchleuchteten Schleier heraufwehen.

Stürme und Wolken sind zu Hause in den Bergen; und auch an den Schicksalen der Menschen haben sie zu tragen: Heere erstiegen ihre Hänge und Pässe, oder sie kämpften tagelang am Eingang der Schluchten, um ins Innere des Landes zu dringen; Burgmauern wurden an den Hängen über den Rebstöcken und noch auf den Gipfeln des Hochwaldes aufgetürmt, Schanzen aufgeworfen, Heerstraßen gebaut; Jahr um Jahr bebte der Widerhall der Schlachten über die Kämme. Aber unstörbar, unversieglich ist das Spiel des Lichts, das keine Grenzen kennt; das Schwestergebirge jenseits der Grenze ist von demselben Leuchten umwoben, und die Türme, die sich diesseits und jenseits aus dem Dunst der viel umkämpften Ebene heben, tragen den Widerschein derselben Helligkeit. Die hier oben errichteten Mauern barsten, der Schutt rann nieder, so mancher mit unsäglicher Mühe eingerammter Grenzstein der Macht und Hoheit ward übermoost. Die Bauherren, Feldherren und Soldaten haben schlecht und recht ihr Tagwerk getan, und die Berge haben Wache gehalten und werden fort und fort die Grenze hüten; aber ihr Gipfel heben sich hoch über alle Geschichte empor. Sie dienen nicht wie die Felder und Äcker, wie die Weinhügel unten; sie empfangen das Licht und tragen es und halten es bereit; sie warten, nicht weil sie angewiesen wären auf die Menschen, sondern weil die Menschen angewiesen sind auf sie. Denn das Licht ist immer Eigentum der Berge gewesen; und einmal muß für einen jeden der Tag kommen, da er es sucht in seiner zeitlosen Einsamkeit. Auf einem Berge ward einst das Gesetz gegeben; von einem Berge sprach der Herr zu den Seinen; auf einem andern ward er verklärt; auf einem Berge hat er vollendet.

Hier ward und wird die Geschichte überwunden. Und wie wollten Völker und Menschen bestehen, wenn sie nicht einen Weg fänden, der in diesen Bereich der Überwindung führt und immer wieder führt, solange unten die Gewalten miteinander ringen! Denn das unerbittliche Widerspiel zwischen Tiefe und Höhe, in das der Mensch von Anfang an verflochten ist, wird ihn freilich nicht entlassen, aber es wird auch die Sehnsucht nicht in ihm auslöschen nach dem vollkommenen Frieden des Überwinders. Der Überwinder verneint nicht mehr; er überschaut und erkennt; er hat den Bereich der Mächte verlassen und sich dem Gesetz der einen lautern, unversieglichen Wahrheit unterstellt. Freilich, auch er kann überwunden werden; er soll ja nicht nur leben im Licht und kann es auch nicht; denn das Licht allein ist dem Menschen so wenig gemäß wie der Schatten der Gewalten. Aber er soll zeugen für das Licht und soll es zu tragen und weiter zu tragen versuchen; und er soll es wieder in sich sammeln, wenn es am Verlöschen ist. Das echte Licht ist untrüglich und unverkennbar: es ist das Licht der geläuterten, von oben, das heißt von der Wahrheit durchstrahlten Seele.

Wer wollte die Gipfel der Geschichte, auf denen die großen Schatten wohnen, nicht verehren! Wer nicht mit Ehrfurcht sich die Umrisse vergegenwärtigen, die hintereinander aufdämmern: den laubwaldumkränzten Hohenstaufen mit seinen wenigen Trümmern und die Bergkuppen des Harzes, auf die sich die Kaiser flüchteten, wo sie ordneten, beteten und starben, den Kyffhäuser, in dessen Schatten der Löwe und Staufe einander begegneten, die Berge des Unstruttales, die den verschwiegenen Quellgrund großer Geschichte noch immer umschließen, südliche Gipfel, die gleichsam versengt sind von den Blitzen der Geschichte, und so viele Höhen und Hügel dahinter, Limburg und Trifels und die kühnen Berge Schwabens, auf denen die Herrschergeschlechter entsprangen! Aber es gibt Berge, die sind erinnerungslos; oder die Gestalten sind über sie hingeflohen wie Wolken. Sie haben kein Malzeichen empfangen gleich den Burgbergen oder den Gipfeln, auf denen einmal Feuer zu Ehren der Götter loderten; sie haben der Geschichte nicht gedient, und die Geschichte hat ihnen darum auch keinen Namen gegeben. Wie, wenn die Geschichte gerade solcher Berge bedürfte? Denn dort oben weilt das Licht; und vielleicht bedarf die Geschichte gerade des Menschen, der dem Licht begegnet ist. Doch erscheint er in ihr selten als Täter, weit öfter als Zeuge und Träger einer unaufhaltsam gestaltenden Kraft, die in die Seelen eindringt und diese, weil sie nicht von Menschen kommt, leise verwandelt.

Solches Licht, das jenseits der Geschichte quillt, lag auf den Stirnen so mancher Gerühmter und unzähliger Unbekannter, die in der Geschichte strebten oder von ihr fortgerissen und verschlungen wurden; und es lag auf den Stirnen einiger weniger Menschen höchster Art, die den Glauben und die Kraft besaßen, aus der Erfahrung des Lichtes heraus zu handeln und zu gestalten.

Es ist das Licht der Berge, jenes Berges vor allem, auf dem die acht Seligkeiten verkündet wurden, wo das Wort gesprochen ward vom Licht der Welt und der Stadt auf dem Berge, die nicht verborgen bleiben kann. Dieses Berges Gipfel ragt hoch aus aller Geschichte, und doch ist er mitten in ihr gegründet; von ihm fließt die Helligkeit nieder, die den Erdentag durchlichtet und auf die dunklen Wege der Menschen und Völker einen Schimmer wirft. Denn endlich kommt alles an auf die Stirnen, die dieses Licht gestreift, die Herzen, die es berührt hat, und auf diejenigen, die bereit sind, es aufzusuchen in seinem aller Not und allem Zwang entrückten Reiche, um es herabzubringen.

Das Gleichnis dieses einzigen wahren Lichts, seines Ursprungs und seiner Wirkung behüten die Berge, und in seiner reinsten Gestalt behüten es vielleicht die Berge des Grenzlands, die am meisten von Geschichte wissen. Elend und Gewalttat, Not und Größe ohne Maß sind zu ihren Flüssen dahingestoben, weit mehr, als die alten Städte der Ebene vermelden können. Denn auch die Städte haben die Lasten nicht mehr ertragen; sie haben einen guten Teil abgeworfen und sich Mühe gegeben, sich zu erneuern und die Spuren ihres Schicksals zu verwischen; überwinden konnten sie es nicht. Die Überwindung kann nur oben geschehen in der Einsamkeit des Lichtes. Tage kommen und gehen, wo sich nichts begibt als der Wechsel der Helligkeiten, das Wandern der Lichtbahnen, das Steigen und Zerrinnen der leuchtenden Dunstwolken, das Aufdämmern und Wiederentschwinden der Schneehäupter jenseits des Stromes, den die Berge voreinander verbergen. Erst dem Niedersteigenden, der aus den Wäldern tritt, wirft er einen grellen Blitz entgegen, als wollte die alte Schlachtenebene dem Glanz der Gipfel antworten; die Ebene scheint den reinen Widerschein zu tragen, bis Wolken und Dämmernis wieder heraufziehen und die vollkommene Klarheit der Höhen allein in den Herzen der Menschen fortleuchtet, denen sie oben um die Zeit der Schneeschmelze geschenkt worden ist.

Der Künstler und die Dämonen
Ein Gespräch

FREUND: Du hast schon lange nicht mehr von deiner Arbeit gesprochen; ich möchte fast glauben, du seiest wieder an eine
Stelle deines Weges gekommen, wo das Weitergehen dir
schwer wird.

DICHTER: Es ist so; hilflos, wie wir Künstler sind, und immer
angewiesen auf Kräfte, die uns nicht gehorchen, können wir
wohl abends in der Tiefe einschlafen und morgens auf dem
Gipfel erwachen. Aber dieses Mal, fürchte ich, ist es nicht so.
Ich habe etwas erfahren oder es ist mir etwas begegnet, was ich
noch nicht ausdrücken kann, obwohl es mich davon zu sprechen drängt; möchten wir doch immer von dem Unerkannten
und Unverständlichen sprechen, um es uns klar zu machen
und dadurch vielleicht zu überwinden oder anzueignen
oder es doch an seinen Platz zu stellen. Ich habe nachgedacht über meine bisherige Arbeit, und das Ergebnis
war eine Überraschung, wie es nicht anders sein kann.
Die schaffenden Kräfte in uns sind ja immer von reicherem
Wissen gesättigt als wir. Da ist es mir aufgefallen, daß ich
mich bisher fast nur mit dämonischen Menschen beschäftigt
habe.

FREUND: Das war wohl allen klar – außer dir.

DICHTER: Du hast wohl manches Mal darauf hingewiesen; das
Schaffende war so stark in mir, daß ich mir über die Bedeutung
dieser Wahrnehmung keine Gedanken machte. Aber nun mache ich sie mir; das heißt, der Umgang mit Menschen, die von
den Kräften der Tiefe bewohnt oder besessen werden, ist mir
nicht mehr natürlich. Hätte ich mich von meiner Erkenntnis
leiten lassen, so wäre ich ihnen freilich längst ausgewichen. Nur
in früher Jugend hielt ich die Dämonie für etwas Großes an
sich; später wurde sie mir immer fragwürdiger, ich lernte sie
als eine Probe auf die sittlichen Kräfte einschätzen. Meine Arbeit bewegte sich jedoch in der alten Richtung weiter, bis ich
des Zwiespalts inne wurde.

FREUND: Der Umgang mit solchen Menschen, in denen ein anderes, nicht mehr menschliches Dasein haust oder in die es unter

191

gewissen Umständen einbricht, ist also wohl ein Gesetz deiner
Arbeit.

DICHTER: Ja, und fast möchte ich sagen, aller menschendarstellen-
den Kunst.

FREUND: Das glaube ich nicht, aber wohl einer Kunst, die das Tragische ausdrücken möchte. Und das ist ja deine Absicht gewesen.

DICHTER: Wir haben so viel davon gesprochen, und doch habe ich
mir das Tragische nie auf eine befriedigende Weise erklären
können. Ein Widerspruch in der Existenz liegt ihm zugrunde,
und je stärker die Überwelt an ihm beteiligt ist, um so erhabener mag er wirken.

FREUND: Und dieser Widerspruch tritt wohl auf die sinnfälligste
Art ein, wenn sich in dem Menschen ein Fremder ansiedelt, der
auf Kosten dieses Menschen lebt, der in ihm ist und doch nicht
er selbst ist.

DICHTER: Das ist es eben, diesem Fremden möchte ich nicht mehr
begegnen.

FREUND: Dieses Widerstreben haben auch die Großen empfunden. Ich brauche nicht einmal von Goethe zu sprechen; Grillparzer konnte sich nie entschließen, die Gesamtausgabe seiner
Werke in die Hand zu nehmen; wie schwer es ihm war, die
Aufführung eines seiner Stücke anzusehen, weißt du. Racine
konnte seine Dramen nicht lesen; er versuchte es einmal und
warf den Band ins Feuer. Was sie fürchteten, ist wohl klar: die
Dämonen, die im Werke steckten und vielleicht in ihre Brust
zurückgekehrt wären. Denn diese Dichter hatten als Menschen
längst eine Stufe erreicht, die über dem Bezirk der Dämonen
lag. Und nur die antiken Tragiker behielten die Kraft, mit dem
Chorlied der Tragödie auf den Lippen zu sterben. Aber das
beweist nur, daß sie in einer Welt lebten, deren Mitte das Tragische war.

DICHTER: Gewiß, dennoch kann die Tragödie nicht ein Vorrecht
der Antike sein. Die Empfindung des Tragischen ist uns geblieben; nur wenn wir es empfinden, nicht wenn wir es durch Gedanken ausdrücken wollen, können wir es verstehen. Auch die
Mächte sind uns nahe geblieben, ja um so näher gekommen,
je weniger wir begreifen, wo sie sind. Diese Nähe des Feindes
fühlen wir Dichter in der Zeit, genau wie sie die Großen gefühlt
haben, denen wir im übrigen so unähnlich sind. Das ist ja wohl

unser Amt: dem Feinde das Wort zuzurufen, das ihn bannt. Auch eine geringe dichterische Kraft muß den Feind spüren. Auf irgendeine Weise ist sie ihm verwandt. Aber als die großen Dichter die Unheimlichen in ihrem Werke scheuten, standen sie am Ende, oder sie hatten ein großes Stück Wegs hinter sich gebracht. Ich habe die Mitte nicht erreicht – und soll aufhören.

FREUND: Hast du schon einmal darüber nachgedacht, ob die Tragik, von der wir sprechen, die einzige ist?

DICHTER: Es gibt auch eine andere. Bach hat in der Matthäuspassion die ganze Welt im Lichte dargestellt. Die unteren Kräfte drängen herauf und erfassen und verdunkeln den Menschen; aber das Licht geht von oben aus; in diesem Lichte erscheint die Welt der Dämonen, und in ihm stürzt sie wieder ab. Von Bach würde ich nicht zu sagen wagen, daß er die Dämonen in sich trug; sie haben ihn wohl erreicht, und er hat sie deutlich erkannt und zurückgeworfen, doch hatte er vielleicht nichts mit ihnen gemein, obgleich er ein Tragiker ist.

FREUND: Weil er von oben kam.

DICHTER: Dies ist wohl die wesentlichste Unterscheidung in der Kunst wie im Leben: ob einer von oben oder von unten kommt. Damit möchte ich nicht sagen, daß man den, der von unten kommt, verdammen dürfte. Er muß eben nur hinaufstreben; er darf nicht unten bleiben wollen; und er muß die Ordnung von oben als die höhere erkennen. Auch der in der Tiefe Wohnende kann Gott preisen, sobald er die Augen zu ihm erhebt.

FREUND: Bachs Welt ist um unsern Herrn geordnet, wie die Gestalten des Naumburger Chors um das Sakrament in ihrer Mitte; in dieser Welt steht der Mensch zwischen Christus und Satan. Nicht das Edle und Hohe im Menschen kann sich hier gegen das Übermenschliche empören – wie es in der Antike geschah –, sondern nur der Dämon kann es. Die christliche Tragik und die der Antike sind grundverschieden.

DICHTER: Es ist gewiß wahr, daß Christus durch sein Erscheinen die ganze Welt und so auch das Tragische verändert hat. Ist der Dichter von Christus berührt worden, so kann er das Tragische nicht mehr als den Sinn des Lebens gelten lassen. Paul Ernst bekannte, er sei an das Ende seiner tragischen Dichtung gekommen, als er sich dem Glauben genähert habe. Müßte das so sein, so hätte die Tragödie *innerhalb* des christlichen Daseins keine Aufgabe; sie könnte bestenfalls zu diesem Dasein führen. Tiefer hat Zacharias Werner in einem bedeutenden Briefe an Iffland gegraben; ausgehend davon, daß der ›religiöse Sinn die Quintessenz des Tragischen sei‹, forderte er eine Tragödie, die auf dieselbe Weise vom christlichen Glaubensgehalte durchdrungen wäre wie die griechische vom Mythos. Das Tragische ist noch da, auch innerhalb des christlichen Lebens, und der Dichter kann es aussagen. Denn die Gegensätze der menschlichen und geistigen Wirklichkeit, auf denen es beruht, wurden nicht aufgehoben; der Mensch ist nach wie vor gespalten; die sittliche Freiheit des Menschen, die der Tragödie unerläßlich ist, wurde sogar erst vom Herrn ausdrücklich bestätigt; die Mächte wurden von ihm endgültig gekennzeichnet. Wie Gott den Herrn, so haben wir auch Satan und seine Hilfsgewalten erst durch Christus erkennen gelernt. Der Kampf auf Leben und Tod will immer wieder geführt werden und widerklingen, wenngleich auch der Himmel darüber ein anderer geworden ist. Er will vor allen Dingen vom Geiste entschieden werden.

FREUND: Und doch...

DICHTER: Warum willst du deinen Gedanken nicht aussprechen?

FREUND: Ich müßte von dem Dichter reden, der ›von unten‹ kommt.

DICHTER: Nicht wir selbst haben uns auf den Weg geschickt, sondern Gott hat es getan. Warum sollten wir uns des Ausgangspunktes schämen?

FREUND: Und doch, meine ich, kann der Dichter, der von unten kommt, das Tragische nur so lange aussagen, wie er teil hat an den Mächten.

DICHTER: Vielleicht auch, wie er teilhaben will. Aber in dieser Veränderung des Willens oder selbst der Wünsche spiegelt sich die Veränderung des Wesens.

FREUND: Das heißt, er ist von der Kraft Christi berührt und in eine Sphäre gezogen worden, die über der Gemeinschaft mit den Dämonen liegt.

DICHTER: Das erkühne ich mich nicht zu sagen. Der innersten Sehnsucht, dem tiefsten Wesen wurde eine andere Richtung mitgeteilt. Der Zug zu den Dämonen wurde gebrochen. Und dies erst ist die Antwort auf deine Frage. Indem ich sie dir gebe, möchte ich selber fragen: Was nun?

FREUND: Du hast selbst hervorgehoben, wie hilflos der Künstler ist. Fragt er wie du, so muß er warten. Niemand kann ihm antworten, niemand helfen.

DICHTER: Ich weiß. Aber erst jetzt verstehe ich eine Versuchung, der vielleicht auch mancher Große erlegen ist. Er kam an diese Stelle und fühlte den Trieb zur Gestaltung absterben; er wollte und konnte nicht warten. Von oben kam ihm auch keine Hilfe, vielleicht weil er noch nicht lange genug gewartet hatte, vielleicht weil ihm keine bestimmt war. Da – wandte er sich zurück. Und je mehr ein Mensch den Dämonen gibt, um so mehr wird er auch von ihnen erhalten. Selten lassen sie ihren Diener unbelohnt, wenn sie ihn auch mit Sicherheit eines Tages verlassen werden. Der Künstler, der sich ihnen übergibt, wird große Kräfte von ihnen empfangen; er mag eine Art von Inspiration erfahren, wie er sie noch nicht kennen gelernt, ja nicht für möglich gehalten hat – und er mag sich in seinem Glücke sogar so weit verirren, daß er sie für Gnade hält. Nun erst wird er zum ›Schöpfer‹, aber der andern, der dunklen Welt. Die obere und die untere Ordnung entsprechen ja einander auf allen Stufen. Auf diese Weise, glaube ich, sind viele Werke des vorigen Jahrhunderts, und einige der berühmtesten unter ihnen, entstanden; man könnte die Inspiration, die sie hervortrieb, auch eine wesenlich moderne nennen. Sie mußte einer Zeit zum Verhängnis werden, die das Geniale als solches für verpflichtend hielt, ohne auf sein Vorzeichen zu achten. In der Furcht vor der Erschöpfung, vielleicht aber auch, weil sie von Anfang an zu schwach oder verfallen war, haben sich die Künstler, um Künstler zu bleiben, den Mächten verschrieben und von ihnen ihren Lohn empfangen. Mit diesen Werken sind die Mächte in die Seelen der Menschen und Völker gedrungen, nach denen sie dürsten und auf die sie angewiesen sind.

FREUND: Dann stände der Künstler an einer der Pforten, die entweder die Dämonen einlassen oder ausschließen.

DICHTER: Darin besteht vielleicht seine tiefste Beziehung zur Geschichte. Aber wie lange dauert es, bis wir sie erkennen und bis wir das Opfer begreifen, das sie fordern könnte!

FREUND: Das Opfer?

DICHTER: Zu warten und zu schweigen in einer Zeit, die des Wortes bedarf, vielleicht auch auf immer zu verstummen.

FREUND: Doch wäre dieses Opfer nicht ohne Trost. Es birgt sogar eine Hoffnung.

DICHTER: Ich ahne sie.

FREUND: Es ist die Hoffnung auf die künftige Aussage von oben.

Vom Wort zum Herrn

Wie es Künstler gibt, die aus der Fülle schaffen, und solche, die von der Armut getrieben werden, zu gestalten, was sie nie besitzen sollen – so gibt es, in unendlich größerem und bedeutungsvollerem Zusammenhange, Zeiten, die aus der Fülle glauben, und Zeiten, die unter schwerem Ringen aus der Armut zum Glauben gelangen. Die einen sind im Besitz des Erbes und wissen es zu verwalten und zu vermehren; die andern wissen bestenfalls von dem einstmals besessenen Erbe und leiden auf tausendfache Weise unter seinem Verlust. Der Wege dieses Leidens, das langsam zur Linderung gelangen darf, sind viele; die Gnade hat sie alle vorgezeichnet und hat auch die Helfer erwählt, mag die Kirche den Suchenden durch den Mund ihrer Diener heimrufen, um ihn künftig zu beschützen; mögen die Glaubenszeugen ihn überzeugen; mag er einmal eine Stunde haben, da alle Worte ihm leer erscheinen und das Wort zu ihm spricht. Wohl ist ihm das Wort oft in die Ohren geklungen, als ob es von der Art der andern Worte wäre, der Dichter, der Helden oder der Denker, verehrter und bewunderter Menschen; aber nun redet ihn das Wort unmittelbar an; er erkennt mit einem Male die Einmaligkeit, die ungeheure Tatsache des Worts. Denn daß ein Wort gesprochen werden konnte wie dieses: ›Ich und der Vater sind eins‹; ›Und wer mich sieht, der sieht den, der mich gesandt hat‹; ›Ehe denn Abraham ward, bin ich‹; ›Mir ist alle Gewalt gegeben im Himmel und auf Erden‹; ›Ich will den Vater bitten, und Er wird euch einen andern Tröster senden, damit er in Ewigkeit bei euch bleibe: den Geist der Wahrheit‹: dies ist ohne Beispiel, und es ist keine Tat denkbar, geschweige denn ein Laut von Menschenmund, der einem solchen Worte gleicht; daß es dennoch von Menschenlippen kommen konnte, ist die größte Tatsache der Geschichte. Der gesamten Geschichte und Aussage der Menschheit stehen das Leben und die Aussage eines Einzigen, des Gottmenschen, gegenüber, der doch der Menschheit auf dem Boden ihrer Geschichte begegnet ist. Wie hätte ein Mensch unseresgleichen solche Sätze aussprechen können, ohne im selben Augenblick zu vergehen? Im Munde eines solchen hätten sie wie wahnwitzige Herausforderung geklungen; auch hätten die steinernen Wände der Wirklichkeit sie augenblicklich in Spott verkehrt. Aber sie wurden fest und ruhig gesprochen als eine Aussage von oben; sie sind wahr.

Diese Erkenntnis bedarf keiner Ableitung mehr; sie ist unmittelbar hervorgegangen aus dem lebendigen Wort, und sie muß den Menschen, dem sie aufgegangen ist, allgewaltig ergreifen und verwandeln. Sie ist durch nichts zu beseitigen, durch nichts zu widerlegen; keine Kritik vermag diese Worte und die Kraft, die in ihnen schlummert, aus der Welt zu räumen. Wer ihre Einmaligkeit, ja ihre einmalige Möglichkeit begriffen hat, muß sich ihnen beugen; und es können nur die an ihnen und der gesamten christlichen Welt vorübergehen, die nicht eingesehen haben, wie völlig einsam diese Worte sind unter allen Worten, die jemals von Menschenlippen kamen. Wer das Geheimnis der Gnade nicht ahnt, wem die Kraft des Sakraments verschlossen ist, wer kein Bedürfnis nach Erlösung zu fühlen glaubt und meint, Gott ungebeugt und ohne Mittler gegenübertreten zu können, der müßte doch an diese Worte stoßen und an ihnen mit seinem gesamten Denken scheitern, sofern er noch fähig ist, sie aufzunehmen und ihren Wahrheitsgehalt, das aus ihnen hervorbrechende Licht, unmittelbar zu empfinden. Denn auch diese Worte fordern den empfänglichen Sinn; sie fordern den Menschen, der rein gestimmt ist und sich dem Mißklang niederer Stimmen endlich entzogen hat, den Menschen, den die Ahnung dessen befiel, was Gott mit ihm gewollt, und der mit den Kräften seines Herzens Gottes demütiges Ebenbild wieder werden möchte. Für Menschen, die Gottes Siegel, nicht der untern Mächte Siegel tragen, sind sie gesprochen. Den wahren Menschen, nach dessen Besitz die Mächte trachten, sollen sie befreien.

In Zeiten, die den Blick und Sinn für die Gegenwart des Geheimnisses fast eingebüßt haben, mag für viele das Wort der stärkste Zeuge der von Christus vertretenen Welt und Ordnung sein. Mit dem Wort greift der Herr unmittelbar in das Leben der Menschen; denn wenn der Glaube auch tot wäre, so müßte doch einmal der suchende Geist dem Wort begegnen und mit ihm ringen; und es könnte in dem Augenblick, wo der Geist vom Wort überwältigt wird, der Glaube geboren werden. Die einmal erkannte Unabweisbarkeit des Wortes und seines Sprechers läßt sich ja nicht mehr abtun. Entweder der Mensch gerät vor ihr in einen heillosen Widerspruch mit sich selbst, seinem gesamten Wollen und Wirken, oder er gibt sich in Liebe hin und schließt sich dem neuen umfassenden, das Persönliche und Eigene tief unter sich lassenden Leben der Liebe an, das vom Herrn ausgeht: er wird Rebe am Weinstock. Der Mensch lebt viel mehr in Vorstellungen von der Welt als in dieser selbst, im Wort aber begegnet ihm die stärkste äußere Macht, die Wirklichkeit, von der her die Welt wieder Wirklichkeit wird. Von da an steht sein Leben unter einem neuen Gesetz; er muß es auf diese Wirklichkeit richten.

Das Wort und der Sprecher sind eins; darauf beruht ja die Kraft des Wortes, daß Gott selbst das Wort ist und daß Gottes Opfergang das Wort in dem Augenblick, da es den Menschen vernehmlich wird, auch bewahrheitet. Das Wort hat nur mit einer Macht zu ringen, die freilich tausendfältiger Gestalt ist: mit dem Widersacher. Er vermag sich in den höchsten Werken des Geistes zu verbergen wie in den Werken tiefster Niedrigkeit; das Wort ist Liebe, er ist der Haß. Darum hat das Wort die unfehlbare Wirkung, zu einigen und das Reich des Herrn zu bereiten. Wo Liebe waltet, da wird es bezeugt; da kündigt auch der Sieg des Wortes sich an. Denn im Menschen ist nur diese eine völlig unüberwindliche Kraft: die Liebe; und nur mit der Kraft der Liebe wird er siegen für das Reich Gottes, siegte er auch erst im Tode, auf nicht mehr sichtbare Weise.

Die Liebe kennt ihren Feind und weiß zwischen ihm und dem Geschöpf Gottes wohl zu unterscheiden; darum wird sie sich nimmer abkehren vom Geschöpf, weil es böse sei, vielmehr kehrt sie sich vom Bösen im Geschöpfe ab, um ihm das Geschöpf abzuringen. So muß und wird die vom Herrn erweckte, mit ihm verbundene Liebe die Welt umgestalten; sie wird es um so sicherer tun, je mehr das Sakrament sie speist, je inniger sie sich immer aufs neue verbindet mit dem Herrn, je mehr ihr die Wurzeln des eigenen Lebens absterben, auf daß sie nur noch lebe aus seiner Kraft. Das Christentum ist ja ebensowenig für wie wider die Welt; es ist ein Leben in Christus und aus der Kraft Christi; und es ist dann vollkommen, wenn dieses Leben nur noch Liebe ist, die nach dem Schöpfer wie nach dem Geschöpfe als seinem Werke trachtet, Lebende und Tote, Vollendete und Ringende umspannt und am heißesten für die Seelen derer fleht, die Gottes Reich bestreiten.

Es gibt keine Feindschaft, keinen Gegensatz, keine Spaltung, die nicht die Liebe überwinden könnte und müßte; es gibt vielleicht keine dringendere Aufgabe im Leben als diese: allen und allem mit Liebe zu begegnen. Ihre Lösung liegt jedoch nicht in der Kraft des Menschen; sie wird dem Menschen nur gewährt, wenn er mit dem Herrn verbunden ist und sein Leben verloren hat an ihn. Der Herr ruft den Menschen durch das Wort, das, seit es gesprochen wurde, nicht den geringsten Teil seiner Kraft eingebüßt hat noch jemals einbüßen kann; wer es aufzunehmen vermag und durch das Wort den Herrn und die von ihm durchstrahlte Welt erkennt, muß sich verwandeln; denn die einmal erkannte Wahrheit ist mächtig wie ein Feuer, das entweder reinigt oder zerstört. Unfehlbar ist die Wirkung des einmal empfangenen Wortes; damit es aber zu dieser Wirkung auf den Geist und die Herzen komme, bedarf es großer Hilfe; der Gnade vor allem, aber auch des Gebetes vieler, von denen wir niemals erfahren werden und denen wir allein danken können, indem wir, im allumschließenden Raume der Gläubigen, für die Unbekannten beten.

Das Ethos Spaniens

Wem es gegeben wäre, mit dem inneren Ohre auf den Gesang der Völker zu hören, der müßte vielleicht am tiefsten erschüttert werden von der spanischen Melodie. Sie mag nicht so reich sein, sich nicht in so großartigen Verschlingungen der Stimmen bewegen wie die Melodien der Mitte; aber sie ist von einer furchtbaren Bestimmtheit und Sicherheit; aus jedem Takte tönt das Schicksal. Hier ist nichts nur gewollt, versucht, erträumt; hier verfließen nicht wie im benachbarten Portugal die wundersamsten Regungen und Sehnsüchte der trauernden, fliehenden Seele im Nirgendwo; hier ist alles furchtbar wahr, alles erlebt. Und so müßte die Melodie, sofern sie ganz aus dem Innern des Schicksalslandes kommt, die gemäße Landschaft vor das innere Auge rufen. Klar und streng sind die Linien der kastilischen Hochebene, früh kommt der harte Winter, unerbittlich ist der Sommer; unbarmherzige Einsamkeit umwittert die Felsengebirge, auf deren Gipfel der Ginster glüht unter den Schneemulden. Wie der Eskorial einem Felsblock gleicht, der aus dem Gebirge gebrochen wurde, so sind auch die Städte der Hochebene Felsblöcke, eine mit der Fläche und den über sie ausgesäten Steinen und doch machtvoll sich über sie erhebend mit der erzenen Bestimmtheit der Form. Und was das Wort, die Aussage des spanischen Volkes so einzig macht: die Prägung durch das Leben, durch ein mit Leidenschaft ergriffenes Schicksal größten Ausmaßes, das zeichnet auch die Städte aus, die dem Idyllisch-Zufälligen weit entrückt blieben und noch über die Grenze der modernen Zeit ihre Form, ihr Wesen bewahrten: Adler und Weltsäulen Karls V. und seine kühne Devise prangen nicht umsonst an den Stadttoren; sie deuten das Schicksal an, das alle Städte in Bann hielt und dessen Schatten, obgleich es sich längst erfüllt hat, nicht von ihnen weichen will.

Die Spanier sind das eigentlich tragische Volk. Wenn es einen Wesenszug gibt, der alle ihre Werke des Geistes, aber auch ihre Geschichte durchdringt und miteinander verbindet, so ist es der Mut zum Äußersten, der Entschluß, die letzte Folgerung zu ziehen. Eben dieser Entschluß hat die Spanier ja zu Fremdlingen in Europa gemacht, hat gerade ihre höchsten Vertreter, mochten sie Heilige oder Könige, Dichter, Künstler oder Denker sein, dem

Verständnis des Abendlandes fast entzogen. Den heiligen Ernst und Schmerz dieser Männer, ihre Kühnheit, die an Torheit zu grenzen schien, haben nur wenige verstanden. Der Wille, der das Äußerste erstrebt, der über die Grenzen der Welt hinaus will, ein Reich gründend, wie noch keines gewesen, ein Königskloster errichtend, das nicht seinesgleichen hat; der sich vermißt, aus inbrünstiger Sehnsucht nach dem Reiche Gottes mit Gott zu rechten über seine Weltregierung; der Wille, der ein Welttheater von beispiellosem Ausmaß dichtet, um in diesem Theater gleichsam noch einmal die Welt zu umfassen und ihren Sinn zu verkörpern: er ist auch erlesen, die Gegnerschaft der Welt zu erwecken und sich in einem ungeheuren Kampfe mit der Wirklichkeit zu verzehren. Wie wenig auch hat die Wirklichkeit je diesem Willen entsprochen! Mit welchen Nöten quälte sich Kolumbus; wie unermeßlich reich und zugleich arm waren die Konquistadoren; wie leicht fielen die Silberflotten englischen, französischen, holländischen Piraten in die Hände; wie eng waren Sieg und Untergang, Kulmination und Absturz miteinander verschwistert, wenngleich der Entscheidungsstunde, die noch während der Herrschaft Philipps II. schlug, ein lange sich hinzögernder Sonnenuntergang von unerhörter Pracht folgte! Und so lebte dieses Volk ganz wie die Helden der Tragödie, wie etwa die Helden Corneilles, der ja nicht umsonst bei den Spaniern in die Schule ging und mit dem tragischen Pathos auch die Unerbittlichkeit der tragischen Antithese bis zu einem gewissen Grade ihnen verdankte: Eben der Sieg forderte den schmerzlichsten Verzicht, gefährdete das Dasein und selbst den Ruhm, der in seiner höchsten, strahlenden Herrlichkeit nur ein einziges Mal gewonnen werden kann:

L'honneur des premiers faits se perd par les seconds.

Aber der Ruhm im höchsten Sinne war für die Spanier noch weit weniger als für die Franzosen der klassischen Zeit ein irdischer Wert. Der Wille dieses Volkes, seiner Könige und Dichter war nicht ausschließlich auf diese Welt gerichtet; ihr Reich war diesseitig und zugleich transzendent. Und wenn auch die Seefahrer und Soldaten im Augenblick der Ausfahrt besessen waren von der Gier nach irdischem Gut, so brachten sie doch oft genug als Heimkehrer die Erfahrung der Nichtigkeit alles Irdischen nach Hause, und mit bedingungsloser Hingabe unterstellten sie sich dieser Erfahrung. Die Herrlichkeit der kühn eroberten Welt verkehrte sich unter der Last der Schuld in nichts, in das große ›nada‹, der Ruhm in die ›vanagloria‹: über dem irdischen Reiche öffnete sich das Jenseits, von dem die Beter zu Hause immer gefangen waren. Als Philipp II. das Äußerste erreichte und Portugal samt seinen Kolonien hinzugewann, war er längst vor unlösbare Probleme gestoßen: es war nicht möglich, der niederländischen Ketzer Herr zu werden, die eine mit der Zeit verbündete geistige Macht darstellten; ja ein großer Teil der Welt stand unter dem Gesetz eines Geistes, den Spanien nicht annehmen konnte, solange es bleiben wollte, was es war. So hatten sich die mächtigsten Herrscher der Zeit zu einer mönchischen Lebensform überwunden, um in tiefster Demut an ihrem Platze auszuharren; so hat das Volk, das die Welt für flüchtige Zeit zu beherrschen schien, die Nichtigkeit der Welt mit schneidender Bestimmtheit ausgedrückt.

Nicht allein die heilige Theresia von Avila litt an der Frage, warum Gott das Treiben der Ketzer mit ansehe; ganz Spanien und am meisten seine Könige haben an ihr gelitten. Denn dies eben war die feste Überzeugung des Volkes wie seiner Führer, daß ein Weltreich, das nicht auch ein Reich der Seelen war, des Strebens nicht wert sei; sie alle verloren das Bild der allumfassenden Ordnung niemals aus dem Gedächtnis, in welcher der Mensch, nachdem er die Enttäuschung des Diesseits erfahren, emporsteigen sollte in die Ewigkeit, um sich dort mit verehrten, geliebten Toten zu vereinigen. Nicht allein für Leib und Leben ihrer Untertanen, sondern auch für deren Seelen fühlten sich die Könige Spaniens verantwortlich – in schärfstem Gegensatze zu der heraufkommenden neuen Denkweise, wie sie etwa von Elisabeth von England vertreten wurde; und wie mächtig auch immer die politischen Triebkräfte ihres Handelns, wie stark die ihnen gebietenden Notwendigkeiten waren, so ist doch kein Zweifel, daß sie im Bewußtsein dieser Verantwortlichkeit eine Stelle einnahmen, von der sie nicht weichen konnten, ohne mit sich selbst und ihrer Tradition zu zerfallen und ohne sich von ihrem Volke zu entfernen. Darin stimmen alle Aussagen, die der Heiligen wie der Könige und Dichter, auf eine ergreifende Weise überein, daß Gott der Herr das spanische Volk seine wunderbaren Wege führte, daß er es mit dem Auftrag auszeichnete, das Kreuz über das Meer zu tragen, und daß das Volk das Gericht auf sich herab-

zöge, wenn es sich von diesem Auftrag abkehren würde. Calderon hat am Abend der großen Zeit diesen Glauben nicht leidenschaftlicher ausgesprochen als der größte Ankläger Spaniens, der
›Vater der Indios‹, Bartolomeo de Las Casas. Ihm würde man zu
Unrecht den Vorwurf machen, daß er sein Volk, dessen Verbrechen er enthüllte, nicht geliebt habe; ist doch die Liebe, die stärkste, die der Seele gilt; und mit dieser Liebe zu der gefährdeten
Seele seines Volkes klagte Las Casas die Konquistadoren an unter dem ritterlichen Schutze der spanischen Könige. In diesem
alle Sprecher beseelenden Glauben an die Sendung mag der die
Zeiten und ihre Wechselfälle überdauernde Stolz des Spaniers
wurzeln.

Freilich, die Geschichte schlug eine andere Richtung ein, als
Herrscher und Volk erwarteten; das Weltreich fiel, das Irdische
erwies sich als Schein, und je tiefer die Enttäuschung war, um so
stolzer behaupteten die Spanier ihren Rang, ihren Anspruch. Wie
es zuweilen dem Menschen gegeben ist, wenigstens einmal in seinem Leben eine Entscheidung zu treffen, in der sein ganzer innerer Wert sich offenbaren muß – eine Entscheidung, in der er im
letzten Sinne versagt oder sich bewährt –, so scheint auch Völkern
eine solche Stunde zugelost zu sein: es ist die Stunde der großen
geschichtlichen Wende. Der Frage gegenüber, ob die irdische
Macht erkauft werden dürfe mit dem Heil der Seele oder ob sie,
wenn Gott diese furchtbare Entscheidung fordere, dem Heil der
Seele geopfert werden müsse, fanden sich Herrscher und Dichter,
die Heilige und der mit Schuld beladene Konquistador in der
Antwort zusammen: mehr als alle irdischen Reiche gelte die
Ewigkeit; es sei das höchste Los, Reiche hinzugeben, um das
Licht der Wahrheit zu verbreiten und Gottes Reich in den Seelen
mit zu begründen. Und in dieser Bereitschaft, die bald von der
Geschichte erhärtet wurde, mag das eigentliche Ethos Spaniens
beschlossen liegen. Von ihr ist die spanische Aussage durchdrungen als der gereinigte Widerhall spanischer Geschichte. Wohl
stellt sich ein solcher innerer Vorgang in der Geschichte nur selten in völliger Reinheit dar; aber die klare Einsicht in das tragische Entweder-Oder, dem das spanische Volk in einem bestimmten Augenblick seiner Geschichte begegnete, und der Wille, der
höchsten Pflicht eine jede andere und alles Gut und selbst noch
Ruhm und Namen zu opfern, machen den Adel des spanischen
Volkes, den Rang seiner Werke aus; und von dem Ernst jener

Stunde, der vielleicht erst die uns vertraute Seele Spaniens prägte, künden die Städte, die Landschaft noch immer. Der Hauch des Tragischen ist über sie gebreitet; der Mut, den Lebenskonflikt zwischen Diesseits und Jenseits mit dem Einsatz des ganzen Daseins auszutragen, hat in diesem Lande und Volke und seiner Geschichte einmalige Gestalt gewonnen.

Diesseits und Jenseits in der Malerei

Die großen Gemäldesammlungen der europäischen Kunststädte bieten bei all ihrer Fragwürdigkeit doch den unschätzbaren Vorteil, daß sie die Seelengeschichte der europäischen Völker überschaubar machen. Auf keine andere Weise könnte diese unmittelbare Anschauung des inneren Schicksals und seines erschütternden Ablaufs wieder geboten werden. Weder Geschichte noch Dichtung, weder Architektur noch Musik, die alle denselben Vorgang spiegeln, können wir uns in dieser Vollständigkeit vergegenwärtigen; hier aber wird das Seelenschicksal zum Bild im doppelten Sinne, wird das Bild zum Symbol der Geschichte. Freilich hat ein Kunstwerk seinen Wert in sich selbst; in der Geschichte entstanden und nur an einem bestimmten Ort der Geschichte möglich, erhebt es sich doch über diese; wer ihm gerecht werden, wer empfangen will, was es zu geben hat, muß die Betrachtung auf diesen Eigenwert richten. Aber auf einer tieferen Ebene wird dieser nicht verletzt durch die Frage nach den Veränderungen, die in der Seele der Völker und der Menschheit im Lauf der Jahrhunderte geschehen sind; auch diese Frage zielt ja auf den wesentlichen Gehalt der Kunst, die von oben empfangen, nicht vom Menschen erdacht und erzwungen wird und schwerlich eine andere Aufgabe hat, als Mensch und Welt in ihrer Beziehung zu Gott darzustellen. Der Untergang eines Kunstwerkes, das zu dieser Beziehung nicht im Verhältnis des Leibes zur Seele steht, wird nicht abzuwenden sein, wie lange es auch noch auf den Wellen treiben oder wieder aus ihnen emportauchen mag. Und die Frage nach den Mitteln, selbst der alte Streit zwischen Zeichnung und Farbe sind von untergeordneter Bedeutung dieser Forderung gegenüber; vielleicht ist sogar in ihr die Möglichkeit der Versöhnung beschlossen, denn einem Kunstwerk, das ihr genügt, wird man seinen Namen nicht streitig machen können, ob es nun stärker durch die Farbe oder die Zeichnung wirke.

Es müßte uns viel zu denken geben, daß die Maler so spät erst auf den Gedanken gekommen sind, Luft und Licht zu malen oder vielmehr abzubilden, wie wir sie in der Natur wahrnehmen, und in solcher Darstellung ihre Aufgabe zu suchen; daß aber nur wenige folgerichtig sich ihr gewidmet haben und es neben ihnen immer Künstler gab, die Menschen und Landschaft, auch wenn diese weiteste Perspektiven eröffnete, in einen geschlossenen, von eigenem Lichte erhellten Raum versetzten. Von wie wenigen Bildern vorhergegangener Meister könnten wir aber sagen, daß auf ihnen der Schein unserer Sonne und unseres Tages liege! Sind nicht fast alle ihre Gestalten, auch wenn sie unter freiem Himmel stehen, gewissermaßen von der ›Felsengrotte‹ umfangen und von einem Lichte bestrahlt, das entweder aus verborgener Quelle auf sie ausgegossen ist oder aus ihrem Innern, ihren Seelen hervorbricht? Ist es nicht ein Seelenlicht oder ein jenseitiges Licht, das die Bilder der großen Meister vom fünfzehnten bis zum siebzehnten Jahrhundert erhellt? Die Frage nach der Natur des Lichtes gehört wohl zu den wesentlichsten Fragen an die Malerei; sie läßt sich mit Bezug auf jene Jahrhunderte wohl kaum anders beantworten, als daß das Licht vorwiegend transzendent gewesen sei. Noch aus Watteaus Bildern strahlt, ungeachtet der profanen Vorwürfe, ein transzendentes Licht, das auf ihnen mit seinem letzten Abendschein verglüht. Gewiß werden sich auf diese Frage nicht in jedem Falle übereinstimmende Antworten vernehmen lassen; es mag daher nur eine persönliche Meinung ausgesprochen werden mit der Ansicht, daß auch auf den Bildern der holländischen Landschaftsmaler der großen Zeit ein durchaus anderes – eben ein unirdisches Licht – liege, als es die Künstler zu Ende des neunzehnten Jahrhunderts gesucht haben. Es ist nicht ein Licht, das in der Wirklichkeit gesehen und aus ihr in das Bild übertragen wurde, sondern das Licht der Landschaft empfangenden und treu widerspiegelnden Seele.

So ist wohl die zweite Frage erlaubt, ob mit dieser Verlegung des Dargestellten in eine geheimnisvolle, aus verborgener Quelle strömenden Helligkeit nicht das Wesen der Malerei sehr tief zusammenhänge. Die Natur der Farbe enthüllt sich dann am schönsten und reinsten, wenn sie von innen leuchtet; tritt das Licht in sie ein, macht es die Flächen in einem gewissen Grade transparent; so gewinnt die Farbe, auch in den dunkelsten Tönen, erst ihre wesentliche, auf die gesamte Umwelt ausgehende Wirkung, die wieder von der Wirkung anderer Farben verstärkt oder gemildert wird; erst dann setzt das geheime Mit- und Gegeneinanderspielen der Farben ein, das ein Gemälde mit einem undurchdringlichen und unvergänglichen Reiz umhüllt. Nicht das Beleuchtete, sondern das Leuchtende ist im höchsten Grade farbig. Aber ein Gesetz dieser Art erklärt nichts: es bezeichnet nur die Entsprechung einer übergeordneten geistigen Wirklichkeit. An ihm wird offenbar, in welchem Maße die Malerei, gerade als Kunst, auf ein Weltbild angewiesen ist, das Jenseits und Diesseits anerkennt und die strenge Gegensätzlichkeit dieser Sphären, der höheren und der tieferen, gerade in ihrer wechselseitigen Durchdringung erfährt. Was ist denn eigentlich das große Thema der europäischen Malerei gewesen, das diese bis an die Schwelle des achtzehnten Jahrhunderts durchgehalten und danach oft genug wieder gesucht hat wie eine vergessene, aber nie verschmerzte, nie entbehrlich gewordene Melodie? Es ist der Eingang der himmlischen Welt in die irdische; es ist deren Verklärung und Durchlichtung, das Herabkommen und Hinaufstreben; es ist die alldurchleuchtende, in das Innere der Diesseitswelt eindringende und aus ihr wieder hervorbrechende Kraft himmlischen Lichts.

Dieses Thema wurde wohl mit reichen Arabesken umwunden, es wurde tausendfach abgewandelt; oft versetzte der Einbruch himmlischen Lichts das ganze Bild in eine unirdische Helligkeit; ja es wurden Bilder geschaffen, die, durch das Medium der Gestalten, nur noch Abbilder des himmlischen Lichtes sein wollten, und es entstanden andere, deren Schattendunkel gerade noch von einem zurückgeworfenen Strahl erreicht wird oder in denen dieser Strahl auf eine geheimnisvolle Weise gefangen ist, während der grüne Schein der Hölle, der auf anderen aufflammt, nur eine Verzerrung himmlischen Lichtes ist. Das Widerspiel zwischen Diesseits und Jenseits und das ihm entsprechende Spiel der Farben machen Inhalt und Zauber der großen Bilder aus – wie auch in den Landschaftsbildern die jenseitige Seele der diesseitigen Natur begegnet –, bis die Maler auf den Gedanken kamen, das Licht zu malen, das ein jeder mit bloßem Auge wahrnahm, und dadurch in Gefahr gerieten, das Licht und Geheimnis ihrer Kunst zu verlieren. Vielleicht sind wir vom Ende des neunzehnten Jahrhunderts noch nicht weit genug entfernt, um ein gerechtes Urteil über seine Leisung fällen zu können; statt seiner ist die Feststellung wohl erlaubt, daß mit der rücksichtslosen Wendung zur Außenwelt, auf die nicht ein Schimmer des Heiligen und Jenseitigen fiel, der Bruch mit der europäischen Tradition langer, von höchstem Ruhme erfüllter Jahrhunderte vollzogen wurde. Wie das Bild der Schöpfung ein völlig anderes wurde – indem diese nun nicht mehr Schöpfung, sondern in sich bestehende und vergehende Welt oder Erde war –, so vor allem das Bild des Menschen; dieses Bild bekam die betörende Gegenwärtigkeit atmenden Lebens; aber eine Zeit, die diesen Menschen nach seiner Seele fragte, würde schwerlich in eine lange Zwiesprache mit ihm kommen. Denn es ist ein weiter Weg von der Stimmung zur klar geschauten Seele, die ein Antlitz prägt, ein Schicksal bedingt.

Das Zusammenströmen der jenseitigen Lichtwelt mit der diesseitigen Farbenwelt, das Eintauchen des reinen Lichtes in das Medium der Farbe stellte den Malern die Aufgabe, die ihre Kunst zur schönsten Entfaltung brachte, ja recht eigentlich das werden ließ, was sie im höchsten Falle sein konnte; kein Farbenspiel der Natur gewährt Forderungen und Möglichkeiten, wie sie etwa das Erscheinen eines Engels in dämmrigem Raume bietet oder das Aufflammen des Dornbusches in einer beschatteten, weiträumigen, vielgestaltigen Landschaft. Freilich, wie hätten die Maler solche Vorwürfe gestalten können, wenn sie nicht an den Engel und den Dornbusch glaubten? Nicht vom Malerischen her führt der Weg zu diesen Aufgaben; vielmehr stellte der Glaube eine Aufgabe, in der auch die reinsten Möglichkeiten der Kunst beschlossen waren. Das fühlten die Künstler so deutlich, daß sie noch Engel malten, als sie bestenfalls Symbole in ihnen sahen und nicht mehr den religiösen Gehalt, sondern nur noch Gleichnisse ihres Künstlerlebens gestalten konnten. In Wahrheit hat die Kunst das Verschwinden der Engel, der mit übernatürlicher Macht ausgestatteten, von oben herabkommenden Lichtgestalten nie verschmerzt. Als die Engel einmal verschwunden waren, da war das Verschwinden der großen Bilder nicht mehr sehr fern. Nicht mehr aus dem Glauben, sondern aus dem Künstlerschicksal kommen die großen Wandbilder des Delacroix in St-Sulpice in Paris, um derentwillen der Künstler, nachdem er die Gewalt der unteren Mächte und die Dämonie der Wüste gestaltet hatte, gegen das Ende seines Lebens in einen Kirchenraum trat; und was könnte bezeichnender sein für die Lage der Kunst in dieser Zeit als dieser Kampf mit dem Engel, der eigentlich ein Kampf um den Engel ist! Es war ein Ringen, das wohl nur von Marées auf einer noch höheren Ebene und auf eine wahrhaft tragische Weise ausgetragen wurde. Aber ein Bild wie Tintorettos ›Paradies‹, das ein Blick in den offenen Himmel ist, sollte kein zweites Mal geschaffen werden.

Das große Thema der europäischen Malerei konnte kaum sinnfälliger, zugleich persönlicher, volkhafter und allgemeiner ausgedrückt werden als durch Murillos ›Wunder des heiligen Diego‹, ein Bild, dessen ganze geistige Tiefe wohl nicht immer ermessen wird. Wie hier die beiden Welten ineinander stehen; wie sie sich begegnen und doch voneinander geschieden sind; wie die Engel, auch wenn sie in der Küche wirtschaften, Engel bleiben und weder von dem in der Ekstase schwebenden Heiligen noch von den auf diesen blickenden Besuchern noch von dem im Hintergrunde herbeieilenden Bruder gesehen werden – während doch alle, wenn auch in verschiedener Stärke, das Unfaßbare fühlen, das sich hier begibt: dieses völlig Unbegreifliche, eben das Wunder selbst, ist mit den Mitteln der Kunst zur Anschauung erhoben worden. Mit so ruhiger Sicherheit, gehüllt in das Licht, das sie verbirgt, erscheinen die Engel in der Klosterküche, daß der Humor dem sich begebenden Wunder nichts von seiner Göttlichkeit nimmt, ja ihm erst seine volle Glaubwürdigkeit schenkt; die auf dem Boden sitzenden, mithelfenden Engelkinder sind nicht weniger wunderbar als die großen, stillen Lichtgestalten der dienenden Engel. So, bis in das Letzte und Geringste, wird das Irdische der Verklärung gewürdigt; so groß ist die Liebe des Herrn aller Wunder zu den Seinen, ist der Gehorsam der Geisterwelt: so groß und rein ist auch der Glaube der Heiligen, des spanischen Volkes und des Künstlers.

So kann man in diesem Bilde, vielleicht gerade weil es gegenständlich ist, bis ins letzte ein Sinnbild sehen; nur die Grade der Hinneigung zu der einen oder andern Welt unterschieden die Maler und wieder die Epochen, die der einzelne durchlief, voneinander, nicht das Grundsätzliche des Weltbildes. Auch ist es noch nicht entscheidend, daß die Jenseitswelt in sichtbaren Vertretern gestaltet ist; entscheidend ist es erst, daß das von ihr ausgehende Licht das Diesseits durchdringt. Dieses Licht hat, wo es um die Darstellung des Menschen geht, die Gestalt der unsterblichen Seele, von der das Bild des Menschen und durch ihn wieder die Landschaft verklärt wird; dieser Seele waren sich in jenen Zeiten die Menschen bewußt, und so wurden auch ihre Züge beseelt, ja das Antlitz ist, wie auf den Bildern Van Eycks, die reine Gestalt der Seele. Am Ende des neunzehnten Jahrhunderts war dieses Bewußtsein in wohl allen Völkern verdunkelt, aber auch nun wäre es an den Malern gewesen, die Seele darzustellen und wenn auch nicht mehr ihr verschleiertes Wesen, so doch ihr Leiden und ihre Gefangenschaft anzudeuten. Denn auch in den Ungläubigen wohnte die Seele; und es ist darum die erste Frage an den Bildnismaler, ob er an die Seele glaubt. Nur dann wird er die geheime, von innen ausgehende Durchläuterung oder die nicht minder geheime Verschattung und Verfinsterung menschlicher Züge wiedergeben können, die das Wesen des Menschengesichtes ausmachen, aber auch dem Maler als solchem, mit Bezug auf die malerischen Mittel, die wesentliche Forderung stellen.

Die Inhalte der Kunst können nicht erzwungen werden; sie kann nur darstellen, was ist, nicht einmal das, was war; aber sie kann andeuten, was kommen wird, insofern die Seele des Künstlers, als die gelöstere und empfänglichere, früher von der Wende der inneren Geschichte ergriffen wird, – die eine Seelengeschichte bleibt, in tiefem Zusammenhange mit dem Stande des Glaubens oder Unglaubens. Hier sind Fragen offen, die nicht von einem einzelnen Kunstbetrachter, sondern von der Tradition der europäischen Kunst selber gestellt werden. Aber vielleicht sind diejenigen Künstler doch auf dem Wege zur rechten Kunst, die den Menschen wieder auf der Grenze zwischen den beiden Reichen und die Fülle der Welt im Abglanz himmlischen Lichtes sehen; für sie sprechen die Werke der Großen, denen nur sehr wenige Zeugnisse, die meist dem neunzehnten Jahrhundert entstammen, entgegenzusetzen sind, Zeugnisse, die noch sehr nahe sind. Kunst ist nur verständlich als die völlige Einheit gestaltverlangenden Inhalts und dienender Mittel; insofern stellt das Kunstwerk immer auch vor eine geistige Entscheidung: ganz werden wir es nur empfangen können, wenn wir die Welt annehmen, die es abbildet. Die Geschichte des Lichtes, das in tausendfältiger Gestalt unsere Welt betritt und sie durchwandert, in Wahrheit aber das *eine* Licht von oben ist, war während vieler Jahrhunderte der Inhalt der europäischen Malerei.

In Memoriam
Aus einem Tagebuch (Februar 1939)

Nach langen Regenwochen erscheint ein silbriges Licht über dem
kahlen Platze der Vorstadt, während die Nacht noch in den langen Häuserschluchten dämmert; der Himmel ist günstig gestimmt
für diese Fahrt, die ich lange gefürchtet habe. Wunderbar bleibt
dieses Licht von Paris, das selbst unter Regenschleiern eine Kup-
pel, einen Turm aufleuchten läßt, ohne daß man wüßte, woher es
kommt; und auch auf das Land scheint es an diesem ernsten Morgen dann und wann einen Schimmer zu werfen, ein einsames
Schloß zwischen den kahlen Baumkronen oder einen Park, auf
dessen Wiesen das Wasser steht, für eine flüchtige Minute verklärend. Nichts hat sich verändert in Chauny in den acht Jahren,
seit ich hier gewesen; noch immer macht der Bahnhof ein wenig
prahlerische Versprechungen, die der kleine Ort nicht hält; denn
er konnte sich noch immer nicht zum Städtlein zusammenschließen. Ein paar Ziegelhäuser wollen einen Boulevard bilden; aber
sie machen nur einen dürftigen Anfang. Alle sind neu; sie wissen
nichts von dem, was hier geschah; und ein paar Mauertrümmer
und ein mit einem Turm bewehrtes Haus, das man nicht bewohnen, aber auch nicht abreißen mag, verbergen sich an der Straße
zum Friedhof, so gut es gehen will, in den Büschen. Sie haben eine
furchtbare Erfahrung voraus vor der neuen Ortschaft, die sich
gerne ein heiteres Ansehen geben möchte; aber wer mag sie hören?

Nichts hat sich auch verändert an dem Friedhof von Champs,
der sehr einsam vor dem nächsten Dorfe liegt und von ihm den
Namen hat; vielleicht sind die Bäume hinter den regenschweren
Wiesen ein wenig höher geworden; das letzte Mal ragten noch die
Trümmer des Schlosses von Coucy hinter ihnen auf, das einst ein
vielbewundertes Bauwerk war; nun will sich auch Coucy verbergen. Hinter den weißen Kreuzen der Franzosen und den schräg
stehenden, mit fremden Zeichen beschrifteten Grabtafeln der
Farbigen warten die dunklen Kreuze, auf denen die deutschen
Namen stehen. Das Grab, das ich besuchen möchte, hatte einst
ein geschnitztes braunes Kreuz; nun trägt es dasselbe Kreuz wie
die andern; nur zwei Rosenstöcke und das Immergrün aus einem

fernen Garten schmücken es noch. Ich habe den Gefallenen nicht gekannt, aber ich habe sehr viel von ihm erzählen hören. Sein Bild ist mir vertraut geworden in seinem elterlichen Hause, und dieses Haus ist mir so teuer geworden, daß meine Gedanken in ihm einkehren, sobald sie nach der Heimat suchen. Ich habe die Liebe gefühlt, die dem Gefallenen durch all die langen Jahre in der Heimat bewahrt wird, als habe er gestern erst das Haus verlassen; ich habe seinen Vater verehrt und geliebt als einen der reinsten Menschen, die mir im Leben begegnet sind. Er ist dem Sohne längst nachgefolgt; aber da ich nun vor dem Grabe stehe, in dem seine schönsten Hoffnungen versanken und das er sich nie entschließen konnte aufzusuchen, sehe ich ihn vor mir, wie er an einem Sommernachmittag in seinem Garten die abgeblühten Rosen vom Strauche schnitt und wie er, einige Zeit danach, sich leise von dem Platze entfernte, auf dem wir Abschied feierten vor meiner ersten langen Reise. Damals sah ich ihn das letzte Mal; wenn es aber auf Erden noch einen Ort gibt, wo ich ihm besonders nahe sein kann, so ist es dieses Grab. Ich bin auch der Freundschaft begegnet, die der Gefallene weit über sein Leben hinaus erweckte und bin wieder der Freund seines Freundes geworden.

In immer tieferem Sinne ist der Gefallene eingetreten in mein Leben; alles Höchste, was ich empfinden durfte, die Gestalt, die mein Schicksal annahm, die beglückendsten und schmerzlichsten Erfahrungen meiner Seele, die letzten, über dieses Dasein hinausführenden Hoffnungen sind mit ihm verbunden. Gegenwärtig ist sein Andenken an fast allen Tagen gewesen, die den Inhalt meines Daseins formten, in dem einen und einzigen, unwiederholbaren Sommer meines Lebens; und wenn es mir beschieden wäre, dereinst in das Licht aufgenommen zu werden, wo er und sein Vater gewiß vereinigt sind, so müßte ich ihn wohl erkennen, und dann erst könnte ich ihm danken für den Segen, der von ihm in mein Leben gekommen ist. So ist er mir näher, als mir viele Lebende waren, mit denen ich Jahre verbracht; er ist einer der Dahingegangenen, die mich an die größere Wirklichkeit des Jenseits binden, und die Unbekannten alle, die mit ihm in Champs begraben wurden, sind mir nah. – Der Friedhof gehört ja nicht zu den großen, berühmten Grabfeldern, vielmehr umschließt die Hecke eine überschaubare Gemeinde, so daß wir, wenn wir ein einzelnes Grab besuchen wolen, eigentlich alle Gräber besuchen und allen die Blumen bringen, die wir ihm bestimmten.

Aber ein Grab stellt auch Fragen, denen wir nicht ausweichen können: ›Was hast du mir zu bringen, da du nun kommst? Hast du beten gelernt in all den Jahren? Bist du reicher an Liebe, an Vertrauen, an Zuversicht geworden? Bist du uns näher gekommen, leichter als damals bereit, dich zu lösen und überzugehen in unsere Schar? Was erwartest du noch, und meinst du nicht, es wird dir sehr bald genommen werden? Wir warten, und du sollst dich wandeln, bis du uns erreichst mit deinem Gebet, deiner Liebe, der Ahnung des Reiches, in das wir heim gerufen wurden. Ihr alle lebt nicht so sehr für euch wie für uns. Die Trennung ist nur eine Probe auf die Liebe; und ihr werdet der Schmerzen erst Herr werden, wenn eure Liebe stark genug ist, alle eure Hoffnungen zu verpflanzen in unser Reich. Wir, nicht die Lebenden, stellen euch vielleicht die größte Aufgabe eures Daseins; keiner von euch wird dort unten seinen Kreis vollenden. Denn unversehens biegt sich der Weg in unser Leben hinüber, und die Liebe, die nur das Sichtbare umfaßt, verdient ihren Namen nicht.‹

Das letzte Mal fuhr ich weiter nach Sankt Quentin, dessen Kathedrale so viele Schlachten bezeugt, aber es zieht mich so wenig mehr an wie die alte Königsstadt Laon. Denn in dem stillen Gräberfelde von Champs ist das ganze Geheimnis der Geschichte beschlossen; hier ist das Ziel, über das hinaus keine Straße führt; und wie könnten wir glauben, vor der Geschichte zu bestehen, wenn wir vor einem einzigen Grabe auf einem ihrer Schlachtfelder versagen? Und wie könnten wir meinen, Völker zu begreifen, wenn wir nicht in der Gemeinschaft der Seelen jenseits des Grabes die wahre Gestalt eines Volkes erkennen? Denn was dem Volke unverlierbar zu eigen ist, das prägt die Seelen, die ihm angehören; in einer jeden Seele, die heimkehrt, ist ein Teil seiner eigentlichen Unsterblichkeit bewahrt. Alle Geschichte geht über in die Geschichte der Seelen, die nicht mehr erforschbar, nicht mehr durchdringbar ist, aber vielleicht erfahrbar wird im Gebet. Alle Geschichte rollt um der Seelen willen ab, die ihre Liebe bezeugen sollen.

Elstern streben auf den Feldern zu kurzem Fluge auf, der Wind kommt und geht, und bald wird er den Regen wieder herübertragen. Es ist Friede über dem Lande, und was bedeutet er anderes als die Zeit, da das Opfer der Toten Segen wirkt und unsere Liebe sie suchen und sich bereit machen soll, ihnen zu begegnen? Ihre Wege sind tief in die unsern geschlungen, wir kreuzen sie, ohne es zu wissen, und wie oft meinen wir einsam zu sein, weil wir die Seelenspur nicht sehen, die unsern Schritten folgt! Eine seltsame Fügung ist es ja auch, daß der Wärter, der hinter dem Friedhof im ersten Hause des Dorfes wohnt, am selben Tage wie der Gefallene geboren wurde. Er ward verwundet im Kriege, und das Leiden hat sich in den acht Jahren tiefer in sein Gesicht gegraben; seine Kinder, scheue, dunkelhaarige Mädchen, drücken sich an ihn in der Tür des armen Hauses; ja, er erinnert sich gut, in dieser Woche steht der Jahrestag bevor; sein Geburtstag ist der Geburtstag des Gefallenen. Dieser wäre nun ein Mann wie er; aber das Bild der Dahingegangenen ist unveränderlich, und so ist der Gefallene ein Jüngling geblieben, während den Altersgenossen das Leben und die Wucht der Erinnerungen beugen. Früh hat der eine durch sein Opfer die schwere Aufgabe seines Lebens gelöst, und nur in langen, langen Jahren und im Dienst an den Gäbern wird sie der andere lösen können.

Einmal noch sehe ich im Vorüberfahren die Blumen hinter der Hecke auf dem Grabe leuchten; tief ziehen die Wolken über die unermeßliche Ebene, und in den langen Stunden des Wartens droht das Alltäglich-Trübe den Trost im Herzen zu verdunkeln. »C'est le coin le plus gai de Chauny«, sagt die Wirtin in der weiten Stube, die in die stumpfe Ecke des Hauses gebaut ist; hier hat man den Blick auf den Bahnhof, wo immer einige Menschen kommen und gehen; hier finden sich die Bürger am Sonntagnachmittag zusammen; man hat die großen Scheiben und Licht. Freilich, seit langen Wochen schon regnet es, und nun treibt der Wind die Tropfen wieder an das Glas. Die Wirtsleute kamen vor längerer Zeit aus Paris; der Anfang war hart, inzwischen haben sie sich eingewöhnt und mit einigen Gästen befreundet, die sie beim Abschied umarmen und küssen. Ich hatte mir am Morgen eine Postkarte eingesteckt, auf der Tintorettos ›Paradies‹ abgebildet ist, und stelle sie, als eine Nothelferin, auf den Tisch. Wie sehr bedürfen wir in solchen Stunden, da sich der Himmel verschließt, der Vision der Begnadeten!

Denn nur in wenigen Augenblicken werden wir der Größe der Wirklichkeit, des Diesseits und des Jenseits, das uns erwartet, inne; und lange Jahre leben wir, die wir nach der Meinung Pascals ›entthronte Könige‹ sind, ohne Erinnerung an das Reich, das wir verloren haben und das wir uns wieder gewinnen sollen. Auf diesem Bilde aber ist der Himmel offen; in gewaltigen, sich nach oben verengenden Kreisen schließt sich der Chor der Seligen um den höchsten Kreis zusammen, den undurchdringliches Licht erfüllt. Der Beschauer steht zuunterst, aber inmitten der schwingenden, von Jubel tönenden Kreise; er ist emporgerissen in den größten Raum, den die Vision offenbaren muß, ehe ihn ein menschliches Auge im Spiegel des Kunstwerkes wieder erblicken kann. Und erst vor diesem Bilde können wir vielleicht des Künstlers Selbstbildnis verstehen, das nicht weit von der Himmelsvision im Louvre hängt: die Wangen des Greises sind eingesunken; eine Art von Blindheit überdeckt die von innen glühenden Augen; sie haben zu viel gesehen, zu viel sehen müssen. Aber sie sind nicht blind geworden vom Sonnenlichte und vom verschleierten Farbenglanz der Erde: sie sind erblindet von dem zerstörenden Lichte der Vision, dem kühnen Blicke hinauf in den höchsten Lichtkreis, den kein menschliches Auge ungestraft wagt.

Aber dann wird es Nacht in Chauny; die tanzenden Lampen werfen einen kalten Schein auf die Straße, die nur ein Anfang ist und sich rasch in die Finsternis verliert; der Wind weht frostig. Wir weinen nicht um die Toten, wir weinen um uns; denn unser Herz ist schwer von ungesagten Worten, von der Liebe, für die nie eine Stunde kam, von der Ahnung einer grenzenlosen, allumschließenden Möglichkeit des Lebens, von der Sehnsucht nach Menschen, denen wir nie begegnet sind. Wir weinen auch um das ruhelose Leid der Welt, das gestern vor diesem Hause vorüberkam und heute eine andere Straße zieht und morgen vielleicht zurückkehren wird, um aufs neue einzufordern, was ihm schon tausendmal erstattet ward. Aber die Stunden, die wir verweint haben, sind nicht unsere verlorenen Stunden; heimlich wächst in ihnen das Kreuz in unserm Herzen, und eines Tages werden wir gewahr, daß das Kreuz gewachsen ist; wir können es nun nicht mehr verneinen; es ist da. Im verborgenen ist es zu einem Teil unseres Wesens geworden; und so müssen wir es annehmen und müssen glauben an das Kreuz. Alles liegt ja daran, daß das Kreuz im Menschen lebt und der Mensch zum lebendigen Kreuze wird; in solchen Menschen siegt das Kreuz über die Welt, und die Zeiten werden ihm nichts entgegensetzen können, was es nicht überwindet.

Ein Tag ist um, einer der schweren, uns zugemessenen Tage, deren ein jeder gelöst und erfüllt sein will wie eine erdrückende Aufgabe; die Toten aber kennen keine Zeit. Und so denke ich mit der ganzen Kraft meiner Seele an jenes Grab zurück, auf dem der Nachwind unter dem Kreuze die Blüten dieses Tages entblättern mag. Ihr Toten, verlaßt uns nicht, betet für uns, wie wir wieder beten für euch. Mein Gott, hilf uns allen!

Der Weg nach Chartres führt an den verlassenen Schauplätzen
der Geschichte vorüber; im fahlen Lichte des Schneehimmels
liegt das Schloß von Versailles an der Straße, eine hochgebaute,
ausgestorbene Stadt, deren reichgestufte Fronten und Dächer die
mit dem Kreuze geschmückte Kapelle noch eben überragt; der
Abglanz des Ruhmes scheint noch auf ihr zu liegen, aber es ist
ein Ruhm, der sich unaufhaltsam von der Erde entfernt, so wie
der ungeheure, sich den Hügel hinaufdehnende Bau, dessen
Mitte des Königs Gemach, des Königs Person war, schon mehr
einem Traumgesichte gleicht als einem Werke von Menschen-
hand: der Traum eines Volkes von der Herrlichkeit der Könige
ist hier Gestalt geworden, und er leuchtet noch nach, so wie eine
Wolke für eine kurze Weile noch leuchtet, nachdem die Sonne
versunken ist. Vor der Gartenfront steigen die freien, steilen
Treppen in den Himmel hinauf; sie sind leer, wie es sich gebührt,
und ob sie auch den Tritten Unzähliger ausgeliefert bleiben, so
wird doch kaum der Mensch wiedergeboren werden, dem sie gemäß sind und der auf ihnen niedersteigt als der von oben gesandte, gesalbte Herr. – In größerer Stille, aber wohl nicht einsamer als die verlassene Königsstadt, bergen sich die letzten
Trümmer von Port-Royal unter den kahlen Baumwipfeln im
Tale: hier wie dort hat das Schicksal in seinem Falle die letzte
Stufe erreicht; der Block, der die Menschengeschicke mit hinab-
riß, blieb liegen, und es ist wieder still; auch die großen Toten
wurden fortgetragen von Port-Royal, und doch mögen ihre Gebete noch immer über dem schönen, milden Tale schweben, wo
die Seelen so leidenschaftlich rangen um den rechten Weg zu
Gott.

Langsam steigen hinter dem Feldrande die ungleichen Türme
der Kathedrale empor; und nun bekommt das weite, flache Land
eine Mitte; immer erhabener erscheinen die Türme, der wehr-
hafte Südturm, dessen hoher Helm sich in einem einzigen mächtigen Zuge der zusammenstrebenden Linien schließt, und der
Nordturm, dessen Spitze über einem Kranze gotischen Schmuckwerks schwebt. Und es ist, als eilten alle Straßen des Landes dem
gewaltigen Umriß des von Türmen überragten, von Streben und

Kapellen umdrängten Kirchenschiffes zu, als wollten auch die Straßen der Geschichte in den Dämmerraum münden, der den Eintretenden plötzlich mit tiefer Dunkelheit umfängt. Denn nun schweigen alle Stimmen; die Bilder, das Licht verlöschen auf eine furchtbare, unvermittelte Weise; es ist dunkel. Tiefe und Höhe des Raumes sind nicht erkennbar, es ist weder Tag noch Nacht, eine Dämmernis, die keinen Namen hat, erfüllt den unergründlichen Raum, und erst wenn das Auge empfänglich geworden ist für die andere Lichtwelt, wenn die Seele bereit geworden ist für die Nähe des Uralt-Heiligen, die sie vielleicht nur selten in solcher Unmittelbarkeit erfahren hat, beginnt sich das Leuchten zu entschleiern, das den Raum von innen erhellt wie ein brennender Docht ein halb verdecktes Gefäß. Das Licht einer fremden Sphäre, ein Licht, wie es nie unter freiem Himmel geleuchtet, ist in dem Glase der Fenster gefangen und verströmt sich in das Innere des Raumes. Wer es wahrnehmen will, muß sich verwandeln; wir sind blind, wenn wir den heiligen Raum betreten, und werden erst sehend, indem wir uns ihm und dem Heiligen, das in ihm mächtig ist, hingeben. Und das ist vielleicht das Größte an dieser Kathedrale, die zu preisen wohl nur wenige Stimmen ausreichen würden: daß sie den Eintretenden erblinden läßt, um ihn sehend zu machen, daß sie ihn unerbittlich in ein Reich versetzt, wo seine Augen und die Gedanken, die er von draußen hereingetragen, nicht taugen. Er muß ein anderer werden, wenn er sehen will; er muß beten, ehe er den Blick wieder erhebt. Und nun wird alles, was bisher verhüllt war, sichtbar; die Strahlen, die sich von allen Seiten begegnen, verweben sich ineinander und umspinnen die Bogen und Gewölbe, die durchbrochenen, durchlichteten Wände und die ins Grenzenlose emporstrebenden Pfeiler; sie sind so sinnvoll füreinander bestimmt wie die verschiedenfarbigen Fäden eines alten Gewebes. Aber alle Weisheit des Planens und Sinnens ist doch nicht das Letzte; sie dient nur der Seele, die in diesem Raume erscheinen wollte als betende, vom auf und nieder wallenden, sich erhellenden und verdunkelnden Heiligen durchschauerte Seele.

Als die Menschen die Kathedrale nicht mehr verstanden, lösten sie an einigen Stellen die bunten Scheiben aus den Rahmen und setzten farbloses Glas ein, um das Tageslicht einzulassen; vielleicht wollten sie die umwandelnde Macht der Kathedrale nicht mehr erdulden und auch am heiligen Orte sehen, wie sie draußen gewohnt waren zu sehen, und fühlen, wie sie draußen fühlten. Aber die Kathedrale war nicht aus Stein erbaut; sie war vielmehr aus Licht erbaut, dem der Stein diente: so ist es, als sei an solchen Stellen der Raum offen, das Gewölbe zertrümmert. Denn die Kathedrale schloß eine jenseitige Welt ein, die an der irdischen sterben muß, wie eine fremde Blüte stirbt in der Luft eines Wintertages; und allein die stille, versöhnende Gewalt der sich über den Einbruchsstellen verbindenden Strahlen stellt den Raum wieder her. Der Gleichklang des Steins und der Lasten war nur der Resonanzboden für den tiefen, reichen Gleichklang des Lichts.

Die Gestalt, die hier die betende Seele gefunden, ist nur die letzte vieler Gestalten; in unerforschlicher Tiefe ist das Heilige gegründet, soll die Kathedrale sich doch an der Stelle erheben, wo nicht lange nach dem Tode des Herrn schon die Jungfrau verehrt wurde. Und wer wollte dem frommen Glauben wehren, daß in Chartres das Bild der Jungfrau in den Herzen ehrfürchtiger Menschen geleuchtet habe, ehe noch die Kunde von der Erlösung kam, daß hier, wo die erhabenste Kathedrale Frankreichs entstehen sollte, vorahnende Sehnsucht am frühesten das Heilige ergriffen habe? Der Herr wurde ja in jeder einzelnen Seele geboren, die seine Botschaft annahm; und wie hätte dies wohl geschehen können, wenn die Seelen nicht bereit gewesen wären? So war dieser Boden lange bereitet; uralte Weihestätten hat die Kathedrale mit ihren Mauern umschlossen: in ihr ist die sagenumwobene Grotte nach dem Heile dürstender Beter geborgen; in ihr der Brunnen, neben dem die ersten Märtyrer begraben wurden; in ihr die Zelle des ersten Einsiedlers. Und wie das Ur-alt-Heilige mitbaute an der Kathedrale, so bauten auch die Stürme und Flammen mit, die des frommen Bischofs Fulbert mächtigen Bau stürzten, nachdem er kaum vollendet war; sie zerstörten auch das Gotteshaus, das sich an dessen Stelle erhob und rissen noch das dritte nieder; nur die kostbarste Reliquie, den Schleier Mariä, den einige Fromme drei Tage lang in der heiligen Grotte unter dem Hochaltar der brennenden, einstürzenden Kirche bargen, verschonten sie: so blieb die Verehrung der Menschen dem Heiligtume von Chartres treu; und mit der Hilfe der Kreuzfahrer und großen Herren der Zeit, der heiligen Könige Frankreichs und Kastiliens, des Richard Löwenherz, der Fürsten der Provence und Bretagne, des Kaisers von Byzanz und der Kirchenfürsten Frankreichs und Englands wurde das vierte Gotteshaus auf Fulberts mächtigen Fundamenten errichtet, an das sich die Flammen nicht mehr wagten. Das nicht zu vernichtende Heilige hatte die alte Keimkraft bewahrt und nur immer herrlicher entfaltet.

Es ist, als sei das heilige Buch der Christenheit aufgeschlagen gewesen vor den Meistern der Kathedrale, und alle Gestalten der Offenbarung, aber auch die ruhmvollen Zeugen des ersten christlichen Jahrtausends seien hervorgestiegen und hätten sich schützend um den Raum geordnet, in dem das Geheimnis webte. Der Herr trat richtend-triumphierend hervor, umgeben von der Kraft der Evangelisten, die Engel verteilten sich über den Bau wie Tauben, die sich auf Zinnen und in Nischen niederlassen; die Apostel, Lehrer und Propheten, die Könige und die Heiligen und noch die Hirten und Tiere, die teil gehabt an der heiligen Geschichte, suchten ihre Stelle: die verehrungswürdigen Bilder alle, die im Bewußtsein der Menschen lebten, wurden Gestalt und dienten der Kathedrale. Und wenn ihr Inneres zum Gleichnis der gläubigen Seele ward, so wurde ihr Äußeres zum vollkommenen Gleichnis der von der Offenbarung durchdrungenen Welt: was immer groß war in seiner Beziehung zum Herrn, fand hier seinen Platz; was immer die Glaubens- und Geschichtswelt der Stifter, der Bauherren und Bauleute trug, das trug auch die Kathedrale. Und so mögen nicht nur die Großen, die das Werk ersannen und förderten, es mögen auch die Armen, die ihr Scherflein in den Opferkasten warfen, und noch die Handwerker und Fuhrleute den doppelten Sinn der Arbeit empfunden haben; indem sie am sichtbaren Hause des Herrn bauten, schufen sie am unsichtbaren, allumfassenden Gotteshause mit, das sich in geordneten Kreisen aus den Seelen der Gläubigen aufbaut. Sie alle, die ihr Gut oder ihre Mühe oder ihr Gebet opferten für die Kathedrale, arbeiteten an der eigenen Seele, ihrer Läuterung und Heiligung. Hinter dem sichtbaren Werke, das dem Herrn diente, dem über Kapellen, Streben und Stützen gipfelnden Chore, den die Türme hoch überragen, warten die unsichtbaren Hallen, in die alle Straßen, Mühen und Werke münden. Und niemals kann die Arbeit des Menschen einen höheren Sinn erlangen, als ihn der Bau an der Kathedrale gewährte; eine jede Handreichung am sichtbar-vergänglichen Werke galt dem unsichtbar-ewigen.

Hierher kamen die Könige, um zu beten, der selbstherrliche

Philippe Auguste und Ludwig der Heilige, und auch Ludwig XI. rang um die Erleichterung seines bedrängten Herzens vor dem uralten Gnadenbilde der Unterkirche; vor Chartres wurden im Hundertjährigen Kriege die heranrückenden Engländer, als die französischen Gesandten sich vor ihnen demütigten, von einen Donnersturme geschreckt, so daß ihr König Eduard III. sich Unserer Frau von Chartres anbefahl und zum Frieden bewegen ließ. Und wer, der im Dämmerraume die Glocken vernimmt – sie tönen, als hingen sie nicht draußen im Turm, sondern unmittelbar zu Häupten, in der fernen Höhe dieses Raumes selbst –, wollte der Königin Anna als einer gütigen Stifterin nicht gedenken! Sie bat sich einen Sängerknaben, dessen Stimme sie entzückte, von den Chorherren aus und sandte zum Danke die Glocke, die noch ihren Namen trägt: ›Ihr habt mir eine kleine Stimme gegeben, und ich will euch eine mächtige geben.‹

Für die kleine, lang verhallte Menschenstimme tönt die erzene noch, bis auch sie verstummen wird; aber in den Seelen, die sie beide zum Lobe Gottes erhoben, werden sie vielleicht weitertönen in Ewigkeit. So ist mit dem Denkmal der heiligen Geschichte auch die irdische verbunden; sie sandte begnadete Männer in die Hallen und Unverständige, die das Geheimnis des Raumes verletzten, und endlich auch Frevler, die das Gnadenbild verbrannten, nachdem sich so viele Könige vor ihm gebeugt. Aber die Kathedrale ist noch immer das Ziel der sichtbaren und der unsichtbaren Straßen, die das Land durchziehen; sie ist das große Gleichnis, das alle Stätten der Geschichte, die noch vom Leben erfüllten und die schon verlassenen, überragt. Denn wie der Wanderer an seinem kurzen Tage verwandelt wird, sobald er die Kathedrale betritt, so werden die Wanderer aus allen Zeiten verwandelt werden, in dem unermeßlichen, allumschließenden Raum, dem die Geschichte von Tag zu Tag entgegenstrebt.

Die engen Straßen Rouens sind von Schatten erfüllt, die alle Not der Geschichte und die verborgene Kraft des sie durchdringenden Heiligen bezeugen; hier draußen, ein paar Meilen flußabwärts, scheint die Geschichte niemals vorübergekommen zu sein. Die Bäume ahnen den noch fernen Frühling; er ist still, wie es immer war in dem Dörfchen Petit-Couronne, das zwischen der großen, über ihm hinziehenden Straße und der Seine in den hügeligen Wiesen liegt. Der Fluß ist mächtig angeschwollen und breitet blitzende Wasserspiegel über die tiefer gelegenen Flächen, doch erreicht die Flut die bescheidenen Bauerngehöfte nicht, die sich vorsichtig an die Hänge gelagert haben. Schon fast außerhalb des Dorfes, zu Füßen des Herrschaftsgutes, steht ein altes, mit viereckigem Treppentürmchen geziertes Fachwerkhaus in einem Grasgarten, den eine dicke Mauer umfaßt; es ist das Sommerhäuschen Pierre Corneilles. Hierher mag er sich gesehnt haben während des kalten, nebligen Winters in den dunklen Straßen der Stadt; hierher mag er, wenn er mit Frau und Kindern hinauszog, seine liebsten Pläne getragen haben. Noch steht im Garten der riesige, von Efeu umwucherte steinerne Tisch, auf dem schon der Vater des Dichters, der Erwerber des Grundstücks, seine Forstkarten ausgebreitet haben soll; noch ist der tiefe Schacht des ummauerten Brunnens sauber gehalten, und hinter den Obstbäumen wartet noch immer der Backofen, der gewiß nicht wenig Arbeit zu leisten hatte für all die Menschen in dem kleinen Hause. Die Balken des Fachwerkes sind mit braunen Schindeln beschuppt; eine Flutmarke nahe dem Boden zeigt an, wie hoch die Seine in einem schlimmen Jahre gestiegen ist. Nein, sie hat die Fenster nicht erreicht; das Häuschen ist unversehrt geblieben; es hat so wenig Anspruch erhoben auf Ansehen und Reichtum, daß es Liebe oder Nachsicht in den Menschen erweckt haben muß. Sie haben es geschont, während sonst kaum ein altes Haus im Dorfe erhalten ist und auch des Dichters Geburtshaus in Rouen nur mit großer Mühe wieder hergestellt werden konnte.

Das kleine Sommerhaus ist zweistöckig und hat nur zwei Gemächer in einem jeden Stockwerk; wer es betritt, steht im Eßraum, daran schließt sich die Küche mit einer schmalen Kammer; die

Treppe führt zu dem ein wenig vornehmeren Besuchszimmer hinauf, an dessen Tisch das eigentliche Prunkstück steht, ein Stuhl, den Madame de Maintenon dem Dichter geschenkt haben soll. Die Lehne ist mit einer Stickerei der jungen Mädchen von St-Cyr geschmückt; sie stellt Jason dar, der im überschwenglichen Heldenkostüm des Barocks dem böse fauchenden Drachen zu Leibe geht, um das Vlies zu gewinnen. Auch ein paar Stühle in den strengen und doch nicht steifen Formen der Zeit sind erhalten, ein paar Kleinodien liegen in den Schaukästen; alles Hausgerät war so würdig wie die in der Küche bewahrte Schüssel aus dem schönen alten Porzellan der Stadt Rouen, dessen blaue Musterung mit schwarzen Linien umrandet ist; rührender als diese Reliquien ist vielleicht die kleine Wärmeluke am Kamin, in der die Windeln getrocknet wurden. Im anstoßenden Zimmer liegen ein paar Blätter, die des Dichters reiche, schwungvolle Handschrift bedeckt; er selbst habe sie, wie die Zeitgenossen im Register all seiner Mängel und sonderbaren Eigenschaften berichten, nur mit Mühe lesen können. Hier steht auch die edle achtbändige Ausgabe seines Theaters neben den religiösen Dichtungen, die dem Dichter und vielen seiner Zeitgenossen vielleicht werter waren als die Tragödien, so wenig auch die Nachwelt sich darum kümmern sollte.

Aber das Wasser, das unten zwischen den Weiden steht, fängt das Sonnenlicht auf und wirft dessen Überfülle in die bescheidenen, niederen Räume; hinter den kahlen Ästen ziehen die hohen Waldrücken des jenseitigen Ufers dahin, der Fluß verbirgt sich zwischen den Wiesen. Das Nachbarhäuschen ist klein und verfallen; hier lebte Thomas Corneille, der Bruder des Dichters, der wie im Leben, so auch in der Dichtung einen im Schatten liegenden Platz neben dem ›grand Corneille‹ einnahm und doch dessen ganzes Leben und Dichten teilte; auf Pierres Wunsch hatte Thomas ja die Schwester der Schwägerin geheiratet, so daß nun Brüder und Schwestern verbunden waren. Noch ist das Pförtchen in der Mauer zu sehen, durch das sich die Familien besuchten; Thomas lebte neben Pierre in Rouen, er zog mit ihm nach Paris und dort von Straße zu Straße, dichtend wie Pierre, von derselben Leidenschaft für das Theater besessen, aber mit einer viel leichteren Hand begabt, um die ihn der Ältere in seiner Mühe wohl oft beneiden mochte. Zum Lohne hat der Ältere des Jüngeren Ruhm durch die Zeiten getragen; in den schönsten alten Ausgaben stehen ihre Dichtungen nebeneinander.

Es ist wunderbar still in Petit-Couronne; ein wenig Rauch wölkt über den Bauernhäusern auf; über den Wiesen zieht sich die Straße zu der etwas höher gelegenen Kirche hin: der stille sommerliche Kirchweg Pierre Corneilles. Wieviel tröstlicher muß er doch gewesen sein als der Weg in die Pfarrkirche St-Sauveur in Rouen, über deren Dach einstmals der Rauch wehte vom Scheiterhaufen der Jeanne d'Arc! War es die Natur, die den Avocat du Roi hierher zog? Die Schönheit des Ufers drüben oder des machtvollen, gelassenen Stromes, auf dem die Segel vorüberwanderten nach Le Havre und weiter in das Unbegrenzte? War es gar der Gesang der Vögel? Aber wie seltsam ist es, sich diesen Dichter zu denken, wie er hier im Garten an dem alten Steintisch saß und die gewaltigen Reden seiner Römer, Parther und Langobarden entwarf! Kein Schimmer dieser friedvollen Natur liegt ja auf seinem Werk, so wie – freilich nur scheinbar – kaum ein Schatten seines persönlichen Daseins auf der Dichtung liegt. Kein Hauch des Glückes, das er hier im Familienkreise empfunden haben mag, ging in die Verse seiner Tragödien ein. Die Dichtung ist mit einer ungeheuren Willenskraft emporgehoben über alles Nahe und Innige in die Sphäre der Unerbittlichkeit, wo der Mensch am Gehorsam gegen sein Gesetz gemessen wird.

Dennoch ist Petit-Couronne ein Stück irdischer Heimat für Corneilles Werk. Es ist so still hier, wie es einmal in der Wiesenlandschaft um Stratford war; so still, wie es in der Nähe großer, sich langsam vorbereitender Geschichte ist; so still, wie es vor dem Beginn und wieder am Ende der Tragödie ist. Und vielleicht wird darum die Tragödie nicht mehr gedichtet, weil diese Stille inmitten der Geschichte nicht mehr erfahrbar ist – oder erfahren wird. Unausdenkbares war in Rouen geschehen, die Jahre der Fronde waren vorüber, und langsam sammelten Frankreich und sein König die Kraft, um ihren höchsten Anspruch zu erheben: was wäre alle Anstrengung gewesen ohne den Einsatz der Seele? Und wie verdiente wohl ein Dichter seinen Namen als Sprecher seines Volkes, wenn er nicht in der tiefsten Stille und Abseitigkeit den Lebensinhalt erführe, den sein Volk in seiner Geschichte wieder ausdrücken wird? Hier begegnete Frankreich dem Gesetz der Gloire, einer sehr innerlichen, sehr selten verstandenen Gloire, deren Glanz das Opfer, die Überwindung, der letzte mögliche Verzicht auf das Selbst ist; hier tauchten die kaum wie-

225

der zu erfüllenden Heldengestalten auf, deren höchster Stolz es war, zu dienen, über sich selbst hinwegzugehen. Hier leuchtete die Krone in einer Hoheit auf, die keinen Widerspruch, keinen Tadel duldete; ja hier ward auch der letzte, gefährliche Schritt getan und die Krone über das Recht, das Wort des Königs über das Gesetz gestellt. Und so hat die Geschichte einen viel größeren Anspruch auf Petit-Couronne, als es scheinen könnte; hier wurden die großen Bilder erträumt und geformt, die bald näher, bald ferner vor den Augen der Könige und Staatsmänner, der Herren und Namenlosen standen und sie antrieben, weit über des Dichters Lebenszeit hinaus. Hier ward die Macht gefeiert, ward ihr aber auch eine Grenze gezogen, die, wenngleich sie schwankte, den Adel des Menschen, der sich opfernden Tugend schützte; hier wurde das Wort gefunden, das den noch verborgenen Willen prägte, das innerste Wesen ergriff und formte; das, aus der Seele kommend, der Sprache des Volkes sich mitgeteilt hat, um in ihr, bald vernehmlicher, bald leiser, weiter zu schwingen und dann erst völlig zu verhallen, wenn diese Seele und Sprache untergehen. Ist doch die Sprache die Klanggestalt der Seele und der Dichter an seinem Platze weit weniger Schöpfer als dienender Bildner an dieser vorbestimmten Gestalt.

Was mag Pierre Corneille in seinem Alter wohl fortgezogen haben aus diesem umfriedeten Garten am Flusse, dem Hause und der ehrwürdigen Vaterstadt Rouen? War es nur die Fürsorge für die Seinen, die ihn nach Paris trieb und ihn bewog, den alten Besitz in der Heimat zu verkaufen? War es nicht auch die Sorge um seinen Namen, den ihm nun, nachdem er so lange der Erste gewesen, der plötzlich ins Licht getretene, viel jüngere Rivale in der Hauptstadt streitig machte? Vielleicht wollte er noch einmal kämpfen wie in seiner Jugend, da er dem französischen Theater seine Würde, seinen Gehalt errang; vielleicht hielt er es auch für nötiger denn je, die Strenge des alten Stils, in dem doch eine ganze Lebenshaltung sich dargestellt hatte, gegen den Ansturm der Gefühle und Leidenschaften zu vertreten. Aber wieviel man sich auch erzählen mochte von seinem haushälterischen Sinn, seiner normannisch-nüchternen Art, von den hohen Honoraren, die er sich bezahlen ließ: er und Thomas waren doch Dichter, die das Gut der Väter nicht wahren können, Dichter, die nichts sicher besitzen, nicht einmal den Ruhm. Und so gäben wir viel darum, wenn wir etwas wüßten von der letzten Stunde, die er in Petit-

Couronne verbracht, von der letzten, da er hier Dichter war und die Stille fühlte und das mächtige Licht, das die Seine über die Landschaft strahlt, von dem letzten Weg auch, den er zu der altertümlichen Kirche auf ihrer Höhe gemacht hat. Ob er den Gestalten dankte, die ihm hier begegnet waren? Oder ob es ihn zu fernen Wesen zog, die er noch hoffte gestalten zu können? Er gestand es nicht ein, aber er mußte es wohl manchmal fühlen, daß seine Kraft nicht mehr die alte war, daß ihm Verse und Reime, die er nie leicht geschrieben, immer härtere Mühe machten. Den Willen und die Tragik des Willens, der zwischen den Pflichten entscheiden muß, hatte er gestaltet; der Wille blieb stark in ihm, wenn auch das große Feuer, das in frühen Jahren von ihm aufgegangen war, unerbittlich erlosch.

Aber da er nun aufs Pferd stieg und durch die Felder und gegen Rouen ritt, dessen hohe, traumumwobene Türme auf ihrem Hügel hinter dem Strome aufragten, da ließ er ein Denkmal seines Wesens und Lebens zurück, das weit kostbarer ist als der welke Lorbeer der Jahrhunderte: in Petit-Couronne blieb alles geweiht, was an ihn erinnern könnte; hier lebte sein Geist nicht durch das Werk allein, er lebte mit den Kräften des Menschen, der stark und einfach war, gläubig, beharrlich und nüchtern und von einem Feuer durchdrungen, das sich recht wohl mit der Nüchternheit verträgt. Hier grünte sein Andenken fort, während die Hauptstadt dem Gealterten nur noch dürftigen Beifall spendete und endlich gar sein Grab entweihen sollte. Die Wärme seines häuslichen Lebens, der leise, kaum noch zu ahnende Hauch der Liebe, die ihn umgab, sprechen besser für ihn als die kunstreichen Lobreden der Großen; sie zeugen auch für die Unbedingtheit des Geistes, der inmitten engen Lebens seinen Sprecher ergreift und ihn einsam macht; und sie zeugen wieder für die Barmherzigkeit des Geistes, der doch zuweilen der tragisch gestimmten Seele den Frieden sommerlicher Tage schenkt. Denn in diesem Frieden findet sie ihr Wort; sie ist auf ihn angewiesen und ist zugleich so wenig in ihm zu Hause, wie Pierre Corneille beheimatet und ein Fremdling war in Petit-Couronne.

Maria Theresia

Die Stunde ihrer Thronbesteigung stellte der dreiundzwanzigjährigen Habsburgerin den großen Gegner gegenüber, der ihr
Schicksal wurde; während wir aber in Friedrich dem Großen den
Mann sehen müssen, der sich in kühner Entschlossenheit einen
Weg zum Ruhm und zur Macht bahnte, blieb Maria Theresia die
Frau, die ihr Schicksal nicht suchte, sondern annahm und sich an
ihm auf großartige Weise bewährte. Unter so vielen Herrscherinnen gehört sie zu den wenigen, die durchaus Frau blieben auf dem
Throne; ›Männlichkeit des Gemütes‹ wurde der Prinzessin nachgerühmt; die um den Bestand ihres Hauses ringende junge Königin durfte von sich sagen, daß sie zwar arm sei, aber das Herz
eines Königs habe, und auch der Preußenkönig stellte sie,
menschliche Werte über die politische Gegnerschaft setzend, den
Seinen als ein Beispiel hohen Mutes hin. Dennoch war es ihr Geheimnis und der Grund ihres wunderbaren Wirkens, daß sie, anders als Katharina von Rußland – deren Lebensweise sie hart tadelte –, als Elisabeth von England oder Christine von Schweden,
die edelsten Kräfte ihres Frauentums einsetzte auf dem Throne.
Mit den Gaben des Kaiserstammes, alter Weisheit, seinem Hochsinn und noch nicht erschütterten Glauben an die Bestimmung
und die Erlesenheit des Hauses, seinem reichen Erbe an bezwingender Herzlichkeit, Leutseligkeit und fürsorglich-haushälterischer Art, welche Herrschertugenden Maria Theresia von ihrem
Vater Karl VI. empfing, hatte sich in ihr das rasche Blut und der
herrscherliche Anspruch des Welfenstammes verbunden, die sie
ihrer Mutter Elisabeth verdankte. So war ihr Wesen unverwischbar geprägt, ebenso wie ihr Glaube an das Recht des Erbes, das
sie in drei Kriegen verteidigen sollte, sie niemals verließ. Aber sie
herrschte als Frau, in der Frische ihrer Anmut und mit einer Fähigkeit, beglückt zu sein und zu beglücken, die erst unter den Sorgen langer Jahre dahinwelken sollte, und zugleich als Frau, deren
Vorrecht es ist, die Ritterlichkeit im Manne zu wecken und ihn
zu einer Kühnheit und Treue anzuspornen, die er dem Herrscher
vielleicht nicht immer schenken würde. Als schutzlose Frau, indem sie sich vertrauensvoll an ihre Völker wandte, erweckte sie
deren Liebe und Opferbereitschaft; als Mutter, ihren erstgebore-

nen Knaben auf den Armen, entflammte sie die Ungarn zur Waffenhilfe.

Die tiefe Einsicht Goethes, daß Liebeskraft die ›zum großen Leben gefugten Elemente‹ eines Reiches verbinden solle und ihr Schwinden den Staat bedrohe (›Natürliche Tochter‹, V, 8), scheint so recht für die lange, vielfach durchbrochene Kette von Staaten und Völkern zu passen, die zu beherrschen Maria Theresias schwere Aufgabe war. Ihr eigener, klarer, an der politischen Wirklichkeit geschulter Blick, ihr tiefer Sinn für alle bindenden, formenden, das innere Leben befestigenden Einrichtungen hätten so wenig wie die bedeutende Staatskunst ihrer Minister, die nicht zu unterschätzende Klugheit ihres Gatten Franz von Lothringen und die Umsicht ihrer Feldherren ausgereicht, das vielzerklüftete Reich ihrer Väter gegen die Angriffe der beutegierigen Welt zu schützen. Sie herrschte durch die Liebe; ihrer Natur entsprach es, in einer von Liebe und Herzlichkeit erwärmten Atmosphäre zu leben, und eben auf den Mangel an Liebe im Leben des großen Gegners machte sie den Sohn aufmerksam, als sie ihn vor dem glühend bewunderten Preußenkönig warnte: »Ein Dasein ohne jedes zärtliche Gefühl – ist das überhaupt noch ein Leben zu heißen?« Liebe im persönlichen wie im höchsten umfassenden Sinne war Maria Theresias große Kraft; freilich konnte sie nur einen Menschen lieben, der ihr wesensgemäß war; einen Zwiespalt zwischen der Liebe und dem Gesetz ihres Ranges – in dem spätere Fürstengeschlechter glaubten ein Schicksal sehen zu müssen – hätte sie nie anerkannt. ›Wie glücklich ist man doch mit einer erlaubten Liebe im Herzen!‹ schrieb sie wehmütig an die Gräfin Enzenberg, nachdem ihr der Gatte entrissen worden war; da sie das Edle und Liebenswerte in Franz I. einmal anerkannt hatte, setzte sie alles daran, den Lothringer zu dem kaiserlichen Range zu erheben, der ihrer eigenen Abkunft entsprach, während sie sich mit seinen Schwächen abzufinden suchte. Dieses unter manchen Schatten doch rein gebliebene Glück ihres persönlichen Daseins strahlte auf ihre Kinder, auf ihre Völker aus; wie die große Schar der ihr erblühenden Kinder, so umdrängten sie auch die Völker: ihre Mütterlichkeit und ihr Herrscherberuf standen in einem wunderbaren Einklang; ihre Politik war Familienpolitik, die für Söhne und Töchter Throne, für Österreich Verbündete suchte. Auf der Familie, die das Leben des einzelnen Staatsbürgers trug, sollte auch das weit umfassende Staatsgefüge gegründet sein. Wohl erfuhr sie den Konflikt zwischen ihrem Herzen und ihrem Amt: ›Das Herz der Mutter wird immer lauter sprechen als das des Herrschers‹, schrieb sie gegen Ende ihres Lebens; und derselben, im tiefsten Grunde religiösen Haltung entsprach es, daß sie es für besser erklärte, reine Macht zweiten Ranges zu sein, wenn sich die Untertanen dabei glücklich fühlen, als, was wir sind, zu sein mit Untertanen, die im Krieg wie im Frieden unglücklich sind‹.

Doch kannte sie die feste Grenze, wo auch das Herz verzichten muß: ›Wenn die Pflicht zum Gewissen spricht, muß alles schweigen.‹ Sie entschloß sich zu harten Maßnahmen, wenn der Augenblick sie forderte, in der Hoffnung, nach dem Siege die Härte ausgleichen zu können; vorübergehend, um ihr Recht zu wahren, ließ sie sich auf die Seite des Unrechts drängen; wie die Staatsdiener wußte sie die siegreichen Feldherren und Heere zu belohnen und zugleich aufs neue zu verpflichten, oft, indem sie ihre Bedrängnis und Hilfsbedürftigkeit eingestand; leidenschaftlich lebte sie die Kriege mit, während ihr Land, trotz aller Not und Sorge, noch einmal gesegnet wurde von der wunderbaren, alle Lebensformen durchdringenden Einheit geistig-geschichtlichen Lebens, die allein von der starken Persönlichkeit der Herrscherin getragen werden konnte und sie zur Vertreterin einer Ära machte: der letzten Ära vielleicht, die noch geschlossen war.

Der Tod des Gatten (1765) entschied die Wende, die sich während der langen, zerrüttenden Kriegsjahre vorbereitet haben mochte; wohl sollte die Kaiserin den Dahingegangenen um fünfzehn Jahre überleben, ihn betrauernd und verehrend; aber die Welt, an die Maria Theresia einst so gerne ihr Glück, ihre Freude, ihr Lachen verschenkt hatte, verwandelte sich vor ihren Blicken. Mehr und mehr verlor die Welt den Glanz frohen Daseins, mehr und mehr auch ihren Glaubensgehalt und ihre innere Ordnung wie das Bedürfnis nach Verehrung und dem Leben in der Tradition. In den eigenen geliebten Kindern trat der Kaiserin eine Zeit entgegen, die sie fürchten und ablehnen mußte; vergeblich suchte sie die Kinder dieser Zeit abzugewinnen, auch jetzt ihr starkes Gefühl einsetzend gegen die Philosophie, wußte sie doch, daß man allein mit Gefühl ›ehrenwerte Menschen an sich ziehen‹ könne. Sie sah die Sitten zerfallen, über deren Reinheit sie in mütterlicher Strenge gewacht hatte, und ›den Geist der Rebellion alle Welt erfassen‹; sie sah Joseph, den jungen Kaiser, im Banne neuer Ideen, die in ihren Augen das Chaos heraufführen mußten; sie mußte zuschauen, wie Marie Antoinette am Versailler Hofe den in die Tiefe ziehenden Mächten nicht widerstand, und beobachtete mit furchtbarem Kummer, wie das Recht in der Lenkung der Staaten zurücktrat vor der Gewalt. So war die Sechzigjährige den Toten schon näher als den Lebenden. Alljährlich am Sterbetage des Gatten ließ sie sich in der Kapuzinerkirche zu Wien in seine Gruft hinabsenken; als am 18. August des Jahres 1780 beim Hinaufwinden eines der Seile riß, verstand sie das Zeichen gut: »Er will mich nicht mehr von sich lassen.« Ihre Zeit war um; sie hatte einen sehr tiefen Blick getan in die innere Zerrüttung der Welt und sah das Unheil auf allen Wegen kommen; ihr Bild aber sollte von der Epoche, die der ihren folgte, nicht verdrängt werden. Nach einem von Thomas a Kempis angeführten Worte des heiligen Franziskus ist der Mensch das, was er in Gottes Augen ist, und nicht mehr; so vergaß Maria Theresia niemals, ›daß der Fürst keine anderen Rechte habe als der Privatmann‹ und Größe und Erhaltung seiner Staaten ihm nicht in Rechnung gestellt werden, wenn er einst vor Gott Rechenschaft ablegen werde. Sie war als Herrscherin noch an die absolute Glaubensgewißheit gebunden und erwartete die Entscheidung über ihr geschichtliches Wirken von dem Richterspruch über ihre Seele; aus der Gewißheit handelte sie, unter einem ernsten Schicksal sich bewährend, das gerade ihr, in bitterm Widerspruch zu den Wünschen und Möglichkeiten ihres reichen Herzens, einen tragischen, Glück und Erbe verkümmernden Kampf auferlegt hatte. Daß ihre Liebe in diesem Kampfe nicht zerstört, ihr reines Menschentum nicht gebrochen wurde, ist vielleicht ihr höchster Ruhm.

Die Schächer ohne den Herrn

Zuweilen gestaltet die Geschichte Bilder, die mit der Kraft von Sinnbildern über den Zeiten stehen bleiben; sie sind tiefsinnig, ja unausdeutbar wie das Wort eines Begnadeten, fast wie ein geoffenbartes Wort, und vermögen eine weite Wegstrecke der Menschheit zu erhellen. Erschöpfen können wir sie nicht; wir können nur an ihren Sinn rühren und sie weitergeben. Dringen wir tiefer in die Geschichte ein, so werden wir finden, daß sie sehr reich ist an solchen Bildern, die mit den Mitteln irdischer Wirklichkeit die jenseitige ausdrücken und den Gehalt einer Epoche in ihrer Beziehung zur Ewigkeit versinnlichen, oft auch vorwegnehmen; vielleicht wäre es möglich, die Geschichte der Völker und die in ihr verborgene Heilsgeschichte in solchen Bildern zusammenzufassen, aus denen der lenkende Geist selbst zu sprechen scheint. Freilich bedürfte die Lösung dieser Aufgabe bei stärkster persönlicher Kraft des Darstellenden einer Hingabe an das Überpersönliche, an das Seiende und Wirkende, derengleichen überaus selten ist.

Ein Bild dieser Art wurde sichtbar im flandrischen Aufruhr des Jahres 1566. Mit einem Haß, der im tiefsten Grunde rätselhaft bleibt – wie sehr sich die Geschichtsschreibung auch bemühte, die Gärung in den spanischen Niederlanden mit den Maßnahmen der Regierung, mit geistigen, politischen und sozialen Wandlungen zu erklären –, wandten sich die aufgewühlten Volksmassen gegen die herrlichen alten Kirchen des Landes; Bauwerke, in deren Ausschmückung die Geschlechter durch Jahrhunderte ihre höchste Ehre gesehen, wurden in wenigen Tagen auf eine bis dahin wohl noch kaum geschehene Weise ausgeraubt und geschändet; Heiliges schien für die Menschen unheilig zu werden über Nacht, so daß wir uns schwerlich eine Vorstellung machen können von dem bitteren Gram, den die Frommen erduldet haben müssen. Eine Macht brach in das geschichtliche Leben ein, deren Herkunft im Dunkel lag. Aber vielleicht verriet sich diese Herkunft, als die Aufrührer sich auch an einer mächtigen alten Kreuzigungsgruppe vergriffen und das mittlere Kreuz umstürzten, während sie die Kreuze der Schächer stehen ließen; die Kirchenschänder zerschlugen das göttliche Bild, das ihnen entgegen war, und schonten die Bilder der Schächer, in denen sie Abbilder ihres eigenen Wesens sehen mochten.

So entstand dieses Sinnbild, das der Menschengeist vielleicht nicht hätte ersinnen können: die Schächer ohne den Herrn. Eine furchtbare Lücke klaffte zwischen den beiden Kreuzen; nun war auch der Reumütige verloren, dem der Herr das Paradies verheißen hatte; denn der Herr, der ihn dahin führen wollte, war ihm entrissen. Und in welcher Verlorenheit stand das Kreuz des Lästerers! Der Mittler war verschwunden, die Mitte war leer; vergebens blickte der eine zur Höhe, kehrte sich der andere verkrampften Leibes zur Erde. Wie die Erlösten, so sollen auch die Verdammten in der Ordnung Gottes stehen, in deren Bereich auch die Hölle liegt; nun aber gab es keinen Ort mehr und keine Ordnung, die ja allein von der Beziehung auf den Herrn bestimmt werden konnte. Die Kreuze standen in einer grundlosen Nacht, im reinen Nichts; denn nicht in Gottes Himmel schaute der eine hinauf, nicht auf Gottes Erde starrte der andere hinab; die ganze Welt lag in der Nacht, aus der entseelte, kalte Sterne blinkten; sie war nicht mehr als ein rätselhaftes Etwas im leeren Raum; und über diese Welt und ihre Verwirrung und ihren Brandschein waren die beiden Schächer erhoben, die beide getäuscht worden waren. Der Hoffnung des einen wie der Lästerung des anderen antwortete das vollkommene Schweigen. Sinnlos waren die so spät erwachte Reue und Hoffnung, sinnlos war auch der Hohn; niemand hörte auf diese Stimmen zwischen Himmel und Erde, und da das Ja niemanden mehr fand, an den es sich wenden konnte, so war auch das Nein gleich einem nie gesprochenen Wort. Denn der Empörer, eben indem er sich empört, bezeugt eine über ihm waltende Macht; wenn diese Macht nicht mehr wäre, welchen Sinn hätte dann die Empörung? Und wenn Gott nicht ist, wie leer wäre das Pathos der Gottesleugner! Ihr Wahn wäre um vieles törichter, als ihnen der Glaube zu sein scheint. Denn welche Narrheit gehört dazu, einen Gott zu hassen, der nicht ist!

Im Gebirge, wo die Kunst der Meister nicht so groß war wie in den Städten, aber die Ehrfurcht vielleicht noch größer, sind Kreuze erhalten, die, statt des Bildes des Herrn, nur Hände und Füße tragen und in der Mitte ein flammendes Herz. Sie stellen auf eine besonders ergreifende Weise dar, was der Herr vollbracht hat: die Heiligung des Kreuzes. Das Kreuz bestand ja lange vor ihm als das Kreuz der Schächer, an dem diese ihre Strafe erleiden mußten; er hat dieses Kreuz geheiligt und der Schmach enthoben; aber er hat das Kreuz nicht in die Welt gebracht. Es war vor seiner Erscheinung da; und so ist jenes Bild aus dem flandrischen Aufruhr in seinem entsetzlichen Widersinn doch das Zeichen einer Wahrheit: auch wenn die Menschen glaubten, der Herr sei aus der Welt gedrängt worden, so bliebe das Kreuz da, wie es vor ihm dagewesen ist; und es wäre für alle, die sich abgekehrt haben oder abkehren wollen, wieder das Holz der Schächer, freilich in einem besonderen widerchristlichen Sinne, den es vor dem Erscheinen des Herrn nicht gehabt hat. Denn kein Ding kann nach dem Erscheinen das wieder werden, was es vorher gewesen ist. Aber daß die Schächer dem Kreuz begegnen, ist in jedem Falle gewiß; und wer wäre, im Tiefen wie im Hohen, den Schächern nicht verwandt?

Vielleicht ist die grauenvolle Lücke zwischen den Kreuzen der Schächer im Jahre 1566 zum ersten Mal erschienen; vielleicht kündigte sich damals eine Möglichkeit an, die vorher nicht bestanden hatte. Seither ist dieses Bild nicht mehr aus dem Raum der Geschichte geschwunden. Es warf seinen Schatten auf das revolutionäre Frankreich und auf das Paris der Kommune; es erschien über Mexiko und, mit den Zeichen besonderer, fanatischer Wirklichkeitstreue, die dem Lande wie dem Volke entsprechen, über Spanien. Wurden die Schächer nicht alle erhöht, Danton und Robespierre und die Führer der spanischen Revolution, die einander umlauerten und vernichteten? Sie alle haben das Kreuz gefunden, aber nicht das geheiligte des Herrn, sondern das unheilige der Schächer, denen die Aufrührer den Mittler genommen haben. Sie wurden auf sichtbare Weise, über den Häuptern der Völker, gerichtet; aber zwischen ihnen gähnte bodenlose Nacht.

So tauchte damals in den Niederlanden ein Bild auf, gleich einer Warnung an einem verderblichen Wege. Dieser Weg ersparte weder das Leiden noch das Kreuz; er führte vielmehr zu ihnen, und zwar zu ihrer furchtbarsten Gestalt. In Wahrheit gibt es nur einen Weg: den, von dem der Herr gesagt hat, daß *Er* dieser Weg sei. Der Ton seiner Rede liegt mit gleicher Stärke auf diesen beiden Worten: *der Weg*; es ist nur dieser eine, und wenn es auch immer Menschen gab, die neben diesem Wege, über freies Gelände, ein Ziel erreichten, und außer ihnen Ungezählte, die sich im Ziellosen verloren, so ist doch damit die Wahrheit gewiß nicht

234

erschüttert, daß nur *ein* Weg ist. An einer Stelle, wo die Menschen von ihm abwichen, erschien dieses Bild.

Es wandelte während der Jahrhunderte zwischen den Völkern hindurch; wer es stehen sieht, müßte fühlen, daß es viel mehr ist als eine Warnung, daß es eine Forderung ist, der zu genügen die Seelenkräfte eines einzelnen Volkes vielleicht nicht ausreichen. Denn wie der einzelne nicht leben kann für sich selbst, so können auch die Völker nicht für sich selber leben; sie haben den Raum des Wirkens im allverbindenden Reich der Seelen, dem sie mit ihrer eigenen einmaligen Kraft zugewiesen sind; und es ist nicht möglich, daß ein Teil dieses Reiches vom Feinde überwältigt wird, ohne daß die andern Teile mit betroffen werden. Solange jenes ungeheure Bild vor den Augen der Völker steht, ist ihnen die flehende Bitte aufgetragen, daß die Lücke wieder geschlossen werde zwischen den Kreuzen der Schächer; wenn das Kreuz fest steht in den Herzen der Menschen und die Macht aus ihnen verbannt ist, die es stürzte, so wird es auch zwischen den Schächern wieder erscheinen und dem Ja und Nein ihren Sinn, dem Weltraum seine Mitte geben. Denn der Herr ist und bleibt und wird sein nach seinem Willen, und das Wollen des Menschen ist ohne Einfluß auf das Sein des Herrn; aber von unergründlicher Macht über den Menschen sind die Bilder, in denen sich die Beziehung des Menschen zum Herrn ausdrückt; daß diese Bilder geordnet seien, ist oftmals entscheidend; und was es mit dieser Ordnung auf sich habe, hat die Geschichte selten so klar ausgedrückt wie in jenem schicksalsschweren Jahrhundert, da die flandrischen Aufrührer das Bild des Herrn zerschmetterten und die Schächer erhöht stehen ließen, weil sie in ihnen sich selber und ihre heillose Not erkannten und glaubten achten zu müssen. So hinterließen sie der Nachwelt den Ausdruck der Zerstörung aller Beziehungen zwischen Gott, Mensch und Welt, welche Zerstörung in ihnen durch den Fall des Glaubens an Christi Kreuz und den Versuch, seine Gegner zu erhöhen, eingetreten war; und in so tiefem Zusammenhang stand dieses Bild mit der heraufkommenden geschichtlichen Wirklichkeit, daß es vielleicht aller Seelenkräfte der Völker bedarf, um das Kreuz zwischen den Schächern wieder zu errichten.

Die spanischen Bilder
Aus einem Tagebuch (Juli 1939)
Zur Ausstellung der Sammlung des Prado in Genf

Die Stadt liegt im zweifachen Licht des reinen, schon von südlicher Glut überhauchten Himmels und des Sees; die fernen Ufer scheinen nur helles, dunstiges Licht zu umschließen, in der Nähe werden die Farben tief; blaugrüne Glasflüsse, über die an den Brückenpfeilern die Schaumkronen sprühen, ergießen sich aus dem See in die Rhone. Als blasses, ungeformtes Gewölk erdämmern die Schneegipfel am Morgen, gegen Mittag ballen sie sich wie starre Gewitterwolken zusammen, am Abend glühen sie auf, und nachts schimmern sie wie weiße Schatten am mondhellen Himmel; aber die schönste Stunde der Stadt ist doch die morgendliche, da Körbe und Kisten voll sommerlicher Früchte zwischen dem Fluß und dem See aufgebaut werden und der Duft der Pfirsiche, Zitronen und edlen Pflaumen die Straßen überweht. Und wer könnte der Verlockung widerstehen und sich nicht in frühere Zeiten versetzen, da die Früchte noch nicht auf Wagen, sondern auf Booten herangeschafft wurden und der See, an dessen Ufern Pfirsiche, Trauben und Pflaumen reiften, von ihrem Dufte erfüllt war; wer wollte nicht hier den unseligen Jean Jacques ein wenig milder sehen und ihm die Liebe zu seiner Landschaft glauben! In der langen Straße, die den Stadthügel hinauf zum Rathaus führt, erinnert eine Tafel an ihn und sein entschwundenes Geburtshaus; sein Name ist nicht der einzige, der an diesen Häusern leuchtet. Unermeßlich ist die geschichtliche und geistige Tradition der Stadt, die auf Konrads II. Haupt die Krone des burgundischen Reiches funkeln sah und später zur Burg und Zuflucht stärkster und oft auch gefährlichster Geister wurde. Immer war sie auf die Welt gerichtet, und auch die Geister, die sich in ihr beheimatet fühlten, suchten in verzehrendem Eifer die Wirkung auf die Welt; die gegensätzliche Fülle geistigen Lebens, die sie in sich sammelte wie die Seeufer die vom Licht durchtränkte Flut, gibt der Stadt die Möglichkeit, Heimat zu werden, die sie nur mit ganz wenigen europäischen Städten teilt. Es ist, als wollten sich die Gedanken, die Bilder leichter entfalten, wo schon so viel gedacht und gebildet worden ist, als sei hier das

Erdreich des geistigen Lebens gelockert und könnte wie von selber Früchte bringen. Aber der wahre Herr Genfs bleibt Calvin, der sich einst der freien, lebensfrohen Stadt bemächtigte, um von ihr aus die ungeheure Kraft seines Denkens und Wollens, aber auch die Kraft seines leidenschaftlich im Gebet ringenden Herzens auf die Welt zu richten. Die steile, zur Kathedrale hinaufsteigende Straße, wo er wohnte, führt in das Innere der alten Stadt; hier rauscht der Brunnen über vielstufiger Treppe; die Häuser sind hoch und schmal, streng sind die Fensterpaare geordnet, eng sind die Windungen der Treppen hinter den niederen Türen, schlanke Türme stecken noch zwischen den Dächern, und nicht groß wird der Streifen des Sternenhimmels gewesen sein, zu dem Calvin auf seinem Wege emporblickte –, so wie um dieselbe Zeit sein weltgeschichtlicher Gegner Ignatius aus dem kleinen Fenster des Kollegiums zu Rom den Sternenhimmel betrachtete. Und so mögen sich zur seltenen, unbekannten Stunde die Blicke, Gedanken und Einsichten der beiden Männer vereinigt haben auf demselben Stern. Auf Erden gab es keine Versöhnung zwischen ihnen und konnte es keine geben; aber sie beide achteten das Irdische gering, wenn auch auf sehr verschiedene Art; sie beide fühlten sich zur Verehrung des vollkommen Reinen bewegt, das sich ihnen allein noch im Sternenhimmel darbot. – Nun verströmen die goldenen Blütenbüschel der Linde ihren Duft über dem Brunnen und auf dem Platz vor der Kathedrale, an der seit ihrer Gründung im elften Jahrhundert alle Jahrhunderte bauten. Die gotische Halle ist von schwerer, fast ungefüger Wucht; Altar, Bild und Kreuz fehlen; es ist, als sei dem alten Bau seine Seele genommen worden. Aber am Ende des linken Seitenschiffs verschließt ein Vorhang eine kleine Kapelle, die der Sammlung dienen soll; sie ist leer, und doch wage ich nicht, sie zu betreten, so erfüllt ist der enge Raum, in dem ein paar Betstühle vor der aufgeschlagenen Schrift und einem schwarzen Kreuze stehen.

Vielleicht hat sich hierher die Seele der Kathedrale zurückgezogen, um sich zu sammeln und wieder auszuströmen, gewiß eine verwandelte, aber doch eine von heiligem Ernst und von Ehrfurcht bewegte Seele.

So werde ich mir immer deutlicher der sonderbaren Fügung bewußt, daß die Bilder der spanischen Könige eine Zuflucht gefunden haben in der Stadt Calvins. Einst hatte Philipp II. die Heiligtümer des abtrünnigen Nordens sammeln lassen, um sie im

Eskorial zu schützen; nun kommen die Werke der frommen spanischen Meister als Flüchtlinge in den Norden, in die Hauptstadt des größten Gegners; denn mit Spanien und seinen Glaubensstreitern haben Calvin und seine Jünger im Raum der Weltgeschichte am erbittertsten gerungen. Geschichte hat sich vollzogen, seit ich die Bilder das letzte Mal im Prado gesehen habe. Müssen nur wir uns in der Geschichte bewähren? Müssen es nicht auch die Kunstwerke; wird nicht auch an sie die Frage gestellt, ob ihr Wert sich gegenüber der Geschichte oder in ihr behauptete und sie eine Wirklichkeit vertreten, die der Wirklichkeit der Geschichte übergeordnet bleibt? Kunstwerke sind auf eine bestimmte Beziehung zum Wesen des Menschen und zum Göttlichen gegründet; wenn diese Beziehung nicht ausreicht, müssen sie untergehen. War der Spanische Krieg nicht dazu angetan, den Bildern, auch nachdem die Flammen sie verschont hatten, einen geistigen Untergang zu bereiten?

Der besondere, ergreifende Eindruck, den diese Ausstellung macht, beruht darauf, daß die Bilder recht behalten haben gegenüber der Geschichte. Es ist, als sei ein furchtbares Gewitter über eine Gebirgslandschaft niedergegangen; alle Farben leuchten erfrischt, die Formen sind klar und in fast erschreckende Nähe gerückt; das Wesen der Landschaft ist offenbar geworden. Oder es ist, als wölbte sich ein Regenbogen über ein Schlachtfeld; wieder, nachdem sich der Dunst verzogen hat, erscheinen die geistigen Werte in ihrer Unzerstörbarkeit; die Seele des spanischen Volkes, das von den Gewalten ergriffen worden war, schimmert im Lichtbogen dieser Bilder auf; ein letztes, verklärendes, aber auch erklärendes Leuchten fällt auf das Grauen. Einige Jahre vor der spanischen Revolution lernte ich in Sevilla einen jungen Juristen kennen, der von Bruegels ›Triumph des Todes‹ so gepackt worden war, daß er sich eine große Wiedergabe besorgte, um sie in seinem Zimmer aufzuhängen; das nahezu untragbar unbarmherzige Bild sollte im Bürgerkriege wieder Wirklichkeit werden, und es wurde in den Jahren vorher vielleicht von manchem Betrachter als Prophetie empfunden. Fast können wir dem Bilde nicht standhalten; gelingt es uns aber, so wird es uns auf eine Höhe erheben, die der Erkenntnis spanischer Mystiker nicht sehr ferne ist; das Wort der heiligen Theresia, daß alles nichts ist, wurde hier Gestalt. Erschüttert von einer Zeit, in der nicht allein Kriege und Seuchen wüteten, sondern auch Formen und Werte versanken, an denen lange Geschlechterreihen gebildet hatten, sprach der Künstler die Allgewalt des Todes mit solcher Stärke aus, daß wir durch das Bild vor eine Entscheidung gestellt werden: wir können der leibhaftigen Wahrheit nicht ausweichen und müssen darum alle Kräfte der Seele sammeln, um sie zu durchdringen; wir müssen, es koste, was es wolle, über den Boden hinaus gelangen, auf dem wir diesem Bilde begegnet sind.

Nun wurde auch Goyas abgründiges Wissen um die Niedrigkeit der vom Laster ergriffenen Menschenseele bestätigt; die innerhalb einer geschichtlichen Episode geschehene Verdüsterung der Welt, die seine aus der Farbenfülle in das Schwarz gleitende Kunst ausdrückt, hat sich noch einmal ereignet. So furchtbar, so undurchdringlich, wie er sie gesehen, ist die von unkenntlichen Wesen erfüllte Nacht in der Seele, die von den Mächten überwältigt worden ist. Das Dämonische, das die Meister des Mittelalters noch in seiner eigenen Gestalt, als den Gegenspieler des Menschen, bannten, vermischt sich in diesen Werken der späten Kunst mehr und mehr mit dem Bilde des Menschen, bis die Dämonen endlich im Menschen verschwinden, um aus seinem Gesicht, seinen Augen, seinem Mund auf erschreckende Weise wieder hervorzutauchen. In seinen Königsbildern stellte Goya die Anarchie im Innern der Herrscher dar; da die äußere Form und Haltung noch gewahrt wurden, so war diese Anarchie um so schlimmer und verderblicher; nicht lange darauf wurde die heillose Verwirrung des Oben und Unten, des Hohen und Niedrigen zur geschichtlichen Wirklichkeit im Leben des Volkes.

Solchen Zeugnissen stehen die Königsbilder Tizians und noch des Velazquez gegenüber; sie zeigen den erwählten Ordner auf der Höhe der Macht, ohne sein Leiden, seine Müdigkeit, seine Schwächen zu verschweigen; ja gerade die Schatten, die auf die Seele des Herrschers fallen, geben seinem Bildnis das eigentümliche königliche Gepräge: wir wissen, was der König zu überwinden hat, wie er sein Zepter bezahlt; ein verschwiegenes, aber doch offenbares Leiden adelt seine Macht. Der um vieles Leiden Wissende, längst in ihm Erprobte verwaltet die Macht auf die rechte Weise: er ist nicht von ihr besessen, aber sie ist sein natürliches Eigentum und ziemt ihm wie sein Gewand. Seit ich die Bilder des Velazquez vor vielen Jahren sah, habe ich die Kritik kennengelernt, die man in neuerer Zeit an ihnen geübt hat; und es scheint mir in gewissem Grade wahr zu sein, daß er die Menschen nicht aus der Fülle des Malerischen, aus Farbe und Schatten, bildet; er ist dennoch ein Menschengestalter sehr hohen Ranges, vor allem durch sein Vermögen, die entscheidende Haltung und Geste der Menschen festzuhalten und durch sie das Innere auszudrücken. Wohl mag dann und wann das Pathos stärker sein als die Seele; aber schwerlich hätte er seine Menschen wie Helden eines Dramas in dem Augenblicke festbannen können, da eine Geste das ganze Schicksal zusammenfaßt, wenn er nicht eine Vision ihres Innern empfangen hätte. Nur ist der visionäre Zug, der seiner Kunst wie aller Kunst zugrunde liegt, bei ihm fast ganz verborgen: er nahm das überwirkliche Licht, in dem er die Seelen bald klarer, bald unbestimmter gesehen, nicht in seine Bilder hinüber. So hat man ihm im Lobe wie im Tadel viel Unrecht getan; ungerecht ist es auch, ein Bild wie die ›Hoffräulein‹ in einzelne Gruppen zerlegen zu wollen; denn die Mitte liegt vor dem Bilde, im hereinschreitenden Königspaar, dessen Gesichter im Spiegel schwach aufschimmern; auf diese Mitte sind die Gruppen fest bezogen, in ihr finden sie ihre Einheit, auf diese Mitte ist auch der Raum berechnet, der darum keineswegs zu hoch ist. Vielleicht hat ein Künstler niemals auf kühnere und genialere Weise seinem Herrscher gehuldigt als durch dieses Gemälde, das erst durch die Vorstellung des ihm entgegenschreitenden Königspaares vollendet wird. Es ist gleichsam die Hälfte eines imaginären Raumes, der sich schließt, wenn der König kommt; man wird gewiß auf dem Boden der reinen Kunst manches geltend machen können gegen ein Werk, das sich in solchem Maße auf seine Idee beruft; aber es ist doch wohl gerecht, einen Künstler zu fragen, was er gewollt hat, und es ist, auch unter Ablehnung der Idee, nicht möglich, die Einheit der Konzeption zu bestreiten, denn diese ist in der vorverlegten Mitte fest gegründet.

In einem solchen Bilde drückt sich sehr viel mehr von der staatlichen und geistigen Ordnung jener Zeit aus, als sich in Worte fassen läßt. Welchen Sinn hätte es auch, Bilder in Worte fassen zu wollen, da sie bestimmt sind, unmittelbar in die Seele einzugehen und in ihr zu wirken? Aber welchen Sinn hätte auch die Hingabe an die Kunst, wenn die Kunst nicht verpflichtete? Wie das Wort, so können und sollen uns Bilder in Pflicht nehmen, und zwar nicht nur als Aufnehmende, sondern als Denkende, Empfindende, Handelnde im ganzen Bereich unseres Seins; das Edle, das sie in die Seele senken, soll die Seele an das Edle binden; das

Menschenbild, das die begnadete, von oben erleuchtete Kunst gestaltet, soll das Leben leiten und in der Geschichte herrschen; und es ist alle Mühe um die Kunst verloren, wenn sie uns nicht die Treue gegen das Edle auferlegt. Mehr noch als die Musik, deren mächtiger Gehalt sich der objektiven Erkenntnis entziehen will, ist es dem Bilde und dem Wort gegeben, uns auf konkrete Weise zu verpflichten; wem das Abbild des Edlen unmittelbar in die Seele drang, wie könnte der sich verleiten lassen, dem Unedlen zu dienen?

Und so will sich eine schwere Frage nicht verschweigen lassen: Wie konnte ein Volk diesen Schatz bewahren und anschauen und doch den Mächten verfallen? Es ist die letzte, schwermütige Frage an die Macht des Geistes im geschichtlichen Leben; und wenn sich eine Antwort auf sie finden ließe, so wohl nur von den Bildern El Grecos, die, aus einem anderen Bereiche kommend als so viele verehrungswürdige Werke, gleichsam Lichtvisionen der gläubigen, ekstatischen Seele sind. Sie begegnet gleichgearteten Seelen im überirdischen Raum, und Gestalten, Antlitze, Hände werden zu Flammen; sie drängen in das Jenseits hinüber, sie kommen aus ihm herab; sie sind bereit, das Licht, das sie erfahren haben, auf Erden zu vertreten, und werden im Irdischen, wo sie kämpfen und zeugen müssen, von der Schwermut der Verbannten ergriffen, an der die Heiligen litten; die himmlische Traurigkeit schimmert ihnen im Auge, aber sie sind der Erde doch fern genug, um im Bereich des Lichtes zu bleiben, das sie plötzlich erfassen, verzehren, entrücken wird. Und hier erst ist die letzte Höhe geöffnet, von der es auf alle Werke der Großen niederstrahlt; die Höhe, deren Gewalt auch diejenigen bezeugen, die sich von ihr abgekehrt haben und im Dunkel enden; die Höhe, in die der Herr, unverwundbar und unangreifbar, wie ein emporschießender Lichtstrahl heimkehrt. Diese Gestalten alle, die Heiligen wie die Ritter, werden von der Heimwehglut der christlichen Seele verzehrt und durch sie von der Erdenschwere befreit; sie stehen im überwirklichen Farbenschimmer an der Grenze, wo Diesseits und Jenseits sich vermischen und die Kunst ihre wahre Heimat hat. Wenn aber das Jenseits verlöscht, so verlöscht die Kunst; immer tiefere Schatten fallen auf das Antlitz des Menschenbildes, verdunkeln die Seele; endlich wirken die Vermächtnisse nicht mehr, und die Gestaltung der großen Künstler wird zum toten Gegenstand, der sich verhandeln läßt und das weite, geheimnisvolle Reich seiner Wirkung gänzlich verlor.

Darum wird auf die Bilder, wenn sie heimkehren, eine Probe gemacht werden ebenso wie auf das Volk, dem sie gehören. Haben sie die Kraft, die Seelen zu öffnen; sind die Seelen bereit, sich öffnen zu lassen? Ein Volk, in dessen Seele diese Bilder auf verpflichtende Weise lebendig sind, kann wohl dem Unglück, aber nicht den Dämonen verfallen. Noch einmal werben die Werke der Meister um die Seelen der Menschen, und alles Edle und Hohe der Vergangenheit, die Erfahrung des Lichtes von oben, das bildgewordene Vermächtnis Spaniens wirbt mit ihnen. Weit mehr, als wir ahnen können, hängt davon ab, ob diese Gestaltungen noch einmal als Richtbilder in die Geschichte eingehen oder ob sie Gegenstände bleiben, die nach einem toten Werte geschätzt und vom Schicksal bald dahin, bald dorthin geworfen werden, bis sie endlich zerschellen. Die Frage nach einer solchen gestaltenden Wirkung richtet sich an die Seele, an deren Unzerstörbarkeit wir glauben; vermag sie nur ihres Wesens und Leidens inne zu werden und den Grund ihrer Unruhe zu erfassen, so wird sie auch die Bilder suchen, von denen ihre Hilfe kommt. Und so mag ein Sinn darin liegen, daß diese Bilder aufleuchteten in der Stadt Calvins; ist doch in ihnen ein Funke jener übergeschichtlichen Wahrheit und Reinheit beschlossen, die den Blick des Ignatius wie seines Widersachers zu den Sternen emporzog und ihrer beider Seelen mit derselben unstillbaren Sehnsucht erfüllte.

Und führe uns nicht in Versuchung

Versucht wurde der Herr selbst, der uns diese Bitte gelehrt hat, wie er ja auch buchstäblich in Versuchung *geführt* worden ist: ›Alsdann wurde Jesus vom Geiste in die Wüste geführt, um vom Teufel versucht zu werden‹ (Matthäus 4, 1). Nicht das Böse der menschlichen Natur versuchte ihn, sondern der Böse stand leibhaftig neben ihm und flüsterte ihm die drei ungeheuerlichen Versuchungen zu: daß er aus Steinen Brot mache, daß er sich von der Zinne des Tempels herunterstürze im Vertrauen auf die Engel, die ihn tragen sollten, und endlich die unausdenkbare Versuchung, daß der Sohn Gottes niederfallen solle, um Satan anzubeten und dadurch von ihm die ›Reiche der Welt samt ihrer Herrlichkeit‹ zu erlangen. Es wäre vermessen, die ganze Abgründigkeit dieser drei Ansinnen des Widersachers durchdringen zu wollen, deren jedes in eine besondere Tiefe führt, deren jedes auch in erschütternder Beispielhaftigkeit eine in der Geschichte als Möglichkeit bestehende grundsätzliche Verirrung des Menschen vorausnimmt. Hier ist ja die Stelle, wo das Gebet des Herrn, das sich mit seinen ersten Bitten in die Höhe des Himmels emporschwang, dann sich niedersenkte zum Leben auf der Erde, seiner Ordnung und zur Schuld des Menschen, dem bodenlosen Abgrund unter der Menschenwelt sich zuwendet, um diesen gleichsam durch eine Bitte um besondere Gnade abzuschließen: nun erst steht im Gebet des Herrn der Mensch zwischen Höhe und Tiefe, an seinem ihm zugewiesenen Ort, wo er sich entscheiden soll. Hier soll nur von dem gesprochen werden, was den drei Einflüsterungen Satans gemeinsam ist: der Heiland soll handeln nicht im Sinne des Gottesreiches, sondern im Dienste des satanischen Widerreiches; er soll, angestiftet von dessen Fürsten, nicht auf die Hilfe des Vaters warten, der ihn in die Not und unter die Steine führte, sondern aus eigener Kraft Brot aus den Steinen machen; er soll eigenmächtig, unter hoffärtiger Berufung auf das Wort der Schrift: ›Er hat seine Engel für dich entboten…‹, auf die Hilfe der Engel vertrauen; er soll selbst die Bitte ›Zu uns komme Dein Reich‹ – was vielleicht verstanden werden darf als: ›Dein Reich, das Reich von oben, komme‹ – widerrufen und durch den Kniefall vor Satan ein anderes Reich begründen und sich erwerben: ein Reich, das rein irdisch ist, ja viel mehr als das. Denn gerade als rein irdisches Reich, das dem Reich von oben entgegengesetzt ist, würde es auf dem Frevel stehen, auf der unvorstellbaren Demütigung Christi vor Satan, die eben die Voraussetzung dieses Reiches ist. Es wäre ein Reich der Macht, die aber als solche, als eine Gründung des Menschen ohne Bindung an die Allmacht, nicht erreicht werden kann; wie die rechtmäßigen Könige herrschen durch eine wenn auch noch so geringe Teilhabe an Gottes Allmacht, so würde der Herr des Gegenreiches herrschen durch die Teilhabe an der Macht Satans. Er schiene alles zu besitzen, ›die Reiche der Welt samt ihrer Herrlichkeit‹; in Wahrheit aber wäre er ein Gefangener und Erniedrigter, der ein Gut von unschätzbarem Werte, eine Verantwortung von unermeßlicher Reichweite an Satan verkauft hat.

Hinter dieser Versuchung tut sich somit eine zweite, noch furchtbarere auf: Satan wußte wohl, daß es dem Erlöser nicht um sein eigenes Dasein, um Hab und Gut zu tun war, daß Christus vielmehr in die Welt gekommen war unter dem Gesetz seiner Sendung, und gerade deren Erfüllung scheinen die Versuchungen in Aussicht zu stellen. Es würde Brot aus Steinen, und die Menschen litten keine Not; der zu ihnen Gekommene könnte auf übernatürliche Hilfe vertrauen: er würde den Menschen geben können, was ihnen bisher niemand ihresgleichen gegeben hat. Sein Reich würde unübersehbare Schätze umfassen; alle irdischen Bedingungen des Wohlstandes und Glückes wären in ihm erfüllt, und es wäre vorerst nur eine Stelle dieses Reiches krank: die Seele seines Fürsten würde auf eine grauenhafte Weise vom entsetzlichsten Frevel zerstört werden. Das Satanische der Versuchungen liegt gerade darin, daß sie auf Überpersönliches gerichtet sind und daß der Sieg des Versuchers Welt und Menschen in Jubel versetzt hätte – während ja die Abweisung der Versuchungen zunächst am äußeren Notstand der Menschen nichts änderte. Nur langsam verwandelte der Tod des Herrn den Menschen und seine Welt; das Leiden der Menschen aber wurde nach dem Tod des Herrn vielleicht noch schmerzlicher, als es vorher gewesen. Denn die christliche Seele weiß von Sehnsucht, Heimweh und Verlassenheit, von Zerknirschung und peinigender Selbsterkenntnis, aber auch von einem Leiden der Liebe und des Heiligen und einem Ernst der Verantwortung, die der heidnischen Welt erspart blieben, so wie auch nun erst Abkehr und

Auflehnung möglich wurden, für die vom Menschen her für Zeit und Ewigkeit keine Hoffnung mehr ist. Nicht die Not hat uns den Herrn genommen, er hat sie wohl eher vermehrt; aber er hat der Not einen Sinn gegeben, indem er ihr die Richtung auf das Kreuz wies, das er getragen hat und vor dem eine jede Not getragen werden kann. Und erst in dieser Stunde, da der Herr Satan zurückwies und sich auf Gott berief, da die Engel nun wirklich kamen und ihm dienten, ohne daß er ihren Beistand herausgefordert hatte – wie die Engel von oben kommen, aus einer anderen Willenssphäre als der des Menschen –, da stürzte das Reich der Tiefe, das mit Satans Worten heraufgedämmert war, und Gottes Reich wurde gegründet.

Nur an der Versuchung Christi durch Satan – dieser Versuchung, in die Christus nicht selbst hineinging, sondern in die er ›geführt‹ worden ist – kann es uns klar werden, was Versuchung eigentlich ist. Die Bitte, uns nicht in Versuchung zu führen, setzt eine große Demut voraus: wir müssen unsere Schwäche und Hinfälligkeit kennen, ehe wir sie aussprechen; wir müssen wissen, wie leicht wir schon einer schwachen Versuchung erliegen, wie gering die Aussicht ist, den uns auferlegten Prüfungen gerecht zu werden und auch in unserem Herzen den Sieg des Gottesreiches zu erringen, den der Heiland in der Wüste, auf den Zinnen des Tempels und auf dem Bergesgipfel erkämpft hat. Dorthin, an die Grenze der Menschenwelt, auf die Höhen, unter denen die Stadt der Menschen und ihre Reiche ausgebreitet lagen, ward Er geführt, um versucht zu werden; wir denken, indem wir das Wort Versuchung aussprechen, vielleicht zunächst an die Versuchung durch die ungezähmten Sinne und ungeregelten Leidenschaften oder durch die Habe dieser Welt, vielleicht auch durch eine ›ungeordnete Liebe‹ zu den Menschen, von der Johannes vom Kreuz sagt, daß ›in dem Maße, als diese Liebe an Kraft gewinnt, die Liebe zu Gott abnimmt und in Vergessenheit kommt‹. Wir glauben vielleicht schon etwas erreicht zu haben, wenn wir des Bösen eingedenk bleiben, das in uns ist; aber wir vergessen, daß hinter diesem Bösen der Böse selbst steht und daß er sich unser zu bemächtigen trachtet durch dieses Böse, daß dieses die Stelle ist, wo er die Seele ergreifen kann und wenigstens unfehlbar versuchen wird, sie zu ergreifen. Denn dem Versucher ist es, eben als dem Widersacher, um die Seelen zu tun, – so wie Gott die Seelen an sich ziehen will; Versuchung ist der Anschlag des Bösen auf die

Seele und deren ewige Seligkeit. In einer jeden Versuchung, auch der geringfügigen, geht es in Wahrheit um das Letzte: um das ewige Leben und den ewigen Tod. Versuchung ist immer die Vorspiegelung eines scheinbaren, in Wahrheit verderblichen Gewinns für einen unermeßlichen Verlust; der vorgetäuschte Gewinn liegt ganz und gar in der Zeit; der Verlust in seiner ganzen Größe wird erst in der Ewigkeit offenbar. Mit einer jeden Versuchung spielt sich eine Handlung des großen Kampfes zwischen dem Reich von oben und dem Reich der Tiefe ab, in deren Zusammenstoß der Christ gestellt ist; beide Reiche sind gleichsam auf dieselben Seelen angewiesen; sie beide trachten nach einer jeden einzelnen Seele. Das Angebot Satans ist immer dasselbe: er hat nichts zu vergeben als zeitliches Gut; der Mensch aber hat Unvergängliches zu verlieren, ein Kleinod, vor dem alle Schätze Satans nichtig sind. Für dieses Kleinod soll der Mensch in tiefster Demut, aber freien Willens, einstehen gegen den Bösen, der glühend nach Unsterblichem verlangt, um es zu verderben; fürchtet der Teufel doch, nach den Worten des spanischen Mystikers, ›eine Seele, die mit Gott vereint ist, ebenso wie Gott selbst‹.

Sucht der Mensch für sich selbst zu leben, im Trachten nach eigenem Glück, nach der Erfüllung persönlichen Lebens, so untersteht er den Versuchungen durch die Sinne und die Güter; lebt er als geistiger Mensch in diesem engen Kreise, so wird ihm Satan vielleicht Geisteswerke vorspiegeln und versprechen für den Frevel des Kniefalles vor ihm. Hier hat der Versucher wohl, seit sich das Denken der abendländischen Völker vom Christentum zu lösen suchte, seine größten Triumphe gewonnen, deren Folgen von wahrhaft geschichtlicher Bedeutung sind. Aber je mächtiger die Geschichte ein Geschlecht ergreift, um so weiter rücken auch die Versuchungen vom rein Persönlichen ab; nicht um Hab und Gut geht es mehr; es geht um die Macht, die herausgerissen wurde aus der von oben gesetzten Ordnung, und um die Möglichkeit, unter dieser Macht und im Bunde mit ihr zu leben; es geht um die klare geistige Entscheidung, das Ja und Nein an Christus. Das Ja bedeutet die Hoffnung auf die Errettung der Seele unter unsäglichem Leid, das Nein deren Verderbnis unter großem, wenn auch flüchtigem Gewinn.

Aus der Zeit der Französischen Revolution wird uns ein ergreifender Vorgang berichtet, den Chamisso und Eichendorff in Balladen gestaltet haben: Bauern der Bretagne fuhren, nachdem ihre

Kirchen verbrannt worden waren, nachts auf das Meer hinaus und hielten dort, auf schwankenden Kähnen um den Priester versammelt, Gottesdienst; sie bewahrten die Treue zum Glauben, aber als Verfolgte gerieten sie in den Bereich einer neuen Versuchung, die ihrer Seele ebenso gefährlich war, wie es die Aufforderung zum Abfall gewesen. Denn wie leicht mag sich den Verfolgten der Fluch auf diejenigen auf die Lippen gedrängt haben, die ihr Gotteshaus verbrannt und sie auf das Meer getrieben hatten! Und doch hätte mit diesem Fluch Satan Besitz ergriffen von den Seelen der Vertriebenen, und das Reich des Widersachers hätte endlich das Reich überwältigt, das nicht von dieser Welt ist. Aber der greise Priester brach den Bann, indem er für die Seelen der Tyrannen, für die Erlösung Frankreichs betete. So kann unter Zulassung Gottes selbst noch der Glaube vom Widersacher zu einer neuen Heimsuchung genutzt werden; nur die inständigste Bitte, daß der Herr sie nicht in Versuchung führen wolle, konnte die Bedrängten schützen. Aus jeder bestandenen Versuchung kann sich eine neue ergeben; immer höher steigen die Kämpfenden empor, ohne vom Kampf zu lassen; immer erbitterter wird der Streit der beiden Reiche, wenn der Tag des letzten Ernstes einmal angebrochen ist. Auf alten Darstellungen der Versuchung der Heiligen wimmelt eine Unzahl von Tieren aus dem Abgrund empor; kein Weg führt aus der einen alten Gefahr heraus, nur die unablässige Bitte des von allen Gesichten und Bildern sich Abwendenden kann noch helfen: ›Führe uns nicht in Versuchung‹; lasse es nicht zu, daß an der äußersten Grenze, wohin wir uns schon geflüchtet haben, der Böse noch einmal Macht erlange über unsere Seele. Dein Wille allein geschehe, nicht der unsere; wir sollen nicht richten, sondern allein danach trachten, daß wir Deinem Reiche angehören und uns mit keinem Wunsche aus ihm verlieren; wir sollen nicht vergessen, daß die Menschen, die in der Gefolgschaft des Widersachers stehen, von Dir eine Seele empfangen haben, die nun namenlos leidet. Bewahre uns davor, daß die Liebe zu Deinem Reich uns in Haß verstrickt und dem Widersacher ausliefert; erlöse uns von dem Übel, das immer da ist, das eine, uralte in immer anderer Gestalt. Immer, noch im Siege und bis zum letzten Augenblick, steht alles in Frage; führe uns nicht in Versuchung; keine andere Bitte sprechen wir mit dieser Angst; keine andere öffnet uns diesen Blick in den Abgrund, vor dem wir stehen. Denn überall, auf allen Wegen unseres Denkens, un-

serer Eitelkeit und selbst noch unserer Liebe wird uns die Macht
geboten, die losgerissen ist von der Deinen: die Macht in der Zeit,
die Macht über Menschen, die erlogene Macht des Geistes und
des Ruhmes und auch die dunkle Macht der Wünsche, verkehrter
Hoffnungen, eigenmächtigen Ansinnens an Deine Weltlenkung;
führ uns nicht in Versuchung, denn wir können sie nicht bestehen.

Damit ist schon angedeutet, daß die Versuchung wachsen kann
mit dem Glauben; auf den letzten Höhen gläubigen Lebens, die
nur die Begnadeten erreichten, wurden auch die schwersten Versuchungen bestanden. Wir können sie nicht ermessen; wir können nur diejenigen verehren, die dort für das Gottesreich gesiegt
haben. Aber wir ahnen doch die bebende Furcht, die verzehrende
Sorge der Erwählten, wenn wir ihre Warnungen hören vor einer
jeden eigenmächtigen Bitte um Gnadengaben und Hilfe, wenn
wir erfahren, mit welchem Erschrecken sie ein jedes Zeichen, das
ihnen von außen kam, aufgenommen haben, immer in dem Argwohn, daß die Hoffart sich einmische in ihre Erfahrungen, daß
unter dem Lichte die Finsternis sich verbergen könne und Satan
Heiliges vorspiegele, um den Sieg des Unheiligen zu gewinnen
noch in den geheimnisreichsten Bezirken des Gebets. Und wenn
der Tag des Antichrists kommt, so wird er gerade den Glauben
und die Gläubigen auf die Probe stellen; er wird in Gestalt und
Lebensform gewisse Züge Christi tragen und Worte sprechen, die
den Klang der vom Herrn geprägten Worte haben; er wird dem
Herrn um so näher scheinen, je teuflischer er ist, sein gleißendes
Ebenbild nach der Erscheinung, sein grauenerregendes Gegen-
bild nach seinem Wesen; und auch auf den Vorbereitern des Antichrists, die im Ablauf der Zeiten den Weg der Christenheit
kreuzen, wird dieser Widerschein der Ähnlichkeit liegen. Hier
erst droht die schwerste Versuchung; denn unter dem Banne des
Antichrists geschieht die Wendung zum Unglauben unter dem
Scheine des Glaubens, wird der Kampf gegen Gottes Reich wie
ein Kampf *für* dieses Reich geführt. Es werden Zeichen und
Wunder im Dienste des Widersachers gewirkt werden, wie es uns
der Herr vorausgesagt hat (Markus 13, 22/23). Nicht das Wunder
als solches ist ja ein ausreichendes Zeugnis, sondern der Geist,
in dem es getan wird.

Die Erwählten, die Versuchungen dieser Art bestanden, wußten
eine Hilfe: die vollkommene Demut, die sich an den Herrn verliert, um Leben von seinem Leben zu werden, die Demut, die sich

in die Versuchung schickt wie in eine jede, im Glauben an Christus zu erduldende Pein, unter der das Kreuz im Herzen wächst. Duldend, gehorchend, betend und hoffend wurden sie von der Versuchung frei, die ihnen gerade im Trachten nach dem persönlichen Leben, nach dem Reiche Gottes und dem Wirken für die Seelen begegnete. Denn vor der Bitte ›Führe uns nicht in Versuchung‹ steht ja die andere: ›Dein Wille geschehe‹; und so wird nicht eine jede Bitte, vor der Versuchung zu bewahren, erhört. Die Geistigen, die abtrünnig wurden, Mächtige dieser Erde und Völker haben sie umsonst gebetet, wir wissen nicht, wie oft und mit welcher Inbrunst des Herzens. Die Versuchung bleibt ein Geheimnis, vor dem wir uns beugen müssen im Vertrauen auf den Vater im Himmel, dessen Name geheiligt werden soll über den Sternen wie in der Tiefe der Menschenwelt, und im Vertrauen auf den Sohn, der selbst versucht wurde und, nachdem er die Versuchung bestanden, uns diese Bitte an den Vater gelehrt hat.

Das Unbezwingliche im Menschen

Tief im Menschen ruhet etwas Unbezwingliches.
Jean Paul

In der südfranzösischen Stadt Aiguesmortes, der Hafenstadt der Kreuzfahrer, sind in einem Turme die Inschriften erhalten, die gefangene Hugenotten in den Stein ritzten. Der runde Turm in der Stadtmauer ist ein Meisterstück mittelalterlichen Festungsbaues; der etwa eindringende Feind sollte in eine Falle geraten, indem er durch die aufgebrochene Tür sich selbst die Treppe in das Obergemach versperrte, während von dort aus die Verteidiger durch die Luken des Gewölbes ihre Geschosse niederhageln ließen; und mit derselben Unerbittlichkeit wird der Turm an den ›Toten Wassern‹ die Gefangenen festgehalten haben, die man ihm übergab. Den Hugenotten blieb nichts als die Haltung, als der Entschluß, im Innern ihren Gegnern nicht zuzustimmen, obgleich sie in ihrem äußeren Dasein ohne Einschränkung unterlagen. Das eine Wort ›Resistez‹ wurde zum Ausdruck dessen, was sie lebten und litten; und so könnte man von ihnen vielleicht sagen, daß sie der Forderung ihres Gewissens genügt und die furchtbar harte Probe, die ihre Zeit auf sie anstellte, bestanden haben. Sie blieben frei, auch als Gefangene, und siegten als Freie in einem zunächst verborgenen Sinn, während der Gang der Geschichte gegen die Sache entschied, an die sie glaubten; in der Geschichte vollzog sich ja häufig ein doppeltes Geschehen, dessen Linien in umgekehrter Richtung verliefen.

Die Gewalt der äußeren Ereignisse hatte die Hugenotten ganz auf die inneren verwiesen; hier aber standen sie in einem vielleicht noch wesentlicheren Sinne in der Geschichte als in ihren Feldzügen; hier waren sie noch einmal vor Ja oder Nein gestellt, welche Entscheidung die Geschichte keinem Menschen und Volke erläßt; hier hatten sie noch einmal die Möglichkeit, nach so vielen Kämpfen alles zu verlieren oder zu gewinnen; und hier fanden sie die Haltung, die ihr Gewissen ihnen vorschrieb und die, mit der Kraft des Beispiels, aber auch einfach als etwas Geschehenes oder Bestehendes wirkend in die Geschichte eingehen sollte. Sie standen im Turm zu Aiguesmortes, unter feindlicher

Befehlsgewalt, ebensowohl unter dem Gesetz des Absoluten, wie sie am Tage ihres Aufbruchs unter ihm zu stehen überzeugt waren; es ist ja keine von der Geschichte geschaffene Lage denkbar, in der das Absolute den Menschen aus dieser Bindung entläßt, keine, in der er nicht im Sinne der höchsten Verpflichtung frei wäre. Und doch ist diese Freiheit von einem so erschütternden Ernst, daß in vielen Fällen das Urteil über diejenigen verstummen muß, die sie nicht zu wahren vermochten.

Aber diese Freiheit besteht unabänderlich, unzugänglich einer jeden fremden Macht und doch so leicht verletzbar durch den, dem sie überantwortet wurde. Sie ist die beunruhigende Tatsache, die nicht einen Augenblick der Geschichte vorübergehen läßt, ohne ihn mit Ewigkeitsgehalt zu beschweren; sie zehrt selbst die Möglichkeit der Sinnlosigkeit auf: jetzt und morgen und immer, an einem jeden Orte wird über das ewige Leben entschieden; und was heute entschieden wurde, das muß morgen noch einmal entschieden werden, neuen Möglichkeiten des Handelns, des Ja und Nein gegenüber. Denn das Absolute ist unerschöpflich an Fragen, die es dem Menschen stellt: sie sind die tausendfachen Abwandlungen der einen Frage, ob er bereit sei, das Absolute in seinem Leben zu vertreten und den Vorrang des Absoluten vor allen von Menschen gesetzten Forderungen und Werten durch ein ganzes Leben zu bezeugen. Hier tritt die eigentliche und letzte Zukunft, das ewige Leben, an den Menschen heran, während die irdische Zukunft durchaus verschlossen bleibt und es nicht zuläßt, daß der Mensch, wie unerläßlich auch seine Sorge und Vorsorge sei, die Erfüllung seiner Erwartungen von ihr fordere. Denn schon das Gehen und Kommen der Menschen, Geburt und Tod sind von unermeßlichem Einfluß auf das Geschehen, das wohl den Anschein der Notwendigkeit empfängt für den Zurückblickenden, in dessen forschenden Augen sich die Linien zusammenziehen, das aber ein undurchdringliches Gewirr arbeitender Hände, sich kreuzender Fäden bleibt für den Vorausschauenden. Wohl wirken geheime Tendenzen in den Zeiten, die sich in heraufkommenden Persönlichkeiten darstellen oder diese in ihren Dienst rufen; aber deren Kommen, deren Art, zu handeln und zu denken, stehen doch immer in Frage, ebenso wie die geistigen Kräfte, die eine Epoche prägen, das Fühlen der Menschen bestimmen und ihrem Handeln Ziele setzen, durchaus unberechenbar sind. Hier ist keine Gewißheit; nur das Gebot des Gehorsams

gegen die weltliche Gewalt innerhalb ihres Bereiches hat unverrückbare Geltung; die Folgen und meist auch die Voraussetzungen liegen im Dunkeln.

Vor der unveräußerlichen Freiheit aber – der Verantwortung
für das ewige Leben – ist ein Zweifeln nicht möglich; hier liegt
die einzige Zukunft offen, deren wir, kraft der Verheißung, gewiß
sind. Diese Freiheit besteht inmitten des Dienstes, des Amtes,
schwerster weltlicher Pflicht. Denn wo wäre ein Ort oder eine
Zeit, die der Ruf des Herrn nicht erreichte und die uns nicht antworten ließen: ›Ja, ich bin bereit, ich gehöre Dir. Zwar besteht
mein Dasein fast nur noch im Bewußtsein dieser Freiheit und in
dem Willen, sie recht zu verwalten, im letzten, verborgenen, doch
über alle Zeit sich emporschwingenden Ja. Was ich sonst mein eig-
en nannte, ist mir genommen worden; nur dieses Ja blieb mir
noch; und ich flehe Dich an, führe mich an keinen Ort, wo ich die
Kraft nicht mehr finde, es zu sprechen.‹ So mag uns das Gewissen
leiten, doch wird es nur ausreichen im Zusammenwirken mit der
Liebe, die zum Herrn strebt und von ihm wieder auf die Welt zu-
rückstrahlt.

Durch die Seele allein erlangt vom Menschen her die irdische
Geschichte ihre Bindung an die Ewigkeit; es wird darum kein
Kampf gekämpft, keine Schlacht geschlagen, denen nicht ein
Kampf in den Seelen entspricht; denn mit den Mitteln der zeitlichen Entscheidung werden die Seelen vor die Entscheidung für
das ewige Leben gestellt. Insofern ist die äußere Geschichte nur
die durch die Zeiten hallende Frage; die Antwort ist selten vernehmlich, aber wir dürfen glauben, daß sie nie verweigert wird,
sei es nun, daß sie sich offen ausdrücke in Bekenntnissen oder in
Handlungen; sei es, daß sie auf ein einziges Wort sich zusammen-
ziehe, ähnlich der Inschrift von Aiguesmortes, die der Zufall noch
erhielt, während das eigentliche Wort, die Haltung des Menschen, gewiß vernommen wurde vom Herrn. Auf die Freiheit
dieses Wortes ist die Geschichte angewiesen, wenn sie in die
Ewigkeit hinaufreichen will; diese Freiheit als eine von oben ge-
setzte, als die Möglichkeit der freien Hingabe an den Herrn, ist
unvernichtbar, ebenso wie das Bild des Menschen, dem diese
Möglichkeit wesentlich ist, unzerstörbar ist. Diese Freiheit ist es,
die alle Zeiten miteinander verbindet zu der einen großen Welt-
zeit des ringenden, sich herstellenden Gottesreiches; sie ist es
auch, die uns den Vergangenen, und namentlich denjenigen unter

ihnen, die sich bewährt haben, in tröstliche Nähe rückt, so daß
wir meinen, wir seien ihnen heute begegnet und lebten und
kämpften mit ihnen.

Die fernen Bilder
Aus einem Tagebuch (Dezember 1939)

Mehr und mehr habe ich mich in den letzten Jahren daran gewöhnt, mit den Bildern der großen Meister zu leben. Sie waren Freunde, auf deren Bereitschaft ich rechnen konnte, sobald ich in eine Stadt kam; ich besuchte sie wieder und wieder, und langsam konnte ich hoffen, sie kennenzulernen; die Sprache ihres großen, so völlig unberührbaren Schweigens wurde mir teuer; und die Macht der abendländischen Glaubenswelt rührte mich durch die Bilder oft schon stärker an als durch das Wort. Ich besuchte sie nicht mehr, weil ich zufällig in ihre Nähe kam; ich reiste oft um ihretwillen, und mit immer neuem Glück fühlte ich, wie ihre stille Gewalt mich selber still machte und in mich eindrang und wie der Glaube und das Wissen der großen Meister, das Unaussprechliche, das sie geschaut hatten, in mir den Glauben vertieften, das Wissen bestärkten. Sicherlich sind Bilder für viele Menschen Schicksal geworden, so wie sie ja auch am Schicksal des Künstlers wirkten; mit ihnen tritt die Wirklichkeit von oben vielleicht am unmittelbarsten in das Dasein des Menschen ein; wer zu schauen befähigt ist, der kann dieser Wirklichkeit nicht ausweichen. Er muß fühlen, wie unter ihrer Einwirkung seine Seele sich verwandelt, wie die geheimnisvolle innere Richtung seines Lebens, die an dessen Gang einen so wesentlichen Anteil hat, langsam sich wendet und er, wollend und zugleich angezogen, den großen Inhalten sich entgegen bewegt, die er geschaut hat. Wie sollte es anders sein? Hat doch die Kunst die Aufgabe, das Unsichtbare auf diese Weise sichtbar zu machen, daß es unsere Seele berührt und erschließt; wurde ihr doch im Heilsplane eine unverrückbare, freilich von vielen Gefahren umdrohte Bestimmung zugewiesen.

Aber nun sind die Bilder unzugänglich geworden, und ein Gefühl von Verlassenheit, der Mangel eines großen, schon gewohnten Trostes wollen sich nicht beschwichtigen lassen. Eine ganze, unüberschaubar reiche Welt, ein wesentlicher Teil dessen, was sich das Abendland als Ausdruck seines Wesens errungen hat, ist gleichsam in die Tiefe gesunken; es ist, als sei eine stille Musik plötzlich verstummt, die uns Jahr um Jahr begleitet hat. Und doch ist dieses Fernesein erst die Probe auf die Macht der Bilder, auf die Empfänglichkeit und Treue der Seele. Denn wenn wir sie jetzt verlieren, so sind sie uns nie zu eigen gewesen, so hat nie die geheime Verwandtschaft der Seele mit dem Lichte bestanden, aus dem die Bilder kommen. Sie müssen noch da sein; wir müssen nur die Kraft finden, uns aus dem Tageslicht zurückzuziehen, um sie heraufzuholen. Und wie wir oft als Betrachter die Augen beschatteten, um dem Bilde das eigene Licht zu geben, so müssen wir jetzt die Sinne und die Unruhe unserer Sorgen und unseres Denkens beschatten, wenn uns die Bilder wieder leuchten sollen. Vielleicht gelingt es uns, sie zu sehen – außerhalb des Raumes, in der Tiefe, aus der zu leben wir lernen müssen, sofern unser Leben sich dem Zufälligen und seiner flüchtigen Sinngebung entreißen soll. Denn wie die Belagerten in einer hochgelegenen Stadt oder Burg nur aushielten, wenn der Schacht ihres Brunnens bis auf die Talsohle reichte, so müssen auch wir bis auf den Grund, der nie vertrocknen kann, gegraben haben.

Und doch geht es nicht um die Bilder allein; über Nacht hat sich alles verändert, und nun wird die Probe gemacht auf das Unverlierbare, auf unser eigenstes Eigentum. Sind die Güter, deren wir bedürfen, beschlossen in unserer Seele; und ist das Vermächtnis der Vorfahren, das uns in verschwenderischer Fülle zu Gebote stand, zu einem Bestandteil unseres Lebens und Wesens geworden, so daß wir den Verlust der Dinge nicht mehr zu fürchten brauchen? Können in der äußersten Not die in der Seele bewahrten Bilder an die Stelle der Dinge treten? Dies ist doch die entscheidende Frage an den einzelnen wie an das Volk: Können die verpflichtenden Bilder dir genommen werden, oder stehst du überall und zu einer jeden Stunde unter ihrem Gebot? Denn die Werte können wir nicht besitzen wie die Dinge, sie müssen in uns sein; und wir sind ihnen nie verpflichtet gewesen, wenn wir uns ihrem Gebote entzogen fühlen, sobald sie nicht mehr sichtbar vor uns stehen und von der äußeren Wirklichkeit nicht mehr vertreten werden. Nicht durch die Dinge allein, sondern vor allem durch uns wollen sie ja immer von neuem in die Wirklichkeit des geschichtlichen Lebens treten und in ihm vollzogen werden; sie sind in ihrem Dasein nicht abhängig von uns, aber wir sind abhängig von ihnen und würden Sein und Wesen verlieren, wenn wir uns nicht in ihren Dienst stellten. Und wenn die Bilder der großen Meister durch lange Jahre nicht mehr hervortreten würden, wenn es uns bestimmt sein sollte, ihrer viele nie mehr wieder zu sehen, so müßten wir doch zeugen für sie und für die Welt, deren vom Menschenwillen unabhängigen Bestand sie bezeugt haben. Denn alle Bilder weisen zurück auf das in Licht gehüllte Urbild, so wie die Dinge Bestand haben im Sohne als dem Abglanz der Herrlichkeit und dem Abbild des Vaters, im Sohne, durch den der Vater die Welt geschaffen hat und der das All trägt durch sein Wort (Hebräer 1, 3). Das ganze Wesen der Welt ist bildhaft, Abglanz göttlichen Seins. Nur am Bildhaften, nicht am Geschehen, das noch nicht zum Bilde erhoben wurde, vermag sich die Seele zu sättigen.

So müssen wir einen jeden Tag ringen um die Bilder in der Tiefe, die gestalthaften farbigen Gleichnisse, die uns in Pflicht nehmen. Und wenn sie uns entrückt werden, so geschieht es aus keinem andern Grunde, als weil wir lernen sollen, ihren Wert zu ermessen und sie immer aufs neue zu erkämpfen, dem Anspruch eines Geschehens gegenüber, das seinen Sinn nicht in sich selber tragen, sondern ihn nur von den Bildern empfangen kann. Um die Macht und Erfülltheit der Seele geht alles: eine Macht, die nicht von der Welt ist, sondern von Gott und gerade darum berufen, auf die Welt zu wirken.

Chamissos Geschichtserfahrung

Wenn wir die Dichter des neunzehnten Jahrhunderts fragen wollten, mit welchen Hoffnungen und Befürchtungen sie den Weg ihrer Epoche betrachtet haben, so würden wir eine widerspruchsvolle Antwort erhalten. Die zuversichtlichen, hoffnungsfreudigen Töne überwögen, trotz mancher Klagen über die Not des Augenblickes; aber dazwischen ließen sich dann und wann Worte vernehmen, die gleichsam mit einer zweiten Stimme gesprochen werden. Es ist eine Stimme, die aus einer sonst unzugänglichen Ferne und Tiefe zu kommen scheint: sie weiß von Verfall, Frevel und Gericht, von unübersehbarem, undurch-dringlichem Unheil; man hat das Gefühl, daß sie dem Dichter gar nicht gehöre, sondern vielleicht der Zeit, die kommen soll, oder dem in der Geschichte waltenden Geiste, der sich mit sich selbst bespricht, während auf der Erde unten die Menschen reden, hoffen und dichten, wie es eben den Menschen gegeben ist. Solche Töne durchziehen das Werk Grillparzers, Anastasius Grüns und anderer österreichischer Dichter, auch Hebbels, Gottfried Kellers und besonders Eichendorffs; sie klingen noch, gleichfalls in starkem Widerspruch zum Weltbild und zur politischen Zielsetzung, mächtig im Werke des heute zu wenig geschätzten Hermann Lingg, der eine höchst wunderbare Gabe hatte, in Völkern und Zeiten, fernen Räumen und Städten zu leben und deren oft visionär erfaßtes Sein in wuchtiger Sprache auszudrücken. Nur wenige Geisteswerke jener Epoche sind von der Geschlossenheit und Beharrlichkeit des von Gotthelf hinterlassenen Lebenswerkes; ihm hatte die innige Liebe zu seinem Volke die drohenden Gefahren erschlossen, und er sah von der Höhe seiner Berge weiter in die Zukunft als so viele, die ruhelos die Welt durchjagten. In den Werken der andern Dichter sind verschiedene Schichten durcheinander geworfen, und es wäre wohl oft den Urhebern nicht möglich gewesen, zu sagen, welche Schicht die tiefere war.

Aber was liegt im Grunde an einer solchen Aussage der Dichter, wo doch das Kunstwerk besteht? Seltner, als wir vielleicht anzunehmen geneigt sind, dringt der nachspürende Verstand der Begnadeten der Eingebung nach. Die bedeutendste Gestaltung wird schon als solche schwer verstanden; und wie die Mystiker immer

wieder vor dem Wunder warnten und nur ein solches gelten ließen, das in tiefster Demut nicht getan, sondern erlitten ward, wie
sie einer jeden Einmischung des Willens in die letzten Geheimnisse der gnadenreichen Beziehung zu Gott einen starken Zweifel
entgegensetzten, so hätten die Dichter wohl diejenigen ihnen geschenkten Worte am meisten achten müssen, die sie nicht wollten
und die ihren Überzeugungen und den aus der Zeit entwickelten
Idealen widersprachen. Die merkwürdige Zweistimmigkeit, die
für Epochen der Krise und Umwälzung bezeichnend ist – welche
Ahnungen klingen auch durch die Dichtung der Renaissance und
des Rokokos! –, läßt sich nur aus dem innersten Wesen der Kunst
verstehen; sie fordert persönlichen Wert, Bereitschaft und die
Ausbildung der Mittel und insofern auch den vollen Einsatz des
Willens; die höchsten Inhalte aber sind ein Geschenk, das nur in
der Begegnung mit dem Außerpersönlichen, in Augenblicken der
Selbstentäußerung zuteil wird.

Selten wohl hat sich ein Dichter seine Sprache so schwer erringen
müssen wie Chamisso. Es ist an sich schon ein kaum begreiflicher
Vorgang, daß ein Dichter sich unter der Gewalt geschichtlicher
Schicksale vom Mutterboden seiner Sprache losreißt und einen
neuen Boden gewinnt; die Spuren dieses Kampfes haften auch
dem Werke in Gestalt fremder Wendungen, einer da und dort
spürbaren leichten Gewaltsamkeit an. Dennoch war Chamisso
seinem Wesen nach durchaus Künstler; keiner der ganz wenigen,
denen eine Welt in ihrer Geschlossenheit und Fülle sich darstellt,
um von ihnen Zug um Zug gestaltet zu werden, aber doch ein
Künstler, der die Grenze des Willens kannte und sich an ihr
beugte, um zu warten und zu gehorchen. ›Ich will mit der Poesie
selten etwas; wenn eine Anekdote, ein Wort, ein Bild mich selbst
von der Seite der linken Pfote bewegt, denk ich, es müsse andern
auch so ergehen, und nun ringe ich mühsam mit der Sprache, bis
es herauskommt‹, schrieb er seinem Freunde Trinius. Das wesen-
haft Irrationale aller Poesie war ihm somit bewußt; von dort her
kamen ihm die eigentümlichen Bilder und Prophetieen, die, alle
das Siegel besonderer Herkunft tragend, zwischen den zarten
Gedichten und herb verhaltenen Verserzählungen, den von hartem Ernste geprägten Balladen stehen; von dort her war ihm auch
der ›Peter Schlemihl‹ gekommen, dessen rein ›zufällige‹ Entste-
hungsgeschichte der Dichter erzählte, ohne die auf Deutung

drängenden Frager befriedigen zu können. Die ›wundersame‹ Geschichte entstieg dem letzten, ihm wohl selbst verborgenen Grunde seiner Existenz als deren nicht völlig in Klarheit aufzulösender Ausdruck, während im äußeren Leben die Gestaltung auf einer Reise angeregt wurde durch die scherzhafte Frage seines Freundes Fouqué, ob Chamisso, wie Hut, Mantelsack, Handschuhe und Schnupftuch, auch etwa seinen Schatten verloren habe. War die Idee der Ausdruck der unheilbaren Heimatlosigkeit des Vertriebenen, so nahm er in Einzelheiten den Gang seines künftigen äußeren Lebens voraus: so in der Schilderung der Weltfernen, die der Held mit den Siebenmeilenstiefeln durchmißt. Auch diese Vorwegnahme deutet darauf hin, daß die Dichtung in jener Tiefe wurzelte, in der Schicksal und Wesen des Menschen eine Einheit bilden. – An der Ausführung, die im Jahre 1813 ganz unbekümmert geschah, hatten romantische Phantasie, verwegener Humor und, im Hintergrunde, Selbstironie den Hauptanteil. Auf eine ähnliche Weise wie das Märchen dem Grunde persönlichen Daseins entstiegen vereinzelte Gedichte und Verse dem Grund der Zeit, emporgetrieben von einem Zeitgefühl, von Furcht und Ahnung, die sich der verstandesmäßigen Durchdringung entziehen. Gerade auf ihnen beruht Chamissos dichterische Bedeutung. Das Unsichtbare und mit ihm das Kommende ist der Gegenstand der Dichtung, die vermittelnd zwischen Erde und Himmel steht und Ewiges durch die Gestalt des Zeitlichen vergegenwärtigen soll; um das Unsichtbare empfangen zu können, darf der Dichter nicht zu fest an der Erde haften. Chamisso hatte durch die Französische Revolution die seine verloren; das Schloß Boncourt in der Champagne ward zerstört, die Familie flüchtete nach Belgien und dann nach Deutschland; zwei Brüder des Dichters hielten noch während der Revolution als Leibpagen im Dienste Ludwigs XVI. aus. Nur auf einem Zettelchen von der ›Größe eines Talers‹ konnte der unglückliche König in einem unbewachten Augenblick seinem Leibpagen Charles de Chamisso seinen Dank aussprechen. Dieser Schmerz, diese Loslösung, die eine neue, ganz feste Bindung nicht mehr zuließ, erweckten und speisten vielleicht das Dichtertum Adelberts.

Für einen Augenblick können wir der Versuchung nicht widerstehen, uns die Gestalt des Dichters zu vergegenwärtigen, der erst im letzten Jahrzehnt seines Lebens es wagte, sich als Dichter zu fühlen. Er lebte zu Berlin als Kustos am Botanischen Institut in seiner ›äußersten Ecke am Tore, welches nach Schöneberg führt‹, und legte nur selten den langen Weg in das Innere der Stadt zurück. Freunde verehrten und liebten ihn, und dem Anteil an ihrem Streben, der Arbeit mit ihnen gehörte ein nicht geringer Teil seines Lebens, seiner großen Arbeitskraft. Aber auch die Fremden, die ihm begegneten, mußten das Ungewöhnliche des Mannes erkennen; langes, früh ergrautes Haar umwallte das stolze, kühne Gesicht; er war hochgewachsen und ging geraden Weges mit unbekümmerter Heiterkeit; die große Ferne, die er auf der dreijährigen Reise um die Welt durchmessen, die Schwere bestandener, überwundener Schicksale, der Sieg, den er über das Wirrsal seiner Zeit errungen, hafteten ihm an. Er hatte die Wirklichkeit erkannt und erfahren; er hatte in das Innerste des Menschenherzens geblickt und deckte den Abgrund des Bösen unbarmherzig auf. So wußte er von der Macht des Gewissens, die den Menschen nicht freigibt und endlich die Sühne erzwingt; aber er wußte auch vom reuelosen Tod der ›Giftmischerin‹, die ›allen Schrecken vor Gespenstern überwunden‹ hat und in der Gier nach Macht sich nur einmal der Vorsicht begab; dieses Versehen, nicht die Schuld, büßt sie willig mit dem Leben, im Tode noch die Welt herausfordernd, die vor ihr in furchtbarer Leere gähnt:

> Ich blicke starr und fest vom Rabenstein
> Ins Nichts hinein.

Und mit der gleichen schonungslosen Wahrhaftigkeit, mit der er das Böse bis in seinen irrationalen Ursprung verfolgte, begegnete er sich selbst, in dem erschütternden Gedichte ›Erscheinung‹ das Ich seiner Vorstellung und das Ich seiner Selbsterkenntnis einander entgegensetzend. Aber der Dichter schrieb um dieselbe Zeit Liebeslieder, die unserem Empfinden zu weich erscheinen mögen; es war vielleicht die ihm von dem alten Geschlechte vererbte ritterliche Art, die Wirklichkeit der Welt mit unerbittlicher Strenge zu erkennen und auszusagen und zugleich das Herz und das Haus zu bewahren für die zärtlichsten Gefühle. Hatte er doch auch in der Welt auf seine Weise gesiegt: nicht indem er sich der Gelegenheit beugte und den Gewinn suchte, sondern indem er in unberührbarer ritterlicher Reinheit erst als Offizier, dann als Forscher sich durchkämpfte, geleitet von starkem sittlichem Bewußtsein und einem ungemein reichen Geiste, der befähigt war, sich mit gleicher Ausdauer und Kraft der Naturwissenschaften wie der Poesie und ausgedehnter Sprachwissenschaft zu bemächtigen. Eine Art von ›jungfräulichem‹ Lächeln umschwebte noch den Mund des Gealterten; sein Name, nicht Hab und Gut, sollte das sichere Erbe seiner Kinder sein. So traf ihn Ampère im Jahre 1827 in der Berliner Literarischen Gesellschaft; ›sein Gesicht hatte einen eigentümlichen Ausdruck von Wohlwollen und Festigkeit; es lag darin gleichzeitig etwas Zartes und Kräftiges, Abgespanntes und Kühnes; …ein französischer Emigrant und ein preußischer Offizier, ein Edelmann und ein Liberaler, ein Dichter und ein Botaniker‹. Er sprach entschieden, aber angestrengt und mit fremdem Akzent; ungern ließ er sich bewegen, französisch zu sprechen; vielleicht fühlte er dann zu deutlich, was er hatte überwinden müssen und daß er seinen ›Schatten‹, das im Grunde Unveräußerliche, verloren hatte. Aber auf dem Totenbette, als die ungeheure Willensanspannung nachließ, sollte er die Sprache seiner Mutter sprechen, wie einst auch Franz Xaver Baskisch sprach auf der verlassenen Insel vor Kanton. Oft kehrten die Bilder seiner Kindheit wieder in seinen Träumen; war das Bild des verschwundenen Schlosses Boncourt und der Menschen, die darin gelebt hatten, ihm doch auf die Weltreise nach Kamtschatka und Kalifornien gefolgt.

So tief war die Bindung, so tief auch der Riß, so stark die Kraft, die aus diesem Leben ein Ganzes machte und auf fremder Erde ein großes, vielfältiges Werk aufbaute. Und wie die Bilder der Kindheit, so sollte sich auch ihr Glaube anmelden; unvermittelt erklärte er einem jungen Manne, der ihn während eines Kuraufenthaltes in Reinerz besuchte, ›daß nichts von jenem [dem Christentum] übrig bleibe, wenn man die Göttlichkeit Jesu und die Unsterblichkeit angreife‹. Lange hatte er um Klarheit in Glaubensdingen gerungen: so schon als junger Offizier, da er in dem hannöverischen Dorfe Erbsen die Bibel studierte; auch im letzten Lebensjahre hatte er die Vorstellung der Aufklärung von ›Papsttum und Pfaffentum‹ nicht abgelegt; dennoch war er im Streite mit den Geistesmächten seiner Zeit einer klaren Einsicht in das Wesen des Christentums gelangt: ›Ich bin dem Katholizismus entwachsen, und dennoch soll eine Kirche sein, und *ein* Glaube, scheint mir, ist nur auf katholischem Wege zu erzielen; mit dem Schlüssel des Gewölbes stürzt das Gebäude ein und ist eingestürzt.‹ (An De la Foye, 9. Juni 1838.) Und in demselben Briefe, einem seiner letzten, sprach er sein christliches Bekenntnis aus: ›Christ möchte ich nur den nennen, der an die göttliche Sendung, an die Gottheit oder Göttlichkeit Christi und an die Fortdauer des Ichs glaubt.‹

Die mächtige Bindung durch das altfranzösische Erbe seines Geschlechts war für ihn zu einer inneren Bindung geworden, die den Heimatlosen endlich doch in die Nähe des Ursprungs zurückführte; von ihr geleitet, war er durch die Welt geschritten und ihr gerecht geworden. Einst hatte er Freude daran gefunden, sich mit Madame de Staël in blitzendem Gespräch zu messen; in ihrer Umgebung hatte er auf einer seiner Rückreisen nach Frankreich auf Chaumont an der Loire und auf Coppet am Genfer See gelebt; aber der Alternde hatte sich die Empfänglichkeit für die einfachen Freuden einer Wanderung durch das schlesische Gebirge und des häuslichen Lebens bewahrt. In Schöneberg lebte er, umgeben von Frau und Kindern, ›still im Schatten‹, am ›äußern Ufer der Geschichte‹. Seine Dichtung aber kam zuweilen unmittelbar aus deren strudelnder Tiefe. Der von seinem Heimatboden Fortgerissene hatte vor allem eines erfahren: die unwiderstehliche Gewalt der Strömung, der sich der Mensch vergeblich entziehen will. Mit dieser Erfahrung trat er denen gegenüber, die glaubten, beharren zu können; im ›alten Sänger‹ fand der Dichter, der sein letztes Wort nur in Bildern und Gestalten sagen konnte, seinen Sprecher: Unter den blinden, unwissenden Menschen, die einmal zuviel von der Zeit fordern, dann wieder meinen, sie zum Stillstand bringen zu können, erscheint der Alte, um seine große Weisheit zu verkünden von der Gewalt der Zeit, von Geduld und Kühnheit, die der Mensch üben muß, wenn er sich in der Strömung bewähren will.

> Sang der sonderbare Greise
> Auf den Märkten, Straßen, Gassen
> Gellend, zürnend seine Weise:
> »Bin, der in die Wüste schreit.
> Langsam, langsam und gelassen!
> Nichts unzeitig! Nichts gewaltsam!
> Unablässig, unaufhaltsam,
> Allgewaltig naht die Zeit.

Torenwerk, ihr wilden Knaben,
An dem Baum der Zeit zu rütteln,
Seine Last ihm abzustreifen,
    Wann er noch in Blüten prangt!
Laßt ihn seine Früchte reifen
Und den Wind die Äste schütteln,
Selber bringt er euch die Gaben,
    Die ihr ungestüm verlangt.«

Aber die Menschen wollen ihn nicht hören; sie meinen, er spräche im Wahnsinn, und werfen ihn in den Kerker; nun ist es, als sänge die Zeit selbst aus den düstern Mauern mit der Stimme des Propheten:

Sang der sonderbare Greise
Immer noch im finstern Turme
Ruhig, heiter seine Weise:
    »Bin, der in die Wüste schreit.
Schreien mußt ich es im Sturme;
Der Propheten Lohn erhalt ich.
Unablässig, allgewaltig,
    Unaufhaltsam naht die Zeit.«

Dem Sänger verwandt ist der alte König, der von den Zinnen seiner Burg in das heraufziehende ›Ungewitter‹ schaut; das Zepter ist ihm schon entsunken, er hält die Krone fest; seine Geliebte möchte noch einmal sein Herz bewegen, aber er weist sie ab: er weiß, daß Unwiderrufliches geschieht, daß sein Leben, daß die Welt niemals wieder werden können, was sie vordem gewesen:

Ich bin auf Burgeszinnen
    Nicht König mit Schwert und Kron,
Ich bin der empörten Zeiten
    Unmächtiger, bangender Sohn.

In dem Sturme, dessen Macht der Sänger anzeigt, der König schon fühlte, steht der ›alte Müller‹ am Rande der Felswand über der Mühle:

Es wütet der Sturm mit entsetzlicher Macht.
Die Windmühl schwankt, das Gebälk erkracht.
　　Hilf, Himmel, erbarme dich unser!

Der Müller kennt den Sturm und jubelt ihm zu, obwohl er weiß,
daß der Sturm ihn vernichten wird:

　　Willkommen, willkommen, großmächtiger Wind!

Denn dieser Sturm ist die Allgewalt der Zeit, die an den Schuldigen das Gericht vollzieht und ihrer Hände Werk zerschmettert.
　Am Urteil über die Schuldigen im einzelnen war dem Dichter
nichts gelegen: das Urteil über sie ist Gottes Geheimnis, es erfolgt
jenseits der Grenzen unseres Lebens: sie werden alle gerichtet
werden, aber wir wissen nicht, wie das Urteil lauten wird, und sollen es nicht wissen. In dem Gedichte ›Traum‹ hat er diese Versuchung, zu urteilen oder das Urteil zu erfahren, überwunden. Er
sieht einen gekrönten Jüngling mit Schwert und Waage vor seinem Lager stehen:

　　Ich bin, der kommen soll, die Zeit ist reif.
　Der Tag ist aber wie die Mitternacht,
　　Die Gegenwart ist falsch, das Leben lügt,
　　Der weiß es, der die Toten reden macht.
　Die Toten, deren Zeugnis mir genügt,
　　Sollst du verhören über diesen Streit;
　　Steh auf und geh, ich hab es so verfügt.
　Dann tritt die Zukunft in die Wirklichkeit,
　　Dann schaff ich Recht in die erneute Welt
　　Und richte wieder ein den Lauf der Zeit.

Der Dichter folgt dem Engel in das Münster und steigt mit ihm
in die Grüfte hinab; die Toten werden aufgerufen und verhört,
und der Dichter ›schreibt die schweren Worte treulich nach‹.
Franklin und Washington, Ludwig XVI., Rousseau, Voltaire,
Necker, Mirabeau und ›ängstlich bang / das blutbefleckte
Schreckbild Robespierre‹ werden geweckt und endlich Napo-
leon. Sein Name dröhnt durch das Gewölbe, und die Toten rek-
ken sich, ihn zu sehen, da er, ›gestützt auf des zerbrochnen
Schwertes Knauf / im abgerißnen Purpur stolz und bleich‹, dem

Rufe folgt. Aber der Toten werden immer mehr, so daß den Träumenden das Grausen packt; er erwacht, und schon ist ›vergessen und verschollen, was ich schrieb‹. Denn gewiß ist wohl das Gericht, unter dem die Zeit steht, aber es ist uns verborgen, und nimmer wird Menschenmund das Urteil Gottes nachsprechen. Hier, auf Erden, unter dem undurchbrechlichen Bann der Geschichte, ist die Stätte, wo die Menschen sich unter ihre Kreuze beugen sollen. Da der Dichter sich über das Gewicht des ihm auferlegten Kreuzes beklagt, wird er in eine Halle versetzt, die von Kreuzen erfüllt ist (›Die Kreuzschau‹), damit er sich ein ihm zusagendes auswähle. Er probt und verwirft, wägt ab und sucht; endlich findet er

> Ein schlichtes Marterholz, nicht leicht, allein
>   Ihm paßlich und gerecht nach Kraft und Maß:
>   »Herr«, rief er, »so du willst, dies Kreuz sei mein!«
> Und wie ers prüfend mit den Augen maß –
>   Es war dasselbe, das er sonst getragen,
>   Wogegen er zu murren sich vermaß.
> Er lud es auf und trugs nun sonder Klagen.

So wächst die Bereitschaft für das Kreuz unter den Schicksalen, und gerade darauf beruht für den einzelnen deren Sinn. Mit diesem Blick auf das Kreuz findet der Dichter in seinem Todesjahr das letzte versöhnende Wort über die Französische Revolution; er schildert (›Die stille Gemeinde‹) die Bauern der Bretagne, die sich ihren Glauben und Gottesdienst nicht nehmen lassen wollen; hergesandte Soldaten verbrennen die Kirchen und schmähen den Heiland; nachts erglimmt ein fernes Licht auf dem Meere, und Männer, Weiber, Kinder, Greise rudern ihm entgegen. Der greise Priester erwartet sie vor dem Altare im schwankenden Nachen, und der Geächtete bringt das Opfer dar und betet für Frankreich und diejenigen, die es in ihrer Gewalt haben:

> Denn dein, nicht unser Wille soll geschehen,
>   Dein ist die Kraft, dein ist die Herrlichkeit,
>   Und ewig wird allein dein Reich bestehen.
> Wir Kinder Frankreichs beten allezeit:
>   Nicht wende du im Zorn dein Angesicht
>   Von unserm Land und unsrer Obrigkeit.

Geh nicht, o Herr, mit ihnen ins Gericht,
  Die frevelnd sich aus deiner Hand gewunden;
  Was sie getan, sie wissens selber nicht.
Ihr aber, die den Herrn zu allen Stunden
  Einmütiglich bekannt und Trost hienieden
  In Lieb und Glaub und Hoffnung habt gefunden,
Kehrt heim versöhnten Herzens und mit Frieden.

Mit dem Hinweis auf diese heute leider zu wenig bekannten edlen
Dichtungen wurde der Versuch gemacht, die Linie anzudeuten,
auf der sich Chamissos Geschichtserfahrung bewegte und auf der
er die Geschichte überwunden hat. Gerade die Gegensätzlichkeit
der von ihm dargestellten Sphären und Zeiten, die ungemeine
Weite des Raumes, dem er seine Stoffe entnahm, spricht für die
Stärke seiner Geschichtserfahrung. Dennoch könnte man von
ihm wie vielleicht von manchem Dichter sagen, daß er für ein einziges Gedicht gelebt habe; es ist das Gedicht auf ›Schloß Boncourt‹, die Väterburg in der Champagne, die ihm, gerade weil sie
von der Erde verschwunden war, ›treu und fest‹ im Sinne stand.
In dieser Burg lebte er in Wahrheit, während er die Welt durch-
streifte und sich für eine Wahlheimat entschied, deren schönes
Glück und freundliche Geborgenheit die schon frühe gemachte
Erfahrung des Tragischen nicht beschwichtigen konnten. Ein unergründlicher Gegensatz bestand ja zwischen dem Lebensgefühl,
das er aussprach, und dem äußeren Dasein späterer Jahre: Dichtung entspringt nicht in den Ereignissen, sie ist die Erfüllung eines
ursprünglichen, vor allen Ereignissen gegebenen Auftrages, der
im Lebenslaufe wohl verstärkt und bestätigt werden kann, jedenfalls aber ihm wie der Künstler dem Stoffe oder dem Material gegenübersteht. In Chamissos Seele muß ein Tragisches bestanden
haben; dies war er berufen auszusprechen und zu überwinden;
dieser Stimmung der Seele entsprachen dann, wie so oft, die Er-
lebnisse, die ihn zu Gestaltung dieser Stimmung und zu deren
Überwindung antrieben. In dem schlichten Gedichte auf das
Schloß Boncourt ist alles Dunkle, der ganze schwere Stoff dieses
Lebens wie der Zeit, verzehrt worden; der Dichter sieht wieder
das Schloß vor seinen Augen schimmern und sich selbst als Knaben den Hügel hinaufeilen und durch das Tor treten; er steht am
Grabe des Ahnherrn, dann verschwimmt das Bild im Schimmer
der Tränen und des in die Burgkapelle flutenden Lichtes; er steht

weißen Haares in der fremden Welt und segnet den Landmann, der den Pflug über den teuren Boden führt. Das untergegangene Schloß mahnt ihn an sich selbst und seine Bestimmung: er ist zum Dichter geboren, der nicht haften und nicht besitzen, der die Welt durchschweifen und singen und segnen soll. So ist die Zeit furchtbarer Erschütterung, der Verwandlung aller Lebensverhältnise für ihn eine Zeit des Heils geworden: er verbarg sich ihre Furchtbarkeit nicht – so wenig, wie er sich die Furchtbarkeit der Menschennatur verbarg –; er nahm sie vielmehr an. Er opferte das, was ihm genommen ward, noch einmal im stillen auf und erlangte ein Herz, das frei war von den Gütern der Erde; er lernte beten für diejenigen, die unrecht getan, beugte sich in Beharrlichkeit und Geduld unter das ihm bestimmte Kreuz und trug seinen Schmerz im Vertrauen auf den immer bestehenden christlichen Sinn alles Leidens, und er gewann sich auf diese Weise als Dichter die Schönheit und Frische der Welt zurück. Am Ende fällt ein mildes, tröstliches Licht auf den Schauplatz der Geschichte, über den heillose Verwirrung dahingebraust ist: es geht vom Schmerz um das Teuerste aus, dessen Verlust eine Gnade für die geläuterte Seele ist.

Das tiefe Wort Hamanns, daß der nur die Gegenwart verstehen könne, der die Zukunft kennte, weil jene sich zu dieser verhalte wie die Mittel zur Absicht, ist wohl dazu angetan, den von der Geschichte ergriffenen Menschen auf ein gutes Stück zu begleiten. Denn Gottes Walten, in das die Freiheit menschlichen Wollens auf eine unergründliche Weise einmündet, kann zwar vom Glauben angenommen, aber in Tag und Stunde nicht von der Erkenntnis durchdrungen werden; der Herr offenbart sich meist erst dann, wenn er vorübergegangen ist und wir auf der aufgewühlten Erde oder auch auf stillem Wiesengrunde seine Spur erkennen; wir sollen mit unserer ganzen Kraft um die rechte Ordnung auf Erden ringen, aber wir kennen die Zukunft nicht; und es wäre vermessen und gewiß auch töricht, mit Menschen und Völkern wie mit Zahlen rechnen zu wollen. Denn die Kräfte von oben wie von unten strömen unablässig der Seele zu und ringen um sie; und das Große, das einem Volke etwa beschieden ist, entzieht sich aller Voraussicht. Ob es die geistigen Gestalter seines Wesens, ob es die Träger seines Schicksals finden, ob es sich in Geisteswerken schauen oder verfehlen wird: dies alles liegt außerhalb des Bereiches der Vorsorge, deren ebenso große wie fest begrenzte Aufgabe es ist, die Möglichkeiten des Volkes zu schützen und die Fortwirkung seines Erbes zu erhalten. Wir kennen das Muster nicht, nach dem der Teppich gewebt wird, und auch während des Entstehens können wir es nicht erraten, zu welchen Gebilden die Linien zusammenlaufen, die Farben sich verbinden; ist aber ein Streifen gewebt, so erkennen wir endlich die beabsichtigte Form, sind aber für den nächsten Streifen wieder im ungewissen.

Das Wort Hamanns könnte somit nur den entmutigen, der einer ungemäßen Aufgabe nachtrachtet; es besteht zu Recht, aber es ist eher dazu angetan, uns im rechten Sinne tätig als untätig zu machen. Warum sollten wir die Zukunft, warum mit Bezug auf sie die Gegenwart kennen? Der Gläubige weiß, daß die ganze Zeit der Geschichte Adventszeit ist. In welchem Maße auch der Mensch seiner Aufgabe gerecht werden oder an ihr scheitern mag: das Kommen des Herrn ist gewiß; und gewiß ist es auch, daß erst im Augenblick seines Kommens das ganze Gewebe der Zeiten von übernatürlichem Lichte erleuchtet und in ihm überschaubar wird. Da wir aber unter der Gewißheit dieses Kommens stehen, so wissen wir, was wir in einer jeden Stunde tun sollen: wir können nur in einem Sinne wirken, der, innerhalb der uns gesetzten Grenzen, die Vollendung der Geschichte durch die Erwartung des Herrn vorbereitet; wir kennen die Zukunft nicht, aber wir kennen, was viel mehr ist als sie: das Ziel; und in bezug auf dieses Ziel sind wir unabänderlich verpflichtet. Die Annäherung der Menschheit an dieses Ziel, so nahe oder so ferne es sein mag, will in einem jeden Tage und in einem jeden einzelnen Leben geschehen; in diese Annäherung sind die Seelenschicksale auf eine wunderbare Weise eingeordnet: wo eine Seele ihrer Bestimmung genügt, da wird auch ein geschichtlicher Auftrag erfüllt; da findet eine Ader des geschichtlichen Lebens den Weg in das sich langsam füllende Meeresbecken, in das einmal alle Flüsse und Ströme, die Völker und die Geschichtszeiten, eingeströmt sein werden. Es gibt kein persönliches Dasein, das nicht in diesem wesentlichen Sinne, als eine Entscheidung für oder gegen die Ewigkeit, geschichtlich wäre, keines, das nicht auf eine tief verborgene Weise das Licht oder den Schatten mehrte: das Licht, das einmal siegen, den Schatten, der einmal überwunden werden wird. Insofern steht freilich keine Zeit dem Herrn so nahe wie die vorhergehende: der Advent verrinnt; aber nicht ein jeder seiner Tage ist vom selben Lichte begnadet. Es gab Zeiten, deren Gebete still emporstiegen in der klaren Luft einer geläuterten Welt; andere, deren flehendes Wort der Sturm verschlang; wieder andere, die stumm waren, ohne dessen inne zu werden; und Zeiten, die sich des Advents erschüttert bewußt wurden und in neuer Sehnsucht entbrannten.

Wie aber der Mensch die Zeit seines Dienstes nicht wählen kann, so auch nicht den Ort, an dem er dienen soll; er wird ihm zugewiesen von Gott und unter Gottes Walten von der irdischen Ordnung; und wenn es der Tag so will, auf den der Dienst fällt, kann es ein sehr einsamer, unsagbar schwerer Dienst sein, in dem der Dienende nicht mehr vermag, als in äußerster Selbstverleugnung zu ringen um das Heil seiner Seele. Kann er die Seele bewahren, so ist Unendliches gewonnen: des Herrn Eigentum besteht dann inmitten der Zeit, und wie sollte dieses Eigentum nicht wirken? Es sendet seine unsichtbaren Strahlen aus, von denen niemand weiß, wo sie zünden werden, Strahlen, die dann vielleicht sichtbar werden, wenn es unversehens Nacht wird und nichts mehr leuchtet außer dem Licht, das von oben gekommen ist. So ist der verlassenste Posten ein stiller Vorbereiter des kommenden Reichs; und wie sehr verlassen kann ein Posten mitten unter den Menschen sein; und wie sehr bedürfen die Menschen dieses verlassenen Postens! Alles echte Sein wirkt; alles wahre Licht zündet; wer immer der Ewigkeit verpflichtet ist und in der Geschichte steht, der hilft an seinem Teile die Geschichte der Ewigkeit entgegenführen. Insofern ist ein jedes Jahr ein Jahr des Herrn, eine jede Zeit eine Zeit des Heils; die große Möglichkeit, daß das Ewige sich des irdischen Lebens bemächtige, steht immer offen, und ein jeder kann an seiner Stelle über sie verfügen. Ein Leben, das auf diese Weise Treue bewahrt, kann zum stummen Gebete werden; und es wird als solches mächtig über die Schranken des eigenen Daseins hinausgreifen; es kann sich an das wahre Leben aller verlieren, ohne daß diese Hingabe offenbar wird. Und weil in der Zeit die umwandelnde Berührung des Vergänglichen mit dem Ewigen geschieht, weil in ihr das Vergängliche für die Ewigkeit gewonnen werden kann, ist sie dem ›Cherubinischen Wandersmann‹, der so hart zu ringen hatte zwischen Zeit und Ewigkeit, kostbarer erschienen als die Ewigkeit selbst:

> Die Zeit ist edeler als tausend Ewigkeiten,
> Ich kann mich hier dem Herrn, dort aber nicht bereiten.

Auch dieses Wort einsamster Erfahrung wendet sich an die Geschichte; das Dasein, in dem es Wirklichkeit wird, ist über die Zukunft hinweg auf das Ziel der Geschichte gerichtet und kündet in der Zeit dessen Unverrückbarkeit an.

Die geistige Gestalt des Heiligen Johannes vom Kreuz

Eine Kamee im Besitz des Karmeliterklosters zu Troyes bewahrt, vermutlich schon als die Kopie einer Kopie, noch einen Widerschein der Züge des heiligen Johannes vom Kreuz; aus dem Dunkel leuchtet ein Antlitz, dessen stilles Leben von dem herabströmenden Lichte auszugehen scheint; die Augen sind nach oben gewendet, schauend, nicht sehend, der Mund ist leise geöffnet, der Wille ist erloschen. Das Antlitz ist gewissermaßen hinübergenommen in den Bereich des Lichtes; ein tief schmerzliches, aber ergebungsvolles Sehnen nach dem, was die Augen schauen, gibt ihm sein Gepräge; es ist wie ein stilles Dürsten, das langsam, von unaufhaltsam niederrinnendem Quell gestillt wird. Das Emporgehobensein, die reine Ruhe der Ekstase, die diese Züge zeichnen, konnten nur auf dem Antlitz eines Heiligen geschaut werden; so mag die Kamee das Bild spiegeln, das die Priorin des Klosters zu Granada von dem Heiligen machen ließ, als er sich in der Ekstase befand.

Wie sein Antlitz, so wollen sich auch sein Leben und sein Werk nur zögernd aus dem Dunkel der Zeiten heben; ein Teil seiner Schriften und seines Briefwechsels sind untergegangen; vieles mußte wohl vernichtet werden unter dem Druck der Verfolgung, die der Heilige und der von ihm geleitete reformierte Karmeliterorden erlitt. Aber wir wissen, daß er, im Trachten nach vollkommener Armut, die an ihn gerichteten Briefe der heiligen Theresia aufgab, weil auch sie eine Last, ein Besitz waren. Sein Werk ist, obgleich es die geheimste persönliche Erfahrung enthält, ganz ins Unpersönliche gehoben; er sprach nicht von sich selbst, von seinem Lebensgang, sondern allein von dem unergründlichen Raum, in dem die Seele Gott sich nähert, um von ihm ergriffen und erhoben zu werden; er duldete in seiner Zelle kein anderes Buch als die Bibel und scheint die wunderbare Freude der heiligen Theresia an den Begebenheiten des äußeren Lebens – eines Lebens freilich, das ohne jeden Rückhalt dem Herrn diente – nicht gekannt zu haben. Und doch kannte auch er die sehr tiefe und starke Beziehung zur Wirklichkeit des Geschaffenen und den Beruf, in dieser Wirklichkeit zu wirken, welche Beziehung und Bestimmung gerade dem Mystiker wesentlich sind.

Nur wenig vermögen die erhaltenen Lebensdaten anzudeuten vom Geheimnis der Seele, das mit so ergreifender Macht aus jenem kleinen Bildnis spricht. Wieviel äußere und innere Not mag sich verbergen hinter dem einfachen Bericht, daß der Heilige in Fontiveros in Kastilien als Sohn eines verarmten Adligen 1542 geboren wurde und die Mutter, nach dem frühen Tode des Vaters, in Medina del Campo ihr und ihrer Kinder Dasein zu fristen suchte; daß Johannes sich vergeblich in Handwerken versuchte und dann im Hospital diente, während er im Kollegium der Jesuiten zu studieren begann; daß er mit einundzwanzig Jahren, nach seiner Priesterweihe, die ihm angebotene Pfarre ausschlug, das Gewand der Karmeliter nahm und nach Salamanca ging, um Theologie und Philosophie zu studieren. Aber er verlangte nach einer strengeren Form gläubig dienenden Lebens, als die gemilderte Regel des Karmeliterordens sie forderte; als er den Übertritt zu den Kartäusern erwog, war er auf dem Wege zur Entscheidung über sein Leben. Im Jahre 1567 begegnete er der heiligen Theresia in Medina del Campo, wo die Gründerin über Nacht im entschlossenen Kampf mit dem Widerstand der Menschen wie der Verhältnisse ihr zweites Kloster im Sinne ihrer Reform gestiftet hatte; von da an war er ihr Jünger, der unerschrockene, mit heiliger Glut kämpfende und duldende Träger ihrer Reform. Er brannte darauf, den Weg der Vollkommenheit zu beschreiten; sofern es ohne Verzögerung geschehen könne, erwiderte er der Heiligen, sei er bereit, ihn im reformierten Orden zu suchen.

Ein einziges Mal erwähnte Johannes vom Kreuz den Namen der heiligen Mutter in seinen Schriften; sie rühmte wohl die Höhe seines Geistes, die Kunst seiner Rede, oder sie scherzte einmal über seine kleine, zarte Gestalt – konnte sie ihn unter ihren Jüngern doch nur für einen ›halben‹ Pater rechnen –, aber das Geheimnis dieser Begegnung, die Berührung zweier Seelen, die bestimmt waren, einander in immer höherem Feuer zu entzünden, blieb unausgesprochen; es sollte um so heller hervorstrahlen aus der Reform und den Werken des Geistes. Die Heilige war ermächtigt worden, Männerklöster des reformierten Zweiges zu gründen; in dem Flecken Durvelo entstand das erste Kloster, das nur Johannes, den Prior des Karmeliterklosters zu Medina und einen Mönch dieses Klosters beherbergte. An die Kapelle stießen zwei Zellen; hier dienten Steine als Kopfkissen, Strohbündel als

Decken, Kreuz und Totenschädel der Sammlung im Gebet; der Schnee wehte durch das kleine Fenster herein und bedeckte die Kutten der Betenden, die seiner nicht achteten, so wenig wie des Ablaufs der Stunden. Von nun an nannte sich der Heilige Johannes vom Kreuz.

Bald trat die Kraft dieser strengen Form in Erscheinung; Jünger meldeten sich; der Heilige diente der Reform in Mancera und Pastrana, als Rektor des Klosters in Alcalà de Henares und als Beichtvater der Nonnen zu Avila; er diente ihr in noch höherem Sinne während der Verfolgung, in harter Gefangenschaft in einem Kloster zu Toledo. Auf der Erde sitzend, unter Mißhandlungen und Schmähungen mußte er seine Mahlzeit einnehmen; mehr als einmal erwartete er den Tod. Als er, nach fast geheimnisvoller Befreiung, vor den Nonnen zu Veas (in Südspanien) erschien, stand nicht nur die erduldete körperliche Qual in seinem verzehrten, gleichsam ›geschwärzten‹ Gesicht; tiefer hatte ihn die Seelenpein, die Not der inneren Verlassenheit gezeichnet; aber auch Verborgenes sollte langsam seinen Schein über seine Züge breiten: unfaßbare, in tiefstem Leid ihm zuteil gewordene Gnade. In der Not wurden seine Lippen gelöst; aus dem Kerker brachte er die ersten, nur im Gedächtnis bewahrten Strophen des ›Geistlichen Gesanges‹ mit. In dem einsamen Kalvarienkloster bei Veas, dann in Andalusien, wo ihn die Sehnsucht nach dem heimatlich herben Kastilien nicht verließ, in Baeza und vor allem in Granada, endlich wieder als Verbannter in Peñuela, umgeben von der Einsamkeit der Sierra Morena, schilderte er den Weg der Seele zu Gott und Gottes mächtiges Entgegendringen, das die sich hingebende Seele verwandelt.

Längst hatte ihn die heilige Mutter allein gelassen mit der Sorge für ihr Werk; was er forderte und welcher Forderung er lebte, mag ein Satz andeuten aus den ›Stufen der Vollkommenheit‹: ›Tue nie etwas noch sage irgendein Wort, das nicht auch Christus tun oder sagen würde, wenn er in deinem Stande lebte, dein Alter und deine Gesundheit besäße.‹ Nur Heilige und Erwählte würden die heilig-furchtbare Kraft dieses Satzes und seine gestaltende Wirkung auf die Seele ermessen können; angesichts dieses Zieles sah Johannes vom Kreuz den Sinn der Klostergemeinschaft darin, daß alle an der Prüfung und Vervollkommnung eines jeden arbeiten (›Verhaltungsmaßregeln für Ordenspersonen‹). Der einzelne sollte sich erhalten, ›wie eine Statue, die von einem die

Form, von einem andern die Bemalung und von einem dritten die Vergoldung empfängt‹. Das Leben der Ordenspersonen sollte eine Predigt sein über das Thema ›Eher sterben und vergehen als sündigen‹; auch Wunder konnten, wie der Heilige versicherte, eine Lehre nicht bekräftigen, die ein bequemes Leben anriet. »Meine Tochter«, pflegte er der Schwester Anna von Jesus zu sagen, einer Nonne des Klosters zu Veas, dem seine besondere Liebe gehörte und das vielleicht ein Kloster heiliger Frauen war, »verlange nichts anderes als das Kreuz, und zwar ohne Trost; denn das ist vollkommen.« Um dieser Vollkommenheit der Seelen willen nahm er den zweiten Kampf um das Reformwerk auf, den er mit dem Provinzial Nicolas Doria zu führen hatte; seiner Würden und Ämter entkleidet, ging er in die Einsamkeit von Peñuela; von Fieber befallen, wanderte er nach Ubeda, um im Kloster Heilung zu suchen. Aber die Feindschaft gegen den von ihm vertretenen Ernst der Nachfolge begegnete ihm auch hier; der Prior kam in die Zelle des Kranken und peinigte ihn mit hartem Tadel und Vorwürfen. Als ein mitleidiger Bruder drei Musikanten bestellte, die dem Leidenden helfen sollten, seine Schmerzen zu ertragen, ließ Johannes ihnen ihren Lohn reichen und sie abweisen: »Es ziemt sich nicht, daß ich die Schmerzen, die Gott mir gab, mit Musik unterhalte.« So starb er (am 14. Dezember 1591), wie er es sich gewünscht: ohne ein Oberer zu sein und nachdem er das Fegefeuer schon auf Erden erlitten hatte.

Von außen gesehen scheint dieses Leben nur Mühsal und Entbehrung zu bedeuten von dem vergeblichen Bemühen des Armenschülers zu Medina del Campo um das Handwerk eines Heiligenmalers oder Bildschnitzers bis zu dem Bußgang des Kranken nach Ubeda; im Innern ist es erfüllt von überströmendem Licht. Einige Wochen nachdem das Kapitel zu Madrid die Verfolgung der Reform mit aller Schärfe wieder aufgenommen hatte, und etwa sechs Monate vor seinem Tode schrieb der Heilige der Priorin des Konvents zu Segovia: ›Suchen Sie in Liebe zu betrachten, was nicht von Liebe zeugt, und Sie werden daraus Liebe schöpfen.‹ Haß und Feindschaft waren für ihn zu einem Quell der Liebe geworden; er hatte alle menschliche Gegenwart überwunden, kein Schmerz konnte ihm zugefügt werden, der sich für ihn nicht in eine Gnade verwandelte; aber sein eigentliches Leben spielte sich doch nicht im Kampfe mit Menschen und in der Sorge um sie ab. Auf seiner irdischen Erscheinung liegen alle Schatten der Erdennot, an der, wie der scharfe Blick des Seelenkenners sehr wohl erkannte, die unedlen Eigenschaften seiner Mitmenschen einen großen Anteil hatten; seine geistige Gestalt, die vor dem innern Auge hinter seinem Werke und seinen Briefen aufleuchtet wie die Vision alles dessen, was er lehrte, ist licht, fast wie die eines Engels. Hatte die heilige Mutter, der er diente, sich schwer von der Erde losringen müssen – nicht von der Sünde, von der sie nie berührt worden war, aber doch von der Verstrickung in irdisches Trachten, von der Hingabe an die Menschen –, so scheint der Jünger auf einer reinen Höhe geboren worden zu sein, die er niemals verließ. Sein Dasein beginnt erst dort, wohin die Menschen auch nach der härtesten Mühe im Gange eines langen Lebens nicht gelangen, und es erhebt sich von dieser Höhe in undurchdringliches Licht. Eine Art von tragischem Schmerze, tragischem Empfinden durchzieht wie eine dunkle Klage das Werk der Heiligen von Avila, tragisch jedoch im christlichen Sinne als das Gefühl der Unvereinbarkeit des Irdischen mit dem ewigen Sein, des Lebens in der Verbannung mit dem Trachten nach der Heimat, als ein inbrünstiges Verlangen nach dem Tode, in dem das Leben ist. Diese Schwere, die erst in den späteren Schriften der großen Mystikerin sich löste und dann völlig verzehrt wurde im Geheimnis der Vereinigung, lastet nicht auf dem Werke des Jüngers; er begann mit dem glühenden Gesang der gereinigten, ins Licht emporgerissenen Seele; nicht den mühevollen, an Windungen reichen Weg durch die Ebene schilderte er, sondern allein den ›Aufstieg auf den Berg Karmel‹, wo die ewige Liebe ihn erwartete. Als er aufbrach, ›war sein Haus in Ruhe‹, war das Menschenlos schon durchgekämpft, und das Los der Berufenen nahm seinen Anfang.

Er hatte nur einen Vorgang auszudrücken: das Steigen, das in ein Emporgetragenwerden übergeht, den Flug des Vogels, der in einer gewissen Höhe von einem größeren auf die Schwingen genommen und unmittelbar ins Licht getragen wird. Dieser Flug war unbesieglich; der Aufstrebende konnte sein Ziel nicht verfehlen, zu mächtig waltete in ihm die Liebesglut, die allen Erdenstoff zerstörte. Aus dem Jubel des Gedichtes entfalteten sich alle seine Werke; sie waren nur Erklärungen der Gesänge, die ihm seine höchsten Stunden eingaben. Ihm, dem von Gott Ergriffenen, hätte das große Loblied seiner Verzückungen wohl genügt;

der Seelenführer, der, von heiligem Mitleid mit den Irrenden verzehrt, in der Not des Kampfes um die Errettung der Seelen stand, legte seine Lobgesänge wie die einem Fremden geschenkten Offenbarungen aus, um die Flugkraft der gefangenen, ringenden Seelen zu befreien. So schwebte er immer wieder aus dem ekstatischen Bereich in den irdischen herab, um den Suchenden den Weg zu weisen, der von der Reinigung durch die Erleuchtung zur Vereinigung führte.

Aber es ist dem Engel aufgetragen, mit den Mächten der Finsternis zu streiten; und es gehört zu den Geheimnissen dieser lichten Seele, daß sie tiefer in den Abgrund hinabdringen mußte als so viele, die der Erde verhaftet blieben. Am besten kennen ja die Heiligen den Feind, weil sie, in deren Wandel das Gottesreich sichtbar wird, am grimmigsten vom Widersacher befehdet werden. Die wunderbare Gewalt über die bösen Geister, die Johannes vom Kreuz eigen war, rühmte schon die heilige Theresia; im Garten des Klosters Los Martires zu Granada beruhigte er, wie erzählt wurde, an einem stürmischen Tage die Elemente. Unergründlich war sein Wissen um die Anschläge Satans, um alle List, mit der er die Seelen am Aufstieg zu hindern suchte. Johannes vom Kreuz hatte erkannt, daß sich der Teufel wie Gott zu geben vermochte; daß er Wunder wirkte und die Seele mit Visionen, Ansprachen und Prophezeiungen, mit der Enthüllung noch verborgener Dinge verwirren konnte; daß in einer jeden übernatürlichen Gabe statt des erwarteten sicheren Heils die Gefahr der Versuchung und Verderbnis schlummerte, weil sie den Menschen hoffärtig machen oder das Verlangen nach solchen Gaben erwecken oder steigern konnte, dieses Verlangen aber als solches, als ein persönliches Begehren, als ein Wunsch nach geistiger Wonne, die Reinheit der Hingabe an das Wirken von oben trübte. Darum lehrte er, daß die Liebe höheren Wertes als die Werke sei, und selbst als diejenigen, die ›Gottes Ehre im hohen Grade vermehren‹ (›Geistlicher Gesang‹), daß es ›besser ist leiden aus Liebe zu Gott als Wunder wirken‹ (›Leitsätze‹); er riet den Seelen, Visionen abzuweisen, nicht um der Visionen, sondern um des Verlangens willen, das leicht in Gefahr kommt, von Satan befriedigt zu werden und an Stelle des Schauens im Licht der Glorie ein Schauen im natürlichen, von Satan erzeugten Licht (›Aufstieg zum Berge Karmel‹) herbeizuziehen. Denn nur die tiefste, sich völlig unwürdig fühlende, nicht begehrende Demut konnte die

Vision in der Glorie empfangen oder vielmehr von ihr überwältigt werden; nur die Unterordnung unter das Kreuz, an dem der Herr in letzter Stunde verlassen war und namenlose Trockenheit, den Mangel aller Gnadengaben und das Ausbleiben der Hilfe des Vaters erduldete, konnte vor dem Versucher schützen.

Mit diesem Wissen um die Höhe und Tiefe – einem Wissen, dessen Ursprungsort die Höhe war – verband er eine bestimmte Erfahrung, die er immer wieder ausdrückte und die vielleicht der Grund seines ganzen Werkes ist. Es ist die Erfahrung, daß Licht Dunkel ist, daß Gottes Licht sich als Dunkel darstellt, so wie die Sonne dem in ihren Glanz Blickenden das Auge mit Nacht erfüllt. Mystik im Sinne der großen spanischen Lehrer ist ein Beten, in dem die liebende Seele sich reinigt und Gott entgegenstrebt, um von ihm umgestaltet zu werden, ein Beten, in dem die Seele unter zunehmender Wirkung Gottes ihm von Stufe zu Stufe ähnlicher wird, bis alle Unähnlichkeit der Seele vergeht und sie ihr Sein, nicht ihre Substanz (›Kurze Abhandlung über die dunkle… Erkenntnis Gottes‹) an Gott verliert. Auch die Erfahrung, daß Licht Dunkel ist, konnte nur im Gebet der in reinster, glühender Liebe nach Gott verlangenden Seele gemacht werden; gelehrt wurde sie schon vom heiligen Dionysius mit den Worten: ›Willst du, mein lieber Timotheus, zur mystischen und geheimen Schauung gelangen, so verlege dich mit ganzer Kraft darauf, von dir ferne zu halten jede sinnliche und geistige Tätigkeit sowie alles, was ist, und erhebe dich, soweit es dir möglich, ins Dunkel, das heißt ohne irgendein Erkennen zur Erkenntnis Gottes, der über jedes Wesen und Wissen erhaben ist. Denn sobald du dich von allem, was dich einnehmen und fesseln kann, frei gemacht hast, wirst du ganz leicht emporsteigen in die Höhe, zum Strahl der göttlichen Finsternis.‹ Dieser in der oben genannten Abhandlung zitierte Satz – einer Arbeit, die wenigstens aus dem nächsten Umkreis des Heiligen kommen dürfte – kann vielleicht wie der Grundtext der Mystik des Johannes vom Kreuz betrachtet werden; er führt in einen Raum, wo das Licht ein ›Strahl der Finsternis‹ ist, wo unter dem Schauer der Gottesnähe alle Werte und Forderungen sich verändern. Das Furchtbar-Unbedingte der Geisteshaltung des Johannes vom Kreuz, die unbarmherzige, seraphische Reinheit seiner Erkenntnisse und Forderungen zeigt sich gerade in der Vereinigung schärfster Widersprüche; Licht und Schatten stoßen so hart zusammen wie auf der kastilischen Hochebene; an der

Stelle, wo dem Tageslicht das unvergleichlich mächtigere Licht Gottes begegnet, verwandelt sich alles, und an diese Stelle versetzt der Heilige alle, die ihm folgen wollen; von ihr geht er immer wieder aus, um die Seelen zu suchen.

Die ganze Härte dieses Überganges drücken die ›Regeln der Selbstverleugnung‹ aus, die das Nichts fordern von dem, der alles erlangen will: ›Willst du dahin gelangen, alles zu kosten, suche in nichts Genuß… Willst du dahin gelangen, alles zu wissen, verlange in nichts etwas zu wissen. Willst du erlangen, was du nicht bist, mußt du hingehen, wo du nichts bist.‹ Es ist, als sollte der Mensch plötzlich in einen Schatten eintreten, der ihn verbirgt; er soll leer werden, denn nur die vollkommene Leere wird erfüllt werden; es ist die Aufgabe des Liebenden, ›vor allem leer und dunkel zu bleiben‹ (›Aufstieg‹). Die Sinne müssen in der ihnen vorbehaltenen Nacht der Läuterung mit den vier Leidenschaften Freude, Schmerz, Hoffnung, Furcht zur vollkommenen Ruhe gebracht und dem Geiste unterworfen werden; Verstand, Wille und Gedächtnis werden in der Nacht des Geistes aller Formen, Vorstellungen und Bilder entkleidet und dadurch befähigt, sich mit Gott zu vereinen; dann entzünden sich die Eigenschaften Gottes wie ›Lampen‹ vor den Augen der Seele, und der Wille entbrennt im Verlangen nach Gott. Der Schöpfer stellt sich der Seele dar ›als eine Fülle von Lampen, die sie in verschiedener Form mit Weisheit erleuchten und mit Liebesglut erfüllen‹ (›Lebendige Liebesflamme‹). Aus der Leere wird Fülle, aus der Finsternis Licht, aus Bitternis Seligkeit; die völlige Selbstentäußerung führt zur Teilhabe am wahren Sein; das Wissen der Welt ist ein Nichtwissen (›Geistlicher Gesang‹), Gott aber wird erkannt durch das Nichterkennen, durch das ›Eintreten in das Dunkel der göttlichen Finsternis‹ (›Kurze Abhandlung‹). Dies ist die mystische Theologie, ›die verborgene und geheime Erkenntnis Gottes‹, an welcher der Verstand keinen Teil mehr hat; nur der in Liebe entzündete Wille ›wird ihrer inne und kostet, was Gott ist‹. Denn niemand wird Gott sehen und am Leben bleiben; nur der Betende, dessen Verstand sich beugt vor der erkannten Unerkennbarkeit Gottes, der seinen Willen an Gott verliert und somit sich selber stirbt, wird auf der Höhe der Umgestaltung, umhüllt von den Strahlen der Liebe, Gott hingerissen schauen in seiner Unfaßbarkeit.

Damit ist das Ziel auf freilich unzulängliche Weise angedeutet, dem diese Seele unaufhaltsam zustrebte, seit sie in der dunklen

Nacht der Läuterung, verlassen von allen Eindrücken, Bildern und Tröstungen, ausgeliefert den Nachstellungen und Versuchungen Satans und heimgesucht von verzehrender Trockenheit, in die erschütternde Klage ausbrach: ›A dónde te escondiste?‹ (Wo hast du dich verborgen?) Diese Vereinigung ist unlösbar, so wie die Umgestaltung der Seele unverlierbar ist; nur im Jenseits wird ihre Glückseligkeit eine Steigerung erfahren (›Kurze Abhandlung‹). Aber es gehört zum Wesen der Mystik, daß sie auf der höchsten Stufe der Abkehr von der Welt sich dieser wieder zuneigt und ihre Bilder in sich aufnimmt; so hat auch Johannes vom Kreuz Bilder gefunden für das Unsagbare und damit das Irdische in die Verklärung hinübergenommen: das Aufgehen des Wassertropfens im Wein, ohne daß die Substanz des Tropfens vernichtet würde; die Vermählung fleckenlosen Glases mit hindurchfallendem Licht, in der das Glas doch fortbesteht; die Entzündung der Luft innerhalb der Flamme, die Umgestaltung des Holzes, das in Feuer übergeht, das Olivenreis, das auf einen wilden Ölbaum aufgepfropft wurde und nicht mehr aus sich selber grünt, wurden ihm zu Gleichnissen für die Umgestaltung der Seele, dieses höchste ›Werk‹ des Glaubens. Losgelöst von allen Geschöpfen, insofern sie die Liebe zu Gott hinderten, blieb er doch in deren Nähe, so daß er ihre Gleichnissprache aus tiefer Glaubenserfahrung zu deuten wußte; so, als ihn eine einfältige Nonne fragte, warum die Frösche, wenn sie am Teich hingehe, ins Wasser springen: »Dort«, erwiderte er, »ist der Ort und der Ruhepunkt, wo sie in Sicherheit sich aufhalten können und geschützt sind vor Nachstellungen. So sollten auch Sie die Geschöpfe fliehen, zu Gott als Ihrem Ruhepunkt sich wenden, sich in seine Tiefe versenken und dort verbergen.«

Und wie der Mystiker ausging von Christus, und zwar von der Menschheit Christi, wie sie ›der Weg und die Pforte zur Gottheit‹ für ihn war, wie der Geliebte, mit dem sich die Seele in fernster Höhe vereinigt, wieder die Züge Christi trägt, so führte auch von Christus ein Weg zur Schöpfung zurück und, durch die Nachfolge Christi, zum irdischen Wirken, der Reform der Klöster, der Mitwirkung an der Umgestaltung der Seelen und somit zur Bewährung in der Zeit; denn wohl war die Umgestaltung als höchstes Werk des Glaubens angewiesen auf Gottes Liebe, aber es bedurfte doch der vorbereitenden Bemühung des Menschen und rückhaltloser Hingabe und Opferbereitschaft in Tag und Stunde.

Damit tat auch Johannes vom Kreuz den Schritt von der Mystik zur Tat, vom Trachten nach Ewigkeit in die Geschichte. Und von Christus fiel vor den Augen des Mystikers, die gewohnt waren, in das Dunkel ewigen Lichtes zu blicken, ein verklärender Schimmer auf die ganze Schöpfung; da der Vater die Dinge im Sohne schaute, so verlieh er ihnen durch dieses Anschauen eine gewisse Schönheit; diese Schönheit wurde erhöht durch Christi Herabkunft und Himmelfahrt: ›So hat der Vater durch jenes Geheimnis der Menschwerdung seines Sohnes und durch dessen glorreiche Auferstehung dem Fleische nach den Geschöpfen nicht nur eine gewisse Schönheit verliehen, sondern sie gleichsam zurückgelassen im vollendeten Kleide der Herrlichkeit und Würde‹ (›Geistlicher Gesang‹).

So ist die ganze Mystik des Heiligen ein betendes Streben vom Bild zum Urbild, vom scheinbaren Lichte in das Dunkel, das wahres Licht ist, vom Geschaffenen zum Schöpfer, in dem das Geschaffene wahrhaft besteht. Der Weg führte durch das bitterste Leid der Prüfung; war es doch das Besondere dieses Weges, daß Gott gerade diejenigen verließ, die er erwählt hatte; daß nur die dunkelste Nacht dem Demütigen, nachdem er sie lange erduldet hatte, den ›Strahl der Finsternis‹ in das Herz sandte, der ihn entflammte und emporleitete. Aber nie wurde dieser Weg mit klarerem Blicke durchmessen; der Geführte unterschied eine jede Stufe der Seelenzustände, einen jeden Grad wachsender Helligkeit und kennzeichnete die abirrenden Seitenpfade; er durchbrach die eigentliche Versuchung, die der Böse jenseits der Leidenschaften den Erwählten bereitet, und stellte sie den Nachstrebenden dar. Und wie der Pfad des Aufstiegs gegliedert war, so hatte der Heilige mit bauendem Verstande sein Werk gegliedert und einen jeden Stein nach dem Gesetze kühnster Strebung geformt.

Er kannte kein Wort, das dem ewigen Wort nicht diente, keine Wirklichkeit ohne Bezug auf die Seele, kein Denken, Leben und Wirken außerhalb des Gebets; sein Geist war die reine Liebe, die heimkehrte zu ihrem Ursprung. Die Sprache seines Innersten aber war der Gesang. Es ist der Gesang der Seele, der die Kerkernacht zu Toledo und die ganze Nacht des irdischen Lebens zur Nacht der Läuterung und der Gnade wurde, der Seele, die erst jenseits der Menschenschicksale ihr heiliges, von Gott bewirktes Schicksal suchte und fand. So konnten dem Sterbenden die armen

Musikanten von Ubeda freilich keine Linderung verschaffen, obgleich es, wie erzählt wird, die besten Musikanten waren, die der mitleidige Bruder auftreiben konnte; in ihm tönte die geheimnisvolle ›stumme Musik‹, la música callada, die der heiligen Nacht der Vereinigung mit dem Geliebten entsteigt. War doch seine Seele unheilbar verwundet von der göttlichen Liebe und von diesem Schmerzen durch die Welt getrieben worden wie der verwundete Hirsch, der die Quelle sucht; wohl hatte er den Schimmer der Schönheit erkannt, der vom Vorübergange des Geliebten an den Hügeln und Bergen, den Büschen und Bäumen haftete, aber die Sehnsucht seiner Seele konnte von Gott allein gestillt werden.

Aus unfaßbarer Einsamkeit tönt ihr Gesang zurück zu uns, die wir tief unten stehen und lauschen; wir hören, wie der Geliebte aus fernster Höhe der Suchenden antwortet, und ahnen, wie sie ihm entgegenfliegt; dann vereinen sich die Stimmen. Aber nur wenn unser Herz sich losgerissen hätte von allem, was uns trennt von Gott, würden wir das Schweigen ahnend ermessen können, in dem der heilige Wechselgesang verhallt.

Die Macht des Sakramentalen

Wenn wir uns fragen, warum wohl so viele bedeutende Ge-
schichtsdarstellungen, die das vergangene Jahrhundert uns hinterlassen hat, uns, bei aller Verehrung und Dankbarkeit, die wir
ihnen schulden, doch nicht ganz befriedigen können, namentlich
sofern sie das Mittelalter betreffen, so werden wir vielleicht zunächst uns antworten, daß eine gewisse Tiefe unter den Vorgängen und die entsprechende Höhe darüber nicht in Erscheinung
treten. Das Geschehen, seine Ursachen und Folgen, die Menschen und Kräfte wurden oft mit souveränem Blicke erfaßt; Bildnisse wurden entworfen, die in ihrer Weise so manchen berühmten Werken der bildenden Kunst, besonders des sechzehnten und
siebzehnten Jahrhunderts, nahe kommen. Aber wir erinnern uns
dann, daß wir auch von hochgerühmten Malern jener Epoche
Bildnisse besitzen, die eher wirksam als erschöpfend sind: auch
Holbein und Raffael, Rubens, Van Dyck und Velazquez haben
nicht immer die Seele gemalt, die hinter der Erscheinung als deren eigentlicher Grund verborgen ist und die von Van Eyck und,
in den späteren Jahren der Künstler, von Rembrandt oder Frans
Hals wohl immer ausgedrückt wurde. Doch handelt es sich hier
nur um einen Vergleich; wir können nicht daran zweifeln, daß die
Bildnisse der neueren Geschichtsschreibung, bei all ihrer Bedeutung und dem sie kennzeichnenden Streben nach Wahrhaftigkeit,
die Werke jener großen Maler nicht mehr erreichen, daß sie, mit
Bezug auf die Erfassung des Menschlichen in allen seinen Dimensionen, der bloßen Erscheinung noch näher geblieben sind.
 Damit ist nur die Richtung angedeutet, in der wir wohl suchen
müssen, wenn wir uns den unabweislich gefühlten Mangel erklären wollen. Suchen wir weiter, so können wir zu einer merkwürdig konkreten Antwort gelangen. Ein Fürst, ein Staatsmann des
Mittelalters hat seinen Tag wohl damit begonnen, daß er gebetet
hat; er ging in die Messe; er empfing die Sakramente. War er
gläubig – und von wie wenigen können wir ernstlich behaupten,
daß sie nicht gläubig waren –, so muß vom Gebete, vor allem vom
Sakramente eine mächtige bindende Kraft übergegangen sein in
sein Leben und Wirken; und dasselbe trifft beim Volke zu, das
er leitete, und bei den Nachbarvölkern, mit denen oder gegen die

er wirkte. War die vom Sakrament ausgehende Bindung nicht eine geschichtliche Kraft? Und ist das Geheimnis des Wandels aller Verhältnisse, der das Mittelalter von der neuern Zeit scheidet, nicht damit in Verbindung zu bringen, daß die Wirkung dieser Kraft zurücktrat, weil die Menschen sie nicht mehr suchten? Welche Kraft trat aber dann an ihre Stelle? Auf welche Weise wurden die Menschen wieder gebunden und von wem? Oder glaubten sie, nun endlich frei leben und schalten zu können, ohne zu bedenken, daß, wer die Hilfe des mächtigsten Herrn meint entbehren zu können, gar leicht zum Knechte eines Untergeordneten oder des Widersachers dieses Herrn wird?

Solche Fragen wollen nur auf ein Geheimnis hinweisen; wir erkühnen uns nicht, die Macht des Sakramentalen in der abendländischen Geschichte ermessen zu wollen. Aber es ist wohl nicht zu bezweifeln, daß sie als ein wirkendes Geheimnis in ihrer Mitte steht. Es wäre auch nicht schwer, Ereignisse zu nennen, mit denen sie sichtbar hervortrat. Die eigentliche Bedeutung des Bannes im Mittelalter, die Gewalt, die den ersten Sendboten des Glaubens und dann den Missionaren unter den ersten Pflanzern Westindiens gegeben war, und die Kämpfe, die sie als Träger dieser Gewalt im Zusammenstoß mit den Leidenschaften des Menschen zu bestehen hatten, der furchtbar-erhabene Ernst des Ringens um die Abendmahlslehre, in der es wahrlich nicht um Äußerlichkeiten ging, das Gewicht der Krönungsmesse und eines auf das Sakrament abgelegten Gelöbnisses, die Treue der Märtyrer und Seelsorger in Zeiten der Prüfung, ihre Standhaftigkeit, der Haß, der sie als verpflichtete Diener Gottes verfolgte, aber auch der Fluch, der sich von geschehener Untreue auf die Welt verbreitete: sie zeigen die Stelle, wo diese Macht unmittelbar in das geschichtliche Leben trat. Aber sichtbar wird sie nur zum geringsten Teil; hier ist ein Motiv, mit dem wir rechnen müssen, wenn wir das Handeln und Ringen der Menschen richtig einschätzen wollen, und wohl in vielen Fällen ist dies das wesentlichste Motiv; an dieser Stelle geht das irdische Leben aus der Sphäre der Geschichte unmittelbar in das ewige Leben über, werfen die geschichtlichen Ereignisse ihren unauslöschlichen Schatten in die Ewigkeit. Wir müssen diese Wirklichkeit kennen, der die geschichtlichen Menschen gegenüberstanden. Aber nicht nur um Motive handelt es sich hier, sondern vor allem um das Einströmen einer Kraft: das geschichtliche Leben, in dem das Sakrament empfangen wird, ist eine durchaus andere Wirklichkeit als das geschichtliche Leben ohne Sakrament. Darauf folgt aber, daß die Darstellungen, die das Sakramentale als eine streng objektive, als die göttliche Kraft nicht einschätzen, die Wirklichkeit des Mittelalters verfehlen; schon die Beschreibungen des Zeremoniells, der Wahl und Krönung sind tot, wenn sie nicht von der Einsicht in das Geheimnis des Sakraments durchdrungen sind. Mit der wunderbaren und völlig vorurteilsfreien Kraft der Ahnung, die Schiller geschichtlichen Formen gegenüber eigen war, hat er in seiner letzten Ballade, dem ›Grafen von Habsburg‹, das Wesen des Alten Reiches von der Verehrung des Sakraments her verstanden. Die politischen Kräfte würden durch die rechte Einschätzung des Sakramentalen nicht verdrängt; aber nun könnte das geheime Drama offenbar werden, das sich unter der religiösen Bindung der Menschen und Völker ereignete; die Kraft von oben wollte das Irdische durchdringen und rang mit dem Bösen, das ihr entgegentrat; und in diesem Kampfe fand der Mensch seine Bestimmung. Vielleicht müssen wir lernen, in jedem Falle das Konkrete zu sehen: das konkrete Göttliche und das konkrete Böse. Jakob Böhme hat mit den folgenden Worten vielleicht nicht nur die Stellung des Menschen zwischen den Gewalten, sondern den geschichtlichen Prozeß selbst beschrieben: ›Es ist dir nichts näher als Himmel, Paradeis und Hölle: zu welchem du geneiget bist und hinwirbest, dem bist du in dieser Zeit am nähesten. Du bist zwischen beiden, und ist zwischen jedem eine Geburt; du stehest in dieser Welt in beiden Türen und hast beide Geburten in dir. Gott hält dich in einer Pforte und rufet dich auch: mit welchem du gehest, da kommst du hin. Der Teufel hat in seiner Hand Macht, Ehre, Wollust und Freude, und die Wurzel darinnen ist der Tod und Feuer. So hat Gott in seiner Hand Kreuz, Verfolgung, Jammer, Armut, Schmach und Elend, und die Wurzel desselben ist auch ein Feuer und in dem Feuer ein Licht und in dem Licht die Kraft und in der Kraft das Paradeis und im Paradeis die Engel und bei den Engeln die Freude‹ (›Beschreibung der drei Prinzipien des göttlichen Wesens‹).

Eine ›voraussetzungslose‹ Geschichtsschreibung kann ein solches Geschichtsbild gewiß nicht anerkennen, aber die Geschichtsschreibung hat es mit dem Menschen zu tun; sie muß darum vor allem wissen, was der Mensch ist. Der Mensch wird schwerlich erkannt, ohne daß Gott erkannt wird, der ihn geschaffen hat. Gott hat sich geoffenbart. Wir glauben nicht, daß Geschichtsschreibung ohne ein klares, von oben erleuchtetes Bild des Menschen in einem höheren Sinne möglich ist, wenigstens nicht, sofern sie es mit der Welt zu tun hat, die durch das Erscheinen Christi und sein in ihr fortdauerndes Vermächtnis verwandelt wurde.

Eine solche Geschichtsschreibung könnte ein verändertes Geschichtsbewußtsein und die ihm entsprechende Haltung vorbereiten helfen. Sie könnte den Menschen auf eine verpflichtende Weise daran erinnern, daß Gott nicht allein über der Geschichte waltet, sondern daß er in ihr gegenwärtig ist unter der Gestalt des Sakraments, daß die Geschichte wie die Welt immer aufs neue geheiligt werden durch die unablässig sich erneuernde Gegenwart des Herrn. Dann würde der Mensch vielleicht seine größte geschichtliche Kraft wieder entdecken: die Kraft, zu handeln aus der Verpflichtung an das Sakrament. Männer, die auf diese Weise verpflichtet waren, verwalteten im Mittelalter die Macht.

Burg Zähringen

Buchengänge, die von Hohlwegen durchschnitten werden, leiten über den Feldern den Berg empor; noch schimmern die Gärten des Dorfes herauf, die Dächer unten verschwimmen im Sonnendunst. Oben auf der Bergwiese blüht im Schatten noch ein Apfelbaum; nun folgt der Weg dem Höhenrücken bis zu seinem gelichteten nördlichen Hang; vor einem überwachsenen Wall, den die Schlehen umblühen, treten die Bäume zurück; unvermittelt steigt eine Felsenzacke empor, von der ein wuchtiger runder Turm in den Himmel strebt. Außen am Turm führt eine steinerne Treppe zu der hochgelegenen Pforte; sie ist verschlossen; einsam steht der Zinnenkranz im tiefen Blau des frühsommerlichen Himmels. Der Turm hat ein fremdes Gepräge, hier im Grenzwächterlande, dessen Burgen sich meist mit schweren, viereckigen Türmen bewehrt haben; noch im vorigen Jahrhundert glaubte man, ein Wartturm der Römer sei in ihm erhalten. Aber wenn auch der Turm im späteren Mittelalter erneuert wurde, so ist doch das Bild, das er vermittelt, ein uraltes: lange Zeit, nachdem die Römer das Land verlassen hatten, stand ihr Wartturm einsam auf der Höhe, hinabschauend auf die Ebene und die fern aus ihr emporsteigenden Höhenzüge und im Rücken umgeben von dem kühn emporsteigenden Gebirge; dann kamen ritterliche Männer, Sprossen des uralten alemannischen Fürstenhauses, von der Baar herab an die gesegneten Hänge des Breisgaues und bauten sich eine Burg im Schutze des Römerturms. Welch ein Morgen mag es gewesen sein, da der erste Fürst den verwitterten Turm erstieg und hinausschaute in das flimmernde Land, über das sein Haus sich erheben sollte! Es war die Zeit der salischen Kaiser; Graf Berchtold, der sich Herzog von Kärnten und Markgraf von Verona nennen durfte, hatte seinem Herrn, Kaiser Heinrich III., treu gedient und war durch dessen Freundschaft ausgezeichnet worden; aber seine von den Vätern ererbte Hoffnung auf die schwäbische Herzogswürde sollte sich nicht erfüllen, als der Kaiser allzu früh starb, und dem jungen, ungebärdigen Sohn seines Herrn vermochte sich der Fürst nicht zu beugen; so verbündete er sich gegen Heinrich IV. Der junge Kaiser ahndete des Herzogs Untreue und entsetzte ihn seiner Würden; dann versöhnten sich Herzog und Kaiser wieder, und der Fürst stand seinem Herrn sogar bei auf der gefährlichen Flucht von der Harzburg; ehe der gebannte Kaiser nach Canossa zog, verfeindeten sie sich aufs neue. Als der Büßer, gestärkt durch die Überwindung, die er sich auferlegt, nach Deutschland zurückgekehrt war, nahm er grausame Rache und verwüstete des Herzogs Land; dem greisen Fürsten ging das Unglück seines Landes so tief zu Herzen, daß er in Wahnsinn fiel. Schwer lastete die Erfahrung der Zeit und des Unheils auf dem Hause; Berchtolds zweiter Sohn, Hermann, mochte sein Fürstenamt nicht mehr verwalten; er zog nach Cluny und starb dort nach einem Jahre unter Werken der Buße, das Erbe und den Anspruch seines Hauses seinem unmündigen Sohne Hermann überlassend, während sein Bruder Berchtold II. die Burg über dem Dorfe Zähringen, auf altem Boden des Reiches, erbaute.

Hier lag der Besitz des Geschlechtes weit ausgebreitet vor den Augen des Herrn, dessen Name als Perachtwalt, der prächtig Waltende, gedeutet wurde; vom Kaiserstuhl herüber dehnten sich die Güter mit ihren Dörfern, Weilern und Meierhöfen in die Täler hinein und dem Schwarzwalde zu, auf dessen Höhe unter dem Schutze St. Peters die Benediktiner beten sollten an der Gruft des Fürsten; und als den Herzögen das schmale Haus am Römerturm zu eng wurde, als sie hinüberzogen auf eine benachbarte mächtige Bergkuppe und auf den Mauern eines Römerkastells eine neue Burg emportürmten, da nahmen sie den Namen des alten Dorfes mit und führten ihn fortan als den Namen ihres fürstlichen Geschlechtes. Denn nicht nach der Stadt Freiburg wollten sie sich nennen, die sie nach einem strengen, einfachen Plane errichteten – dort, wo sie im Mooswalde ein bescheidenes Jagdhaus unterhielten. Segen ruhte auf der Stadt; sie zog die Kaufleute an und erwarb sich die Gunst und Liebe großer Herren und die Freundschaft der Nachbarstädte. Als Kreuz mit zwei Querbalken war sie angelegt, an den Straßenkreuzungen rauschten Brunnen, einen weiten Raum hatten die Gründer für den Markt und die Stadtkirche vorgesehen, als hätten sie die künftige Größe des Münsters geahnt und vorbereiten wollen; auch ließen sie die Bäche des Gebirges durch das Obertor hereinschäumen und neben den Straßen dahineilen; wenn der Regen niedergerauscht war über die Berge, so füllten sich bald die Rinnsale und Brunnen in der Stadt, und an heißen Sommertagen war sie von der Kühle ferner schattiger Gebirgsschluchten durchflossen. Die Herzöge aber trugen den Namen des Dorfes draußen, das sich unter dem spitzen Kirchturme an den Hängen des Wildtales birgt; fast wäre ein kaiserlicher Name daraus geworden, als die Fürsten des Reiches Berchtold V., den die Chronisten den ›Reichen‹ und den ›Wunderlichen‹ nennen, zu ihrem Haupte erwählen wollten; doch der bedächtige Zähringer unterzog sich dem großen Wagnis nicht und ließ den Hohenstaufen den Vorrang. So ruht auch er, wie seine Vorfahren, in der Heimat, die er als strenger, sparsamer Hausvater betreut hatte; doch wurde er nicht mit den Vätern in St. Peter oben, sondern unten im Münster begraben; dort steht er, riesiger Gestalt, geharnischt, mit im Gebete fest zusammengeschlossenen Händen, auf dem Löwen, seinem Wappentier, mit der doppelten Kraft seines Gebetes und seines Schwertes das Münster beschützend.

Tief hinein in die Schweiz und hinüber nach Burgund verbreiteten sich der Bereich und das Ansehen des Geschlechtes; Städte und Klöster blühten unter seiner Herrschaft auf. Eine jede Gründung hatte ihre feste Beziehung zu der vorausgegangenen wie der folgenden, ihre klare Bstimmung in der Wechselwirkung der im Lande und über seine Grenzen hinaus sich entfaltenden Kräfte. Während die Herzöge das Nahe bedachten und umsorgten, blickten sie wohl auch in die Ferne, freilich in eine fest begrenzte Ferne, die ihre Kraft nicht verzehren sollte, wie sie die Kraft der Kaisergeschlechter verzehrt hat; nach Hochburgund trugen sie die Fahne des Reiches, die der Kaiser ihnen überantwortete; Friedrich von Baden und der selige Markgraf Bernhard opferten sich dem Fernen: der Größe des Reiches der eine, der andere dem Verlangen nach dem Heiligen Land.

Das stille Fortwirken verteilt sich durch ihr Land, wie das Wasser des Gebirges sich verteilt durch die Rinnsale und Brunnen ihrer Stadt; hier aber, am Ursprung, ist der Wohnsitz der Herzöge geschwunden, sind ihre Spuren ausgelöscht; kaum verraten sich noch die Grundmauern unter dem kargen Gras, und es ist so einsam, daß ein seltener Falter sich auf dem Grase niederläßt und dann und wann die Trümmer umschwebt, bis er an dieselbe Stelle zurückkehrt. Im vielfach getönten, bewegten Grün des Frühlings streben die Höhenzüge der hintereinander gelagerten Täler zum umblauten Gebirge hinan, alle von demselben großartig-stillen Schwunge der steigenden Linie belebt; da und dort liegt ein Hof mit silbrig schimmerndem Dach unter den Obstbäumen der Matten; an den Wänden des Gebirgsstocks streifen die Wolkenschatten hin. Gen Westen öffnet sich der Raum; ein verhaltenes Glänzen geht von den Gärten, Wiesen und Äckern und den Bäumen aus, die sich weit draußen in der Stromebene verlieren; es ist, als wollte das Land dem Lichte antworten, das über es ausgegossen ist. Schon im Dunste steigt der Kaiserstuhl empor; in großer, ruhiger Bewegung lagert er sich vor den Rhein, der unsichtbar bleibt; und schattenhaft, gleich einer riesigen, auf die Erde niedergesunkenen Wolkenbank, die leise durchlichtet ist, erscheint hinter ihm der Wasgenwald. Der Strom, der das Land beherrscht, tritt an keiner Stelle hervor; und doch mag ein Spiegellicht von ihm ausgehen, dessen wir erst inne würden, wenn es verlöschen würde; er trägt ein Licht durch das Land, das wir wahrnehmen, ohne es zu sehen.

Einst, so heißt es, wohnte auf dem Kaiserstuhl ein vertriebener Kaiser, der bittere Zähren weinte über sein Unglück; aber hier im Walde fand um dieselbe Zeit ein Köhler Silber in seinem ausgebrannten Meiler. Er ging hinüber zum Kaiser und brachte ihm seinen Schatz; und der Kaiser warb mit dem Silber ein Heer, vertrieb seine Feinde und gewann seinen Thron zurück. Der Köhler stritt an seiner Seite; da er die Zähren des Kaisers getrocknet hatte, ward er nach dem Siege zum Herzog von Zähringen erhoben. – So grüßen einander der Burgberg und das weinumkränzte Gebirge drüben vor dem Strom; es ist, als ob Worte hin und her gingen und als ob Uralt-Ewiges lebte mitten in dem bangen Frieden dieses Tages. Vielleicht blickt der Turm, der so viele Geschlechter geschaut, der die Herzöge hatte kommen und entschwinden sehen, schon in das Jenseits unserer Not; vielleicht auch will er uns ermahnen, standzuhalten wie er. Kein Laut bewegt die Luft, während die verborgenen Heere einander gegenüberliegen am unsichtbaren Strom; und nun wollen die hin und her gehenden Worte deutlicher werden über dem Land. Sie sprechen vom Herrn der Geschichte, der die Herzöge zu ihrem Dienst berief und ihre Zeit bemaß, von dem alten Herzog, der untreu wurde und in Wahnsinn fiel über den Folgen seiner Tat, und von dem Köhler, der seinen Herrn rettete mit dem in der heimatlichen Erde gefundenen Schatz; sie sprechen von der Treue, die Zeit und Unglück überdauert, und von der Macht und Gnade schützender Geister, die über dem Lande walten.

»Aus der Welt Jahrbüchern Gerechtigkeit zu lernen« Nachwort von Pirmin Meier

Die Veröffentlichungen Reinhold Schneiders in den Jahren vor und während des Zweiten Weltkrieges sind ein erstaunliches Phänomen in der Geschichte des deutschen Schrifttums. Unter den Schriften nichtnationalsozialistischer Herkunft, die legal, halb legal und oft illegal durch den Druck verbreitet werden konnten, nehmen seine Publikationen eine einzigartige, bis heute noch kaum hinreichend gewürdigte Bedeutung ein: dies sowohl in quantitativer als auch in qualitativer Hinsicht. Die Nachfrage nach seinen Schriften war so stark, daß die mit erheblichem Risiko unternommenen Anstrengungen seiner Freunde und Verleger nicht ausreichten, sie auch nur annähernd zu befriedigen: sah doch die nationalsozialistische Kulturpolitik im Prinzip nur für »kriegswichtige Bücher« Papierzuteilungen vor. So konnten die meisten Bücher Reinhold Schneiders, vorab natürlich seine umfangreicheren Werke (z. B. das 1936 zum ersten Mal gedruckte »Inselreich«), während des Krieges gar nicht erscheinen. In der Hauptsache mußte Reinhold Schneider auf die Publikation von Kleinschriften ausweichen, die oft unter dem Schutzvermerk »Mit kirchlicher Druckerlaubnis« noch herausgegeben werden konnten. Eine besondere Bedeutung hat in diesem Zusammenhang der nach Kriegsende tragischerweise von den Franzosen als Kollaborateur verurteilte Elsässer Verleger Joseph Rossé erlangt, der nach 1940 eine große Anzahl von Schriften herausgegeben hat, für die es in Deutschland weder Papier noch Druckerlaubnis gegeben hätte: eine deutsche Bibel und eine Reihe von literarischen und religiösen Essays sowie Erzählungen Reinhold Schneiders, darunter »Das Vaterunser« mit einer Auflage von über 500 000 Exemplaren. Demgegenüber hatten es Reinhold Schneiders deutsche Verleger schwerer: Jakob Hegner und Anton Kippenberg (Insel Verlag), bei denen in den dreißiger Jahren die wichtigsten Werke Reinhold Schneiders herausgekommen waren, hatten seinetwegen wiederholt Schwierigkeiten mit der Zensur und mußten sich bei der Werbung für seine Bücher größte Zurückhaltung auferlegen. Indessen war Reinhold Schneider schon ab Mitte der dreißiger Jahre so bekannt, daß die meisten

291

seiner Werke unmittelbar nach Erscheinen vergriffen waren. Dies gilt auch für die drei als literarische und denkerische Leistungen bedeutendsten Bücher, die Reinhold Schneider während der Zeit des Nationalsozialismus veröffentlichte, nämlich »Das Inselreich. Gesetz und Größe der britischen Macht« (drei Auflagen 1936, danach Wiedererscheinen unerwünscht), »Las Casas vor Karl V.« (vier Auflagen bis 1941) und den Essay-Band »Macht und Gnade«, der 1940 in zwei Auflagen von insgesamt 10 000 Exemplaren erschien, für den jedoch kurz nach Erscheinen über 80 000 Bestellungen eingingen.

Nach »Macht und Gnade« hatte Reinhold Schneider bis Kriegsende in Deutschland keine legale Möglichkeit mehr zur Veröffentlichung weiterer literarischer Werke in Buchform, mit Ausnahme der 1939 zum ersten Mal gedruckten Novelle »Elisabeth Tarakanow«, die zur Zeit der Rußlandfeldzüge in hoher Auflage (insgesamt 60 000 Exemplare) erscheinen durfte. Der 340 Seiten starke Band »Das Gottesreich in der Zeit« (Sonette und Aufsätze, Krakau 1943) erschien illegal und trug Reinhold Schneider ein Verfahren ein. Doch hatte der Autor das außerordentliche Glück, daß die Mühlen der Gestapo in seinem Falle langsam mahlten. Der Haftbefehl, den Martin Bormann erst 1945 von Berlin aus durchgab, kam nicht mehr bis Freiburg. Eine gütige Vorsehung hat Reinhold Schneider auch davor bewahrt, daß seine langjährigen freundschaftlichen Beziehungen zu Männern des Kreisauer Kreises wie Hans-Nikolaus von Halem, Helmuth James Graf Moltke und Karl Ludwig zu Guttenberg der Gestapo zu Ohren kamen. So ist ihm das Schicksal des ihm in vielem geistesverwandten Dietrich Bonhoeffer, der noch in den letzten Tagen des Krieges hingerichtet wurde, erspart geblieben.

Mit »Macht und Gnade – Gestalten, Bilder und Werte in der Geschichte« ist ein Buch wieder zugänglich, in dem sich nahezu das gesamte Schaffen des Autors in den dreißiger und vierziger Jahren zu einem repräsentativen Querschnitt von essayistischer Prägnanz verdichtet. Schneiders visionäre Geschichtsdichtungen über Portugal, Spanien und England sind *in nuce* – und oft in bemerkenswerter selbstkritischer Differenzierung – ebenso enthalten wie die grundlegende Aussage seiner literarischen und religiösen Studien und der Kern seiner historiographischen Epik. Seine geschichtliche Perspektive bleibt nicht, wie dies in den früheren dreißiger Jahren bei ihm eine Zeitlang der Fall war, auf

Deutschland begrenzt, sondern umfaßt nahezu ganz Europa, wobei eine Prädominanz der iberischen Halbinsel, Englands und Rußlands kaum zu übersehen ist, entsprechend seinen Hauptwerken »Das Leiden des Camões oder Untergang und Vollendung der portugiesischen Macht« (1930), »Philipp der Zweite oder Religion und Macht« (1931), »Das Inselreich« (1936), »Las Casas vor Karl V.« (1938) und »Elisabeth Tarakanow« (1939). Themen aus der französischen Geschichte werden reflektiert in den Aufsätzen »Jeanne d'Arc«, »Chartres« und »Petit-Couronne« in Anklang an das bei Kriegsausbruch erschienene Buch »Corneilles Ethos in der Ära Ludwigs XIV.«, in dem Reinhold Schneider mit bemerkenswertem Mut und abseits eines jeden Nationalismus eine positive Darstellung der französischen Kultur gegeben hat. In ihrem innersten Gehalt freilich kreisen alle diese Essays um Reinhold Schneiders Grunderfahrung des deutschen Verhängnisses, das er letztlich in der tödlichen Antinomie von Macht und Gnade sieht. In seinem einleitenden Essay »Die Rechtfertigung der Macht« und den Studien »Das Schicksal Friedrich Wilhelms IV.« und »Drama und Königtum« verweist Schneider auf eine von ihm als verhängnisvoll erfahrene geistesgeschichtliche Entwicklung, die in Deutschland eine im Bezug zur Transzendenz stehende irdische Ordnung nicht mehr vollziehbar machte und damit zugleich die Grundlage der Monarchie unterhöhlte.

Unter den Büchern, die Reinhold Schneider zur Zeit des Zweiten Weltkrieges veröffentlicht hat, erhebt »Macht und Gnade« den höchsten intellektuellen Anspruch. Es steht in dieser Hinsicht in einem gewissen Gegensatz zu den religiösen Kleinschriften, in denen der Autor ein Wort auch an jene Schichten der deutschen Bevölkerung richten wollte, die sich gemeinhin weder mit Geschichte noch mit Literatur beschäftigen. Demgegenüber stellen die in diesem Essayband vorgestellten »Gestalten, Bilder und Werte in der Geschichte« einen Aufruf und eine Herausforderung an das geistige Deutschland dar. Reinhold Schneider war weit davon entfernt, die Verantwortung für das Zeitgeschehen einfach den politisch Mächtigen und Handelnden zuzuschieben. Die »Schuld der Geistigen« war vor, während und nach dem Krieg ein Grundthema seiner Auseinandersetzung mit dem deutschen Schicksal. Schneider hat bereits 1935 ein Hauptkriterium der späteren Vergangenheitsbewältigung genannt, als er im »Inselreich« formulierte: »Mit der Schuld der Handelnden verbindet

293

sich die Schuld der Geistigen, die noch schwerer wiegt, weil sie statt an der Wirklichkeit an deren Gesetzen geschieht; es wird keine Schuld der Tat begangen ohne die Vorarbeit, den Beifall und die Reue des Geistes. Und wenn auch der Geistige meist nicht so schnell vor Gericht gezogen wird wie der Täter, den das in Gang gebrachte Räderwerk der Wirklichkeit sofort wieder erfaßt, so muß er doch vor der Geschichte die größere Verantwortung tragen.«

Diese Verantwortung vor der Geschichte als Verantwortung in der Gegenwart bildet auch zwischen den in diesem Buch vereinigten Essays ein inneres Band. Dies zeigt sich nicht allein in den Thesen zur Rechtfertigung der Macht, die heute nicht weniger unzeitgemäß erscheinen mögen als 1940, sondern wohl noch ausgeprägter in der ideologiekritischen Auseinandersetzung mit einem Menschenbild, dem das Genie als absoluter Wert gilt. Reinhold Schneider formuliert ein Äußerstes an Widerspruch zum Geist seiner Zeit, wenn er in »Macht und Gnade« schreibt:

»Vergessen wurde von den Anbetern und unterwürfigen Gefolgsleuten des Genies, denen oft die Reflexe mehr als die Sonne waren, daß die Gaben des Geistes dem Menschen in keinem andern Sinne verliehen werden als die irdischen Güter: damit er sich in ihrer Anwendung bewähre. Genie als solches ist weder gut noch schlecht; es ist ein Auftrag und stellt eine Aufgabe; sein Wert hängt allein ab von dem Dienst, den es der unverrückbaren Wahrheit leistet... Es steht nicht über der christlichen Ethik, sondern es ist unlösbar an sie gebunden und empfängt nur von ihr einen Sinn; die Gleichheit der Menschen vor ihrem Richter, die das Mittelalter veranschaulichte, indem es die Großen der Erde im nichtig gewordenen Schmuck ihrer Würden als Staub und Moder in ihren Gräbern zeigte, wird vom Genie so wenig wie vom machtlos gewordenen Mächtigen durchbrochen.«

In Sätzen wie diesen, die den gesamten Band durchziehen, erweisen sich Reinhold Schneiders Reflexionen über Geschichtliches im Sinne Friedrich Schlegels als »rückwärts gewandte Prophetie«, und es wäre wohl grundfalsch, in seiner Darstellung und Deutung geschichtlicher Exempel eine Flucht aus der Gegenwart im Sinne einer gängigen Interpretation der sogenannten »Inneren Emigration« zu sehen. Die Spiegelung fast aller Aussagen im Medium der Geschichte ist auch keine bloße Tarnung gegenüber den nationalsozialistischen Zensurbehörden, sondern entspricht ganz der von Reinhold Schneider in seinen frühen Werken entwickelten Sehweise, welche die Gegenwart sozusagen von der Vergangenheit her »durchleuchtet«. Nur haben sich freilich die Kriterien, womit er Geschichte bewertet, unter dem Eindruck des nationalsozialistischen Unrechtsregimes und der Versuchung, die es für das deutsche Volk bedeutete, zwischen 1930 und 1940 fundamental gewandelt. Faszinierte ihn anfänglich die historische Größe in ihrem tragischen Scheitern (Philipp II., Pombal, Friedrich der Große), so soll für ihn Geschichte nun »allein betrachtet werden von der Höhe des Glaubens« (»Das Inselreich«). Historische Größe, die sich auf das cäsarische Machtprinzip stützt, verfällt der Schuld und somit dem Gericht der aus dem Glauben betrachteten Geschichte. Vor die im Frühwerk als Hauptwert gefeierte leidende Größe der Person tritt die Frage, wie weit der Mensch in der Geschichte Recht und Gerechtigkeit personal vollzieht. Und wie Platen unternimmt Reinhold Schneider nun den Versuch, »aus der Welt Jahrbüchern Gerechtigkeit zu lernen«, d. h. Geschichte aus dem von ihm noch in den »Hohenzollern« abgelehnten »moralischen Standpunkt« zu betrachten. Recht und Gerechtigkeit sind für Reinhold Schneider nicht mit gelehrten metaphysischen Spekulationen zu messen, sondern an der unabdingbaren Frage der Mittel, wie sie Bartolomé de Las Casas im dritten Kapitel des Romans »Las Casas vor Karl V.« aufwirft und zugleich beantwortet:

»Mehr hatte ich nie zu sagen und werde ich nie sagen können als dieses eine: wir können mit schlechten Mitteln Gutes nicht erreichen. Und unsere Mittel sind schlecht.«

Damit ist im Grunde genommen alles gesagt, was Reinhold Schneider in der Zeit des Nationalsozialismus und darüber hinaus auch in den Nachkriegsjahren als unbequemer Mahner und Repräsentant eines radikal dem Evangelium verpflichteten christlichen Gewissens zu sagen hatte. Diese Botschaft, die Reinhold Schneider in mannigfachen Konkretisierungen, in geistesgeschichtlicher Vertiefung und mit oft prophetischer Sprachgewalt, an das deutsche Volk richtete, wird mit dem Schlagwort »Innere Emigration« in keiner Weise angemessen gewürdigt. Die Dichtung Reinhold Schneiders ist, wie seine ganze Existenz, eines der eindrücklichsten Zeugnisse innerer Präsenz, das wir im deutschen Schrifttum kennen. Edzard Schaper hat die Bedeutung dieses

Autors in den Kriegs- und Nachkriegsjahren mit den Worten umschrieben: »Deutschland hat ein Gewissen, solange Reinhold Schneider lebt.«

Reinhold Schneider
Lieferbare Werke im Insel Verlag

Gesammelte Werke in zehn Bänden. Herausgegeben im Auftrag der
Reinhold Schneider-Gesellschaft von Edwin Maria Landau
Band 1 *Camões. Philipp II.* Redaktion und Nachwort von Pirmin Meier
Band 8 *Schwert und Friede.* Essays. Auswahl und Nachwort von Rita
         Meile
         weitere Bände in Vorbereitung:
Band 2 Das Inselreich
Band 3 Das Gewissen im Gerichte
Band 4 Das getilgte Antlitz
Band 5 Lyrik
Band 6 Dem lebendigen Geist
Band 7 Geschichte und Landschaft
Band 9 Das Unzerstörbare
Band 10 Die Zeit in uns

Reinhold Schneider, Leben und Werk im Bild. Von Edwin Maria Landau,
Maria van Look und Bruno Stephan Scherer. *insel taschenbuch* 318

suhrkamp taschenbücher

st 412 Werner Koch, Wechseljahre oder See-Leben II
204 Seiten
Dieser Band ist die unmittelbare Fortsetzung von *See-Leben I* (st 132). Wie in *See-Leben I* lebt der Angestellte einer Kölner Firma in seiner Hütte an einem See, und das bleibt weiterhin der Versuch, eine utopische Existenz zu verwirklichen, indem er von seinem Schreibtisch auf der Wiese aus seine berufliche Existenz zu meistern versucht und die Möglichkeiten eines individuellen Lebens durchprobiert.
»Kochs Buch gehört zu jenen geglückten literarischen Erzeugnissen, die eine leicht dahinfließende Feder mit Tiefgang in Bewegung hält. ... Den Mann am See kennt wohl jeder, nur spricht er eben aus, was nicht jeder sagen kann noch auszusprechen sich traut.«
Badische Zeitung

st 413 Hermann Hesse, Innen und Außen.
Gesammelte Erzählungen. Band 4 1919–1955
Zusammengestellt von Volker Michels
432 Seiten
Der vierte und letzte Band der Erzählungen Hesses setzt ein nach dem ersten Weltkrieg und enthält alle seitdem parallel zu den großen erzählerischen Werken, »Siddhartha«, »Der Steppenwolf«, »Narziß und Goldmund«, »Die Morgenlandfahrt« und »Das Glasperlenspiel« entstandenen kürzeren Erzählungen.

st 415 Hermann Hesse, Die Welt der Bücher
Betrachtungen und Aufsätze zur Literatur
Zusammengestellt von Volker Michels
382 Seiten
Dieser Band versammelt erstmals sämtliche grundsätzlicheren Schriften Hesses zur Literatur, ergänzt um zahl-

reiche Stücke, die er selbst nicht in die Ausgabe seiner *Gesammelten Schriften* von 1957 aufgenommen hat und die folglich größtenteils auch in der Hesse-Werkausgabe von 1970 fehlen.

»Bücher sind nicht dazu da, lebensunfähigen Menschen ein wohlfeiles Trug- und Ersatzleben zu liefern. Im Gegenteil, Bücher haben nur einen Wert, wenn sie zum Leben führen und dem Leben dienen und nützen, und jede Lesestunde ist vergeudet, aus der nicht ein Funken von Kraft, eine Ahnung von Verjüngung, ein Hauch neuer Frische sich für den Leser ergibt.« *Hermann Hesse*

st 420 Basis. Jahrbuch für deutsche Gegenwartsliteratur
Band 7
Herausgegeben von Reinhold Grimm und Jost Hermand
242 Seiten
Ohne methodisch festgelegt zu sein, sucht *Basis* eine Literaturbetrachtung zu fördern, die an der materialistischen Grundlage orientiert ist. Mit Beiträgen von Gert Sautermeister, Christiaan L. Hart Nibbrig, Reinhold Grimm, Klaus L. Berghahn, Jost Hermand, Bernd Witte u. a.

st 440 Philip K. Dick, UBIK
Science-Fiction-Roman
Aus dem Amerikanischen von Renate Laux
Mit einem Nachwort von Stanisław Lem
Phantastische Bibliothek Band 15
222 Seiten
Das Schlüsselwort, das Joe Chip und seine Kollegen vor einer abscheulichen Verschwörung bewahren kann, heißt UBIK. Joe hat nie zuvor davon gehört. Er weiß aber, daß er dem geheimnisvollen UBIK auf die Spur kommen muß, wenn er seine surreale Existenz ändern will.

»Dick übertrifft in den Inventionen bei weitem seine Kollegen; seine sich verzweigende, ungeheure und ominös purzelbaum-schießende Welt ist voller Einfälle – manchmal mit satirischem Unterton.«